HEINZ GOTTWALD

Der lange Schatten der Hidschra

Der lange Schatten
der Hidschra

Ein theologiegeschichtlicher Vergleich
zwischen Islam und Christentum

Von

Heinz Gottwald

Duncker & Humblot · Berlin

Bibliografische Information der Deutschen Nationalbibliothek

Die Deutsche Nationalbibliothek verzeichnet diese Publikation in
der Deutschen Nationalbibliografie; detaillierte bibliografische Daten
sind im Internet über http://dnb.d-nb.de abrufbar.

Umschlag: Arabische Wüste
(© akg-images / François Guénet)

Alle Rechte vorbehalten
© 2018 Duncker & Humblot GmbH, Berlin
Fremddatenübernahme: 3w+p, Ochsenfurt
Druck: Meta Systems Publishing & Printservices GmbH, Wustermark
Printed in Germany

ISBN 978-3-428-15433-3 (Print)
ISBN 978-3-428-55433-1 (E-Book)
ISBN 978-3-428-85433-2 (Print & E-Book)

Gedruckt auf alterungsbeständigem (säurefreiem) Papier
entsprechend ISO 9706 ♾

Internet: http://www.duncker-humblot.de

*Für meinen Sohn Thorsten
und für meine Enkeltochter Sonja*

Vorwort

Anlass für die vorliegende Untersuchung sind die seit einigen Jahren stattfindenden Diskussionen über die Gründe für die relative Rückständigkeit des islamisch geprägten Orients im Vergleich zum christlichen Abendland. Allerdings weiß man auch um die kulturelle Blüte und zeitweise Überlegenheit der islamischen Gebiete gegenüber dem Abendland im Früh- und Hochmittelalter und darum, dass sich dieses Verhältnis in der Neuzeit umkehrte (1). Eine genauere zeitliche Bestimmung dieser Veränderung hing jedoch davon ab, was man als Ursache der Veränderung ansah (2). Ein weitverbreiteter Erklärungsversuch ist der Hinweis auf das Fehlen eines Aufklärungsprozesses, wie er im neuzeitlichen Europa stattgefunden hat. Die Wurzeln dieser Aufklärung werden in der geisteswissenschaftlichen Forschung sehr oft mit der Reformation in Verbindung gebracht, die ihrerseits ihre Wurzeln in spätmittelalterlichen Entwicklungen innerhalb des Christentums hatte und die keinen absoluten Neuanfang darstellte (3). Somit drängt sich die Frage auf, inwiefern das spätmittelalterliche Christentum in Glaubenslehre und -praxis Erscheinungen aufwies, welche die Reformation und damit längerfristig die europäische Aufklärung und eine fortschrittliche Entwicklung möglich machten. Umgekehrt stellt sich in Bezug auf den islamisch geprägten Orient die Frage, ob und warum es in der islamischen Glaubenslehre sowie in deren praktischer Ausgestaltung und Umsetzung zu Entscheidungen kam, die eine fortschrittliche Entwicklung und eine gesellschaftlich wirksame Aufklärung hemmten oder gar ausschlossen. In der gegenwärtigen Diskussion werden hierfür meist die fehlende Trennung von Staat und Religion sowie das wörtliche Verständnis des Korans angeführt. Ziel der vorliegenden Untersuchung ist es nun, die hinsichtlich des Islam aufgeworfenen Fragen mit Hilfe eines Vergleichs mit der entsprechenden Entwicklung im abendländischen Christentum differenziert zu beantworten. Diese Antwort soll Aufschluss darüber geben, wann und warum es im islamisch geprägten Orient zu einer gesellschaftlichen Stagnation kam, die im Laufe der Neuzeit in Rückständigkeit mündete, während im christlichen Abendland spätestens seit dem Übergang vom Spätmittelalter zur Neuzeit ein dynamischer und fortschrittlicher gesellschaftlicher Entwicklungsprozess in Gang kam. Dabei geht es nicht um eine monokausale Erklärung dieser Divergenz, sondern darum, mit Hilfe eines mentalitäts- bzw. theologiegeschichtlichen Ansatzes zur Erklärung der unterschiedlichen gesamtgesellschaftlichen Entwicklung der beiden Großregionen seit Beginn der Neuzeit beizutragen.

Die so präzisierte Fragestellung dieser Untersuchung gibt denn auch den jeweiligen Zeitraum und den geographischen Rahmen der Untersuchung vor. In Bezug auf das Christentum ist demzufolge dessen Entwicklung von der Entstehung bis zum Vorabend der Reformation in den Gebieten der mittelalterlich-katholischen Kirche zu untersuchen. Die orthodoxe Kirche in Griechenland und in Osteuropa bleibt unberücksichtigt, weil sie eine andere Entwicklung genommen hat. Infolgedessen fanden dort auch keine Reformation und auch keine genuine Aufklärung statt, sondern die westliche Aufklärung wurde erst mit einiger Verzögerung in einem längeren Prozess übernommen. Dies hatte dort im Vergleich zum westlichen und ehemals zur römisch-katholischen Kirche gehörenden Teil Europas ebenfalls zu einer relativen Rückständigkeit geführt. Hinsichtlich des Islam wird die Zeit von seiner Entstehung bis zum Ende des Bagdader Kalifats infolge der Eroberung Bagdads durch die Mongolen im Jahre 1258 untersucht. Denn das Ende des Bagdader Kalifats markiert insofern einen Wendepunkt in der Entwicklung des Islam, als spätestens mit dem Ende dieses Kalifats die politische Einheit der Muslime und auch die Doppelfunktion des Kalifen als religiöser und weltlicher Führer des Islam faktisch verloren gegangen waren. Dadurch fehlte ein wichtiger Akteur, von dem als religiösem und politischem Führer Impulse für eine Veränderung von Glaubenslehre und -praxis hätten ausgehen können, die für alle Muslime verbindlich durchgesetzt worden wären. Vor allem war es aber bereits seit der Wende vom 11. zum 12. Jahrhundert zu keinen wesentlichen Veränderungen der dogmatischen und institutionellen Entscheidungen mehr gekommen, die der Sieg der konservativen Form des Sunnismus in der zweiten Hälfte des 11. Jahrhunderts mit sich gebracht hatte. In räumlicher Hinsicht erstreckt sich die Untersuchung auf die Gebiete der damaligen Kalifate von Damaskus (661–750) und Bagdad (750–1258) und damit auf die in diesen Kalifaten dominante sunnitische Form des Islam. Der Schiismus hatte es damals außer zwischenzeitlich in Ägypten unter den Fatimiden (969–1171) zu keiner weiteren nennenswerten Staatsbildung gebracht. In Persien wurde der Schiismus erst 1501 Staatsreligion unter den Safawiden. Ansonsten gab es damals größere Konzentrationen schiitischer Bevökerung lediglich im mittleren und unteren Zweistromland, am Persischen Golf und im südlichen Iran.

Da sich aufgrund der Fragestellung der Fokus der Untersuchung auf die Entwicklung des Islam richtet, wird dessen Entwicklung zuerst dargestellt und gibt auch die Anordnung vor für die Darstellung der vergleichbaren Entwicklungen im abendländischen Christentum. Die Entwicklung im mittelalterlichen Islam wurde in besonderer Weise von den politischen Gegebenheiten in den Kalifaten von Damaskus und Bagdad geprägt. Denn die Entwicklung der islamischen Theologie war in dem zu untersuchenden Zeitraum nicht so sehr das Ergebnis einer systematischen Auseinandersetzung mit der von Mohammed gestifteten Religion als vielmehr Folge der Auseinandersetzung mit Fragen, die vonseiten der Politik an die islamische Religion gestellt worden waren. So stellte sich beispielsweise nach dem Tode Mohammeds die Frage nach den Aufgaben und Anforderungen, die ein Kalif als Nachfolger Mohammeds zu erfüllen habe. So gehörte zur Leitung des damals neu geschaffenen islamischen Gemeinwesens insbesondere auch die Organisation des Rechts- und Bildungswesens. Die Frage nach den Anforderungen, die ein Kalif zu erfüllen hatte, betraf vornehmlich dessen Legitimation und Verantwortlichkeit. Letztere führte zur theologischen Frage nach dem Verhältnis von menschlicher Willensfreiheit und göttlicher Prädestination und markiert den Beginn der theologischen Diskussion im Islam. Die Diskussion des Verhältnisses von menschlicher Willensfreiheit und göttlicher Prädestination leitete zwangsläufig über zur Auseinandersetzung mit der Gottesvorstellung, die ihrerseits die Diskussion des Koranverständnisses nach sich zog. Dies waren gleichzeitig die zentralen Themen der mittelalterlichen islamischen Theologie. Die Art der theologischen Antworten war auch nicht selten durch die politischen Verhältnisse geprägt und im weiteren Verlauf stellte sich eine gewisse Wechselwirkung zwischen politischen Gegebenheiten und theologischer Entwicklung ein. Folglich ist eine Darstellung geboten, die die historische Entwicklung der einzelnen Themenbereiche aufzeigt, um die angesprochenen Zusammenhänge adäquat zu vermitteln. Die Anordnung der Darstellung der ausgewählten Themenbereiche wird dagegen sowohl durch deren logischen Zusammenhang als auch durch den historischen Ablauf der Diskussion dieser Themen bestimmt.

Am Beginn der Darstellung des mittelalterlichen Islam in Teil A. der vorliegenden Untersuchung steht also die Entwicklung des Kalifenamtes einschließlich theologiegeschichtlicher Aspekte, soweit diese in einem wechselseitigen Verhältnis zur Entwicklung des Kalifenamtes standen. Da dem Kalifen qua Amt auch die Aufgabe oblag, die Voraussetzungen für die schariatische Rechtsprechung und die religiöse Unterweisung zu schaffen, schließt sich die Darstellung des mittelalterlichen Rechts- und Bildungswesens an. Darauf folgen die Darstellung der theologischen Auseinandersetzungen mit der Frage nach dem Verhältnis von menschlicher Willensfreiheit und göttlicher Prädestination sowie die Darstellung der Entwicklung des Gottes- und Koranverständnisses. Für die Darstellung der Entwicklung des abendländischen Christentums bis zum Vorabend der Reformation in Teil B. der Untersuchung wird die skizzierte Gliederung der Darstellung des mittelalterlichen sunnitischen Islam beibehalten. Bei der Darstellung der fünf Themenbereiche wird wie zuvor bei der Darstellung des Islam insbesondere auf den historischen Kontext der jeweiligen Veränderungen abgestellt, da dieser Zusammenhang für deren Bewertung von besonderer Bedeutung ist. Im nachfolgenden Teil C. des Hauptteils werden die wichtigsten Unterschiede in der Entwicklung von sunnitischem Islam und abendländischem Christentum herausgearbeitet und im Hinblick auf die Fragestellung der Untersuchung ausgewertet. Im Schlussteil soll kurz auf die negativen Folgen eingegangen werden, die sich aus der festgestellten Verfasstheit des sunnitischen Islam am Ende des Untersuchungszeitraums ergaben und als Ursache für den Übergang der Stagnation in eine relative Rückständigkeit gegenüber dem christlichen Abendland anzusehen sind. In einem Nachwort werden der Geltungsanspruch der vorgelegten Untersuchung einschließlich des mentalitätsgeschichtlichen Ansatzes reflektiert und die Frage nach der möglichen Bedeutung des vorgelegten Erklärungsversuches für die aktuelle Diskussion gestellt.

Da diese Untersuchung sich an ein breiteres Publikum als beispielsweise eine akademische Arbeit richtet, wird auf einen umfänglichen Anmerkungsapparat verzichtet. Um der Leserfreundlichkeit willen verweise ich auf die zugrunde liegende Sekundärliteratur im Allgemeinen nur in summarischer Form zu Beginn entsprechender thematischer Einheiten. Lediglich in Ausnahmefällen, und zwar bei konkreter Bezugnahme auf einen Sekundärtext sowie bei einer besonderen argumentativen Bedeutung des dargestellten Sachverhalts, wird unmittelbar an entsprechender Stelle auf den konsultierten Text hingewiesen. Um der Leserfreundlichkeit willen wird auch weitgehend auf die Verwendung wörtlicher Zitate verzichtet. Koranzitate folgen der Reclam-Ausgabe aus dem Jahre 1960, einer Neuausgabe der früheren Übersetzung Max Hennings; Bibelzitate sind der Herder-Ausgabe der Einheitsübersetzung aus dem Jahr 1980 entnommen. Zum Schluss sei noch darauf hingewiesen, dass die Transkription orientalischer Namen und Begriffe in der Weise erfolgt, wie es in einschlägigen deutschsprachigen Darstellungen üblich ist.

Sinntal, im Januar 2018   *Heinz Gottwald*

Inhaltsverzeichnis

Einleitung 17
    1. Beispiele für die Unzulänglichkeit bisher vorgelegter Erklärungsansätze 17
    2. Dan Diners ‚Versiegelte Zeit' als Beispiel für die ‚Fruchtbarkeit' des mentalitätsgeschichtlichen Erklärungsansatzes 21
    3. Begründung für Methode und Anlage der vorliegenden Untersuchung 25

A. Entwicklung des mittelalterlichen Islam bis zum Ende des Bagdader Kalifats 1258 27

    I. Die Entwicklung des Kalifenamtes 27
        1. Mögliche Vorbilder für die Doppelfunktion Mohammeds im medinensischen Gemeinwesen und deren realgeschichtliche Genese 27
        2. Zeit der ersten vier ‚rechtgeleiteten Kalifen' 30
        3. Entwicklung des Kalifenamtes zur Zeit der Umaiyaden 32
        4. Wandel des Einsetzungsverfahrens und der Legitimation eines Kalifen bis zum Beginn des abbasidischen Kalifats 35
        5. Entwicklung des Kalifenamtes in der Frühphase der Abbasiden 37
        6. Entwicklung des Kalifenamtes während der buyidischen und seldschukischen Oberherrschaft (945–1055/1055–1157) 39
        7. Kalifenamt in der Spätphase des Bagdader Kalifats unter an-Nasir (1180–1225) 46
        8. Kalifatstheorien 47

    II. Entwicklung des sunnitischen Rechtswesens 50
        1. Formen der Gerichtsbarkeit sowie Verfahrens- und Beweisrecht 50
        2. Rechtsstatus der Nicht-Muslime und der Sklaven 53
        3. Entstehung und Entwicklung des schariatischen Rechts einschließlich der Methoden der Rechtsfindung 55
        4. Entstehung und Entwicklung der Rechtsschulen 57
        5. Gegenstand des schariatischen Rechts 60
        6. Unterscheidung zwischen göttlichem und menschlichem Recht und deren Folgen 63

    III. Entwicklung des islamischen Bildungswesens 65
        1. Organisation der Koranschulen und Gegenstand des Unterrichts 65
        2. Formen weiterführender Ausbildung 66
        3. Nizam al-Mulks neue Organisationsform der Madrasen und deren Bedeutung 68

    4. al-Mamuns ‚Haus der Weisheit' (‚bait al-hikma') 70
IV. Verhältnis von göttlicher Prädestination und menschlicher Willensfreiheit 70
    1. Ausgangspunkt der theologischen Diskussion über das Verhältnis von göttlicher Prädestination und menschlicher Willensfreiheit 70
    2. Diskussion des Verhältnisses zwischen göttlicher Prädestination und menschlicher Willensfreiheit in umaiyadischer Zeit 72
    3. Fortführung der Diskussion über das Verhältnis von göttlicher Prädestination und menschlicher Willensfreiheit im 9. Jahrhundert 74
    4. al-Ascharis Position als Vermittlungsversuch zwischen Mutaziliten und Hanbaliten 79
    5. Ursachen für die Niederlage der ‚rationalen Theologie' in der Prädestinationsfrage 81
    6. Relativierung der radikalen Position der Prädestinatianer 82
V. Entwicklung des Gottes- und Koranverständnisses 85
    1. Ausgangspunkt und Hintergrund der Diskussion über das Gottesverständnis 85
    2. Die koranische Gottesvorstellung 85
    3. Die Kritik Dschahm b. Safwans (gest. 746) und Dschad b. Dirhams (gest. 743) an der koranischen Gottesvorstellung 88
    4. Dirar ibn Amrs versuchter Ausgleich zwischen koranischer Gottesvorstellung sowie den Vorstellungen Dschahms und Dschads 89
    5. Abu l-Hudails Koranverständnis und Gottesvorstellung sowie die mutazilitische Attributenlehre 91
    6. Ahmad b. Hanbals Vorstellungen als Beispiel für das damalige traditionelle Gottes- und Koranverständnis 94
    7. Verschärfung der Auseinandersetzungen um das Gottes- und Koranverständnis zwischen Traditionariern und Mutaziliten 96
    8. al-Ascharis Gottesvorstellung und Koranverständnis 100
    9. Präzisierung und Weiterentwicklung der Lehre al-Ascharis 104

B. **Entwicklung des abendländischen Christentums bis zum Vorabend der Reformation** 108

I. Entwicklung des Verhältnisses zwischen geistlicher und weltlicher Obrigkeit .. 108
    1. Außenseiterposition der Jesusbewegung und der frühen Christenheit 108
    2. Verhältnis zwischen (ost-)römischen Kaisern und Christentum seit der ‚Konstantinischen Wende' 110
    3. Verhältnis zwischen weltlicher und geistlicher Obrigkeit in germanischer Zeit bis zum Investiturstreit 118
    4. Cluniazensische Reformbewegung und Investiturstreit in ihrer Bedeutung für das Verhältnis zwischen weltlicher Herrschaft und Kirche 125
    5. Konflikte zwischen weltlicher Obrigkeit und Papsttum infolge des papalen Anspruchs auf die indirekte Suprematie 130

6. Auseinandersetzungen zwischen dem Papsttum und der spätmittelalterlichen konziliaren Bewegung 136

II. Spätantike und mittelalterliche Entwicklung des weltlichen und geistlichen Rechtswesens im westkirchlichen Christentum 138
   1. Entstehung der geistlichen Gerichtsbarkeit in Abgrenzung zur weltlichen Gerichtsbarkeit 138
   2. Mittelalterliche Entwicklung der bischöflichen Gerichtsbarkeit 139
   3. Entwicklung der päpstlichen Gerichtsbarkeit im Mittelalter 142
   4. Mittelalterliche Entwicklung der weltlichen Gerichtsbarkeit 146
   5. Entwicklung des materiellen Rechts am Beispiel des Rechtsstatus der Sklaven und der Frauen 153

III. Entwicklung des mittelalterlichen Bildungswesens im westkirchlichen Christentum 162
   1. Entwicklung des Schulwesens 162
   2. Entstehung und Organisationsform der Pariser ‚Professorenuniversität' 163
   3. Entstehung und Organisationsform der ‚Studentenuniversität' in Bologna ... 165
   4. Gründung einer ‚obrigkeitlichen Universität' in Neapel durch Kaiser Friedrich II. 167

IV. Entwicklung des Verhältnisses von göttlicher Prädestination und menschlicher Willensfreiheit im westkirchlichen Christentum 168
   1. Augustins Prädestinationslehre als Ausgangspunkt der entsprechenden Kontroversen in der Westkirche 168
   2. Beschlüsse der Synode von Orange im Jahre 529 und deren Bestätigung auf der Synode von Quierzy 853 als Grundlage der westkirchlichen Prädestinationslehre 171
   3. Hochmittelalterliche Präzisierungen bzw. Modifikationen der Prädestinationslehre 173
   4. Spätmittelalterliche Entwürfe zum Verhältnis von göttlicher Prädestination und menschlicher Willensfreiheit 175
   5. Entwicklung des Bußsakramentes und dessen Bedeutung für die Vorstellung von der menschlichen Willensfreiheit 178

V. Entwicklung des christlichen Gottesverständnisses in Antike und Mittelalter ... 186
   1. Die jesuanische Gottesvorstellung im Neuen Testament 186
   2. Entwicklung der Gottesvorstellung bis zum Konzil von Nizäa 188
   3. Entscheidung der trinitarischen Frage auf den Konzilien von Nizäa (325) und Konstantinopel (381) 192
   4. Frage nach der ‚Gott- und Menschheit Jesu Christi' als Gegenstand von Auseinandersetzungen bis zum Konzil von Konstantinopel (680/681) 193
   5. Scheitern der neuplatonischen Kritik des Johannes Scotus Eriugena (gest. 877) an der dogmatisierten Gotteslehre 197

Exkurs: Christliche Bibelexegese in Antike und Mittelalter 198
6. Hochmittelalterliche Beiträge zur Trinitätslehre und Christologie 201
7. Neue Ansätze in Bezug auf die Gottesvorstellung bei Duns Scotus und Wilhelm von Ockham 206

C. **Vergleichende Analyse der dargestellten Entwicklungen im mittelalterlichen Islam sowie im abendländischen Christentum und Auswertung der Ergebnisse dieser Analyse** 210

    I. Vergleichende Analyse der Entwicklungen in den fünf Themenfeldern 210

       1. Vergleichende Analyse der Entwicklung des Kalifenamtes und des Verhältnisses von weltlicher und geistlicher Obrigkeit im westkirchlichen Christentum 210

          a) Wahrung sowohl der Trennung von weltlicher und geistlicher Gewalt im westkirchlichen Christentum als auch der Einheit beider Gewalten im Amt des Kalifen 210

          b) Gründe für die Veränderungen in Bezug auf das Amt des Kalifen 211

          c) Gründe für die Veränderungen in Bezug auf das Verhältnis von weltlicher und geistlicher Obrigkeit im westkirchlichen Christentum 214

          d) Vergleich der Gründe für die Entwicklung des Kalifenamtes und des Verhältnisses von weltlicher und geistlicher Obrigkeit im westkirchlichen Christentum 219

       2. Vergleichende Analyse der mittelalterlichen Entwicklung des Rechtswesens im sunnitischen Islam und im westkirchlichen Christentum 220

          a) Wichtige Ergebnisse der mittelalterlichen Entwicklung des Rechtswesens im sunnitischen Islam und Gründe für die Stagnation in diesem Bereich   220

          b) Wichtige Ergebnisse der Entwicklung des Rechtswesens im westkirchlichen Christentum und Gründe für die relative Dynamik des Rechtswesens im westkirchlichen Bereich 222

       3. Vergleichende Analyse der Entwicklung des Bildungswesens im Damaszener und Bagdader Kalifat mit der im westkirchlichen Christentum 224

          a) ‚Studentenuniversität' in Bologna und ‚Professorenuniversität' in Paris als Beispiele für das Zurückdrängen der Kirche im hochmittelalterlichen Hochschulwesen 224

          b) Formen der islamischen Hochschulausbildung mit ihren ausgeprägten Abhängigkeitsverhältnissen und ihrer fehlenden Offenheit 225

          c) Trennung und Einheit der beiden obersten Gewalten als Grund für die unterschiedlichen Strukturen im westkirchlichen und islamischen Hochschulwesen des Mittelalters 226

       4. Vergleichende Analyse der Entwicklung des Verhältnisses von göttlicher Prädestination und menschlicher Willensfreiheit im sunnitischen Islam und im abendländischen Christentum 228

          a) Entwicklung der sunnitischen Vorstellung von der göttlichen Prädestination und die Gründe für den Erfolg der ‚Prädestinatianer' 228

       b) Entwicklung der christlichen Vorstellung vom Verhältnis zwischen göttlicher Allmacht und menschlicher Willensfreiheit und die Gründe für den Erfolg des synergistischen Modells 230

       c) Vergleich der Gründe für die unterschiedliche Antwort auf die Frage nach dem Verhältnis von göttlicher Prädestination und menschlicher Willensfreiheit im sunnitischen Islam und im westkirchlichen Christentum 232

    5. Vergleichende Analyse der Entwicklung der Gottesvorstellung im sunnitischen Islam und im abendländischen Christentum 234

       a) Entwicklung des sunnitischen Gottesverständnisses und ihre Bestimmungsfaktoren 234

       b) Entwicklung des christlichen Gottesverständnisses und ihre Bestimmungsfaktoren 239

       c) Ausprägung anthropomorph(-istisch-)er Züge in der sunnitischen und christlichen Gottesvorstellung 242

       d) Bedeutung der ‚Ein(s)heit Gottes' in der christlichen und islamischen Theologiegeschichte sowie des damit verbundenen unterschiedlichen Verständnisses von Bibel und Koran 243

II. Zusammenführung der Teilergebnisse des Vergleichs und deren abschließende Auswertung 246

    1. Bedeutung der unterschiedlichen Ausgangssituation von Christentum und Islam 246

    2. Unterschiedliche Entwicklung als Resultat einer ausgeprägten Traditionsgebundenheit im Islam und einer relativen Offenheit im Christentum 248

Schlussteil: Ausblick auf die negativen Folgen der spätmittelalterlichen Verfasstheit des sunnitischen Islam für die neuzeitliche Entwicklung in dessen damaligem Verbreitungsgebiet 254

Nachwort: Geltungsanspruch und aktuelle Bedeutung der Untersuchung 257

Anhang 260

    Anhang 1: Dekret des Kalifen al-Qadir aus dem Jahre 1017 260

    Anhang 2: ‚Dictatus Papae' Papst Gregors VII. (1073–1085) 261

    Anhang 3: Stammtafel zu Mohammed sowie zu wichtigen Clans und Familien in der Zeit des Damaszener und Bagdader Kalifats 263

Anmerkungen 264

Literaturverzeichnis 280

    I. Quellen 280

    II. Nachschlagewerke 280

    III. Sekundärliteratur 280

Personen- und Sachregister 289

Einleitung

1. Beispiele für die Unzulänglichkeit bisher vorgelegter Erklärungsansätze

Wie im Vorwort angedeutet, war die Frage nach den Ursachen für die in der Neuzeit sich allmählich ausbildende Rückständigkeit des islamischen Orients im Vergleich zum christlichen Abendland schon oft Gegenstand entsprechender Untersuchungen, die zu unterschiedlichen Antworten auf diese Frage gekommen sind (1). Deshalb scheint es sinnvoll, vorweg auf einige wichtige Erklärungsversuche einzugehen, um den mentalitätsgeschichtlichen Ansatz der vorliegenden Untersuchung zu begründen und entsprechend einordnen zu können. Eine oft gegebene Antwort ist der Hinweis auf die Entdeckung des Seeweges nach Indien um das Kap der guten Hoffnung im Jahre 1498 durch den Portugiesen Vasco da Gama. Dies habe dazu geführt, dass die vormaligen Handelswege durch den Orient an Bedeutung verloren und dies im Orient erhebliche wirtschaftliche Nachteile und finanzielle Einbußen zur Folge gehabt habe, was seinerseits zum gesamtgesellschaftlichen Niedergang dieser Region geführt haben solle. Hier drängt sich allerdings die weitergehende Frage auf, warum es nicht gelungen ist, diese Einbußen durch eine entsprechende ökonomische Umorientierung zu kompensieren, zumal die von den Europäern vorgenommene Umstellung des Transportes von den Landwegen auf den neu entdeckten Seeweg ein sich länger hinziehender Prozess war. Eine Antwort könnte sein, dass es den potentiellen islamischen Akteuren an der hierfür notwendigen mentalen Flexibilität oder an einer entsprechenden Motivation gefehlt habe. In beiden Fällen hätte dies angesichts der Bedeutung von Religion in den damaligen Kulturen durchaus religiös bedingt sein können.

Eine andere Antwort könnte sein, dass potentiellen Akteuren das notwendige Kapital gefehlt habe, um auf eine andere Erwerbsgrundlage umzustellen, beispielsweise vom landgebundenen Warentransport mit Kamelen auf den Schiffstransport. Für den Mangel an privatem Kapital gibt es tatsächlich auch Hinweise in der Geschichte des islamischen Orients, und zwar in Form von Klagen über zu hohe und zum Teil auch über willkürliche Steuerforderungen vonseiten des Staates, die eine ausreichende Kapitalbildung verhinderten (2). Eine Reaktion wohlhabender Bürger auf die hohen und zuweilen willkürlichen staatlichen Steuern war denn auch die Flucht in gemeinnützige Stiftungen. Auf diese Weise versuchte man, das eigene Kapital vor dem Fiskus zu schützen, konnte aber trotzdem aufgrund der entsprechenden Regelungen die Kontrolle über das in die Stiftung eingebrachte Kapital behalten. Dieses Kapital fehlte dann natürlich für nicht-gemeinnützige Kapitalanlagen und Investitionen. Diese Umleitung des Kapitals wurde vor allem auch dadurch begünstigt, dass gemeinnützige Stiftungen, die meist der Finanzierung von Moscheen, Madrasen, Koranschulen und Krankenhäuser dienten, als fromme Werke galten. Vor allem im Spätmittelalter und zu Beginn der Neuzeit sollen die religiös begründeten Stiftungen auf nicht unerhebliche Weise Kapital zu Lasten größerer privatwirtschaftlicher Investitionen gebunden haben. Wie in Bezug auf die mentale Flexibilität und die Motivation hinsichtlich möglicher Investitionen kommt also auch hinsichtlich des angesprochenen Kapitalmangels die Religion als mögliche Erklärung in Betracht. Dies zeigt, dass ein religions- bzw. mentalitätsgeschichtlicher Erklärungsansatz zu weitergehenden Erkenntnissen führen könnte.

Außer der dargestellten Erklärung für die sich zu Beginn der Neuzeit allmählich ausbildende Rückständigkeit des islamischen Orients gegenüber dem christlichen Okzident werden in der historischen Islamwissenschaft noch weitere Erklärungen diskutiert. So machen einige Vertreter derselben auch die sich seit Mitte des 9. Jahrhunderts ausbildende Wehrverfassung und die damit verbundene ‚Feudalisierung des Militärs' für den Niedergang des Bagdader Kalifats verantwortlich (3). Zu dieser Wehrverfassung kam es unter anderem infolge einer Veränderung der Rekrutierungsbasis des Heeres. Stellten in der Frühzeit des Islam und während des Damaszener Kalifats die Araber das Gros des Heeres, so änderte sich dies mit der sogenannten ‚abbasidischen Revolution' gegen die Umaiyaden in der Mitte des 8. Jahrhunderts (4). Zum Erfolg der Revolution der Abbasiden, bei der es letztlich um den Kampf zweier Clane um das Amt des Kalifen ging, hatten vor allem chorasanische Truppen beigetragen, die aus dem östlichen Iran stammten. Der Sieg der Abbasiden mit Hilfe der chorasanischen Truppen führte zu einem Verlust der militärischen Bedeutung der Araber, die die Träger der ursprünglichen Expansion des Islam gewesen waren, und zu einer entsprechenden Rivalität zwischen ihnen und den Chorasaniern. Da sich später jedoch die Chorasanier nicht immer bereitwillig in den Dienst der Politik der abbasidischen Kalifen stellten, wurden auch sie seit al-Mutasim (833–842) allmählich im stehenden Heer zurückgedrängt und durch turkstämmige Truppen ersetzt. Zunächst hatte sich al-Mutasim wegen der innerislamischen Unruhen in Bagdad, in die auch die ostiranischen Chorasanier verwickelt waren, eine ihm persönlich ergebene Garde aus turkstämmigen Sklaven geschaffen. Diese zeichneten sich durch besondere militärische Tugenden und Fähigkeiten aus und stellten folglich auch im stehenden Heer einen immer größer werdenden Teil der Truppen. Gegen Ende des 9. Jahrhunderts war man nicht mehr in der Lage, die Kosten für das reguläre Heer und die Garde des Kalifen aus dem Staatshaushalt zu finanzieren (5), zumal die Zeit der großen Eroberungen vorbei war, sodass Beute und Ansiedlung im eroberten Land als Besoldung der Soldaten kaum noch in Frage kamen. Deshalb ging man dazu über, vor allem die Offiziere in Form der Überlassung von Staatsland zu besolden. Dieses Land, das grundsätzlich von der jeweiligen einheimischen Bevölkerung oder von Sklaven bearbeitet wurde, oder die darauf erhobene Grundsteuer (arab. ‚haradsch') überließ man den Offizieren, damit diese daraus ihren eigenen Unterhalt und den ihrer Truppen finanzieren konnten. Angesichts der Befristung dieser ‚Lehen' bis zum Ende der jeweiligen Dienstzeit strebten die Offiziere nach größtmöglichem Nutzen in kurzer Zeit und beuteten die auf ihrem Land ansässigen Bauern entsprechend aus. Diese ‚Feudalisierung des Militärs' hatte also einen ökonomischen Niedergang zur Folge, da den Offizieren im Allgemeinen nicht an Innovationen gelegen war und die sozialen Folgen dieser feudalen Strukturen kaum in ihr Blickfeld gerieten, zumal sie meist einer anderen Ethnie angehörten als die einheimische bäuerliche Bevölkerung. In der Frühphase dieses ‚iqta'-Systems zu Beginn des 10. Jahrhunderts mussten die Offiziere von dem ihnen überlassenen Land oder von den erhobenen Grundsteuern noch den ‚Zehnten' des Ertrages oder der eingenommenen Grundsteuern als obligatorische Armensteuer (arab. ‚zakat') an den Fiskus abführen. Diese Regelung wurde später aufgegeben, was dazu führte, dass der Zentralstaat langfristig den Einblick in die steuerlichen Verhältnisse des jeweiligen Gebietes verlor. Die Offiziere bzw. deren Verwalter nahmen mit der Zeit ausgehend von der Steuererhebung auch staatliche Verwaltungsfunktionen wahr. Hinzu kam, dass vor allem in der Zeit der seldschukischen Oberherrschaft (1055 – Mitte des 12. Jh.s) immer öfter die jeweils höchsten Offiziere in einer Provinz als Militärgouverneure eingesetzt wurden.

In der 2. Hälfte des 12. Jahrhunderts während des Niedergangs der seldschukischen Oberherrschaft über das Bagdader Kalifat verstärkten sich auch schon vorher anzutreffende partikulare Interessen der Militärgouverneure. Diese strebten tendenziell nach einer möglichst großen Unabhängigkeit gegenüber der Zentralgewalt und begriffen sich als Regent eines Fürstentums. Sie versuchten, sich dem unmittelbaren Einfluss oder Zugriff der Zentralgewalt zu entziehen, die während der seldschukischen Oberherrschaft vom Sultan und danach wieder vom abbasidischen Kalifen ausgeübt wurde. Darüber hinaus versuchten die Militärgouverneure ihre Provinz bzw. ihr Herrschaftsgebiet zu vergrößern und okkupierten in der Regel kleinere ‚Pseudo-Fürstentümer', die oft auch ihren Ursprung in der ‚Feudalisierung des hohen Militärs' hatten. Auf diese Weise gewannen die Militärgouverneure an Macht und Einfluss, setzten die Erblichkeit ihrer Position durch und es entstanden neue dynastische Herrschaften. Diese Vorgänge waren von ständigen militärischen Auseinandersetzungen begleitet und zehrten an der Kraft des Zentralstaates. Unter den ständigen militärischen Auseinandersetzungen infolge der Schwäche der Zentralgewalt litten insbesondere die Städte. Da sich in der nachfolgenden Zeit an dieser durch die Wehrverfassung begründeten Feudal- und Herrschaftsstruktur nichts Wesentliches veränderte, erlag das Bagdader Kalifat folglich dem Ansturm der Mongolen und fand 1258 mit der Zerstörung Bagdads sein Ende.

Die dargestellten Folgen der Wehrverfassung samt der ‚Feudalisierung des Militärs' veranlassten – wie bereits erwähnt – einige Vertreter der historischen Islamwissenschaft, in der Wehrverfassung und deren Folgen die Ursache für das Ende des Bagdader Kalifats zu sehen. Darüber hinaus sahen diese Wissenschaftler in den langfristigen Folgen der Wehrverfassung auch eine Ursache für die sich zu Beginn der Neuzeit ausbildende Rückständigkeit des islamischen Orients im Vergleich zum christlichen Abendland. Zu diesen langfristigen Folgen gehörten insbesondere die ökonomischen und mentalen Folgen der Ausbeutung der bäuerlichen Landbevölkerung und der Niedergang der urbanen Kultur infolge der militärischen Auseinandersetzungen mit ihren großen Verlusten an Menschen und materiellen Gütern. An dieser Stelle soll es jedoch nicht um eine ausführliche kritische Würdigung dieser Erklärungsansätze gehen. Es sei lediglich darauf hingewiesen, dass es im mittelalterlichen Europa ähnliche feudale Strukturen gab. Es wäre folglich eine höchst differenzierte vergleichende Analyse der jeweiligen feudalen Strukturen vonnöten, um zu validen Ergebnissen zu kommen, was bislang m. W. noch nicht geschehen ist. Des Weiteren sei daran erinnert, dass der Ausgangspunkt der Wehrverfassung mit ihren sich ausbildenden feudalen Strukturen in den religiösen Auseinandersetzungen in der Mitte des 8. Jahrhunderts begründet lag. In diesen Auseinandersetzungen ging es um die Legitimität des Anspruchs auf das Amt des Kalifen, den die Abbasiden mit Hilfe der chorasanischen Truppen durchsetzten. Hier nahm der Rückgriff auf nichtarabische Truppen seinen Anfang. Hinzu kam, dass die Politik der Bagdader Kalifen wie zuvor schon die der Damaszener Kalifen durch das Selbstverständnis bestimmt wurde, den Islam zu verbreiten und Schutzherr aller Muslime zu sein, was ein entsprechend großes und schlagkräftiges Heer notwendig machte. Dieses Selbstverständnis trug insofern aber auch zum Niedergang des Bagdader Kalifats und letztlich auch zu dessen Untergang bei, als es zu einem Ausgreifen weit in den innerasiatischen und nordafrikanischen Raum führte, was eine ‚Überdehnung' der eigenen Möglichkeiten zur Folge hatte.

Die bisher vorgestellten Erklärungsansätze zeichnen sich dadurch aus, dass weder die islamische Religiosität noch andere Aspekte der Mentalität als Ursache für die spätere Rückständigkeit des islamischen Orients im Vergleich zum christlichen Okzident in den Blick geraten. Im nachfolgenden Erklärungsansatz wird dagegen die allgemeine muslimische Mentalität als Ursache für den ‚Niedergang der islamischen Wissenschaft' angesehen, der seinerseits für die angesprochene Rückständigkeit des islamischen Orients verantwortlich gemacht wird (6). So geht Eberhard Serauky davon aus, dass bereits im Laufe des 12. Jahrhunderts das Interesse an der Wissenschaft und damit auch an Neuerungen und Erfindungen nachgelassen habe. Dies lasse sich unter anderem daran ablesen, dass eine 1387 abgefasste Art Enzyklopädie für die wichtigsten Wissensgebiete der damaligen Zeit erhebliche Mängel aufweise (7). So fänden die wissenschaftlichen Leistungen der sogenannten klassischen Zeit von der Regierungszeit des Kalifen Harun ar-Raschid (786–809) bis zum Beginn des 12. Jahrhunderts kaum Berücksichtigung und die Beiträge zu Mathematik, Geometrie und Naturwissenschaften seien laut Serauky unausgewogen und undifferenziert. Des Weiteren seien im 12. und 13. Jahrhundert vermehrt unzureichend ausgebildete oder gar unfähige Ärzte in Erscheinung getreten (8). Allerdings bietet Serauky keine Erklärung für das nachlassende Interesse an einer guten Ausbildung und an der Wissenschaft.

Der deutsch-ägyptische Politikwissenschaftler Hamed Abdel-Samad sieht dagegen in der seit Ende des 9. Jahrhunderts feststellbaren Verunsicherung aufseiten der damaligen Muslime die Ursache für die seit dem Spätmittelalter feststellbare

Stagnation in der islamischen Wissenschaft (9). Er liest diese Verunsicherung an der Fixierung auf eine ‚buchstabengetreue Auslegung des Korans' ab und konstatiert, dass sie sich in der nachfolgenden Zeit in Krisensituationen wie dem Eindringen der Kreuzritter und der Mongolen verstärkt und zu einer immer stärkeren Fokussierung auf die Religion geführt habe. Man habe sich folglich auch im Bereich der Wissenschaften auf die Theologie und Rechtswissenschaft konzentriert, während Medizin, Mathematik, Geometrie und Naturwissenschaften in den Hintergrund gedrängt worden seien. Folglich habe nach Abdel-Samad bereits im Spätmittelalter im wissenschaftlichen und technischen Bereich die spätere Überlegenheit der Europäer gegenüber den Orientalen ihren Anfang genommen. In der ‚Frühen Neuzeit' sei es im Großen und Ganzen bei dieser Konstellation geblieben und die Überlegenheit der Europäer habe sich nach und nach vergrößert. Aufgrund des geringen Interesses an Naturwissenschaften und Technik seien selbst ‚importierte Neuerungen und Erfindungen' auf Vorbehalte gestoßen und hätten zuweilen trotz ihrer Nützlichkeit keine Anwendung gefunden (10). Diese Geisteshaltung habe im Laufe der Zeit beispielsweise dazu geführt, dass vor der in Erwägung gezogenen Anwendung ‚importierter Technik' des Öfteren eine Begutachtung durch Religions- bzw. Rechtsgelehrte vorgenommen worden sei. Dabei wurde überprüft, ob die Anwendung dieser Technik auch im Einklang mit dem islamischen Glauben gestanden habe. Angesichts der konservativen Ausrichtung des sunnitischen Islam seit Ende des 11. Jahrhunderts habe sich eine solche Begutachtung tendenziell hinderlich auf die Anwendung bekannt gewordener technischer Innovationen in den islamischen Kerngebieten ausgewirkt. Ausgenommen seien nur Neuerungen oder Erfindungen gewesen, die für den militärischen Bereich hätten von Nutzen sein können.

2. Dan Diners ‚Versiegelte Zeit' als Beispiel für die ‚Fruchtbarkeit' des mentalitätsgeschichtlichen Erklärungsansatzes

Einen ähnlichen Ansatz wie den eben referierten mentalitätsgeschichtlichen Erklärungsansatz Abdel-Samads verfolgt auch Dan Diner in seiner Untersuchung ‚Versiegelte Zeit' aus dem Jahr 2007. Er geht davon aus, dass verschiedene dogmatische Festlegungen der islamischen Glaubenslehre gesellschaftliche Wirkungen zeitigten, die er für die neuzeitliche Rückständigkeit des islamischen Orients gegenüber dem westlichen Europa verantwortlich macht. Dan Diner verfolgt also auch insofern einen mentalitätsgeschichtlichen Ansatz, als er nach den Folgen theologischer Entscheidungen fragt, die ihrerseits Ausdruck des damaligen religiösen Bewusstseins – als einem Aspekt der allgemeinen Mentalität – waren. Da in seinen Ergebnissen die ‚Fruchtbarkeit' des mentalitätsgeschichtlichen Ansatzes auf beeindruckende Weise zum Vorschein kommt, werden einige Ergebnisse der Untersuchung Diners ausführlicher referiert. Sein Vorgehen besteht darin, dass er verschiedene dogmatische Festlegungen des spätmittelalterlichen Islam hinsichtlich ihrer Folgen für die neuzeitliche gesamtgesellschaftliche Entwicklung überprüft. So greift er beispielsweise die dogmatische Vorstellung auf, dass der Koran nach spätmittelalterlicher sunnitischer Vorstellung als ‚Rede Gottes' verstanden worden sei und deshalb dem im Koran vorfindbaren Arabisch ein sakraler Charakter eigne (11). Diese Sakralität des koranischen Arabisch habe in der Folgezeit nach Diner dazu geführt, dass das koranische Arabisch vor Veränderungen bewahrt worden sei und in seiner damaligen Form sich im arabischsprachigen Kerngebiet des Islam als alleinige Schriftsprache etabliert habe. Neben dieser Schriftsprache habe es natürlich die gesprochene Sprache gegeben, die der Kommunikation im Alltag gedient habe. Die koranische Schriftsprache habe hingegen als Kommunikationsmittel in religiösen und theologischen Fragen fungiert und habe sich aufgrund ihres sakralen Charakters zur unveränderlichen Hochsprache der Muslime entwickelt. Mit der Zeit haben sich nach Diner im arabischsprachigen Kerngebiet des Islam zwei getrennte Sprachsphären entwickelt, zwischen denen es nur in einem geringen Maße zu einem Austausch gekommen sei. So hätten Alltagserfahrungen kaum Eingang in die arabische Schriftsprache gefunden, sodass ihre Verbreitung und damit ihre allgemeine Nutzanwendung erschwert worden seien. Dies sei für die gesamtgesellschaftliche Entwicklung natürlich von Nachteil gewesen, da es sich bei diesen Alltagserfahrungen durchaus auch um technische Neuerungen gehandelt habe. Bis zum Zeitpunkt der Abfassung seines Buches seien nach Diner in arabischsprachigen Ländern Versuche einer offiziellen Verschriftlichung der Kolloquial- bzw. Volkssprachen verhindert worden.

Des Weiteren habe die Vorstellung, dass es sich beim Koran um ‚göttliche Rede' handele, nach Diner die Einführung des Buchdrucks erschwert. Denn diese Vorstellung impliziere neben der Sakralität der koranischen Sprache und Schrift als solche auch die Exklusivität des Korans als Buch insgesamt, was nach orthodoxer Auffassung den Druck des Korans ausschließe (12). Dies habe darüber hinaus zu einer grundsätzlichen Abneigung gegenüber der Verschriftlichung sowie zur Ablehnung der Herstellung von Büchern und stattdessen zur Entwicklung einer ausgeprägten Kultur des Mündlichen geführt. Als dann doch ungefähr 300 Jahre nach der Erfindung des Buchdrucks in Europa erstmals 1727 im Osmanischen Reich eine Buchdruckerei erlaubt worden sei, seien sakrale Texte ausdrücklich vom Druck ausgenommen worden. Folglich seien Auswirkungen auf die islamische Religion und auf die durch diese geprägte Gesellschaft ausgeblieben, zumal diese in Istanbul gegründete Druckerei bereits 1747 mangels Nachfrage wieder geschlossen worden sei. Ganz anders sei nach Diner die Entwicklung des Buchdrucks im christlichen Abendland verlaufen. So hätten sich insbesondere die Träger der Reformation ausgiebig dieses neuen Mediums bedient. Nach Diner wäre die Reformation ohne dieses Medium nicht erfolgreich gewesen, weil sie auf die ungestörte und massenhafte Verbreitung ihrer reformatorischen Lehren angewiesen gewesen sei. Umgekehrt habe die Reformation auch dem Buchdruck einen mächtigen Impuls gegeben, der noch kraftvoller gewesen sei als der, den zuvor die Renaissance und der Humanismus ausgelöst hätten (13). Dadurch seien eine Art öffentliche Meinung hergestellt und Wissen zu einem öffentlichen Gut gemacht worden, was allererst die europäische Aufklärung ermöglicht habe und für den Aufstieg des Abendlandes von zentraler Bedeutung gewesen sei.

Im Orient bzw. im Osmanischen Reich sei nach Diner eine vergleichbare Entwicklung wegen der bis tief ins 18. Jahrhundert ungebrochenen Ablehnung des Buchdrucks ausgeschlossen gewesen. Diese Ablehnung habe letztlich ihre Ursachen in den erwähnten religiösen bzw. mentalen Vorbehalten gegenüber der Verschriftlichung und in der positiven Haltung gegenüber der mündlichen Überlieferung. Zu diesen Vorbehalten habe auch die Erfahrung beigetragen, dass in der frühen arabischen Schrift kurze Vokale, Vokallosigkeit und Verdoppelung der Konsonanten nicht gekennzeichnet waren und so die Gefahr von Missverständnissen relativ groß gewesen sei. Bei einer durchgängig mündlichen Tradierung eines solchen Textes sei eine derartige Gefahr kaum gegeben, denn durch die richtig überlieferte und immer wieder richtig weitergegebene Intonierung werde das richtige Verständnis des Korans sichergestellt. Aus diesem Grunde sei der Koran denn auch zu rezitieren, wozu der einzelne Muslim von Lehrern angeleitet werde. Auf diese Weise werde er in die ‚Tradition der richtigen Intonierung' und damit auch des richtigen Koranverständnisses gestellt. Außerdem stelle die mündliche Tradierung eine größere Nähe zum Ursprung des Überlieferten her und ermögliche eine Art spiritueller Verbindung mit dem Urheber der Überlieferung. In diesem Zusammenhang verweist Diner auch auf die unterschiedlichen mentalen Wirkungen der schriftlichen Rezeption im Vergleich zur mündlichen Rezeption (14). Bei der mündlichen Tradierung bzw. Rezeption fühlten sich der Tradent und der Rezipient eingebunden in eine Überlieferungskette und empfänden sich ‚lediglich' als ein Glied in dieser Kette. Bei der Rezeption schriftlich fixierter Texte erlebe sich der Leser nach Diner hingegen als Einzelner, der sich den Text aneigne und bei diesem Verstehensversuch auf sich selbst verwiesen sei. Insofern begünstige die Verschriftlichung die Entstehung und Entwicklung des Individualismus, während in Gesellschaften mit überwiegend mündlicher Tradition durch diese Form der Tradierung das Zusammengehörigkeitsgefühl der Menschen gestärkt werde. Diese unterschiedliche Überlieferungskultur bringe eine entsprechend unterschiedliche Akzentuierung von Individualität und Sozialität mit sich, was einen wichtigen Unterschied zwischen dem neuzeitlichen Abendland und den Gebieten des Osmanischen Reiches dargestellt habe und auch für den Aufstieg respektive Niedergang in der jeweiligen Region verantwortlich gewesen sei.

Der sich im Abendland seit der Renaissance und der Reformation ausbildende Individualismus habe nach Diner insbesondere auch im ökonomischen Bereich seine dynamische Kraft entfaltet, was in den islamischen Kerngebieten bzw. im Osmanischen Reich auch deshalb nicht möglich gewesen sei, weil es keine Trennung zwischen Religion und politischer Macht gegeben habe (15). Infolge dieser fehlenden Trennung habe beispielsweise der islamische Staat mit Hilfe von Institutionen und Regularien religiöser Provenienz in das ökonomische Leben eingegriffen und die individuelle Entfaltung der verschiedenen Wirtschaftssubjekte tendenziell eingeschränkt. So habe es bereits seit frühislamischer Zeit eine Marktaufsicht (‚hisba') gegeben, die Maße, Gewichte, die Qualität der Waren und deren Preise kontrollierte. Sie habe auch darüber gewacht, dass religiöse Vorschriften, zum Beispiel die Art der Kleidung, die Einhaltung der Gebetszeiten und die Wahrung der Trennung der Geschlechter, während des Marktgeschehens beachtet worden seien. In der Überwachung der Einhaltung der religiösen Vorschriften durch den von der staatlichen Macht eingesetzten Marktaufseher (‚muhtasib') sieht Diner einmal mehr seine zentrale These von der im Islam anzutreffenden ‚sakralen Imprägnierung des gesamten Lebens' bestätigt. In dieser Kontrollfunktion des Marktaufsehers spiegelten sich zwei dogmenartige Lehraussagen des Islam wider, die Einheit von religiöser und profaner Sphäre sowie die religiöse Bestimmtheit des gesamten Lebens durch die Scharia.

Die ‚sakrale Imprägnierung' habe sich nach Diner im frühneuzeitlichen Osmanischen Reich zum Beispiel auch in der zentralen Vorgabe manifestiert, dass eine allgemeine Bedarfsdeckung das oberste Ziel wirtschaftlichen Handelns zu sein habe. Um dieses Ziel zu erreichen, habe man im Osmanischen Reich auch zur Preisregulierung gegriffen, was aber zu Umgehungstatbeständen und zu weiteren obrigkeitsstaatlichen Reglementierungen geführt habe. Dies sei natürlich einer positiven ökonomischen Entwicklung abträglich gewesen, sei aber letztlich aufgrund religiöser Vorgaben geschehen und eben auch damit legitimiert worden, auch wenn dies andererseits im Widerspruch zur im Islam grundsätzlich anerkannten Vertragsfreiheit des Einzelnen gestanden habe. Um der Preisregulierung im Interesse der allgemeinen Bedarfsdeckung willen sei eine Aussetzung der Vertragsfreiheit jedoch in Ausnahmefällen vorgenommen worden. Dass es sich im Osmanischen Reich bei der Preisregulierung im Sinne einer Festsetzung von Maximalpreisen jedoch nicht nur um eine vorübergehende Erscheinung gehandelt habe, zeige die Einrichtung einer Art Preisregulierungsbehörde (‚narh'), die bis ins 19. Jahrhundert als eine wichtige Institution zur Regulierung des Wirtschaftslebens fungiert habe. Diese staatliche Kontrolle sei nach Diner auch der Grund dafür gewesen, dass im Osmanischen Reich die Entstehung und Entwicklung des Verlagssystems, das in Europa eine Art Vorstufe in der Entwicklung hin zum Merkantilismus dargestellt habe, unterbunden worden sei. Denn man habe befürchtet, über dieses System, in das ja auch der ländliche Raum einbezogen gewesen wäre, keine ausreichende Kontrolle ausüben zu können, wie dies im städtischen Bereich einigermaßen effizient möglich gewesen sei. Nach Diner waren also diese staatlichen Kontrollfunktionen der angemessenen Bedarfsdeckung als religiös fundiertem Ziel wirtschaftlichen Handelns geschuldet. Desgleichen sieht Diner diese angestrebte Bedarfsdeckung auch als Grund dafür an, dass im Osmanischen Reich auf Handelsprotektionismus gegenüber den Europäern verzichtet worden sei, für die dagegen ein solcher Protektionismus in der Zeit des Merkantilismus selbstverständlicher Bestandteil ihrer Wirtschaftspolitik gewesen sei. Auch dies habe sich langfristig als Nachteil für die ökonomische Entwicklung im Osmanischen Reich erwiesen.

3. Begründung für Methode und Anlage der vorliegenden Untersuchung

Wie an den referierten Erklärungsversuchen Dan Diners deutlich geworden ist, sieht er in der ‚sakralen Imprägnierung' der islamischen Gesellschaften einen Grund für die neuzeitliche Rückständigkeit des islamischen Orients gegenüber dem christlichen Abendland. Diner geht von der ‚sakralen Imprägnierung' als Faktum aus und zeigt deren negative Folgen in dem ehemaligen Kerngebiet des Islam bzw. im nachfolgenden Osmanischen Reich auf. Er geht jedoch nicht näher auf den Ursprung dieser ‚Imprägnierung' ein, die sich aus verschiedenen dogmatisierten Glaubensüberzeugungen ergeben habe, zum Beispiel aus dem Verständnis des Korans als ‚göttliche Rede' sowie aus der Vorstellung von der Einheit von religiöser und profaner Sphäre. Um aber den Sinn dieser Glaubensvorstellungen verstehen und deren reklamierten Geltungsanspruch ermessen zu können, bedarf es der Kenntnis des historischen Kontextes ihrer Entstehung und ihrer definitiven Festlegung als Glaubensdogma. Die vorliegende Untersuchung stellt sich dieser Aufgabe und versucht, diesen Kontext zu ermitteln. Auf diese Weise kann eventuell auch geklärt werden, ob die von Diner postulierte ‚sakrale Imprägnierung' in den von ihm thematisierten Ausformungen tatsächlich auch ursprünglich in der von ihm angenommenen Weise religiös motiviert war oder ob sie möglicherweise der kulturellen Tradition oder machtpolitischen Interessen bestimmter Gruppen geschuldet war. Darüber hinaus werden neben den von Diner vorausgesetzten Glaubensvorstellungen auch andere wie beispielsweise die von der göttlichen Prädestination menschlichen Handelns einbezogen. Auf diese Weise soll eine möglichst breite Faktenbasis geschaffen werden, um daraus eine zuverlässige Aussage zur Frage nach den Ursachen für die relative Rückständigkeit der ehemaligen Kernländer des Islam ableiten zu können. Des Weiteren werden auch noch das Rechts- und das Bildungssystem einbezogen, da diese Bereiche in beiden untersuchten Regionen entscheidend durch die jeweilige Religion geprägt wurden und für die gesamtgesellschaftliche Entwicklung grundsätzlich von zentraler Bedeutung sind. Außer durch diese thematische Erweiterung unterscheidet sich die vorliegende Untersuchung von der Diners – wie erwähnt – vor allem dadurch, dass es nicht um die Folgen der ‚sakralen Imprägnierung' geht, sondern um deren Ursachen.

Auch die zuvor erwähnten Erklärungsansätze für die seit Beginn der Neuzeit sich ausbildende Rückständigkeit des islamischen Orients im Vergleich zum christlichen Abendland machen Erweiterungen notwendig, wie die kurzen Kommentierungen zu diesen Ansätzen deutlich gemacht haben. Zum einen wäre um der Überzeugungskraft und Validität einzelner Erklärungen willen ein direkter Vergleich mit der entsprechenden Problematik im christlichen Abendland notwendig, das von der lateinisch-katholischen Form des christlichen Glaubens geprägt wurde. Deshalb werden die Entwicklungen in den Kerngebieten des sunnitischen Islam mit den entsprechenden Vorgängen im abendländischen Christentum verglichen. Zum anderen mangelt es vielen Erklärungsversuchen insofern an einer profunden Analyse, als nicht bedacht wird, dass für das Verhalten der Menschen respektive einer Gesellschaft eine bestimmte Mentalität oder auch religiöse Vorstellung verantwortlich sein könnte. Denn derartige Verhaltensänderungen resultieren nicht immer aus praktischen, politischen oder ökonomischen Erwägungen, sondern sind – zumal in traditionalen Gesellschaften – oft auch von der vorgängigen Mentalität und damit auch von religiösen Vorstellungen geprägt. Die erwähnten Einwände gegenüber den vorgestellten Erklärungsansätzen legen also nicht nur einen Vergleich mit dem abendländischen Christentum nahe, sondern auch den gewählten mentalitäts- bzw. theologiegeschichtlichen Ansatz.

A. Entwicklung des mittelalterlichen Islam bis zum Ende des Bagdader Kalifats 1258

I. Die Entwicklung des Kalifenamtes

1. Mögliche Vorbilder für die Doppelfunktion Mohammeds im medinensischen Gemeinwesen und deren realgeschichtliche Genese

Wie im Vorwort erwähnt wurde, beginnt die vorliegende Untersuchung mit der Darstellung der Entwicklung des Kalifenamtes, in dem sich in besonderer Weise die zentrale islamische Vorstellung von der Einheit des Religiösen und des Weltlich-Profanen manifestiert. Denn ebenso wie Mohammed nahmen die Kalifen als dessen Nachfolger die Doppelfunktion der religiös-geistlichen und der weltlich-politischen Führerschaft wahr. Um dieses Verständnis des Kalifenamtes einordnen zu können, sei zunächst kurz auf die entsprechenden vorislamischen Verhältnisse im Vorderen Orient eingegangen, die Mohammeds Vorstellungen beeinflusst haben könnten. Nach derzeitigem Kenntnisstand kam es im nicht-städtischen Raum des vorislamischen Innerarabiens einschließlich des Hedschaz, dem Ursprungsgebiet des Islam, zu keinerlei Staatenbildung (1). Anders stellte sich die Situation im Süden der arabischen Halbinsel dar, wo es beispielsweise zu Beginn des 6. Jahrhunderts die selbständigen Königreiche Saba und Himyar gab, die aber 525 zunächst abessinische Satrapie und dann 575 bzw. 597 sassanidische Provinz wurden. Auch im Norden und im Nordosten gab es im 6. Jahrhundert zwei halbstaatliche Gebilde, die zwischen dem byzantinischen und dem sassanidischen Reich auf der einen und den innerarabischen Beduinenstämmen auf der anderen Seite eine Art Puffer bildeten. Diese ‚Pufferstaaten' der Ghassaniden und der Lachmiden standen unter byzantinischer bzw. sassanidischer Oberhoheit, wiesen lediglich halbstaatliche Strukturen auf und mussten 582 bzw. 602 der direkten Herrschaft der Byzantiner und Sassaniden weichen. Eine ähnliche Funktion wie diese beiden halbstaatlichen Gebilde besaß eine Konföderation innerarabischer Stämme unter Führung des südarabischen Stammes der Kinda im Übergangsgebiet zwischen Innerarabien und den jemenitischen Königreichen im Süden der Arabischen Halbinsel. Diese Konföderation bestand nur relativ kurze Zeit und zerbrach ungefähr 10 Jahre nach dem Ende der jemenitischen Königreiche.

Einen anderen Charakter als der Hedschaz und Innerarabien wies die politische Organisation Mekkas auf, in die der spätere Prophet Mohammed hineingeboren wurde. ‚Regiert' wurde Mekka von den angesehensten Clanführern des Stammes der

Quraischiten, bei denen meist der Handel eine wichtige Einkommensquelle darstellte, sodass Historiker diese Clanführer als eine Art ‚Kaufmannsadel' bezeichnet haben. Durch diesen Handel gelangten sie vor allem auch deshalb zu besonderem Reichtum, weil bereits das vorislamische Heiligtum der Kaaba und die damit verbundenen Friedenszeiten, die zu bestimmten Zeiten für die Pilger eingerichtet worden waren, ihnen florierende Geschäfte bescherten. Nichtsdestoweniger schuf dieser Kaufmannsadel keinen Stadtstaat im eigentlichen Sinne, weil wichtige staatliche Funktionen von den einzelnen Stämmen bzw. Clans wahrgenommen wurden. So lag beispielsweise die Strafverfolgung, die auf dem Prinzip der Vergeltung (‚lex talionis') bzw. gleichwertigen Entschädigung bis hin zur Blutrache beruhte, in den Händen des Clans der jeweils betroffenen Personen. Auch Aufgaben, die für die gesamte Gemeinschaft von besonderer Bedeutung waren wie zum Beispiel die Wasserversorgung, oblagen bestimmten Clans. Gleiches galt für die Sorge um das Heiligtum der Kaaba (2). Sowohl die gesellschaftlichen Organisationsformen in Mekka – mutatis mutandis darf man diese auch für Medina annehmen – als auch die fehlende Staatlichkeit im Inneren der Arabischen Halbinsel erlauben die Annahme, dass es für die von Mohammed wahrgenommene Doppelfunktion von religiös-geistlicher und weltlich-politischer Führerschaft in seinem unmittelbaren Erfahrungsbereich kein entsprechendes reales Vorbild und keine entsprechende Tradition gab.

Allerdings lebten in der Erinnerung der mekkanischen Bevölkerung Vorstellungen von einer stadtstaatähnlichen Vergangenheit Mekkas. Diese Vergangenheit verknüpften die Mekkaner in ihrer Vorstellung mit Qusayy, dem angeblichen Ahnherrn der Quraisch. Nach diesen Vorstellungen solle Qusayy als Inhaber des wichtigen Priesteramtes an der Kaaba (3) verschiedene Gruppen zum Stamm der Quraisch vereinigt haben. Aufgrund dieser historischen Leistung seien ihm neben den religiösen auch politische Funktionen und Kompetenzen zugewachsen. So sei auch die Obhut über die Kaaba an den vereinigten Stamm der Quraisch gelangt. Er selbst habe auch den militärischen Oberbefehl und die Kontrolle über das von ihm geschaffene Versammlungshaus besessen, wo die politischen Angelegenheiten Mekkas wahrscheinlich von eine Art Ältestenrat (arab. ‚mala') beraten und entschieden wurden. In diesem Versammlungshaus fanden auch wichtige soziale Rituale sowie Gastmähler statt; Heiratsverträge wurden hier abgeschlossen sowie wichtige ökonomische Verträge der mekkanischen Kaufleute aufbewahrt. Die Qusayy zugewachsenen Kompetenzen veranlassten den Islamwissenschaftler W. Dostal dazu, Qusayy als ‚sakralen Stammeshäuptling' zu bezeichnen, weil dieser über politische und religiöse Kompetenzen, also über eine Doppelfunktion, verfügt habe. Mekka büßte seinen stadtstaatähnlichen Charakter allerdings wieder ein, weil Qusayys Erbschaftsregelung nach Dostal zu einer Aufteilung der verschiedenen Funktionen auf seine Söhne und damit zu einer Dekonstruktion seines Amtes und der Organisationsstruktur des damaligen mekkanischen Gemeinwesens geführt habe.

Neben diesen Erinnerungen an eine stadtstaatähnliche Vergangenheit Mekkas und an die Doppelfunktion Qusayys gab es entsprechende reale Vorbilder und Traditionen auch im weiteren Umfeld Mekkas. So verstand sich der oströmische Kaiser als von Gott eingesetzter Herrscher, der sich über die Funktion als weltliche Obrigkeit hinaus von Gott beauftragt sah, für den Erhalt des wahren christlichen Glaubens zu sorgen. Um dies zu erreichen, sah er sich ermächtigt, Abweichungen vom Glauben bzw. Häresien im Vorfeld solcher Entwicklungen durch Einberufung und zielführende Leitung von Konzilien zu verhindern. Diesen Konzilsentscheidungen hatte er denn auch zur Not unter Einsatz staatlicher Gewaltmittel Geltung zu verschaffen. Ein ähnliches Selbstverständnis hatten die sassanidischen Könige, die Regenten der anderen damaligen Großmacht im vorderasiatischen Raum, zur Zeit der Stiftung der islamischen Religion durch Mohammed. Auch hier oblag es dem Regenten, der sich von dem zoroastrischen Hochgott Ahuramazda (pers. ‚Ormuzd') eingesetzt und mit göttlichen Eigenschaften ausgestattet sah, zusammen mit der zoroastrischen Priesterschaft die Rechtgläubigkeit eventuell auch mit staatlichen Zwangsmitteln durchzusetzen. Sowohl der oströmische Kaiser als auch der sassanidische König verfügten jedoch nicht über die Lehrautorität, die in beiden Fällen der jeweiligen Priesterschaft in ihrer Gesamtheit zustand. Dies unterschied folglich die Position dieser beiden Regenten von der Mohammeds, der über die Funktion der weltlichen Obrigkeit hinaus die religiös-geistliche Führerschaft einschließlich der Lehrautorität in religiösen Fragen beanspruchte und auch ausübte. Insofern gab es für diese Mohammed zugestandene Doppelfunktion weder in seinem näheren noch in seinem weiteren zeitgenössischen Umfeld ein entsprechendes reales Vorbild oder eine entsprechende Tradition. Somit konnte lediglich die Erinnerung an Qusayys Position in gewisser Hinsicht als Folie für Mohammeds Führerschaft dienen. Unsicher ist jedoch, ob Qusayy außer der Obhut über den Kaabakult noch weitere darüber hinausgehende religiös-geistliche Kompetenzen besaß. Im Übrigen sei darauf hingewiesen, dass es sich bei den altarabischen Religionen nicht um Schriftreligionen handelte, sondern um auf langer mündlicher Tradition basierende religiöse Vorstellungen. Folglich stellte sich damals auch nicht die für Schriftreligionen zentrale Frage der Interpretation der heiligen Texte, sondern es galt in vorislamischer Zeit ‚lediglich', die Authentizität der mündlich tradierten Religion in der jeweiligen religiösen Praxis zu bewahren. Diese Funktion hatte jedoch einen völlig anderen Charakter als die Interpretation heiliger Schriften und die Umsetzung dieser Interpretation in die religiöse Praxis einer Glaubensgemeinschaft. Andererseits waren Mohammed die jüdische und die christliche Schriftreligion, insbesondere auch die alttestamentliche Figur des Moses und dessen Doppelfunktion, bestens bekannt. Moses könnte also am ehesten Mohammed als Vorbild gedient haben.

Die angesprochene Doppelfunktion Mohammeds hatte faktisch ihren Ursprung in den religiösen Vorstellungen des Propheten Mohammed und in dessen praktisch-politischem Verhalten in Medina nach der Hidschra aus Mekka im Jahre 622 (4). Gerade zu dieser Zeit war es wieder einmal zu Auseinandersetzungen zwischen den in Medina ansässigen arabischen Stämmen Aus und Hazradsch gekommen, weshalb Anhänger dieser Stämme nach islamischer Überlieferung Mohammed als Gesandten Gottes und möglichen Vermittler begrüßten. Diesen Erwartungen entsprechend sorgte Mohammed für einen Ausgleich zwischen den verfeindeten Gruppen. Er schuf in Medina ein Staatswesen auf der Grundlage einer von ihm entworfenen ‚Konstitution', die allseits akzeptiert wurde und alle fürderhin zur Beachtung ihrer Regelungen verpflichtete. Auf diese Weise wurde Mohammed zum Staatsmann und regierte 10 Jahre lang das muslimische Staatswesen von Medina, dem sich im Verlauf dieser 10 Jahre auch große Teile der Bevölkerung der übrigen Arabischen Halbinsel mit ihrem Übertritt zum Islam unterstellten. Die Legitimation für diese Funktion als Staatsoberhaupt leitete Mohammed aus seiner prophetischen Funktion ab, die ihm offenbarten religiösen Vorstellungen zu verbreiten und ein islamisches Gemeinwesen zu begründen. Aufgrund seiner Erfahrungen in Mekka hielt er eine wirkungsvolle Verbreitung seiner Botschaft nur für möglich, wenn die Leitung des zu begründenden Gemeinwesens in seinen Händen lag oder von ihm und seinen Anhängern entscheidend beeinflusst werden konnte. In diese medinensische Zeit fällt nach allgemeiner Auffassung in der Koranforschung folglich der überwiegende Teil der im Koran überlieferten Offenbarungen, die politischer und rechtlicher Natur sind und die die religiöse Begründung für Mohammeds politische Funktion lieferten. Religiös-geistliche und weltlich-politische Funktion verschmolzen zu einem unteilbaren Ganzen, was von nun an für Mohammeds Position bestimmend war. Er konnte foglich nicht nur als religiös-geistliche, sondern auch als weltlich-politische Autorität Gehorsam einfordern. Dieser Gehorsam gebühre nach Sure 4,62 auch Personen, ‚die zu befehlen haben', also über eine göttliche Ermächtigung oder eine des Propheten verfügen. Dies lässt auf ein Herrschaftsverständnis schließen, das als Theokratie bezeichnet werden kann.

2. Zeit der ersten vier ‚rechtgeleiteten Kalifen'

Nach dem Tode Mohammeds stand das von ihm konstituierte Verhältnis von Religion und politischer Herrschaft zwangsläufig vor entscheidenden Veränderungen (5). Denn Mohammeds prophetische Funktion und die daraus resultierende religiöse und auch politische Autorität fehlten jedem denkbaren Nachfolger. Da Mohammed selbst keine Regelungen für die Zeit nach seinem Ableben getroffen hatte, mussten sich seine getreuesten Anhänger sofort dieser Aufgabe stellen. So versammelte sich die Gruppe der sogenannten medinensischen Helfer (‚ansar') an dem Ort Banu Saide, um einen aus ihrer Mitte zum Oberhaupt des Gemeinwesens von Medina zu wählen. Davon erfahrend intervenierte die Gruppe um Abu Bakr, einen der frühesten Anhänger Mohammeds und dessen Schwiegervater. Abu Bakr reklamierte auf einer Versammlung dieser Gruppe das Amt der Nachfolge Mohammeds für einen der Ihren, da nur sie zum Stamm der Quraisch gehörten und Mohammeds Erbe nur einem solchen Stammesmitglied zustehe. Abu Bakr argumentierte also im Sinne der vorislamischen arabischen Tradition und stellte Stammesinteressen in den Vordergrund. Er selbst wurde danach mehrheitlich zum Nachfolger Mohammeds gewählt und erhielt den Titel ‚Nachfolger des Gesandten

I. Die Entwicklung des Kalifenamtes

Gottes' bzw. ‚Kalif'. Ihm sollte ebenso wie Mohammed die Funktion eines religiös-geistlichen und weltlich-politischen Führers des islamischen Gemeinwesens obliegen.

Diese Wahl hatte gleichzeitig Modellcharakter für die nachfolgende Bestimmung eines Kalifen, obwohl es für dieses Verfahren keine Grundlage im Koran gab, sondern diese erst im Nachhinein durch Formulierung entsprechender Hadithe geschaffen wurde (6). Auch die unmittelbar nachfolgenden Kalifen gelangten entsprechend vorislamischer arabischer Tradition in ihr Amt. So bestimmte Abu Bakr selbst Omar als seinen Nachfolger, während dieser gegen Ende seines Kalifats sechs Vertreter aus der Aristokratie der Quraisch beauftragte, nach seinem Tode einen Nachfolger zu wählen. So entwickelte sich im Bewusstsein der damaligen Muslime die Vorstellung, die Führung des islamischen Gemeinwesens stehe Mitgliedern aus der Aristokratie der Quraisch zu. Auf diese Weise traten religiöse Aspekte beim Prozedere der Ernennung eines Kalifen in den Hintergrund, obwohl der Kalif in Anlehnung an Mohammed nicht nur der weltlich-politische, sondern auch der religiös-geistliche Führer der jeweiligen Gemeinschaft war. Die von Omar bestellten sechs Vertreter wählten Uthman aus dem altmekkanischen, zum Stamm der Quraisch gehörenden Clan der Umaiya zum dritten Kalifen. Uthman wurde unter anderem wegen seines angeblichen Nepotismus nach 12-jähriger Regierungszeit von meuternden Soldaten des islamischen Heeres ermordet (7). Kurz darauf wurde Ali, der Cousin und Schwiegersohn des Propheten (s. Anhang III), von den aufständischen Soldaten mit Unterstützung der sogenannten medinensischen Helfer zum Kalifen ausgerufen. Dies stieß jedoch vor allem auf den Widerstand der ehemaligen Anhänger und der Verwandten des ermordeten Kalifen Uthman, die Rache für dessen Ermordung und die Bestrafung der Mörder forderten, worauf sich Ali aber nicht einließ. Infolgedessen kam es zu militärischen Auseinandersetzungen und im Jahre 657 zu der für die weitere Entwicklung des Islam bedeutsamen Schlacht von Siffin. In dieser Schlacht standen sich die Truppen Alis und die des syrischen Provinzgouverneurs Muawiya gegenüber, der als nächster Verwandter Uthmans die Bestrafung von dessen Mörder einforderte. Kurz vor der erwarteten Entscheidungsschlacht verständigte man sich jedoch um der Vermeidung eines weiteren Blutvergießens willen darauf, den Kampf zu beenden und ein Schiedsgericht anzurufen. Dessen Schiedsspruch war offensichtlich so formuliert, dass sich beide Kontrahenten in ihren Auffassungen und Ansprüchen bestätigt sahen. Muawiya wurde daraufhin von seinen Truppen zum Kalifen ausgerufen, was dazu führte, dass Ali sich gezwungen sah, eine militärische Entscheidung des Streits um das Kalifenamt herbeizuführen. Allerdings fiel Ali im Jahr 661 einem Mordanschlag zum Opfer, ehe es zu einer derartigen Entscheidung kam, sodass die wichtigsten Führer der islamischen Gemeinde den Umaiyaden Muawiya als Kalifen anerkannten. Muawiya selbst designierte schon zu seinen Lebzeiten seinen Sohn Jezid öffentlich zu seinem Nachfolger. So wurde aus der bisherigen quraischitischen Wahltheokratie die Erbtheokratie der Umaiyaden. Infolge der Verengung des Kreises potentieller Kalifatsanwärter auf die Dynastie der

Umaiyaden spielten religiöse Gesichtspunkte bei der jeweiligen Bestimmung eines neuen Kalifen eine immer geringer werdende Rolle.

3. Entwicklung des Kalifenamtes zur Zeit der Umaiyaden

Zu Beginn der Herrschaft der Umaiyden waren bereits drei größere Gruppierungen entstanden, die für die religiöse und politische Entwicklung in dem jungen islamischen Gemeinwesen besonders wichtig waren. Zur Entstehung dieser Gruppierungen kam es, als es um die Nachfolge des ermordeten dritten Kalifen Uthman ging (8). In dieser Zeit entstanden die beiden in Opposition zu dem Umaiyaden Muawiya stehenden Gruppen der Aliden und der Charidschiten. Bei den Aliden handelte es sich um die Anhänger Alis, aus denen sich später die verschiedenen schiitischen Gruppierungen (,schiat': Partei) ausdifferenzierten. Sie begründeten ihre Opposition damit, dass nur Ali und dessen Nachkommen einen Anspruch auf das Kalifenamt hätten, weil nur sie über ein entsprechendes Charisma verfügten. Alis Charisma sah man in seiner von ihm behaupteten Beauftragung seitens des Propheten begründet, dessen Nachfolge anzutreten. Alis Söhnen Hasan und Husain schrieb man dagegen ein entsprechendes Charisma zu, weil sie als Söhne Alis und der Prophetentochter Fatima enge Blutsverwandte des Propheten waren. Die Charidschiten, die sich seit dem Schiedsspruch im Zusammenhang der Schlacht von Siffin im Jahre 657 von Ali und seinen Anhängern getrennt (,charadsch': trennen, ausziehen) hatten, vertraten eine völlig andere Position. Sie forderten eine entsprechende religiös-moralische Qualifikation eines zu wählenden Kandidaten als Voraussetzung für die Bekleidung des Kalifenamtes. Aus diesem Postulat leiteten sie auch ein Widerstandsrecht gegen einen Kalifen ab, der diese Qualifikation nicht aufwies oder eine entsprechende Amtsführung vermissen ließ. Sie lehnten also jegliche Form eines irgendeiner Familie oder irgendeinem tribalen Verband zugeschriebenen Erbcharismas ab und traten für eine Wahl des geeignetsten Anwärters ein. Mit dieser Auffassung vertraten sie jedoch angesichts der damals noch ungebrochen wirksamen altarabischen Tradition eine aussichtslose Position. Demzufolge wurde im weiteren Verlauf der Geschichte des Damaszener und Bagdader Kalifats die charidschitische Position als die einer radikalen Minderheit abgelehnt und zeitweise auch als Häresie gebrandmarkt. Die Charidschiten verloren dadurch an Bedeutung und wurden sowohl räumlich als auch religiös ins Abseits gedrängt. Denn sie befanden sich hoffnungslos in der Minderheit und standen in Opposition sowohl gegenüber den Aliden, den späteren Schiiten, als auch gegenüber den Anhängern Muawiyas. Aus dessen Anhängern entwickelte sich dagegen in der Zeit der umaiyadischen Herrschaft die Gruppe, die in der späteren Polemik ihrer Gegner als Murdschiiten (,murdschia': die ,Aufschiebenden', die ,Vertager') bezeichnet wurde. Denn sie maßten sich – auch um der inneren Einheit der muslimischen Gemeinde willen – kein Urteil über die Rechtmäßigkeit oder die Rechtleitung eines Kalifen an, sondern legten dieses Urteil in Gottes Hand (9). Aus dieser Gruppe entwickelten sich nach allgemeiner Auffassung der historischen Islamforschung die späteren Sunniten (10). Deren Selbstverständnis bildete sich natürlich vor allem in der Auseinandersetzung mit Gruppen aus, die abweichende religionspolitische respektive theologische Auffassungen vertraten, zum Beispiel hinsichtlich der Legitimation des Kalifen. Sunnitisches Gruppenbewusstsein ist nach derzeitigem Stand historischer Islamforschung frühestens Anfang des 10. Jahrhunderts klar ausgebildet (11).

Wie bereits angedeutet entwickelten sich aus den zunächst rein politisch motivierten Gruppenbildungen, die sich aus dem genealogischen Denken und dem daraus abgeleiteten Anspruch auf das Kalifenamt speisten, sehr bald sich religiös definierende Gruppierungen. Diese Transformation wurde vor allem dadurch ausgelöst, dass sich die umaiyadischen Kalifen um ihrer Legitimation willen nicht nur als Nachfolger des Propheten, sondern auch als Stellvertreter Gottes verstanden, die sich demzufolge auch mit einer unfehlbaren Erkenntnis hinsichtlich des göttlichen Willens ausgestattet sahen. Dies stieß denn auch auf entschiedenen Widerstand der politischen Gegner, die ihren Widerstand vornehmlich mit entsprechenden theologischen Gegenpositionen begründeten und die erwähnten umaiyadischen Vorstellungen als Anmaßung und Gotteslästerung diskreditierten. In diesem Zusammenhang wurde dann auch die Frage nach dem Verhältnis von menschlicher Willensfreiheit und göttlicher Prädestination diskutiert. Hierzu kam es, als im Umfeld der umaiyadischen Kalifen – als Reaktion auf die Kritik an deren Handeln – die Auffassung vertreten wurde, dass menschliches Verhalten durchgängig von Gott vorherbestimmt sei. Diese also auch theologisch geführten Auseinandersetzungen förderten die Entwicklung eines theologisch und juristsch gebildeten Gelehrtenstandes, der in Konkurrenz zum religiös-geistliche Autorität beanspruchenden Kalifen trat. Die im weiteren Verlauf sich aus dieser Konkurrenz ergebende Infragestellung der religiös-geistlichen Autorität des Kalifen hatte also letztlich ihren Ursprung in den politischen Auseinandersetzungen um die Nachfolge des Propheten. Der Kampf um die Nachfolge wurde seinerseits durch das genealogische Denken ausgelöst und war sowohl durch dieses Denken als auch durch die hinzutretende theologische Argumentation geprägt. Aufgrund der Dominanz des genealogischen Denkens hatte auch das rationale charidschitische Gegenkonzept, das eine Wahl des geeignetsten Kandidaten vorsah, keine Realisierungschance.

Trotz der entstandenen umaiyadischen Erbtheokratie hielt sich im Bewusstsein der islamischen Gemeinde, insbesondere bei den Kritikern der umaiyadischen Herrschaft, die Vorstellung, dass der jeweilige Kalif eine entsprechende religiöse Legitimation und Befähigung besitzen müsse, um seiner geistlichen Leitungsfunktion gerecht zu werden (12). So waren sich gegen Ende der Umaiyadenherrschaft die verschiedenen oppositionellen Gruppierungen darin einig, dass es sich bei der Umaiyadendynastie um eine gottlose Herrschaft handele, die es zu beseitigen gelte. Die höchst heterogene Oppositionsbewegung einte auf ihrer Führungsebene vor allem das Verlangen nach Rache an den umaiyadischen ‚Usurpatoren' für die Opfer ihrer Herrschaft. Hinzu kam die Hoffnung, dass bei der Besetzung des Kalifenamtes eigene genealogische Interessen berücksichtigt und die entsprechenden religiösen Vorstellungen akzeptiert würden. Das Gros der Oppositionsbewegung, insbesondere Angehörige der mittleren Gesellschaftsschicht aus dem irakischen und iranischen Bereich des damaligen Kalifats, hoffte darüber hinaus auf ein Nachlassen des zunehmenden Steuerdrucks und auf mehr Gerechtigkeit bei der Landvergabe (13). Die an diesen konkreten Erwartungen erkennbaren Missstände der umaiyadischen Herrschaft wurden von den jeweils Betroffenen als Ausdruck der Gottlosigkeit dieser Herrschaft gewertet. Ihren für die damaligen Untertanen sichtbarsten Ausdruck fand diese Gottlosigkeit in dem verweltlichten und luxuriösen Lebensstil einiger umaiyadischer Kalifen. Auch deren Selbstverständnis als Stellvertreter Gottes stieß auf Ablehnung, weil es über das bisherige allgemein akzeptierte Verständnis des Kalifen als Nachfolger Mohammeds hinausging und als Anmaßung empfunden wurde. Diese Ablehnung konnte aber erst in einen erfolgreichen Aufstand münden, als die umaiyadische Herrschaft durch interne Nachfolgekämpfe (3. Bürgerkrieg 743–750) geschwächt worden war und die sogenannte haschimitische Bewegung in Abu Muslim einen hervorragenden Organisator des Widerstandes gefunden hatte.

Zur haschimitischen Bewegung, die sich auf Mohammeds Urgroßvater Haschim berief, gehörten auch die Nachkommen von al-Abbas, einem Enkel Haschims. Im Verlaufe des Widerstandes gegen die Umaiyaden grenzten sich die Nachkommen al-Abbas' von den Haschimiten ab und traten als Abbasiden in Erscheinung. Hinter dieser Abgrenzung verbarg sich die Absicht, die Aliden von der Anwartschaft auf das Kalifat auszuschließen (14). Denn bei einer Berufung auf Haschim als Ahnherrn der Bewegung hätten die Aliden die gleichen Ansprüche auf das Kalifat geltend machen können wie die Abbasiden, da sie von Alis Vater Abu Talib, der wie al-Abbas ein Enkel Haschims war, abstammten. Es bedurfte also einer Begründung für den Vorrang der Abbasiden gegenüber den Aliden. Folglich behauptete der abbasidische Kalif al-Mahdi (775–785), dass der Prophet Mohammed seinen Onkel al-Abbas, den Ahnherrn der Abbasiden, ausdrücklich zu seinem Nachfolger bestimmt habe (15). Dass dieser Anspruch ungefähr 100 Jahre später in der Mitte des 8. Jahrhunderts noch berechtigt gewesen sei, erklärte er damit, dass dieses Amt seit al-Abbas bis zum Sturz der umaiyadischen Herrschaft verdeckt in patrilinearer Linie weitergegeben worden sei. Auf diese Weise legitimierten die Abbasiden ihre Beteiligung am Sturz der Umaiyaden, insbesondere aber ihren Vorrang gegenüber den Aliden, die sich auf eine entsprechende Beauftragung Alis durch den Propheten und auf ihr Charisma aufgrund ihrer engen Blutsverwandtschaft mit dem Propheten beriefen. So hatten sich die Abbasiden eine umfassende Herrschaftsideologie geschaffen, die sich auf das Prinzip der patrilinearen Blutsverwandtschaft und auf die persönliche Designation ihres Ahnherrn al-Abbas durch den Propheten Mohammed gründete. Dies zeigt, dass die Abbasiden letztlich nur machtpolitisch und familiendynastisch dachten. Der Sturz der umaiyadischen Dynastie und deren Ablösung durch die Abbasiden stellten also hinsichtlich der Anforderungen an einen Kalifen einen Paradigmenwechsel dar. Denn im Gegensatz zu den Umaiyaden kam bei den Abbasiden die persönliche Designation des Ahnherrn al-Abbas durch den Propheten als exklusive Legitimation hinzu.

4. Wandel des Einsetzungsverfahrens und der Legitimation eines Kalifen bis zum Beginn des abbasidischen Kalifats

Mit dem Wechsel vom umaiyadischen zum abbasidischen Kalifat war die Entwicklung des Einsetzungsverfahrens und der damit verbundenen Legitimation eines Kalifen innerhalb des untersuchten Zeitraums im Wesentlichen abgeschlossen. Bevor das genealogisch-familiendynastische Nachfolgeprinzip für das Kalifenamt durch den Umaiyaden Muawiya eingeführt und von den Abbasiden übernommen wurde, waren bei der Einsetzung der Muawiya vorangegangenen Nachfolger des Propheten andere Verfahren zum Tragen gekommen. Angesichts fehlender Regelungen vonseiten des Propheten wählte eine Gruppe angesehener Männer – es handelte sich um frühe und treue Glaubensgefährten des Propheten – in Anlehnung an die altarabische Tradition den Quraischiten Abu Bakr zum ersten Nachfolger Muhammeds (16). Zuvor hatte Abu Bakr (gest. 634) selbst gefordert, dass nur Quraischiten für die Bekleidung des Kalifenamtes in Frage kommen dürften. Mit dieser Forderung wollte er wohl verhindern, dass sogenannte medinensische Helfer (‚ansar') zu Nachfolgern Mohammeds gewählt wurden. Die Zugehörigkeit zum Stamm der Quraisch als notwendige Bedingung für die Wahl zum Kalifen hatte bis zum Ende des 11. Jahrhunderts Bestand. Abu Bakr selbst designierte denn auch den Quraischiten Omar zu seinem Nachfolger. Diese Designation Omars durch seinen Vorgänger Abu Bakr wurde – wie vergleichbare Designationen auch – zur damaligen Zeit als Sonderfall einer Wahl verstanden (17). Den Charakter einer derartigen Designation als Wahl erklärte al-Mawardi (gest. 1058) in seiner Kalifatstheorie damit, dass eine Wahl auch von einer einzelnen Person vorgenommen werden könne. Die Legitimität einer solchen Wahl sei jedoch nach al-Mawardi an die Bedingung geknüpft, dass sie von einem hoch angesehenen Führer der jeweiligen Gemeinschaft vorgenommen werde, sich an der persönlichen Eignung des Kandidaten ausrichte und die Zustimmung der jeweiligen Gemeinschaft – meist in Form einer Huldigung – finde. Dass diese Bedingungen bei der Designation Omars durch Abu Bakr erfüllt waren, darf man durchaus annehmen. Omar (gest. 644) seinerseits bestimmte ein Gremium von sechs angesehenen Quraischiten, das seinen Nachfolger wählen sollte und das sich zu gegebener Zeit für Uthman als Kalifen entschied. In dieser frühen Phase waren damit die Bedingungen für die rechtmäßige Bekleidung des Kalifenamtes, nämlich die Zugehörigkeit zum Stamm der Quraisch sowie die Designation bzw. Wahl, festgelegt. Diese Bedingungen fanden auch Eingang in die später sich entwickelnde sunnitische Kalifatstheorie.

Anders als die ersten drei Kalifen wurde Ali von sogenannten medinensischen Helfern und seinem Heer zum Nachfolger Uthmans ausgerufen, den er wie dessen beide Vorgänger als Usurpator ansah, weil sich Ali vom Propheten selbst zu dessen Nachfolger bestimmt sah.[1] Nach dem Tode Alis 661 wurde durch dessen Anhängerschaft, die Aliden, deren Begründung für ihren Anspruch auf das Amt des Kalifen insofern verändert, als man auf die enge Blutsverwandtschaft von Alis Söhnen Hasan und Husain mit dem Propheten abhob. Denn diese Söhne stammten aus der Ehe Alis mit Fatima, der Tochter des Propheten, und verfügten in den Augen der Aliden aufgrund ihrer nahen Blutsverwandtschaft mit dem Propheten über ein entsprechendes Charisma. Mit dieser Begründung des Anspruchs auf das Amt des Kalifen gab man in gewisser Weise die bisherige Begründung und die daraus abgeleitete Praxis bei der Besetzung des Kalifenamtes auf. Nicht die Glaubensgefährtenschaft mit dem Propheten und das damit assoziierte persönliche Glaubensengagement (,sabiqa') zur Zeit des frühen Islam, sondern die enge Blutsverwandtschaft (,nasab') mit dem Propheten bildete die notwendige Voraussetzung für die Bekleidung des Kalifenamtes. Diese Auffassung brachte also neben der Abkehr vom sogenannten ,sabiqa-Prinzip' noch eine weitere Veränderung mit sich. Denn die Zugehörigkeit zum Stamm der Quraisch als Voraussetzung für die Bekleidung des Kalifenamtes wurde abgelöst durch die Vorstellung von der familialen Blutsverwandtschaft mit dem Propheten. Diese Vorstellung bzw. das familiendynastische Prinzip sollte den Nachkommen aus der Ehe Alis mit der Prophetentochter Fatima die Anwartschaft auf das Kalifat sichern und wurde zum Ausgangspunkt für die spätere Spaltung des Islam in Sunniten und Schiiten.

Auch Muawiya, der als nächster Verwandter des ermordeten Kalifen Uthman sich als dessen Nachfolger durchgesetzt hatte, war vom genealogisch-familiendynastischen Denken geprägt und designierte gegen Ende seines Kalifats seinen Sohn Jezid zu seinem Nachfolger. Diese Designation und die entsprechende nachgängige umaiyadische Praxis der Designation lassen erkennen, dass sich das genealogische Prinzip, wonach alle männlichen Mitglieder eines Clans erb- und nachfolgeberechtigt waren, tendenziell zum familiendynasischen Prinzip in Form der Vater-Sohn-Nachfolge wandelte. Allerdings hatte sich die Verengung auf die Vater-Sohn-Nachfolge in umaiyadischer Zeit noch nicht als rechtlich prärogative Form der Nachfolge etabliert (18). Dass diese Art der Designation eines Nachfolgers durch den jeweils amtierenden Kalifen bereits zu Beginn der umaiyadischen Dynastie überhaupt möglich war, verweist auf die allgemeine Akzeptanz des patriarchalischen Denkens in der damaligen arabischen Kultur, das in den vorislamischen tribalen Gesellschaftsstrukturen tief verwurzelt war. Wie die Umaiyaden so sahen auch die nachfolgenden Abbasiden das familiendynastische Nachfolgeprinzip in Form der Vater-Sohn-Nachfolge als erstrebenswert an. Diese Form hat sich aber erst seit der

---

[1] Wenn im Folgenden von den rechtgeleiteten Kalifen die Rede ist, sind die ersten vier unmittelbaren Nachfolger Mohammeds gemeint, auch wenn Ali nicht zu jeder Zeit von allen sunnitisch ausgerichteten Muslimen als rechtmäßiger Kalif anerkannt wurde. Die Anhänger Alis bzw. die späteren schiitischen Gruppierungen bezeichneten ihrerseits die ersten drei Kalifen Abu Bakr, Omar und Uthman als ,Usurpatoren' und verweigerten ihnen folglich die Anerkennung.

Zeit des Kalifen al-Mahdi (775–785) als prärogative Form durchsetzen lassen (19). Den Anspruch der Abbasiden auf das Kalifenamt selbst begründete al-Mahdi damit, dass der Prophet Mohammed seinen Onkel al-Abbas, den Ahnherrn der Abbasiden, zu seinem Nachfolger designiert habe. Dieser Anspruch sei dadurch aufrechterhalten worden, dass seit al-Abbas das Amt des Kalifen insgeheim in patrilinearer Linie weitergegeben worden sei bis hin zum ersten amtierenden abbasidischen Kalifen Abu l-Abbas as-Saffah (749–754). Die Vorstellung von Mohammeds Übertragung des Kalifenamtes an al-Abbas und von der patrilinearen Weitergabe dieses Amtes machte die Wahltheokratie der vier ersten Kalifen endgültig zu einer Erbtheokratie.

Die dargestellte Entwicklung während der umaiyadischen und abbasidischen Herrschaft bedenkend, kann die vorangegangene Phase der sogenannten vier rechtgeleiteten Kalifen durchaus als Episode hinsichtlich der Entwicklung des Einsetzungsmodus von Kalifen angesehen werden. Diese Episode mag ihren Grund in der Unsicherheit gehabt haben, in der Mohammed seine Gemeinde hinsichtlich seiner Nachfolge zurückgelassen hatte. Folglich sah man wohl zunächst keine andere Lösung dieser Frage, als sich den engsten Gefährten Mohammeds und deren aus ihrer Gefährtenschaft mit dem Propheten erwachsenen Autorität und Kompetenz anzuvertrauen. Diese Gefährten entschieden sich angesichts der Umbruchsituation des islamischen Gemeinwesens für eine Wahl bzw. Designation der Nachfolger des Propheten durch angesehene Männer. Dabei handelten sie entsprechend altarabischer Tradition. Denn gemäß dieser Tradition bestimmte man im Falle einer Umbruchsituation in der Führung eines Stammes oder Clans einen neuen Führer ebenfalls durch Wahl bzw. Designation seitens angesehener Männer der jeweiligen Gemeinschaft. Solche Umbruchsituationen gab es außer in der Zeit der sogenannten vier rechtgeleiteten Kalifen in islamischer Zeit noch zu Beginn der umaiyadischen und abbasidischen Herrschaft. So wurden sowohl Muawiya als auch Abu l-Abbas as-Saffah von ihren Truppen und von angesehenen Männern ihrer Anhängerschaft zum Kalifen ausgerufen. Die nachfolgende umaiyadische und abbasidische Praxis folgte dann wieder dem ‚Normalfall' der altarabischen Übergabe von Herrschaft, nämlich dem genealogisch-familiendynastischen Prinzip. Seit Muawiyas Designation seines Sohnes Jezid verengte sich dieses Prinzip auf die Vater-Sohn-Nachfolge, und zwar zunächst ‚nur' faktisch, seit dem Abbasiden al Mahdi (775–785) wurde die Vater-Sohn-Nachfolge jedoch zur prärogativen Nachfolgeregelung erhoben. Auch diese Verengung auf die Vater-Sohn-Nachfolge stellte keine vollkommen neue Regelung dar, wie beispielsweise die Erbregelungen Qusayys, des Ahnherrn der Quraisch, zugunsten seiner Söhne zeigen (20).

5. Entwicklung des Kalifenamtes in der Frühphase der Abbasiden

Infolge des familiendynastischen Nachfolgeprinzips gelang es den Abbasiden, fast für ein halbes Jahrtausend das Kalifat mit Angehörigen ihres Geschlechts zu besetzen (750–1258), auch wenn das abbasidische Kalifat zwischenzeitlich unter der Vorherrschaft der Buyiden (946–1055) und der Seldschuken (1055–1157) stand. Während ihrer Herrschaft haben die abbasidischen Kalifen des Öfteren versucht, religiöse Führerschaft für sich zu reklamieren und wahrzunehmen. Besonders ambitioniert war in dieser Hinsicht der abbasidische Kalif al-Mamun (813–833), der sich als Imam-Kalif verstand, für eine rational begründbare Form des Islam eintrat und sich deshalb die Vorstellung der Mutaziliten von einer rationalen Theologie zu eigen machte (21). Aufgrund seines Selbstverständnisses beanspruchte er für sich die religiös-geistliche Autorität in der islamischen Gemeinschaft und trat im Zusammenhang der damaligen theologischen Kontroverse in Übereinstimmung mit den Mutaziliten für die ‚Geschaffenheit des Korans' ein (22). Die traditional ausgerichteten Religions- und Rechtsgelehrten traten dagegen für die ‚Ungeschaffenheit des Korans' ein.

Zu dieser theologischen Auseinandersetzung um den Status des Korans war es im Zusammenhang der Kontroverse um die Gottesvorstellung gekommen. Die an der Glaubenstradition ausgerichteten Gelehrten verstanden die vielen anthropomorphistischen Aussagen über Gott wörtlich und begründeten dies damit, dass es sich beim Koran um eine Rede Gottes handele, die ‚seit Ewigkeit zu Gott gehöre' und die man auch nur im eigentlichen, wörtlichen Sinne verstehen dürfe. Denn eine uneigentliche Aussageweise widerspräche der Vollkommenheit Gottes. Folglich sei auch ein metaphorisches Verständnis des Korans ausgeschlossen. Die Mutaziliten hingegen verstanden insbesondere anthropomorphistische Aussagen über Gott metaphorisch und wiesen die Vorstellung der ‚Traditionarier' zurück, dass der Koran als göttliche Rede ‚seit Ewigkeit zu Gott gehöre'. Denn dies widerspräche der Vorstellung von der inneren Einheit Gottes und bärge die Gefahr, diese Einheit durch Hypostasierung der ‚seit Ewigkeit existierenden Rede' aufzulösen. Folglich verstanden die Mutaziliten den Koran als ‚in der Zeit gesprochene' bzw. ‚geschaffene Rede Gottes', die Mohammed offenbart wurde und die man auch metaphorisch verstehen könne.

Bei dieser Diskussion ging es allerdings nicht nur um ein theologisches Problem, sondern auch um eine machtpolitische Frage. Denn die Art der Lösung dieses Problems entschied auch mit darüber, ob die Interpretation des Korans sinnvollerweise dem Kalifen oder den Religions- und Rechtsgelehrten (den ‚ulama') zuzuweisen sei. Verstehe man den Koran als göttliche Rede, die ‚seit Ewigkeit zu Gott gehöre', dann wäre die Interpretation des Korans sinnvollerweise den Religions- und Rechtsgelehrten anzuvertrauen. Beim mutazilitischen Koranverständnis wäre dagegen ein weitgehend rationales Erfassen des Korans denkbar, sodass auch der (Imam-)Kalif als kompetenter Interpret in Frage käme. Das traditionelle Koranverständnis hätte dagegen die Position der Religions- und Rechtsgelehrten, die seit der Herrschaft Muawiyas (661–680) immer entschiedener die Zuständigkeit für die Interpretation des Korans für sich reklamierten, weiter gestärkt und aufgewertet. Denn das traditionelle Verständnis des Korans als ‚ewige göttliche Rede' erhöhte den Grad der ‚Heiligkeit des Korans' und wertete damit auch den Status des autorisierten

Interpreten dieses Textes auf. Diese Konsequenzen des aufgeworfenen theologischen Problems verliehen folglich dessen Lösung eine entsprechende Brisanz, denn es ging dabei letztlich um das Interpretationsmonopol hinsichtlich des Korans.

Aus diesem Grunde war al-Mamun daran gelegen, dass sich die mutazilitische Doktrin von der ‚Geschaffenheit des Korans' durchsetzte. Daher verpflichtete er die Religions-und Rechtsgelehrten sowie die Richter mit zum Teil inquisitorischen Mitteln auf diese Doktrin. Auch die beiden Nachfolger al-Mamuns setzten dessen Religionspolitik fort, konnten aber den Widerstand oppositioneller Religions- und Rechtsgelehrter letztlich nicht brechen. Folglich gab deren Nachfolger al-Mutawakkil (847–861) im Jahre 855 diese Politik wieder auf und bekannte sich zum Dogma von der ‚Ungeschaffenheit des Korans'. Damit verfolgte er die Absicht, die entstandene Kluft zwischen Kalif und der Gelehrtenschicht sowie dem von dieser beeinflussten Volk wieder zu beseitigen, das die Traditionarier entsprechend unterstützt hatte. Denn die anthropomorphistische Gottesvorstellung der Traditionarier und deren wörtliches Verständnis des Korans entsprachen eher der Mentalität der Mehrheit der gläubigen Muslime als die entsprechenden mutazilitischen Vorstellungen. So traf die philosophisch ‚infiltriert' wirkende Gottesvorstellung der Mutaziliten wohl kaum auf Verständnis bei der Mehrheit der damaligen Muslime. Auch vermochte die Mehrheit der Muslime der einfacheren Begründung der Traditionarier für die ‚Ungeschaffenheit des Korans' eher zu folgen als der spitzfindigen Argumentation, mit der die Mutaziliten die Doktrin von der ‚Geschaffenheit des Korans' zu begründen versuchten.

Mit der Kehrtwende Mutawakkils im Jahre 855 war vor allem auch der von al-Mamun in die Wege geleitete Versuch gescheitert, dem Kalifen die entscheidende religiös-geistliche Autorität in der islamischen Gemeinschaft zu sichern. Dagegen waren die Religions- und Rechtsgelehrten, die ‚ulama', gestärkt aus dieser Auseinandersetzung hervorgegangen. Ihre Übereinkunft (‚idschma') hinsichtlich des Verständnisses konkreter koranischer Aussagen, der Hadithe und damit auch der Scharia war von nun an für den Kalifen verbindlich und musste von ihm bekannt gemacht und umgesetzt werden. Verlierer dieser Auseinandersetzungen waren auch die Mutaziliten, die unmittelbar nach der Kehrtwende des Kalifen Mutawakkil nun ihrerseits verfolgt wurden, und mit ihnen die rationale Theologie, die durch Verlauf und Ausgang dieser Auseinandersetzungen insgesamt diskreditiert war.

6. Entwicklung des Kalifenamtes während der buyidischen und seldschukischen Oberherrschaft (945–1055/1055–1157)

Ungefähr ein Jahrhundert später im Jahre 946 geriet das abbasidische Kalifat unter die Vorherrschaft der Buyiden, einer Familie aus dem südkaspischen Dailam mit drei Söhnen eines Mannes namens Buya an der Spitze. Mitglieder dieser Familiendynastie, die dem Schiismus anhing, gelangten als Militärführer zu Macht und Besitz im Westiran (23). Unter den Buyiden kam es zu einer Entmachtung der abbasidischen Kalifen, denen im Zusammenhang des Regierungshandelns nur noch eine formal-symbolische Funktion zugestanden wurde. Diese Funktion bestand darin, dass sie die jeweiligen buyidischen Emire und die von diesen eingesetzten Richter zu bestätigen hatten. In Phasen schwindender Autorität und Macht der buyidischen Herrschaft hat es jedoch auch Fälle gegeben, in denen ein Kalif die Bestätigung eines Richters erfolgreich verweigerte. So verhinderte beispielsweise der Kalif al-Qadir (991–1031) im Jahr 1003 die Einsetzung eines schiitischen Oberkadis. Dies war wohl nur möglich, weil es infolge der proschiitischen Politik der Buyiden zu sunnitischem Widerstand und damit verbunden zu einer Stärkung des Sunnismus im Irak gekommen war. Die proschiitische Politik zeigte sich für jedermann sichtbar besonders in der Bevorzugung von Schiiten und damit korrespondierend in der Benachteiligung irakischer Sunniten bei der Besetzung öffentlicher Stellen. Der sunnitische Widerstand äußerte sich zunächst in einem verstärkten Engagement sunnitischer Gelehrter und Prediger zugunsten der sunnitischen Vorstellungen vom Islam und mündete zuweilen auch in gewaltsame Auseinandersetzungen zwischen Sunniten und Schiiten in Bagdad.

Als al-Qadir zu jener Zeit auch noch von außen Unterstützung durch Mahmud von Ghazna (998–1030) erhielt, der die Herrschaft über die iranischen Gebiete östlich des Buyidenreiches errungen hatte und sich als Schutzherr des sunnitischen Glaubens verstand, wagte es al-Qadir trotz buyidischer Oberherrschaft, im Jahre 1017 eine Art sunnitisches Glaubensbekenntnis zu proklamieren (s. Anhang I). Mit diesem Glaubensbekenntnis, das als ‚Qadirija' in die islamische Theologiegeschichte einging, machte al-Qadir seinen geistlichen Führungsanspruch geltend (24). Dieses Glaubensbekenntnis reflektierte die theologische Diskussion der damaligen Zeit und verfolgte das Ziel, vor allem schiitische und mutazilitische Vorstellungen zugunsten der sunnitischen Theologie zurückzudrängen, die zu jener Zeit durch hanbalitische und ascharitische Vorstellungen geprägt war. Ascharitisch war die in der ‚Qadirija' formulierte Forderung nach einer lebenslangen absichtsvollen Gestaltung des Lebens aus dem Glauben heraus (25). Desgleichen war auch die in diesem Glaubensdokument vertretene Vorstellung ascharitisch, dass nur der Inhalt, d. h. die Botschaft des Korans, nicht aber dessen Laut- oder Buchstabengestalt und damit das konkrete Buch als göttlich verstanden wurden, wie dies bei den Hanbaliten der Fall war (26). Auch die Abgrenzung gegenüber der ‚Muschabbiha', also der Gruppierung, die eine extreme anthropomorphistische Gottesvorstellung vertrat, musste man als Ausdruck der ascharitischen Gottesvorstellung und als Kritik an extremen Hanbaliten verstehen. Denn diese vertraten ebenfalls ein naives anthropomorphistisches Gottesbild, was ihnen vonseiten der Aschariten den Vorwurf der ‚Verähnlichung' Gottes mit den Menschen einbrachte. Ansonsten prägten hanbalitische Vorstellungen die ‚Qadirija'. So habe sich islamischer Glaube in der Beachtung der Glaubensvorschriften der Scharia und im Festhalten an der Gemeinschaft der Muslime zu vollziehen. Diese Gemeinschaft habe sich ihrerseits an der Urgemeinde zur Zeit der

Propheten zu orientieren. An den inhaltlichen Bestimmungen wird auch deutlich, dass die ‚Qadirija' vor allem auch eine massive Kritik an den Mutaziliten darstellte. So wurde deren Vorstellung von der ‚Geschaffenheit des Korans' insgesamt ebenso abgelehnt wie das metaphorische Verständnis der Eigenschaften Gottes. Desgleichen stießen die von den Mutaziliten postulierte Willensfreiheit des Menschen sowie die damit verbundene Ausrechenbarkeit des jenseitigen Schicksals des einzelnen Menschen auf Ablehnung. Die Schärfe und Entschiedenheit dieser Ablehnung der mutazilitischen Vorstellungen manifestierte sich darin, dass diese Vorstellungen als häretisch bezeichnet wurden und man deren Anhänger als der Verdammung anheimfallend betrachtete (27).

Die ‚Qadirija' wurde im Palast des Kalifen proklamiert sowie in den Moscheen verlesen und sollte den sunnitischen Glauben des Volkes stärken und gegenüber häretischen Auffassungen positiv abgrenzen. Dabei lag dem Kalifen al-Qadir offensichtlich vor allem an einer Stärkung des sunnitischen Glaubens des einfachen Volkes, das er auch durch das Zur-Schau-Stellen einer volkstümlichen Frömmigkeit für sich zu gewinnen versuchte. So lebte er beispielsweise asketisch, suchte oft Heiligengräber auf und durchwachte oft Nächte in Andacht. Im Jahre 1029 wurden Richter, Notare und Prediger auf dieses Glaubensbekenntnis vereidigt, das sich also vor allem gegen die Mutaziliten, aber auch gegen schiitische Gruppierungen richtete. Wie an den erwähnten Inhalten abzulesen ist, handelte es sich bei dem als Staatsdogma verkündeten Glaubensbekenntnis um eine Mischung von hanbalitischen und ascharitischen Vorstellungen. Unter anderem deshalb kam es auch zu innersunnitischen Spannungen zwischen Hanbaliten und Aschariten, die von Gelehrten beider Gruppierungen zum Teil forciert wurden und so auch zu gewaltsamen Auseinandersetzungen führten. Diese innersunnitischen Auseinandersetzungen kamen damals zu denen zwischen Sunniten und Schiiten hinzu, die schon zu Beginn von al-Qadirs Regierungszeit in Bagdad gang und gäbe waren.

Auch al-Qadirs Sohn und Nachfolger al-Qaim (1031–1075) setzte diese Religionspolitik fort, indem er im Jahr 1042 das von seinem Vater proklamierte Glaubensbekenntnis ausdrücklich bekräftigte und abermals die Religions- und Rechtsgelehrten auf dieses Dekret verpflichtete und auf seine Religionspolitik einschwor. Diese Religionspolitik setzte also eindeutig auf das Sunnitentum, das al-Qaim wie sein Vater als eine einheitliche Bewegung betrachtete. Motiviert war diese Parteinahme al-Qadirs und seines Nachfolgers al-Qaim zugunsten der Sunniten dadurch, dass diese zu jener Zeit die Glaubensmehrheit in der Bagdader Bevölkerung stellten und sich die beiden Kalifen von dieser Parteinahme eine Stabilisierung ihrer Herrschaft versprachen. Begünstigt oder überhaupt erst ermöglicht wurde diese Vorgehensweise durch den damaligen Niedergang der buyidischen Herrschaft über das Bagdader Kalifat, deren Träger den Schiiten zuneigten und über diese schützend ihre Hand gehalten hatten. Die Parteinahme al-Qadirs und seines Nachfolgers al-Qaim zugunsten der Sunniten implizierte also nicht nur eine entschiedene Ablehnung mutazilitischer Theologie, sondern gleichzeitig vor allem auch eine Ablehnung der schiitischen Glaubenslehre. Diese Ablehnung führte auch zu einem Eingreifen der beiden Kalifen in die damaligen Auseinandersetzungen zwischen Sunniten und Schiiten in Bagdad. Die Schiiten waren demzufolge neben den Mutaziliten die Verlierer der von al-Qadir und al-Qaim betriebenen Religionspolitik, die ihre theologische Rechtfertigung in der ‚Qadirija' gefunden hatte und auch nicht vor Verfolgung und Gewalt zurückschreckte.

Die Durchsetzung dieser Religionspolitik bestand also nicht nur darin, dass die Religions- und Rechtsgelehrten auf die ‚Qadirija' eingeschworen wurden, sondern auch im gewaltsamen Vorgehen gegen die in der ‚Qadirija' ausgemachten häretischen Gruppierungen. In besonders radikaler Weise geschah dies durch Mahmud von Ghazna. Dieser hatte sich die Macht eines abbasidischen Provinzgouverneurs im Gebiet des heutigen Ostiran sowie im Gebiet östlich davon bis zum Indus und im Norden bis zum Oxus, dem heutigen Amudarja, angeeignet. Er ließ viele solche angeblichen Häretiker vertreiben, verschleppen und auch kreuzigen. Im Jahr 1029 eroberte Mahmud auch westiranische Gebiete, die zuvor unter buyidischer Herrschaft gestanden hatten und in denen folglich besonders viele Schiiten lebten. Hier ging er ähnlich radikal vor und ließ in Raiy, der Residenz des dortigen buyidischen Emirs, die Ismailiten bzw. Siebenerschiiten[2] kreuzigen, während die Mutaziliten und Zwölferschiiten verschleppt wurden. In Bagdad selbst nahm die Umsetzung der Religionspolitik al-Qadirs und al-Qaims im Allgemeinen nicht derartig gewaltsame Formen an, da sich hier die Umsetzung vornehmlich in Form von Auseinandersetzungen zwischen den Gelehrten der verschiedenen religiösen Gruppierungen vollzog. Als konsequenter Verteidiger der ‚Qadirija' trat der Rechtsgelehrte Scharif Abu-Dschafar (gest. 1077) in Erscheinung. Er opponierte gegen den am Nizamiyya-Kollegium in Bagdad ascharitische Doktrinen predigenden Gastprofessor al-Quschayri und erreichte dessen Verzicht auf diese Professur. Dies führte im Verlauf dieser Auseinandersetzungen zur Aktivierung der rivalisierenden Parteien und wurde von mehreren Zwischenfällen begleitet. Andere Gelehrte wie beispielsweise Ibn Aqil wurden von Scharif Abu-Dschafar gezwungen, ihre von der ‚Qadirija' abweichenden Vorstellungen öffentlich zu widerrufen, um eine Lehrtätigkeit an der Bagdader Hauptmoschee wahrnehmen zu können. Scharif Abu-Dschafar stand auch an der Spitze der antiascharitischen Volkserhebung in Bagdad im Jahre 1068. An diesen Auseinandersetzungen wurde deutlich, dass al-Qadirs Glaubensdekret, das ja auch kritische ascharitische Einwände gegen extreme hanbalitische Auffassungen enthielt, zunehmend als Dokument eines hanbalitischen Sunnismus rezipiert wurde.

---

[2] Bei den Ismailiten handelte es sich um eine schiitische Gruppierung, die sich nach dem Tode des sechsten schiitischen Imams Dschafar as-Sadiq im Jahre 765 von der Mehrheit der Schiiten abspaltete. Dazu kam es, weil sie nicht den von der Mehrheit der Schiiten eingesetzten siebten Imam Musa al-Kazim, einen Sohn Dschafar as-Sadiqs, anerkannten. Denn sie glaubten, dass Dschafar seinen Sohn Ismail zu seinem Nachfolger und siebten Imam bestimmt habe. Da Ismail aber 10 Jahre vor seinem Vater verstorben war, hätten damals folglich die Nachkommen Ismails Anspruch auf das Imamat, das Pendant zum sunnitischen Amt des Kalifen, gehabt. Später wurden die Ismailiten in Abgrenzung zu den Zwölfer-Schiiten, die an Musa al-Kazim als siebten Imam und fünf weitere Imame glaubten, als Siebener-Schiiten bezeichnet (vgl. hierzu auch Heinz Halm, Die Schiiten, S. 27 f.).

Folglich trugen diese Auseinandersetzungen auch zur Profilierung der ‚siegreichen' hanbalitischen Religions- und Rechtsgelehrten bei und steigerten deren Einfluss. Dies wiederum relativierte die Bedeutung des Kalifenamtes in Bezug auf Glaubensfragen. Denn nicht die beiden Kalifen al-Qadir und al-Qaim, die diese Auseinandersetzungen um das rechte Islamverständnis ausgelöst hatten, entschieden diese Frage, sondern die Religions- und Rechtsgelehrten zusammen mit der von ihnen überzeugten Mehrheit der Bagdader Muslime.

Ergebnis der Religionspolitik al-Qadirs und al-Qaims war zum einen, dass die von Mahmud von Ghazna eroberten Gebiete des heutigen Iran einen großen Teil der ehemals schiitischen Bevölkerung durch Tötung, Vertreibung und Verschleppung verloren. Ein Teil der Schiiten hat wohl auch einen – mehr oder weniger erzwungenen – Wechsel zum sunnitischen Glauben vorgenommen. Zum anderen führte diese Religionspolitik zur Marginalisierung der Mutaziliten zu einem unbedeutenden kleinen Kreis gebildeter Gelehrter, deren Vorstellungen auf keine nennenswerte Resonanz mehr in der Bevölkerung stießen. Folglich hätten die Ascharriten, die zuweilen in den Quellen – manchmal wohl auch in polemischer Absicht – als Mutaziliten bezeichnet bzw. diskreditiert wurden, zum einzig verbliebenen relevanten Träger rationaler Theologie werden können. In der 2. Hälfte des 11. Jahrhunderts gerieten allerdings – wie erwähnt – auch die Ascharriten infolge der durch die Religionspolitik al-Qadirs und al-Qaims ausgelösten Auseinandersetzungen mit den radikalen Sunniten ins Abseits, insbesondere durch die von Scharif Abu-Dschafar angezettelte Volkserhebung von 1068. Vor dieser Erhebung waren sie bereits durch verschiedene Aktionen radikaler Sunniten, zum Beispiel Verdächtigungen und Anschwärzen bei den Behörden wegen Verstoßes gegen die Lehren der ‚Qadirija', in ihrer Position geschwächt worden. Al-Qadirs und al-Qaims Religionspolitik trug folglich entscheidend zur Stärkung des hanbalitischen Sunnismus im irakischen Gebiet, insbesondere in Bagdad, bei. Hinzu kam infolge des erwähnten Vorgehens Mahmud von Ghaznas die stärkere Verbreitung des Sunnismus im iranischen Raum, was die Position des Sunnismus im damaligen Bagdader Kalifat insgesamt stärkte. Dass diese kalifale Religionspolitik zugunsten der Sunniten möglich war, obwohl die schiitisch ausgerichteten Buyiden von 946 bis 1055 die Oberherrschaft im Bagdader Kalifat innehatten, ist wohl vor allem auch darauf zurückzuführen, dass die Buyiden während ihrer gesamten Oberherrschaft sich dieser nicht besonders sicher waren. Bezeichnenderweise räumten sie denn auch den abbasidischen Kalifen während ihrer Oberherrschaft die formal-symbolische Funktion ein, sie als Großemir in ihr jeweiliges Amt einzusetzen. Die Buyiden meinten offensichtlich, auf diese Art Legitimation durch den sunnitischen Kalifen aus Rücksicht auf die sunnitische Mehrheit im Kerngebiet des Kalifats nicht verzichten zu können.

Diese formal-symbolische Funktion des abbasidischen Kalifen wurde auch unter den nachfolgenden Seldschuken beibehalten. Diese lösten 1055 die buyidische Oberherrschaft in Bagdad ab, nachdem sie zuvor die Ghaznawiden aus den iranischen Gebieten des Kalifats verdrängt hatten (28). Toghril, der erste seldschukische

Herrscher im abbasidischen Kalifat, verstand sich selbst als Erneuerer des Islam im Sinne des Sunnismus und als dessen Verteidiger gegen jegliche Häresie. Dies implizierte offensichtlich in den Augen Toghrils auch einen Anspruch auf Wahrnehmung religiöser Funktionen. Aufgrund seines Selbstverständnisses wünschte Toghril auch eine formelle Einsetzung in sein Amt vonseiten des Kalifen, wie es bereits bei den buyidischen Großemiren Praxis geworden war. Dies geschah im Februar 1058, allerdings in etwas abgewandelter Form. Nachdem der Kalif al-Qaim Toghril die Insignien sultanischer Macht überreicht hatte, stellte er ihm den Wesir al-Kunduri als seinen Abgesandten und Stellvertreter zur Seite, dem er in dieser Situation angeblich ein Stück Stoff aus dem Prophetenmantel als Zeichen kalifaler Autorität überreichte. Mit dieser Aktion wollte al-Qaim zunächst wohl deutlich machen, dass er als Kalif nicht nur der Ursprung politischer Macht, sondern insbesondere auch der Ursprung jeglicher religiös-geistlicher Autorität sei (29). Darüber hinaus zielte diese Aktion auf eine Beschränkung der Macht des Sultans ab, da nicht diesem, sondern dessen Wesir die religiös-geistliche Autorität und die daraus ableitbaren Funktionen übertragen worden waren. Folglich war dem Sultan nur die politische Herrschaft zugedacht. Dieses Vorgehen kann als Ausdruck des seit al-Qadir wieder gewachsenen Selbstbewusstseins der abbasidischen Kalife und möglicherweise auch als Hinweis auf eine gewisse Skepsis gegenüber dem Turkmenen Toghril gewertet werden. Allerdings wurde diese Zweiteilung offensichtlich von Toghril sehr bald wieder rückgängig gemacht, da er am 1. Januar 1060 seinen bisherigen Ehrennamen ‚Rukn ad-Daula' (‚Säule des Reiches') zu ‚Rukn ad-Din' (‚Säule der Religion') abwandelte (30). Auch ist nach derzeitigem Kenntnisstand nicht überliefert, dass es hinsichtlich Toghrils Nachfolger Alp Arslan (1063 – 1072) und dessen Wesir Nizam al-Mulk zu einer ähnlichen Zweiteilung gekommen sei. Somit kann man davon ausgehen, dass es sich bei al-Qaims Vorgehen gegenüber Toghril um eine Ausnahme gehandelt hat.

Obwohl also dem Wesir Nizam al-Mulk (ermordet 1092) nicht in Sonderheit religiös-geistliche Aufgaben anvertraut worden waren, hat er einen wichtigen Beitrag zur Entwicklung des Islam geleistet (31). Dabei verfolgte er vor allem das Ziel, die religiösen Spannungen im Kalifat abzubauen, da es auch während seiner Amtszeit insbesondere in Bagdad zu gewaltsamen religiösen Auseinandersetzungen gekommen war. So gab er seine anfängliche Förderung der Aschariten, die zuvor seit 1048 von seinem Vorgänger al-Kunduri noch verfolgt worden waren, auf und mischte sich auch nicht in die Auseinandersetzungen zwischen Hanbaliten und Aschariten ein. Stattdessen konzentrierte er sich auf die Ausbildung der Religions- und Rechtsgelehrten. So richtete er beispielsweise in Bagdad eine Art Hochschule (‚madrasa') ein, an der vor allem Rechtsgelehrte im Sinne des sich entwickelnden Sunnismus ausgebildet werden sollten, aus denen man die Führungsschicht des Kalifats rekrutieren wollte. Vor der Schaffung dieses Typs von Hochschule in der 2. Hälfte des 11. Jahrhunderts fanden theologische und juristische Bildung und Ausbildung im Allgemeinen in Moscheen, aber auch in Privathäusern statt (32). Träger dieser ‚höheren' Bildung und Ausbildung, der grundsätzlich die Teilnahme am Unterricht in einer Koranschule voraus ging, waren in beiden Fällen Privatgelehrte. Diese versammelten interessierte Schüler im Bereich einer Moschee um sich oder erteilten Unterricht im privaten Kreis. Die Privatgelehrten waren in ihrer Lehre relativ frei, mussten sich aber in der Konkurrenz mit anderen Privatgelehrten bewähren.

Dass Nizam al-Mulk neben den Hochschulen, die mittlerweile in verschiedenen Formen Moscheen angegliedert waren, die neue Form der Madrasa ins Leben rief, hatte wohl vor allem zwei Gründe. Zum einen ging es ihm darum, den Kampf gegen die Schiiten mit Hilfe gut ausgebildeter und zuverlässiger Religions- und Rechtsgelehrter zu führen, die vor allem das religiöse Recht der Scharia und deren Bedeutung für den Alltag überzeugend vermittelten und auch als künftige Staatsbeamte und Richter durchsetzten. Zum anderen war es ihm als Wesir des seldschukischen Sultans besonders wichtig, die Kontrolle über die Ausbildung der künftigen Religions- und Rechtsgelehrten anstelle des abbasidischen Kalifen selbst auszuüben. Dies versuchte er zu erreichen, indem er dem von ihm konzipierten Typ von Madrasa den Status einer autonomen privaten Stiftung (‚waqf') verlieh und damit dem Zugriff des Kalifen entzog. Zwar handelte es sich zu jener Zeit bei den einer Moschee angegliederten Hochschulen – neben den kalifalen Gründungen – oft auch schon um private Stiftungen, doch hinsichtlich der Rechte des jeweiligen Stifters gab es aufgrund des andersgearteten Status einen gravierenden Unterschied. Bei einer privat gestiften Hochschule, die einer Moschee angegliedert war, stand aufgrund damaligen Rechts die Ernennung der Professoren letztlich dem Kalifen in seiner Funktion als Kalif zu. Bei den von Nizam al-Mulk initiierten Madrasen besaß dagegen der Stifter bzw. dessen Nachfolger dieses Recht. Insofern hatte also der seldschukische Wesir Nizam al-Mulk die bei einer ‚Moschee-Hochschule' geltende Prärogative des abbasidischen Kalifen umgangen. Dies lag sicherlich auch im Interesse seines Herrn, des seldschukischen Sultans, dem es nun wie seinem Wesir und anderen Angehörigen seines Herrschaftsapparates möglich war, solche Madrasen zu stiften. Allerdings konnte auch der Kalif eine solche Madrasa oder eine entsprechende Stiftung gründen.

An die von Nizam al-Mulk gegründete Bagdader Madrasa, die zu Ehren ihres Gründers ‚Nizamiyya' genannt wurde und der weitere Madrasen im Kalifat folgten, berief al-Mulk prominente Gelehrte, unter anderem auch al-Dschuwaini und al-Ghazali. Mit Hilfe der in diesen Madrasen ausgebildeten Gelehrtenschicht wollte al-Mulk den sunnitischen Islam als Staatsreligion etablieren. Diese Gelehrtenschicht sollte den Kampf gegen die Ungläubigen und häretische Gruppierungen ausfechten und der rechtgläubigen muslimischen Bevölkerung Sinn und Umfang der Scharia vermitteln. Auf diese Weise sollten die Religions- und insbesondere die Rechtsgelehrten zur staatstragenden Funktionselite des Kalifats avancieren. Instrumente, um dieses Ansinnen zu verwirklichen, waren vor allem das Recht der Berufung der jeweiligen Lehrer durch den Stifter sowie die Einrichtung von Herbergen, in denen die Studierenden untergebracht waren. Finanziert wurden diese Madrasen im Allgemeinen aus den Erträgen des Stiftungskapitals, das eigens für ihre Einrichtung und Unterhaltung vonseiten privater und meist zur Herrschaftselite gehörender Stifter zur

Verfügung gestellt wurde. Aus diesen Erträgen wurden die Gehälter der Lehrer sowie Stipendien für die Studierenden und die Kosten für deren Beherbergung finanziert. In der Frühphase dieser Bildungseinrichtungen bestimmten die Stifter auch, aufgrund welcher Rechtslehre bzw. -doktrin ('madhab') der Unterricht an 'ihrer' Madrasa stattzufinden habe. So wurden beispielsweise an die von Nizam al-Mulk gegründete Madrasa zunächst nur Vertreter der schafiitischen Rechtslehre berufen.

Auf diese Weise versuchte also Nizam al-Mulk mit Hilfe eines einheitlichen Glaubens den inneren Frieden zu sichern. Allerdings gelang es ihm nur in Ansätzen, einen allgemeinen religiösen Konsens herzustellen. Denn Teile der Ascharitan als auch der Zwölferschiiten, um deren Einbeziehung sich al-Mulk in besonderer Weise bemüht hatte, verweigerten sich diesem Ansinnen. Die Siebenerschiiten bzw. Ismailiten hatte al-Mulk dagegen von vornherein selbst ausgeschlossen, da diese in seinen Augen aufgrund ihrer radikalen Theologie für einen derartigen Konsens nicht in Frage kamen. Auch hatten die Ismailiten im ägyptischen Fatimidenreich, das als bewaffnete Gegenmacht zur seldschukischen Herrschaft in Bagdad auftrat, eine politische Heimat gefunden. Nichtsdestoweniger stärkten al-Mulks Maßnahmen, die aus Rücksicht auf die sunnitische Mehrheit in Bagdad erfolgten, die Position der Sunniten im Bagdader Kalifat insgesamt. Dies findet seinen Ausdruck auch darin, dass in dieser Zeit das Sektenbuch von al-Isfaraini (gest. 1071) verfasst wurde, wonach entprechend einem angeblichen Prophetenwort der Islam in 73 Richtungen zerfalle, von denen aber nur eine, nach al-Isfaraini nämlich die sunnitische, zum Heil führe.

7. Kalifenamt in der Spätphase des Bagdader Kalifats unter an-Nasir (1180–1225)

Ungefähr ein Jahrhundert nach Nizam al-Mulk sah sich der Kalif an-Nasir (1180–1225) mit ähnlichen Problemen konfrontiert wie seinerzeit al-Mulk. Auch er wollte die immer noch in Bagdad bestehenden Konflikte zwischen den verschiedenen islamischen Gruppierungen um der Stärkung seiner Position willen beenden, indem er versuchte, diese Gruppierungen zusammenzuführen (33). Dabei kam ihm entgegen, dass aufgrund der entsprechenden Praxis im Bewusstsein der Muslime die Vorstellung erhalten geblieben war, dass der Kalif die Quelle der Legitimation politischer Macht sei und dass der Sultan auf die formelle Investitur in sein Amt durch den jeweiligen Kalifen angewiesen sei. Deshalb war es an-Nasir nach dem Ende der seldschukischen Herrschaft ohne größere Schwierigkeiten möglich, wieder als souveräner Herrscher und Führer der muslimischen Gemeinschaft zu fungieren. Allerdings galt dies uneingeschränkt nur für den Irak als dem Kernland des ehemaligen abbasidischen Kalifats, das ansonsten in kleinere Territorialfürstentümer zerfallen war. An-Nasir versuchte folglich zunächst in seinem unmittelbaren Herrschaftsgebiet die Sunniten und Zwölferschiiten als die beiden größten Gruppierungen wieder zusammenzuführen. So hielt er enge Kontakte zu bekannten Aliden, ernannte Schiiten zu Wesiren und hochrangigen Beamten und ließ schiitische Bauten renovieren. Die Sunniten versuchte er durch die Übertragung von Predigerstellen und Professuren für sich einzunehmen. Darüber hinaus trat er als Tradent von Prophetenhadithen auf und hob auch so die religiöse Kompetenz bzw. Funktion des Kalifen wieder ins Bewusstsein seiner Zeitgenossen. Die Mutaziliten ließ an-Nasir allerdings verfolgen und deren Schriften verbrennen, was das Ende dieser Gruppierung und deren Form islamischer Theologie darstellte. Ziel seiner Politik war es, eine einheitliche islamische Glaubensgemeinschaft unter sunnitischen Vorzeichen und unter kalifaler Führung zu schaffen. Allerdings waren angesichts der Eroberung Bagdads durch die Mongolen im Jahre 1258 seine Regierungszeit und die seiner abbasidischen Nachfolger zu kurz, um dieses höchst ambitionierte Unterfangen zu verwirklichen. Nichtsdestoweniger wurde durch diese Politik an-Nasirs die Vorstellung von einer einheitlichen islamischen Gemeinschaft unter kalifaler Führung nach dem Ende der ungefähr 100-jährigen seldschukischen Fremdherrschaft über das Bagdader Kalifat im verbliebenen ‚Restkalifat' an-Nasirs wieder (stärker) ins Bewusstsein gehoben.

8. Kalifatstheorien

Parallel zur realgeschichtlichen Entwicklung kam es angesichts der buyidischen und seldschukischen Fremdherrschaft über das Bagdader Kalifat auch zu theoretischen Reflexionen über die Bedeutung des Kalifenamtes. Denn diese Fremdherrschaft, die ja den Verlust der weltlich-politischen Funktion der seinerzeitigen Kalifen mit sich brachte, warf die Frage auf, inwiefern sich die Akzeptanz dieser fremdländischen Usurpation der weltlichen Macht rechtfertigen lasse. In der Praxis sollte mit Hilfe der durch den Kalifen vorgenommenen Investitur des buyidischen Großemirs bzw. des seldschukischen Sultans in ihr Amt der Anschein erweckt werden, als verfüge der Kalif auch in Zeiten der Fremdherrschaft über die Oberhoheit im Kalifat. Der Staatstheoretiker al-Mawardi (974–1058), einer der bedeutendsten islamischen Staatstheoretiker des Hochmittelalters, setzte sich nach derzeitigem Kenntnisstand als erster umfassend und systematisch mit der Frage auseinander, wie sich diese Investitur bzw. Übertragung kalifaler Macht auf fremde Herrscher legitimieren lasse (34). Für al-Mawardi war angesichts der damaligen machtpolitischen Konstellation eine derartige Übertragung kalifaler Macht geboten. Denn entsprechend der zeitgenössischen sunnitischen Auffassung ließ sich die Scharia nur unter der Führung eines Kalifen angemessen umsetzen und diese Umsetzung der Scharia galt als letzthinnige Legitimation politischer Herrschaft. Al-Mawardi, der das Aufkommen usurpierter Teilfürstentümer im Bagdader Kalifat miterleben musste, ging so weit, dass auch diese Usurpatoren um der erwähnten Legitimation willen nachträglich vom Kalifen zu bestätigen seien, wenn sie in ihrem Herrschaftsgebiet der Scharia Geltung verschafften. Denn die Beachtung der Scharia war nach damaligem Glaubensverständnis für das Seelenheil notwendige Voraussetzung. Al-Mawardis Vorstellungen reflektierten nicht nur die besondere Bedeutung der Scharia, sondern auch die damalige Situation der im Niedergang begriffenen buyidischen Fremdherrschaft im Bagdader Kalifat zur Zeit der Kalifen al-Qadir (991–1031) und al-Qaim (1031–1075). Denn in diesen Vorstellungen manifestierte sich einerseits das Verhältnis zwischen buyidischem Großemir und dem abbasidischen Kalifen und andererseits ein aus dem Niedergang der buyidischen Fremdherrschaft geschöpftes Selbstbewusstsein eines Rechtsgelehrten, aus dem heraus dieser die Oberhoheit des Kalifen zu reklamieren vermochte.

Einen Schritt weiter als al-Mawardi mit seiner Vorstellung von der in bestimmten Situationen notwendig werdenden Übertragung kalifaler Macht ging der seldschukische Wesir Nizam al-Mulk (gest. 1092). Er vertrat die Auffassung, dass weltliche Herrschaft bereits ausreichend legitimiert sei, wenn sie für die Verwirklichung der Scharia sorge und sich dabei vom Rat der Religions- und Rechtsgelehrten (‚ulama') leiten lasse. Eine Übertragung dieser Herrschaft durch den Kalifen sei für die Legitimität dieser Herrschaft nicht mehr notwendig. In dieser Auffassung spiegelte sich nicht nur die Anerkennung der tatsächlichen Machtverhältnisse der damaligen Zeit, sondern auch die zuvor stattgefundene Verschiebung des religiös-geistlichen Einflusses weg von den Kalifen hin zu den Religions- und Rechtsgelehrten. Darüber hinaus hatte das Kalifenamt in jener Zeit auch noch insofern eine Minderung seiner Bedeutung erfahren, als es nach Auffassung des Rechtsgelehrten al-Dschuwaini (gest. 1085) nicht mehr von einem Mitglied des Stammes der Quraisch bekleidet werden müsse. Nizam al-Mulks Auffassung traf allerdings in den sunnitischen Kreisen seiner Zeit noch nicht auf eine nennenswerte Zustimmung, wies aber in die Richtung der späteren Entwicklung dieses Themenkomplexes. Denn im Osmanischen Reich des Spätmittelalters war diese Auffassung allgemein akzeptiert und auch Praxis geworden.

Dagegen blieb al-Mawardis Auffassung in den beiden letzten Jahrhunderten des Bagdader Kalifats bestimmend und wurde beispielsweise von al-Ghazali (gest. 1111) rezipiert, der sie aber in zweierlei Hinsicht weiterentwickelte. So lieferte er neben der religiösen auch eine ausschließlich rationale Begründung für die Notwendigkeit einer weltlich-politischen bzw. staatlichen Gewalt, deren Funktion und Legitimation er in der Vermeidung anarchischer Verhältnisse sah. Denn unter solchen Verhältnissen wäre beispielsweise nicht einmal die Abwicklung rechtsgültiger Geschäfte und Verträge als Voraussetzung für ein ziviles Leben möglich. Daraus ergab sich für al-Ghazali, dass auch unrechtmäßigen und sogar ‚sündigen' Kalifen sowie Usurpatoren Gehorsam zu leisten sei, es sei denn, sie verstießen in gravierender Weise gegen die Scharia. Zum anderen nahm er hinsichtlich des Kalifenamtes eine Unterscheidung seiner Funktionen vor und unterschied drei zentrale Aufgabenfelder kalifaler Amtsführung: die Sorge um die äußeren Voraussetzungen für den Vollzug des Glaubens, die militärische Führung sowie die Erledigung der Regierungsgeschäfte im engeren Sinne und die Wahrung des rechten Glaubens. Diese Funktionen müssen nach al-Ghazali aber nicht unbedingt vom Kalifen selbst wahrgenommen werden, sondern könnten durchaus, wie es damals üblich war, auf den Kalifen, den

Sultan sowie die Religions- und Rechtsgelehrten aufgeteilt werden. Sowohl die Unterscheidung der kalifalen Funktionen als auch die Art ihrer Aufteilung spiegeln die damaligen Gegebenheiten. Auch die zu seiner Zeit praktizierte symbolische Investitur des jeweiligen Sultans durch den Kalifen wurde also in al-Ghazalis Kalifatstheorie abgebildet, die ja ideell an der Einheit dieser drei Funktionen im Kalifenamt festhielt. In wesentlichen Teilen war also al-Ghazalis Kalifatstheorie Ausdruck des allgemeinen Bewusstseins in der Endphase des Bagdader Kalifats, prägte aber andererseits auch dieses Bewusstsein.

Ungefähr 200 Jahre nach al-Ghazali wurde dessen Kalifatstheorie von Ibn Taimiya (1263–1328), einem der bekanntesten Religionsgelehrten im damaligen Mamlukenreich, weiterentwickelt (35). Er sah sich im Vergleich zu al-Ghazali mit einer andersgearteten historischen Wirklichkeit konfrontiert. Denn in der Zwischenzeit war das Bagdader Kalifat durch die Mongolen zerstört worden und es war klar, dass es in absehbarer Zeit keinen gemeinsamen Staat aller Muslime, sondern mehrere islamische Staaten geben würde. Nach dem Untergang des Bagdader ‚Rest-Kalifats' im Jahre 1258 gewährten die in Ägypten herrschenden Mamluken unter ihrem Führer Baybars zwei angeblichen Nachkommen aus der Dynastie der Abbasiden kurz nacheinander Zuflucht und erkannten ihnen jeweils den Titel eines Kalifen zu (36). Der erste der beiden angeblichen abbasidischen Nachkommen scheiterte nach kurzer Zeit im Amt bei dem Versuch, Bagdad wieder von den Mongolen zu befreien, und fand dabei den Tod. Der zweite mit dem späteren Herrschernamen al-Hakim konnte das Kalifenamt dank der Hilfe des mamlukischen Sultans Baybars 1262 zumindest formal wiederherstellen. Er bekleidete dieses Amt bis 1302 und leibliche Nachkommen folgten ihm in diesem Amt bis zum Untergang des mamlukischen Staates im Jahre 1517. Diesen Kalifen fiel jedoch lediglich eine formale Beteiligung an der Bestallung des Regenten zu. Dadurch erhofften sich die mamlukischen Herrscher angesichts ihrer zweifelhaften Legitimität eine entsprechende Aufwertung. Ibn Taimiya verstand angesichts des Zerfalls des Bagdader Kalifats in verschiedene Herrschaftsgebiete die muslimische Gemeinschaft (die ‚umma') nicht mehr als eine politische, sondern ‚lediglich' als eine religiöse Gemeinschaft, deren Einheit im Geltungsanspruch der Scharia begründet liege. Folglich hätten die Regenten der verschiedenen Herrschaftsgebiete mit islamischer Bevölkerung für die Umsetzung der Scharia als göttlichem Gesetz Sorge zu tragen und sich dabei an den Religions- und Rechtsgelehrten (den ‚ulama') zu orientieren. In Ibn Taimiyas Theorie war also der Kalif funktionslos geworden, was die wirklichen Machtverhältnisse im ehemaligen Gebiet des Bagdader Kalifats nach dessen Untergang im Jahre 1258 widerspiegelte. Dieser Funktionsverlust hatte sich ja bereits zur Zeit der buyidischen und seldschukischen Oberherrschaft angekündigt. Die von al-Ghazali unterschiedenen drei Funktionen des Kalifen waren nach dem Untergang des Bagdader Kalifats also zwischen dem jeweiligen weltlichen Herrscher bzw. Sultan und den ‚ulama' aufgeteilt. Während des dargestellten Entwicklungsprozesses der Kalifatstheorien nahmen also einige islamische Gelehrte in ihren Kalifatstheorien immer wieder neu die Aufgabe wahr, die jeweils neue Lebenssituation theologisch einzuordnen und der muslimischen Bevölkerung auf dem Hintergrund ihres sunnitischen Glaubens verständlich zu machen, ohne jedoch neue, weitsichtige Perspektiven aufzuzeigen.

II. Entwicklung des sunnitischen Rechtswesens

1. Formen der Gerichtsbarkeit sowie Verfahrens- und Beweisrecht

Wie in der bisherigen Darstellung deutlich geworden ist, wurde den Kalifen von Anbeginn an die Doppelfunktion von religiös-geistlicher und weltlich-politischer Führerschaft zugewiesen. Aus beiden Funktionen ergab sich für die Kalifen der Auftrag, auch das Rechtswesen zu organisieren. Dieser Auftrag wurde insofern auch aus der religiös-geistlichen Führungsfunktion des Kalifen abgeleitet, als dieser den rechten Glauben in der muslimischen Gemeinschaft (,umma') zum Wohle des Heils der Mitglieder dieser Gemeinschaft zu gewährleisten hatte. Deshalb war dem Kalifen zum einen die Verpflichtung auferlegt, Häresien zu bekämpfen. Zum anderen bedeutete dies, die Voraussetzungen für ein gottgefälliges Leben einschließlich der dazugehörigen Religionsausübung zu schaffen. Zu diesen Voraussetzungen gehörte es, dass der Kalif für inneren Frieden und Gerechtigkeit in dem muslimischen Gemeinwesen auf der Grundlage des göttlichen Gesetzes Sorge zu tragen hatte (1). Dies setzte aufseiten des Kalifen voraus, dass er über entsprechende Kenntnisse hinsichtlich der Scharia verfügte und mit einem Sinn für Gerechtigkeit ausgestattet war, um die schariatischen Vorgaben bei seinen Regelungen und Entscheidungen angemessen anzuwenden sowie Gesetzesübertretungen zu ahnden. Dabei hatte er die schariatischen Vorgaben anzuwenden, nicht aber neu zu interpretieren, da dies seit dem Scheitern entsprechender Versuche im 9. Jh. vonseiten al-Mamuns und seiner unmittelbaren Nachfolger nicht dem Kalifen, sondern den Religions- bzw. Rechtsgelehrten (,ulama') oblag. Zu den vom Kalifen vorgenommenen Regelungen gehörte unter anderem, dass er in Wahrnehmung seiner religiösen Führerschaft die Bewahrung der göttlichen bzw. schariatischen Rechtsordnung zum Teil auf Scharia-Gelehrte übertrug und diese als Richter (,kadi') in schariatischen Angelegenheiten einsetzte. Während in umaiyadischer Zeit diese Richter wie andere Beamte der staatlichen Verwaltung ernannt und behandelt wurden, waren sie unter den Abbasiden Teil einer relativ unabhängigen religiösen Gerichtsbarkeit, wurden aber auch vom Kalifen oder dessen Statthaltern ernannt. Auf diese Weise nahm der jeweilige Kalif seine Funktion als religiöser Führer wahr und sicherte sich zugleich auch Einfluss auf die religiöse Gerichtsbarkeit.

Neben diesem Einfluss auf die schariatische Gerichtsbarkeit reklamierte der Kalif aufgrund seiner Funktion als politischer Führer auch ein herrscherliches Anordnungs- bzw. Gesetzgebungsrecht. Dieses Recht wurde ihm aber prinzipiell nur eingeräumt, solange es nicht in das materiale schariatische Recht eingriff und nicht

II. Entwicklung des sunnitischen Rechtswesens

mit diesem in Widerspruch geriet (2). So lagen beispielsweise die Marktaufsicht mit umfänglichen Kompetenzen und eine sich möglicherweise daraus ergebende Ahndung von Vergehen oder Verbrechen in den Händen kalifaler Beamter wie dem Marktaufseher (,muhtasib') und der Polizei (,schurta'). Beide entwickelten zur Wahrnehmung dieser Aufgaben auch entsprechende Kontrollen und Verfahren zur Ermittlung eines möglichen Straftatbestandes sowie der Strafzumessung. Ähnliches galt auch hinsichtlich des Steuerwesens. Darüber hinaus behielten sich die Kalifen das Recht vor, bei besonders schwierigen bzw. bedeutsamen Rechtssachen tätig zu werden und als Appellationsinstanz nicht nur Entscheidungen der Beamten, sondern auch solche der schariatischen Gerichtsbarkeit zu überprüfen. Aus dieser Prärogative entwickelte sich späterhin die ,mazalim'-Gerichtsbarkeit (,mazalim': Unrecht), ein Beschwerdegerichtshof, der denn auch mit der Scharia-Gerichtsbarkeit konkurrierte. Bei seiner Überprüfung war allerdings der kalifale Beschwerdegerichtshof wie die übrige Gerichtsbarkeit auch an die Scharia gebunden, und zwar seit dem 9. Jahrhundert ausschließlich in der Form, wie sie von den Religions- und Rechtsgelehrten interpretiert wurde. Da diese ihrerseits an Moscheen und im sunnitischen Kerngebiet spätestens seit Ende des 11. Jahrhunderts auch in Madrasen durch Gelehrte ausgebildet wurden, die direkt oder indirekt unter dem Einfluss des Kalifen standen, kann man prinzipiell auch eine gewisse Abhängigkeit der jeweiligen autoritativen Interpreten der Scharia vom Kalifen annehmen (3).

Die erwähnte Scharia-Gerichtsbarkeit wurde also von Rechtsgelehrten wahrgenommen, die vom Kalifen oder dessen Statthaltern als Kadi oder Oberkadi eingesetzt worden waren. Diese waren als Einzelrichter tätig und hatten – außer bei den sogenannten hadd-Delikten (4) und den dem Talionsrecht unterliegenden Delikten – im Allgemeinen einen relativ großen Ermessensspielraum (,diskretionäre Rechtsprechung'), der von der Ermahnung über die Verhängung von Gefängnisstrafen bis zur körperlichen Züchtigung (,tazir'-Strafe) reichte. Zu den mit diesen Strafen belegten Vergehen gehörten beispielsweise Urkundenfälschung, Betrug und Erpressung. Allerdings unterlagen die Beurteilung des Tatbestandes durch den Kadi und dessen Strafzumessung in der Spätphase des abbasidischen Kalifats der erwähnten herrscherlichen bzw. ,mazalim'-Gerichtsbarkeit. Grundlage für die Urteilsfindung bildeten vor allem auf der Basis der Scharia erteilte Rechtsgutachten und in vergleichbaren Fällen bereits ergangene Gerichtsurteile sowie das Geständnis des Beschuldigten, Tatsachenbeweise und Zeugenaussagen.

Hinsichtlich der Zeugenaussagen war bei bestimmten Vergehen bzw. Verbrechen die Anzahl der notwendigen Zeugen vorgegeben, wobei die Zeugenaussage einer Frau grundsätzlich nur halb so viel Gewicht besaß wie die eines Mannes (5). Bei hadd- und Talio-Delikten waren Frauen als Zeugen überhaupt nicht zugelassen. Bei einer Anklage wegen Mordes mussten mindestens zwei und bei einer Anklage wegen Ehebruchs mindestens vier männliche Zeugen aufgeboten werden, um einen hinreichenden Beweis zu erbringen. Wurde diese Mindestzahl nicht erreicht, bestand bei dem Vorwurf des Mordes die Möglichkeit, dass der Kläger den sogenannten Qasama-Eid ablegte, indem er seine Behauptung vierzigmal mit der vorgegebenen Eidesformel bekräftigte. Geschah dies auch vonseiten des Angeklagten, so neutralisierten sich die beiden Aussagen und das Verfahren wurde eingestellt. Weigerte sich jedoch der Angeklagte, diesen Eid ebenfalls abzulegen, so galt dies als Schuldeingeständnis und hatte ein entsprechendes Urteil zur Folge. Bei dem Vorwurf des Ehebruchs konnte ein vergleichbares Verfahren zur Anwendung kommen, nämlich der sogenannte Lian-Eid, wenn die Mindestzahl von vier Zeugen nicht aufgeboten werden konnte. Allerdings musste in diesem Fall nur viermal vonseiten des Klägers dessen Vorwurf bzw. Aussage mit der vorgegebenen Eidesformel bekräftigt und durch den Schwur verstärkt werden, dass Gott ihn im Falle eines Meineides verdammen möge. Auch in diesem Fall konnte sich der bzw. die Angeklagte durch einen entsprechenden vierfachen Eid von der Anklage befreien. An diesen Beispielen wird einmal mehr die herausragende Bedeutung des Eides im Zusammenhang des islamischen Rechtssystems deutlich, aber auch dessen religiöse Fundierung. Diese religiöse Fundierung wurde in besonderer Weise auch dadurch sichtbar, dass eine eidliche Falschaussage bzw. ein Meineid als Verstoß gegen das Recht Gottes angesehen wurde. Deshalb war einer derartigen Falschaussage eine jenseitige Sanktionierung zugedacht, nicht aber eine diesseitige Strafe. Letztlich hing also das Funktionieren des islamischen Rechtssystems in starkem Maße von der Intensität der religiösen Prägung der muslimischen Mitglieder dieser Rechtsgemeinschaft ab. Dass es bereits im 11. Jahrhundert auch schon Zweifel daran gab, ob die religiöse Fundierung des Rechts bzw. eine ausschließlich jenseitige Sanktionierung von Straftaten ausreiche, um diese zu verhindern, zeigen beispielsweise die angestellten Überlegungen des Hanafiten al-Sarachsi (6). Dieser plädierte insbesondere im Zusammenhang von Tötungsdelikten auch für eine diesseitige Bestrafung, um derartige Verbrechen zu verhindern. Denn nach seiner Einschätzung würde eine ausschließlich jenseitige Sanktionierung keine ausreichende Abschreckung vor derartigen Delikten bieten.

Neben der herrscherlichen Gerichtsbarkeit und der Scharia-Gerichtsbarkeit gab es noch eine Sonderform von Strafverfolgung und -vollzug. Diese Sonderform ergab sich aus dem altarabischen Talionsrecht (‚qisas'), das im Islam aufgrund von Sure 2,173 beibehalten wurde (7). Gegenstand des Talionsrechts waren lediglich Tötung und Körperverletzungen. Nach islamischem Talionsrecht durfte im Falle eines Tötungsdeliktes der nächste männliche Verwandte des Opfers – nach der Feststellung des Tatbestandes durch einen Richter – bei einer vorsätzlichen Tötung den Täter ebenfalls töten. Voraussetzung für diese Talio war jedoch die Gleichwertigkeit des Opfers mit dem Täter. Hatte aber beispielsweise ein freier Muslim einen muslimischen Sklaven oder einen Nicht-Muslimen getötet, dann kam seine Tötung als Vergeltung nach damaliger schafiitischer Auffassung – im Gegensatz zur hanafitischen Auffassung – nicht in Frage. Der nach dem Talionsrecht berechtigte Vollstrecker der Vergeltung konnte jedoch auch von sich aus auf eine zulässige Tötung verzichten und stattdessen ein entsprechendes ‚Blutgeld' (‚dija') verlangen. Dieses ‚Blutgeld' war in frühislamischer Zeit für einen vorsätzlich getöteten freien Muslimen auf 100 Kamele festgesetzt. ‚Blutgeld' war auch die Strafe für eine unbeabsichtigte Tötung. Für eine unbeabsichtigt getötete Frau betrug das ‚Blutgeld' die

II. Entwicklung des sunnitischen Rechtswesens 53

Hälfte des ‚Blutgeldes' für einen Mann, für die Tötung eines Christen oder Juden ein Drittel des ‚Blutgeldes' für einen freien muslimischen Mann. Für einen getöteten Sklaven wurde kein ‚Blutgeld' gezahlt, sondern dessen Wert ersetzt, den der Sklave für seinen Herrn hatte und der vom Richter festgestellt wurde. Das in Bezug auf die vorsätzliche Tötung Gesagte galt mutatis mutandis auch für die vorsätzliche Körperverletzung. So griff zunächst der Grundsatz ‚Gleiches mit Gleichem zu vergelten'. Im Falle eines Verzichtes des Opfers auf die Anwendung dieses Grundsatzes trat eine im Vergleich zur Tötung geringere und nach Art der Körperverletzung abgestufte materielle oder geldliche Entschädigung. Bei nicht-vorsätzlicher bzw. fahrlässiger Tötung oder Körperverletzung war dagegen nur eine materielle oder geldliche Entschädigung möglich, deren Höhe gesetzlich festgelegt war bzw. vom Richter festgesetzt wurde.

Bei dem Rechtsinstitut der Blutrache handelte es sich um ein ‚Überbleibsel' aus vorislamischer bzw. archaischer Zeit, das aber durch Mohammed bzw. die Scharia-Gelehrten entscheidend modifiziert wurde, und zwar durch die Prinzipien der ‚Gleichwertigkeit' und ‚Einmaligkeit' der Talio. Mit dem Prinzip der ‚Gleichwertigkeit' war gemeint, dass die Talio im eigentlichen Sinne nur angewandt werden durfte, wenn das Opfer und der Täter, an dem die Wiedervergeltung vollzogen werden sollte, über den gleichen gesellschaftlichen bzw. rechtlichen Status verfügten. Mit dem ‚Prinzip der Gleichwertigkeit' sollte wohl verhindert werden, dass es wegen einer Disparität zwischen der gesellschaftlichen Stellung des Opfers und des Täters erneut zu Konflikten zwischen den beiden betroffenen Familien bzw. Clans kam. Mit dem ‚Prinzip der Einmaligkeit' sollte ausgeschlossen werden, dass die am Täter vollzogene Blutrache erneut zum Anlass für eine Vergeltung genommen wurde und es so zu einer endlosen Kette von Vergeltung und Wiedervergeltung kam. Auch die Einschränkung der Talio auf den Tatbestand der vorsätzlichen Tötung bzw. Körperverletzung sowie der Feststellung dieses Tatbestandes durch einen Richter verweisen wie das ‚Prinzip der Gleichwertigkeit' und der ‚Einmaligkeit' darauf, dass Mohammed bzw. den islamischen Rechtsgelehrten an einer Zurückdrängung der Blutrache gelegen war. Allerdings blieb der Vollzug dieser Strafe und deren mögliche Umwandlung in ein ‚Blutgeld' eine private Angelegenheit. Nichtsdestoweniger lässt sich an der islamischen Regelung der Talio ein wichtiger Fortschritt im Vergleich zur vorislamischen Rechtssituation konstatieren.

2. Rechtsstatus der Nicht-Muslime und der Sklaven

An der Bemessung des Blutgeldes und an dem ‚Prinzip der Gleichwertigkeit' wird dagegen deutlich, dass die vorislamische Gliederung der Gesellschaft im Wesentlichen beibehalten wurde und sich auch im schariatischen Recht in einer ungleichen Behandlung der verschiedenen gesellschaftlichen Gruppen niederschlug. Im Vergleich zur vorislamischen Zeit kam noch die Unterscheidung in Muslime und Nicht-Muslime hinzu, die wie die Frauen und die Sklaven zu den rechtlich benachteiligten

Gruppen gehörten. Handelte es sich bei den Nicht-Muslimen um sogenannte ‚Anhänger von Buchreligionen' (‚ahl al-kitab'), also Juden oder Christen, so kam es zur angesprochenen strafrechtlichen Benachteiligung nur, wenn es um rechtswirksame Beziehungen von Juden oder Christen mit Muslimen ging (8). Ansonsten wurde Juden und Christen grundsätzlich eine relativ weitgehende religiöse und rechtliche Autonomie im Damaszener und Bagdader Kalifat eingeräumt. Kam es jedoch zu rechtswirksamen Beziehungen zwischen Muslimen einerseits und Juden oder Christen andererseits, dann galt das schariatische Recht. Dieses regelte also auch die zivilrechtlichen Angelegenheiten. Allerdings handelte es sich bei familien-, ehe- und erbrechtlichen sowie sachenrechtlichen Fragen meist um interne Angelegenheiten der jüdischen oder christlichen Glaubensgemeinschaft, sodass Muslime nicht involviert waren. Folglich waren diese Angelegenheiten nicht dem islamischen Recht, sondern dem Recht der jüdischen oder christlichen Glaubensgemeinschaft unterworfen. Anders stellte sich die Situation der Juden und Christen in ihrem jeweiligen Verhältnis gegenüber dem islamischen Staat dar. In diesem Bereich öffentlich-rechtlichen Charakters waren besonders gravierende Benachteiligungen der Juden und Christen greifbar, zum Beispiel der rechtlich vorgesehene, praktisch aber nicht immer umgesetzte Ausschluss von der Wahrnehmung öffentlicher Ämter und die Kopfsteuer (‚dschizja'), sodass im Allgemeinen die Steuerbelastung für Nicht-Muslime höher ausfiel als für Muslime. Diese beiden Formen der Benachteiligung waren denn auch oft der Grund für Konversionen von Juden und Christen zum Islam. Die ‚Anhänger der Buchreligionen' wurden jedoch nach schariatischem Recht als Rechtssubjekte angesehen.

Dies lässt sich in Bezug auf Sklaven nur schwerlich sagen, was sich an der allgemeinen islamischen Regelung des Talionsrechtes ablesen lässt. So musste beispielsweise sowohl bei der vorsätzlichen als auch bei der nicht-vorsätzlichen bzw. fahrlässigen Tötung eines Sklaven der Täter an dessen Herrn – außer nach hanafitischem Recht – lediglich eine Art Entschädigung in Höhe des Wertes leisten, den der Sklave für seinen Herrn hatte. Darüber hinaus konnte der Sklave bzw. die Sklavin vom Herrn verkauft, verschenkt oder zwangsverheiratet werden (9). Über die Sklavin konnte der Herr sexuell verfügen, solange sie unverheiratet war. Für eine Heirat bedurfte der Sklave bzw. die Sklavin der Erlaubnis des Herrn, wobei eine solche Heirat auch mit einem freien Partner möglich war. Verbessert wurde die Situation der Sklaven in frühislamischer Zeit dadurch, dass der jeweilige Herr zu Unterhalt und Verpflegung der Sklaven auch im Krankheitsfalle verpflichtet war und deren Arbeitskraft nicht über Gebühr strapazieren durfte. Bei gravierender Missachtung dieser Vorgaben konnte der betreffende Herr zum Verkauf des Sklaven bzw. der Sklavin gezwungen werden. Sklave war bzw. wurde man, wenn man von einer Sklavin geboren wurde, es sei denn, der muslimische Herr der Mutter war der leibliche Vater und bekannte sich zu seiner Vaterschaft. In diesem Fall war das Kind entgegen der grundsätzlichen Regel, wonach sich der Status eines Kindes nach dem der Mutter richtete, frei. Auch die Mutter selbst wurde nach dem Tode des Herrn, dem sie als Sklavin ein Kind geboren hatte, aufgrund des islamischen Rechts frei. Darüber hinaus wurde man im Allgemeinen zum Sklaven, wenn man als Nicht-Muslim in Kriegsgefangenschaft islamischer Truppen geriet. Schuldknechtschaft, der Verkauf frei geborener Kinder durch die Eltern sowie der Selbstverkauf begründeten keine Sklavenschaft. Folglich konnte ein freier Muslim nicht zum Sklaven werden. Umgekehrt konnte jedoch ein Sklave in die Freiheit entlassen werden. Eine spezifisch islamische Form der Freilassung bestand darin, dass bei Verstößen gegen das göttliche Gesetz neben den ‚weltlichen' Strafen des Öfteren eine Sühne in Form der Freilassung eines Sklaven auferlegt wurde. Grundsätzlich galt zudem die Freilassung eines Sklaven als gutes Werk. Dies geschah denn auch zuweilen, indem der Herr die Freilassung in seinem Testament für die Zeit nach seinem Ableben verfügte. Auch der Freikauf durch den Sklaven selbst konnte eingeräumt werden. Trotz der durch den islamischen Glauben begründeten Verbesserungen hinsichtlich der Freilassung und trotz der postulierten Gleichheit vor Gott war also der Sklave bzw. die Sklavin kein Rechtssubjekt.

3. Entstehung und Entwicklung des schariatischen Rechts einschließlich der Methoden der Rechtsfindung

Viele der erwähnten konkreten Bestimmungen zum sogenannten Blutgeld wie auch zum Status der Sklaven waren Modifizierungen vorislamischer Regelungen und wurden Bestandteil der Scharia, die das Ergebnis eines längeren historischen Prozesses war. Die Scharia bzw. das göttliche Gesetz wurde aus entsprechenden religiösen und rechtlichen Bestimmungen im Koran und in den Hadithen abgeleitet und entwickelt (10). Diese Ableitungen wurden in Form von Kommentaren und Abhandlungen erläutert, bei denen es sich um den Versuch handelte, das im Koran und in Hadithen enthaltene göttliche Gesetz in konkrete religiös-kultische und rechtliche Regeln für das menschliche Verhalten zu transformieren. Zu Beginn dieses Versuches machten die Religions- und Rechtsgelehrten (die ‚ulama') die Erfahrung, dass der Koran sich als unzureichend erwies, den sich durch die Lebenswirklichkeit stellenden juristischen Anforderungen gerecht zu werden. Dies lag daran, dass der Koran, der nach islamischer Überlieferung auf Veranlassung des Kalifen Uthman (644–656) zusammengestellt wurde, des Öfteren zu allgemein gehalten ist und die angesprochenen Themen selten systematisch darstellt. Anfangs – zur Zeit der vier ‚rechtgeleiteten' Kalifen und während der umaiyadischen Dynastie – behalf man sich zuweilen mit dem Rückgriff auf vorislamisches Recht. Dies kam aber um der Identität der neu gestiften Religion willen nur in begrenztem Maße in Frage, zumal man sich angesichts der im Koran überlieferten Offenbarungen mit ganz neuen Problemen konfrontiert sah. Folglich besann man sich der mündlich überlieferten Aussagen des Propheten sowie des über ihn berichteten Verhaltens und legte seit ungefähr 700 sowohl Mohammeds Aussagen als auch dessen Verhalten schriftlich nieder (11), um daraus theologisch und juristisch relevante Aussagen abzuleiten: die Hadithliteratur war geboren. In den Hadithen ging es also zum einen um Erläuterungen zu koranischen Aussagen und zum anderen auch um Ergänzungen zum Koran.

Da es sich bei den Hadithen – ähnlich wie beim Koran – zuweilen nicht um klare und eindeutige Aussagen theologischer oder juristischer Art handelte, bedurfte es der Analyse und Interpretation dieser Aussagen. Dieser Aufgabe hatten sich nach der Sammlung und der schriftlichen Fixierung der Hadithe denn auch die Religions- und Rechtsgelehrten zu stellen. Auf diese kam dabei noch eine weitere Aufgabe zu. Da Hadithe meist anlassbezogen gesammelt und schriftlich festgehalten wurden, um als Argument für die eigene Position in den jeweiligen theologischen oder juristischen Auseinandersetzungen eingesetzt zu werden, kam es vermehrt zu Täuschungen hinsichtlich der Echtheit der vorgelegten Hadithe. Um deren Echtheit überprüfen bzw. gewährleisten zu können, verständigte man sich darauf, dem jeweiligen Hadith eine Überlieferungskette (,isnad') voranzustellen. Um der Authentizität des Hadiths als Glaubenszeugnis willen musste die Überlieferungskette bis zum Propheten zurückreichen. Etwas später wurde dieser Status als Glaubenszeugnis auch Aussagen und Verhaltensweisen der Glaubensgefährten Mohammeds, insonderheit der vier ,rechtgeleiteten' Kalifen, zugeschrieben. Die so entstandenen Hadithe wurden in der zweiten Hälfte des 9. Jahrhunderts und des beginnenden 10. Jahrhunderts, nachdem sie zuvor auf ihre Echtheit überprüft worden waren, in Sammlungen thematisch geordnet zusammengestellt, um für theologische und juristische Entscheidungen eine handhabbare und zuverlässige Grundlage bereitzustellen.

Die zwei bekanntesten Sammlungen stammen von al-Buchari (gest. 870) und Muslim (gest. 875), denen im darauf folgenden halben Jahrhundert aber noch vier weitere Sammlungen folgten, denen ebenfalls kanonischer Charakter zugesprochen wurde. Die sich in diesen vier weiteren Sammlungen manifestierende Zunahme der Zahl von Hadithen war dem Bedürfnis geschuldet, die immer wieder neu auftretenden Probleme theologisch bzw. juristisch aufzuarbeiten. Dies hatte auch zur Folge, dass man den Kreis der Referenzpersonen von Hadithen Schritt für Schritt erweiterte: Am Anfang stand der Prophet Mohammed als alleinige Referenzperson von Hadithen, danach kamen wie bereits erwähnt dessen Glaubensgefährten hinzu, um dann einige Zeit später diesen Kreis auf die persönlich Bekannten dieser Glaubensgefährten zu erweitern. Allerdings wurde die zuletzt erwähnte Erweiterung nicht von allen Religions- und Rechtsgelehrten bzw. den im 9. Jahrhundert aufkommenden Rechtsschulen akzeptiert. Die Überprüfung der Echtheit der Hadithe gehörte denn auch neben deren Interpretation und der damit verbundenen Klärung des jeweiligen Anwendungsbereiches zu den Aufgaben der Religions- und Rechtsgelehrten. Diese entwickelten dabei ein entsprechendes methodisches Instrumentarium, begründeten die sogenannte Hadithwissenschaft und schufen so neben dem Koran eine weitere Grundlage bzw. Quelle für die Scharia. Nach derzeitigem Kenntnisstand geht man jedoch davon aus, dass auch Elemente der entsprechenden umaiyadischen Rechtsprechung und damit auch vorislamisches Gewohnheitsrecht ins schariatische Recht Eingang gefunden haben.

Hinsichtlich der Scharia bzw. des schariatischen Rechts stellt sich nun noch die Frage, wie man sich in dem untersuchten Zeitraum die autoritative Interpretation der Scharia und deren Anwendung vorstellte. Als Grundlage der Scharia sahen die Sunniten spätestens seit Mitte des 9. Jahrhunderts den Koran und die Hadithe an, die zu dieser Zeit – zum Teil schon in der fürderhin verbindlichen Form mit einem vorangestellten ‚isnad' – vorlagen. Aufgabe der Rechtsgelehrten und des Kadis war es, den zu beurteilenden Sachverhalt anhand entsprechender Aussagen des Korans bzw. anerkannter Hadithe rechtlich zu würdigen und gegebenenfalls ein Urteil zu sprechen. Gelang eine solche Auswertung des Korans bzw. der einschlägigen Hadithe in Form der Subsumtion nicht, so hatte man sich über entsprechende Rechtsentscheidungen der Religions- und Rechtsgelehrten zu informieren. Lagen eventuell solche im Konsens getroffene Entscheidungen hinsichtlich der anstehenden Rechtsangelegenheit bereits vor, so war diese konsensuale Entscheidung (‚idschma') im Allgemeinen auch für die in Rede stehende Rechtsangelegenheit verbindlich. Denn ein solcher Konsens wurde im Zuge der sich seit dem 9. Jahrhundert ausbildenden Rechtsmethodik als Ausdruck des göttlichen Gesetzgebungswillens angesehen und besaß folglich auch für die Zukunft Gültigkeit (12). Des Öfteren lag eine solche konsensuale Entscheidung aber nicht vor oder es gab sogar einen Dissens der Gelehrten hinsichtlich der Beurteilung der anstehenden Rechtsangelegenheit. In einem solchen Fall oblag dem mit dieser Angelegenheit befassten Gelehrten oder Kadi die Aufgabe, nun Koran und Hadithe auf Aussagen zu analogen Streitfällen und deren juristische Behandlung hin zu untersuchen und dann gegebenenfalls in Analogie dazu die ihm vorliegende Rechtsangelegenheit eigenständig zu entscheiden (‚qiyas'). Ließen sich auch solche analogen Rechtsfälle bzw. -angelegenheiten nicht finden, dann war der Gelehrte oder Kadi auf sein persönliches Ermessen und Urteilen (‚ray') verwiesen. Bei dieser Urteilsfindung hatte der Gelehrte oder Kadi vergleichbare Urteile anderer Gelehrter mit zu bedenken, die irgendwie hinsichtlich der zu entscheidenden Rechtsangelegenheit hätten von Belang sein können. Dieses Verfahren ist nach derzeitigem Kenntnisstand erstmals bei dem Rechtsgelehrten al-Schaibani (gest. 804/05), einem Schüler Abu Hanifas, und wahrscheinlich kurz danach bei al-Schafii (gest. 820) in streng systematisierter Form fassbar, wobei al-Schafii ein persönliches Ermessensurteil eines einzelnen Gelehrten bzw. Richters jedoch ablehnte.

4. Entstehung und Entwicklung der Rechtsschulen

Allerdings hatten sich schon vor dieser Formalisierung durch al-Schaibani und al-Schafii Rechtsprechungstraditionen entwickelt, aus denen sich mit der Zeit unterschiedliche Rechtsschulen entwickelten (13). Die wichtigsten sunnitischen Rechtsschulen, die nach ihren Begründern malikitische, hanafitische, schafiitische und hanbalitische Rechtsschule benannt wurden, unterschieden sich denn auch darin, welchen Stellenwert sie den erwähnten Verfahrensschritten beimaßen. Gemeinsam war diesen Rechtsschulen, dass für sie der Koran und die kanonisierten Hadithe die Grundlage islamischer Rechtsprechung darstellten. Auch erlangte der Konsens der Gelehrten im weiteren Verlauf der Konstituierung der Rechtsschulen in allen vier Ausrichtungen spätestens zu Beginn des 11. Jahrhunderts die oben erwähnte Verbindlichkeit. In Bezug auf die Anwendung der Analogie (‚qiyas') unterschieden sich jedoch die beiden bereits im 8. Jahrhundert begründeten Rechtstraditionen bzw. -schulen von den im 9. Jahrhundert begründeten. So akzeptierten die von Abu Hanifa (gest. 767) und Malik ben Anas (gest. 795) begründete hanafitische und malikitische Rechtstradition den Analogieschluss, ohne auf einer ausschließlich restriktiven Anwendung der Analogie zu bestehen, wie dies die auf al-Schafii (gest. 820) zurückgeführte Rechtsschule tat. Abu Hanifa und Malik ben Anas sprachen sich auch um der Lösung der anstehenden Rechtsprobleme willen für die Möglichkeit eines auf persönlichem Ermessen gegründeten Urteils (‚ray') des Gelehrten oder Richters aus. Während also die von al-Schafii begründete schafiitische Rechtsschule eine restriktive Anwendung der Analogie noch akzeptierte, aber kein persönliches Ermessen bei der Urteilsfindung zuließ, lehnte die von Ibn Hanbal (gest. 855) begründete hanbalitische Rechtstradition sowohl die Analogie als auch das persönliche Ermessen als Instrument der Urteilsfindung ab.

Die erwähnten vier großen sunnitischen Rechtsschulen nahmen nach ihrer Gründungsphase eine unterschiedliche Entwicklung (14). So dominierte im vorderasiatisch-arabischen Raum, dem Kerngebiet des Bagdader Kalifats, seit dem beginnenden 9. Jh. die schafiitische Rechtstradition bzw. -schule, die ursprünglich in begrenztem Umfange auch den Analogieschluss der Gelehrten als Mittel der Rechtsfindung zugelassen hatte. Allerdings bildete sich gegen Ende des 10. und zu Beginn des 11. Jahrhunderts bei ihnen die Auffassung heraus, dass mittlerweile alle denkbaren Rechts- bzw. Streitfälle vorgekommen und entschieden worden seien, sodass es keiner Analogieschlüsse und schon gar nicht irgendwelcher persönlicher Ermessensurteile mehr bedürfe und man lediglich auf bereits getroffene Urteile ‚zurückzugreifen' brauche. Diese Auffassung hatte zu Beginn des 12. Jahrhunderts im Kerngebiet des Bagdader Kalifats bereits breite Zustimmung gefunden. Sie wird in der historischen Islamwissenschaft mit der Formulierung ‚Schließung der Pforte' im Sinne eines Ausschlusses der eigenständigen Suche nach Lösungen (‚idschtihad') wiedergegeben. Im Übrigen wurde in schafiitischen Kreisen in jener Zeit zunehmend die Meinung vertreten, dass es sich bei Rechtsfällen, bei denen der erwähnte Rückgriff nicht möglich sei, um ‚unislamische Phänomene' handele, die als solche abzulehnen seien (15). Auch vertraten Schafiiten die Auffassung, dass die durch zu weitgehende Analogieschlüsse oder gar durch eigene Erwägungen gewonnenen Urteile eine Anmaßung gegenüber Gott darstellten, weil sich dadurch der Mensch zum Gesetzgeber bzw. ‚Schöpfer' erhebe (16).

Auch die in dem ostiranisch-innerasiatischen Raum dominierende hanafitische Rechtsschule, die noch im 11. Jahrhundert vor allem mit Hilfe von Analogieschlüssen auf der Basis festgelegter Prinzipien für eine Weiterentwicklung der Rechtsfindung plädierte (17), passte sich allmählich den Schafiiten an. Im Laufe dieses Anpassungsprozesses räumten die Hanafiten ebenfalls wie die Schafiiten den Hadithen in ihrer ursprünglichen Form einen klaren Vorrang gegenüber rationalen Erwägungen ein. Schließlich schlossen sie sich auch der schafiitischen Vorstellung von der ‚Schließung der Pforte' an, da auch nach ihrer Auffassung alle denkbaren Rechts- bzw. Streitfälle vorgekommen und gelöst worden seien. Faktisch bedeutete diese Entwicklung, dass sowohl die schafiitische als auch die hanafitische Rechtsschule sich der von Anfang an konservativsten der vier Rechtsschulen, nämlich der hanbalitischen, annäherten. Denn nach deren Rechtstheorie wurden ausschließlich der Koran und die Hadithe als Rechtsquelle akzeptiert. Zur Beurteilung anstehende Rechtsfälle sollten auf dem Wege der Subsumtion entschieden werden. Darüber hinaus nahm im Laufe der 2. Hälfte des 11. Jahrhunderts im Kerngebiet des Bagdader Kalifats auch der Einfluss der hanbalitischen Rechtsschule selbst zu. Letztendlich dominierten also zu Beginn des 12. Jahrhunderts im vorderasiatisch-iranischen und im innerasiatischen Raum Rechtsschulen, die sich mit ihrer Rechtsfindungspraxis der Weiterentwicklung des Rechts entsprechend der gesellschaftlichen Entwicklung mehr oder weniger verweigerten und damit tendenziell den damaligen gesellschaftlichen Status quo sanktionierten.

Die Rechtsprechung fand also nur noch auf der Grundlage des Korans, der kanonisierten Hadithe und vorhandener Konsensentscheidungen sowie bis zu diesem Zeitpunkt getroffener Einzelentscheidungen statt, soweit diese nicht auf Widerspruch gestoßen waren. Bedenkt man darüber hinaus, dass zu Beginn des 12. Jahrhunderts sich in Bezug auf den Koran dessen wörtliches Verständnis gegenüber anderen Interpretationsansätzen durchgesetzt hatte und dies grundsätzlich auch für die Hadithe galt und dass beide Primärquellen die gesellschaftlichen Verhältnisse vom 7. bis zum Ende des 9. Jahrhunderts widerspiegeln, dann wird deutlich, welche rückständige Form das schariatische Recht zu Beginn des 12. Jahrhunderts darstellte. In ähnlicher Weise wirkten sich auch die als Rechtsgrundlage akzeptierten Konsensentscheidungen aus, die durch allgemeine Diskussionen zustande kamen. Denn in Bezug auf die bis zu diesem Zeitpunkt vorliegenden Konsensentscheidungen galt, dass sie im Allgemeinen nur zustande kamen, wenn es sich um altbewährte Auffassungen handelte. Solche Entscheidungen wiesen also im Allgemeinen wenig Veränderungspotential auf. Hinsichtlich der zur Zeit des beginnenden 12. Jahrhunderts vorliegenden und damals fassbaren Einzelentscheidungen lässt sich ebenfalls konstatieren, dass diese Einzelentscheidungen im Kerngebiet des Bagdader Kalifats zum überwiegenden Teil auf der Grundlage konservativer Rechtstraditionen gefällt worden waren. Denn seit dem 9. Jahrhundert dominierten im Kerngebiet des abbasidischen Kalifats (Halbinsel Arabien, Gebiet des fruchtbaren Halbmonds, unteres Zweistromland und westlicher Iran) die schafiitische und die hanbalitische Rechtsschule. Die ‚fortschrittlichere' hanafitische Rechtsschule dominierte dagegen im östlichen Iran (östliche Hälfte des heutigen Iran sowie das sich anschließende Gebiet bis zum Indus) und in Zentralasien, während die malikitische Rechtsschule in Nordafrika die vorherrschende Rechtsschule war. Als sich seit der 2. Hälfte des 11. Jahrhunderts die Hanafiten den Schafiiten anglichen, bestimmten seit Beginn des

12. Jahrhunderts die konservativen Rechtstraditionen nicht nur im Kerngebiet des Bagdader Kalifats, sondern auch im östlichen Iran und in Zentralasien die Rechtsprechung. Bei der von den Trägern dieser Rechtstraditionen vertretenen Vorstellung von der ‚Schließung der Pforte' handelte es sich nicht nur um eine Festschreibung des Rechtszustandes der zweiten Hälfte des 11. Jahrhunderts, sondern darüber hinaus um einen Versuch, sich der idealisierten Urgemeinde anzunähern. Denn gemäß der Vorstellung dieser konservativen Rechtsgelehrten waren neben den primären Rechtsquellen, also dem Koran und den kanonisierten Hadithen, nunmehr nur noch frühere Konsensentscheidungen und unwidersprochen gebliebene Einzelentscheidungen als sekundäre Rechtsquellen zugelassen. Diese Entscheidungen spiegelten aber ähnlich wie die Primärquellen meist die gesellschaftlichen und kulturellen Verhältnisse des 7. bis 9. Jahrhunderts wider, weil sie zum überwiegenden Teil Ergebnis konservativer Rechtsprechung gewesen waren und ihnen fast durchgängig das Merkmal der Rückwärtsgewandtheit anhaftete.

5. Gegenstand des schariatischen Rechts

Das schariatische Recht als Grundlage der Rechtsprechung lässt sich in vier große Gruppen von Vorschriften und Regelungen unterteilen: die religiösen bzw. rituellen Vorschriften, die zivilrechtlichen Regelungen, die strafrechtlichen Bestimmungen (die sogenannten hadd-Strafen) sowie prozessuale Regelungen. Zu den religiösen bzw. rituellen Vorschriften gehören die sogenannten fünf Säulen des Islam (18), die Vorschriften zur rituellen Reinheit und der Dschihad im Sinne von Anstrengung, ein Gott wohlgefälliges Leben zu führen. Dazu gehörte auch seit frühislamischer Zeit, den Islam mit der Waffe zu verteidigen und zu verbreiten. Während das Bekenntnis (‚schahada'), das Gebet (‚salat'), das Fasten (‚saum') und die Pilgerfahrt (‚hadsch,) sowie die Verpflichtung zur rituellen Reinheit (‚tahara') sich aufgrund ihres Wesens ausschließlich auf das Verhältnis des jeweiligen Muslims zu Gott beziehen, haben die Verpflichtung zum Almosengeben (‚zakat') und zum Dschihad (‚dschihad') auch Auswirkungen auf das Verhältnis zu den Mitmenschen. Die ‚zakat' und der ‚dschihad' dienen jedoch auch einer positiven Gestaltung des Verhältnisses des jeweiligen Muslims zu Gott. Auf dieses Verhältnis sind auch die religiösen bzw. rituellen Vorschriften ausgerichtet, deren Missachtung folglich auch nicht vor irdischen Gerichten einklagbar ist. Anders war dies bei den zur Scharia gehörenden zivil- und strafrechtlichen Bestimmungen, die denn auch vor irdischen Gerichten verhandelt und entschieden wurden. Diesen Gerichten stand ein Kadi oder Oberkadi als Einzelrichter vor, der die Verhandlungen entsprechend bestimmter prozessualer Bestimmungen führte und auch die Urteile fällte.

Bei den zivilrechtlichen Bestimmungen handelt es sich vornehmlich um die Regelung von Angelegenheiten des Ehe-, Familien- und Erbrechts sowie des Vermögens- und Verkehrsrechts. Manche dieser Regelungen aus der Zeit des frühen Islam sind in einigen islamischen Ländern heutzutage noch in Kraft. Nach frühis-

II. Entwicklung des sunnitischen Rechtswesens 61

lamischer Überlieferung stellten einige der Bestimmungen zum Ehe-, Familien- und Erbrecht im Vergleich zur vorislamischen Praxis einen bedeutenden Fortschritt dar (19). Zu dieser vorislamischen Praxis gehörte beispielsweise, dass die Polygynie ohne jegliche rechtliche Beschränkung möglich gewesen sei. Auch seien in vorislamischer Zeit beim Tode eines Ehemannes dessen Ehefrauen ‚mitvererbt' worden, die dann vom Erben auch hätten ‚weiterverheiratet' werden können. Nach scharia-tischem Recht war dagegen eine ‚Vererbung' der Ehefrau nicht gestattet und die Anzahl der Ehefrauen auf höchstens vier Frauen begrenzt, und zwar unter der Bedingung, dass alle Frauen gleich behandelt würden und ihnen jeweils ein angemessener Unterhalt gewährt werde. Außer diesen Verbesserungen durch Außerkraftsetzung von vorislamischen Regelungen kam es auch zu Verbesserungen der Stellung der Frau durch Angleichung der Frauenrechte an die der Männer. So wurde beispielsweise den Frauen das Recht zugesprochen, zu erben, eigenes Vermögen zu besitzen und über ein Drittel der Brautgabe – vor allem auch nach einer Scheidung – selbständig zu verfügen. Nach einer Scheidung war sie zudem von jeglicher männlichen Vormundschaft bzw. Bevormundung frei. In einem möglichen Ehevertrag konnte die Frau mit ihrem zukünftigen Ehemann vereinbaren, dass auch ihr – wie dem Mann per Gesetz – das Recht eingeräumt wurde, eine rechtswirksame Scheidung auszusprechen (‚chul'). Darüber hinaus konnte in einem Ehevertrag vereinbart werden, dass der Ehemann keine Zweitehe eingehen dürfe und dass bei Missachtung dieser Vereinbarung durch den Ehemann die Frau die Scheidung herbeiführen könne. Ob derartige vertragliche Vereinbarungen einer Frau möglich waren, dürfte wohl entscheidend von der gesellschaftlichen Position und von der Persönlichkeit der jeweiligen Frau abhängig gewesen sein.

Nichtsdestoweniger manifestierten sich in der Ehe weiterhin die patriarchalen Strukturen der damaligen orientalischen Gesellschaft. Deren Reproduktion im doppelten Sinne war denn auch die besondere Funktion der Ehe, die nicht nur dem biologischen Erhalt der damaligen patriarchalen Gesellschaft diente, sondern auch die für deren Stabilität notwendigen mentalen Strukturen ihrer Mitglieder schuf. Darüber hinaus wurde die Ehe auch religiös überhöht. Denn nach islamischer Auffassung wirke sich ein Leben in der Ehe positiv auf die Erlangung des ewigen Heils aus. Bei der Wahrnehmung der Reproduktionsfunktionen wurde dem Ehemann als dem angeblich rationaleren Part in der Ehe die gewichtigere Rolle zugewiesen. Die Frau wurde nach frühislamischer Auffassung als eher emotional bestimmt angesehen. Folglich war der Ehemann gemäß Sure 4,38 der Ehefrau übergeordnet und konnte diese auch bei Unbotmäßigkeit maßregeln. Zustande kam eine Ehe durch einen mündlich abgeschlossenen Vertrag zwischen dem Bräutigam und dem Vormund der Braut – im Allgemeinen dem Vater oder dem Großvater – im Beisein zweier männlicher Zeugen oder eines männlichen und zweier weiblicher Zeugen. Normalerweise sollten der Vater bzw. Großvater als Ehevormund (‚wali') im Einvernehmen mit der Braut eine Ehe arrangieren. Sie konnten ihre Tochter bzw. Enkelin aber auch zu einer Ehe zwingen, wenn ihnen dies unter moralischem Gesichtspunkt geboten erschien. In der Ehevormundschaft für die zu verheiratende Frau sowie in der Möglichkeit einer Zwangsverheiratung der Frau manifestierte sich wie in der bereits erwähnten Überordnung des Mannes in der Ehe die patriarchale Struktur der Ehe. Diese Überordnung drückte sich darin aus, dass der Ehemann die gesamte Lebensführung der Ehefrau bestimmte bis hin zu der Frage, ob und wann sie das Haus verlassen dürfe. Die patriarchale Struktur wurde vor allem auch bei der Auflösung der Ehe sichtbar. So konnte der Ehemann sich ohne Angabe von Gründen scheiden lassen, indem er dreimal – in gewissen Abständen oder unmittelbar hintereinander – eine bestimmte Scheidungsformel (‚talaq') aussprach. Ein solcher Weg war der Ehefrau verschlossen, es sei denn, eine ähnliche Möglichkeit war im Ehevertrag einvernehmlich vereinbart worden, was in frühislamischer Zeit wahrscheinlich selten vorkam. Ohne eine solche vertragliche Regelung blieb der Ehefrau ansonsten nur der ihr eingeräumte gesetzliche Weg zum Gericht. Dort konnte sie die Scheidung beantragen, wenn sie nachweisen konnte, dass ihr Ehemann gegen seine gesetzlichen Verpflichtungen verstoßen habe. Zu solchen Verstößen gehörten beispielsweise die Verweigerung eines angemessenen Unterhalts, gravierende Misshandlung durch den Ehemann oder die Verweigerung des Geschlechtsverkehrs. In allen drei Fällen musste dies im Allgemeinen mit Hilfe von zwei männlichen oder vier weiblichen Zeugen nachgewiesen werden. Auch bei Verstößen gegen entsprechend relevante ehevertragliche Regelungen konnte von der Ehefrau dieser Weg zum Gericht mit dem Ziel der Scheidung beschritten werden. Auch hier oblag der Ehefrau die Beweislast, während der Ehemann ohne Angabe von Gründen und ohne den Gang zum Gericht die Scheidung herbeiführen konnte. Diese Benachteiligung der Frauen schlug sich auch im Zusammenhang des Erbrechts nieder. Überlebte die Ehefrau ihren Mann, dann erbte sie nur die Hälfte dessen, was im umgekehrten Falle der Ehemann erben würde.

Zu den zivilrechtlichen Bestimmungen der Scharia gehörten auch das Vermögens- und Verkehrsrecht. Angesichts der Fragestellung der vorliegenden Untersuchung soll nur jeweils ein Aspekt dieser beiden Rechtsgebiete betrachtet werden, und zwar zum einen die Möglichkeit der Gründung von Stiftungen (‚waqf') und zum anderen das Verbot des Zinsnehmens (‚riba'). Beide Aspekte erfuhren eine dezidiert religiöse Begründung und waren für die Entwicklung des Islam von besonderer Bedeutung. So galt eine Stiftung, auch wenn es sich nur um eine Stiftung zugunsten eines Familienmitgliedes handelte, grundsätzlich als ein Gott wohlgefälliges und deshalb empfehlenswertes Werk (20). Dies galt insbesondere natürlich für die im engeren Sinne sogenannten frommen Stiftungen zugunsten von Moscheen, Schulen oder Madrasen und Hospitälern sowie vergleichbaren religiösen oder sozialen Einrichtungen. Über den Stiftungszweck, die Verwaltung des Stiftungsvermögens sowie die Verwendung der Erträge entschied der jeweilige Stifter, der auch selbst die Verwaltung wahrnehmen konnte. Hinsichtlich der Nutznießer und der Nachfolge des Verwalters konnte der Stifter auch auf Dauer angelegte Regelungen treffen, sodass dafür beispielsweise ausschließlich bestimmte Familienmitglieder in Frage kamen. Entfiel der Stiftungszweck oder starben die Nutznießer aus, kamen mögliche Erträge und das Vermögen insgesamt der Armenfürsorge oder der Gemeinde zugute. Diese mögliche Verwendungsweise mag auch der Grund dafür gewesen sein, dass auch ‚reine' Familienstiftungen als Gott wohlgefälliges Werk angesehen wurden. Stiftungen waren folglich während unseres Untersuchungszeitraumes weit verbreitet, zumal man mit Hilfe solcher Stiftungen zwei gesetzliche Vorgaben umgehen konnte, die die persönliche Verfügung über das eigene Vermögen einschränkten. Denn das in Stiftungen eingebrachte Vermögen war von der Steuer befreit und wurde auch nicht auf das eine Drittel angerechnet, das man testamentarisch vererben konnte.

Ähnlich wie die Empfehlung einer Stiftung verfügte auch das Zinsverbot über eine klare religiöse Begründung, die aus entsprechenden Koranversen und Hadithen abgeleitet wurde (21). Allerdings wurden sehr früh Konstruktionen geschäftlicher Beziehungen entwickelt, um dieses Verbot zu umgehen. So dachte man sich beispielsweise eine Konstruktion aus, bei der sich hinter einem fingierten Warengeschäft eigentlich die Vergabe eines Darlehens gegen Zins verbarg. Der faktische Darlehensgeber trat als (Schein-)Verkäufer einer Ware in Erscheinung, deren geldlichen Gegenwert er dem Käufer stundete, der seinerseits vereinbarungsgemäß diese Ware wieder zu einem niedrigeren Preis an den Verkäufer ‚zurückverkaufte'. Dieser ‚Rückverkauf' erfolgte in bar, sodass der ‚Rückverkäufer' nun tatsächlich über Bargeld verfügte. Die Preisdifferenz stellte faktisch den Zins für das gewährte Darlehen dar, das sich hinter der zweimaligen fiktiven Warentransaktion verbirgt. Derartige Umgehungsversuche bzw. ‚Rechtskniffe' (‚hiyal', Sg. ‚hila') gab es auch bei anderen Rechtsangelegenheiten (22).

Einen weiteren Regelungsbereich der Scharia stellten deren strafrechtliche Bestimmungen dar, die sogenannten hadd-Delikte (23), an die man heutzutage im Westen meist denkt, wenn von ‚Scharia' die Rede ist. Bei den ‚hadd-Delikten' geht es um Straftatbestände, die im Koran angesprochen werden und zum Teil dort auch mit genau festgelegten Strafen belegt sind. Dabei handelt es sich um Unzucht (‚zina'), insbesondere den Ehebruch, Verleumdung wegen angeblicher Unzucht, den Genuss von Wein bzw. anderen berauschenden Getränken, Diebstahl und Straßenraub einschließlich des damit eventuell verbundenen Totschlags. Diese Straftaten waren mit teilweise drakonischen Strafen belegt worden, zum Beispiel Ehebruch mit Steinigung, falsche Bezichtigung wegen Ehebruchs mit 80 Geißelhieben, Alkoholgenuss je nach Rechtsschule mit 40 bis 80 Geißelhieben, Diebstahl mit Verstümmelung der rechten Hand und Totschlag im Zusammenhang eines Straßenraubes mit Hinrichtung.

6. Unterscheidung zwischen göttlichem und menschlichem Recht und deren Folgen

Bei diesen Straftaten handelte es sich – außer bei dem verleumderischen Vorwurf des Ehebruchs bzw. der Unzucht – vor allem um eine Verletzung eines göttlichen Rechtes (24). Allgemein wurde im islamischen Strafrecht zwischen einer Verletzung menschlichen Rechts, eines göttlichen Rechtes und der gleichzeitigen Verletzung beider Rechte unterschieden. Je nachdem welche Art Rechtsverletzung vorlag, hatte der jeweilige Straftäter mit unterschiedlichen Rechtsfolgen zu rechnen. Handelte es sich ausschließlich um eine Verletzung eines göttlichen Rechtes wie beim Meineid, so hatte dies nach damaliger islamischer Auffassung im diesseitigen Leben für den Täter keine strafrechtlichen Folgen, sondern wurde ausschließlich im Jenseits geahndet. ‚Göttliches Recht' ist in diesem Zusammenhang nicht gleichzusetzen mit der Scharia als ‚göttlichem Gesetz' im Sinne einer umfassenden Lebensordnung, sondern meint ein für diese göttliche Lebensordnung besonders wichtiges Einzelrecht. So stellte beispielsweise der Meineid angesichts der zentralen Bedeutung des Eides im mittelalterlichen islamischen Rechtssystem eine fundamentale Infragestellung der göttlichen Rechtsordnung dar. Ging es hingegen ‚lediglich' um eine Verletzung menschlicher Rechte wie bei dem verleumderischen Vorwurf des Ehebruchs bzw. der Unzucht, dann hatte dies im irdischen Leben strafrechtliche Konsequenzen, nämlich 80 Peitschenhiebe. Allerdings konnte das Opfer der Verleumdung diese dem Täter verzeihen und so den Täter vor der Bestrafung bewahren. Bei vielen Straftaten handelte es sich nach damaliger islamischer Rechtsauffassung jedoch sowohl um eine Verletzung menschlicher Rechte als auch eines göttlichen Rechtes.

Dieser ‚Doppelcharakter' vieler Delikte, die gleichzeitig menschliche Rechte und ein göttliches Recht verletzten, hatte bedeutsame Rechtsfolgen. Stand die Verletzung eines göttlichen Rechtes im Vordergrund, so konnte tätige Reue, wenn sie vor der gerichtlichen Aufarbeitung der Straftat erkennbar war bzw. stattfand, den Straftäter vor der ‚weltlichen Strafe' bewahren. Allerdings konnte bei erkennbarer Reue auch eine ‚religiöse Sühnestrafe' (,kaffara'), zum Beispiel die Freilassung eines muslimischen Sklaven oder zweimonatiges Fasten, wegen des Verstoßes gegen ein Recht Gottes auferlegt werden. Ein Verzeihen seitens des Opfers bzw. des Geschädigten, wie es bei einem Ehebruch oder Diebstahl denkbar war, war dagegen im Falle eines Verstoßes gegen ein Recht Gottes nicht möglich. Die Bestimmung einer Straftat als ein Verstoß gegen göttliches Recht hatte also erhebliche Bedeutung für die juristische Bewertung dieser Straftat, führte aber auch zu einigen Ungereimtheiten. So konnte sich ein Ehebrecher, der auf tätige Weise sein Verbrechen bereute, der Steinigung entziehen, während derjenige, der einen anderen fälschlicherweise des Ehebruchs bezichtigt hatte, sich der hadd-Strafe von 80 Geißelhieben nicht entziehen konnte, weil diese verleumderische Bezichtigung nicht als ein Verstoß gegen ein Recht Gottes angesehen wurde. Allerdings hätte das Opfer der Verleumdung die Möglichkeit gehabt, dem Täter zu verzeihen und diesen dadurch vor der Bestrafung mit 80 Geißelhieben zu bewahren. Auch wenn man die damalige juristische Behandlung der hadd-Delikte mit anderen Delikten und deren strafrechtlicher Behandlung vergleicht, lassen sich Ungereimtheiten feststellen. So konnte ein Wegelagerer, der im Zusammenhang eines Straßenraubes einen Totschlag begangen hatte, durch tätige Reue der Hinrichtung entgehen, wenn es zu dieser Reue vor der gerichtlichen Feststellung des Tatbestandes kam. Dagegen besaß ein Totschläger, dessen Tat unter das Talionsrecht fiel, diese Möglichkeit nicht. Er konnte nur darauf hoffen, dass die Familie des Opfers auf eine gleichwertige Vergeltung des Verbrechens verzichtete und diese dadurch in die Zahlung eines Blutgeldes umgewandelt wurde. Diese Ungereimtheiten bzw. Inkonsistenzen des islamischen Strafrechtes hatten im untersuchten Zeitraum durchgängig Bestand.

III. Entwicklung des islamischen Bildungswesens

1. Organisation der Koranschulen und Gegenstand des Unterrichts

Da der Kalif auch für die sogenannten äußeren Angelegenheiten der Religion zuständig war, gehörte auch die Organisation des Bildungssystems zu den kalifalen Funktionen und Kompetenzen. Ausgangspunkt des öffentlichen Bildungssystems im Islam war das Interesse an der religiösen Bildung der Kinder, die in den sogenannten Koranschulen (‚kuttab') stattfand und das Ziel verfolgte, den Kindern den wahren islamischen Glauben zu vermitteln (1). Daher setzten sich diese seit umaiyadischer Zeit historisch fassbaren Schulen die Rezitation des Korans und das Erlernen der Sprache des Korans zum Ziel. Das Erlernen der koranischen Sprache konnte angesichts der an diesen Schulen praktizierten Lernmethoden jedoch nur in Ansätzen gelingen. Denn das sogenannte Hocharabisch des Korans aus der Zeit des beginnenden 7. Jahrhunderts war nicht nur den nicht-arabischen Schülern fremd, sondern auch den meisten arabischen Schülern späterer Zeiten. Folglich blieb der rezitierte oder memorierte Korantext oft unverstanden. Nur in seltenen Fällen wurden einzelne Textstellen bzw. -passagen in der jeweiligen lokalen Sprache auch besprochen und erklärt, da das bloße Rezitieren des Korans als solches bewusst in den Vordergrund des Unterrichts gestellt wurde. Das Ziel des Besuchs der Schule war denn auch erreicht, wenn der Schüler in der Lage war, den gesamten Koran angemessen zu rezitieren. Die Teilnahme am Unterricht in den Koranschulen war freiwillig und stand grundsätzlich Jungen und Mädchen offen, unterrichtet wurden sie aber im Mittelalter wahrscheinlich durchgängig getrennt. Im Allgemeinen besuchten Kinder im Alter von mindestens 4 oder 5 Jahren je nach Lerntempo für 2 bis 5 Jahre die ‚kuttab'. Im Allgemeinen handelte es sich in dem untersuchten Zeitraum bei den Koranschulen um informell organisierte Veranstaltungen, die auf Vereinbarungen zwischen den jeweiligen Lehrern und den Eltern der unterrichteten Kinder basierten. Diese Vereinbarungen bezogen sich unter anderem auf die Gestaltung des Unterrichts und auf die Bezahlung des Lehrers (‚mudarris' bzw. ‚muallim'), die den Eltern oblag. Der Unterricht fand in Städten meist in einem Raum der Moscheeanlage statt, zuweilen aber auch in Gebäuden, die ein Stifter oder auch die Eltern zur Verfügung stellten. Die ‚kuttab'-Lehrer waren also in dieser Funktion – neben der sie möglicherweise noch die eines Imams oder Kaufmanns wahrnahmen – Privatlehrer, die manchmal auch Kinder wohlhabender Eltern in deren Wohnung oder bei sich selbst zu Hause unterrichteten.

2. Formen weiterführender Ausbildung

Kinder, die privat oder in Koranschulen unterrichtet worden waren, konnten ihre Ausbildung fortsetzen, indem sie sich unmittelbar danach oder später Privatgelehrten anschlossen, die interessierte Schüler bei sich zu Hause oder auch in Moscheen unterrichteten. In diesem Unterricht ging es um die arabische Hochsprache des Korans und deren Grammatik, die Koranexegese und das Studium der Hadithe sowie um das aus den Hadithen und dem Koran entwickelte schariatische Recht und dessen Anwendung. Nicht zuletzt gehörten auch theologische Fragen zum Lehrplan, die meist anhand entsprechender Traktate und Kommentare präsentiert und besprochen wurden. In spätmittelalterlicher Zeit kamen zunehmend Lehrbücher zum Einsatz. Hatte ein Student einen Traktat oder einen bestimmten Stoff eines Buches durchgearbeitet, erhielt er von seinem Lehrer eine entsprechende Bescheinigung (,idschaza') und damit auch die Erlaubnis, Schüler bzw. Studenten in diesem Stoff zu unterrichten. Ein mit einer solchen Lehrerlaubnis ausgestatteter Student gehörte damit noch nicht zu den Gelehrten (den ,ulama'), sah sich aber als Glied einer Kette von autorisierten Übermittlern des islamischen Glaubens. Das Bewusstsein von dieser Art Zugehörigkeit zur islamischen Glaubenstradition erfüllte den Studenten zum einen mit Stolz und zum anderen mit Dankbarkeit gegenüber seinem Lehrer. Das Gefühl der Dankbarkeit implizierte eine ausgeprägte emotionale Bindung der Studenten an ihre Lehrer, zumal diese insbesondere in den ersten vier Jahrhunderten des Öfteren ihre Studenten auch materiell unterstützten. Diese emotionale Bindung der Studenten an ihre Lehrer mag wohl auch der Grund dafür gewesen sein, dass bei religiösen Auseinandersetzungen manche Gelehrte über einen beträchtlichen Anhang verfügten, der sie unterstützte und zuweilen auch vor Straßenschlachten mit den jeweiligen Gegnern nicht zurückschreckte (2).

Wie viele Ulama-Biographien zeigen, war es damals üblich, dass Studenten um der Breite ihrer Ausbildung willen des Öfteren in andere Städte gingen. Dabei kam ihnen oft zustatten, dass ihre bisherigen Lehrer ihnen Adressen von in Frage kommenden Gelehrten mitgaben und sie mit einer entsprechenden Empfehlung versahen. Auf diese Weise entstanden breit aufgefächerte Netzwerke, die sich oft durch gemeinsame religiöse Vorstellungen, übereinstimmende Denkweisen und Methoden auszeichneten und die Basis der späteren Rechtsschulen bildeten. Der relativ häufige Wechsel des Studienortes war in den ersten drei Jahrhunderten vor allem für Studenten interessant, bei denen das Studium der Hadithe im Zentrum ihres Interesses stand. Denn bei der Hadithwissenschaft handelte es sich im Vergleich zur Koranexegese um eine relativ junge Wissenschaft. Erst seit dem 2. Jahrhundert nach dem Tode des Propheten begann die systematische Auseinandersetzung mit den im gesamten Kalifat im Zusammenhang der theologischen Kontroversen verstreut aufgekommenen Hadithen. Deshalb war es für die an dieser Tradition interessierten Studenten besonders wichtig, mit ,Hadith-Gelehrten' in möglichst vielen Teilen des Kalifats in Kontakt zu kommen und sich von ihnen ausbilden zu lassen. Nach Beendigung einer Studienphase bei einem solchen Lehrer erhielten die jeweiligen

Studenten ebenfalls ein Zertifikat (‚idschaza') über die wissenschaftliche Auseinandersetzung mit den behandelten Hadithen. Je mehr solcher Zertifikate ein Student besaß, desto größer seine spätere Reputation als ‚Hadith-Gelehrter'.

Anders verlief die Ausbildung von Studenten des islamischen Rechts. Deren Ausbildung gliederte sich in zwei Phasen. In einer Art vierjährigem Basisstudium, das unter der Leitung nur eines Rechtsgelehrten mit Professorenstatus stand, wurden die Grundlagen für ein weiterführendes Studium geschaffen. Über die Aufnahme sowohl des Basisstudiums als auch des weiterführenden Studiums entschied der jeweils aufnehmende Professor. Diese Ausbildung fand im Allgemeinen in einer größeren Stadt mit einem entsprechenden Einzugsgebiet und einer Moschee statt. Dies führte dazu, dass es ab dem 10. Jahrhundert zur Errichtung von Unterbringungsmöglichkeiten im Bereich der Moschee oder in der Nähe der Moschee kam, um auswärtigen Studenten der Jurisprudenz die Möglichkeit der Teilnahme an einer solchen Ausbildung zu bieten. Die Einrichtung solcher Unterbringungsmöglichkeiten erfolgte oft auf der Basis entsprechender Stiftungen, was meist auch bedeutete, dass Studenten kostenfrei verköstigt und beherbergt wurden. Der Unterricht selbst war wohl im Allgemeinen auch schon in der Zeit vor dem Aufkommen und der Verbreitung des von Nizam al-Mulk in der zweiten Hälfte des 11. Jahrhunderts initiierten Typs von Madrasen kostenfrei. Dies war seinerzeit unter anderem wohl auch deshalb möglich, weil der informelle Grundsatz galt, dass man sich für die Vermittlung von religiösem Wissen nicht bezahlen lassen dürfe. Die Gelehrten lebten in dieser Zeit von ihren Einkommen aus bürgerlichen Berufen oder aus der Wahrnehmung öffentlicher Funktionen, zum Beispiel als Imam in einer Moschee oder als Kadi. Allerdings nahm im Laufe der Zeit die Zahl der Gelehrten zu, die für den erteilten Unterricht bezahlt wurden, und zwar meist aus Stiftungen zugunsten der Moschee oder der ihr angegliederten Schule. Im äußersten Nordosten des damaligen Bagdader Kalifats in Zentralasien werden bereits in der Zeit seit Mitte des 10. Jahrhunderts auch Gelehrte historisch fassbar, die offensichtlich selbst Schulen (‚madaris', Sg. ‚madrasa') auf der Basis eigener Stiftungen eingerichtet haben, in denen sie selbst unterrichtet und zum Teil auch gewohnt haben (3). In diesen ‚madaris' war neben dem schariatischen Recht auch die Hadithüberlieferung Gegenstand des Unterrichts. Auswärtigen Lehrern wurde im Allgemeinen eine kostenlose Herberge angeboten, zuweilen auch den Studenten bzw. Zuhörern, aber jeweils wohl nur vorübergehend für eine begrenzte Zeit. Insgesamt zeichnete sich diese Form der Vermittlung religiösen und juristischen Wissens durch eine relativ freie Gestaltung des Unterrichts aus. Diese ‚madaris' waren nicht nur Moscheen angegliedert, sondern des Öfteren auch bekannten Grablegen und Herbergen an einem Verkehrsknotenpunkt (‚khan'), zuweilen waren sie auch in Häusern reicher Kaufleute untergebracht. In der historischen Islamwissenschaft werden diese ‚madaris' oft als Vorbild oder gar Ursprung des von Nizam al-Mulk initiierten Typs von Madrasen angesehen.

3. Nizam al-Mulks neue Organisationsform der Madrasen und deren Bedeutung

Die von dem Seldschukenwesir Nizam al-Mulk seit 1067 gegründeten Madrasen wiesen tatsächlich einige Gemeinsamkeiten mit den zentralasiatischen ‚madaris' auf. Sie nahmen ihrerseits eine Vorbildfunktion für die Stiftung weiterer Madrasen ein und stellten neben den einer Moschee angegliederten Hochschulen die zweite Säule der Ausbildung von Rechts- und Religionsgelehrten dar (4). Wie bei den zentralasiatischen ‚madaris' handelte es sich bei dem von Nizam al-Mulk konzipierten Typ von Madrasen um Stiftungen, die prinzipiell von jedem Muslim vorgenommen werden konnten. Infolge ihrer Organisationsstruktur war – ähnlich wie bei den ‚madaris' in Zentalasien – eine klare und unmittelbare Abhängigkeit sowohl der Lehrer als auch der Studenten vom jeweiligen Stifter der Madrasa gegeben. Denn über die Anstellung von Lehrern und die Aufnahme von Studenten sowie über deren jeweilige Verköstigung und Unterbringung entschied der Stifter bzw. der von diesem eingesetzte Verwalter. Dass die Lehrer an der von al-Mulk initiierten Form der Madrasa für das Unterrichten über die freie Verköstigung und Unterbringung hinaus noch geldlich entlohnt wurden, traf jedoch im Allgemeinen auf die zentralasiatischen ‚madaris' nicht zu. Denn die dortigen Lehrer gaben sich offensichtlich mit der freien Verköstigung und Unterbringung zufrieden. Die Studierenden wurden hingegen sowohl in den von Nizam al-Mulk initiierten Madrasen als auch in deren ‚Vorläufer' im zentralasiatischen Raum kostenlos unterrichtet und durch Unterbringung in einer Art Internat auch kostenlos versorgt. Der wichtigste Unterschied zwischen dem von al-Mulk initiierten Typ von Madrasen und den zentralasiatischen ‚madaris' bestand darin, dass es bei jenen im Gegensatz zu den zentralasiatischen ‚madaris' grundsätzlich keine Anbindung an eine Moschee gab.

Die Lehrer an Madrasen mit der von al-Mulk initiierten Organisationsform waren nicht nur finanziell vom jeweiligen Stifter abhängig, sondern auch hinsichtlich der Lehrinhalte an dessen Vorgaben gebunden. So waren in der Anfangsphase die errichteten Madrasen bei der Vermittlung von Methoden der Rechtsfindung ausschließlich auf die Ansätze nur einer einzigen der vier Rechtsschulen ausgerichtet. Dass es dabei des Öfteren zu Konflikten zwischen Gelehrten und Stiftern kam, zeigen die auffällig häufigen Wechsel von Professoren an verschiedenen Madrasen (5). Erst in späterer Zeit kam es insofern verschiedentlich zu einer entsprechenden Öffnung der Madrasen, als Stifter nicht nur die von ihnen favorisierten Methoden der Rechtsfindung einer bestimmten Rechtsschule als Gegenstand des Unterrichts gestatteten, sondern auch die Unterrichtung von Methoden anderer Rechtsschulen erlaubten. Der Kalif al-Mustansir öffnete die von ihm 1234 gegründete Madrasa sogar für alle vier Rechtsschulen. In der Zwischenzeit wurden über die Vermittlung rechtswissenschaftlicher Methoden und des damit verbundenen Verständnisses der Scharia hinaus propädeutische Wissenschaftsdisziplinen wie Arabische Grammatik und Koranexegese in das Studium an den Madrasen aufgenommen. In Bezug auf die Aufnahme der Theologie blieb man sehr zurückhaltend, während naturwissenschaftliche Disziplinen und Philosophie grundsätzlich ausgeschlossen waren (6). Im Vordergrund stand also die rechtswissenschaftliche Ausbildung, die sich im Allgemeinen in zwei Phasen unterscheiden ließ. In einer ersten Phase ging es um das Kennenlernen der Sammlung der Rechtsvorschriften einer Rechtsschule, die allgemein akzeptiert waren und vornehmlich mit Hilfe der Methode der Darlegung und gegebenenfalls der Erläuterung dem Studenten nahegebracht wurden. Strebte ein Student eine Funktion innerhalb des Rechtssystems der muslimischen Gemeinschaft an, sei es als Kadi, Mufti oder Rechtsgelehrter, so musste er in einer zweiten Phase eine höhere Stufe der Ausbildung absolvieren. Diese Phase war methodisch durch die Disputation in Form von These, Gegenthese und Abwägen der jeweiligen Pro- und Kontra-Argumente geprägt. Der Ablauf des Studiums war also an dem von Nizam al-Mulk initiierten Typ von Madrasen durch ein festgelegtes Curriculum bestimmt und unterschied sich in dieser Hinsicht sowohl von den älteren zentralasiatischen ‚madaris' als auch von den einer Moschee angegliederten Hochschulen. Diese curriculare Festlegung an der von al-Mulk begründeten Form der Madrasa hatte im Vergleich zu den beiden anderen Ausbildungseinrichtungen den hauptberuflichen Hochschullehrer und eine erhebliche Professionalisierung des Unterrichts zur Folge. Am Ende der jeweiligen Phase des Studiums an der neuen Form der Madrasa erhielt der Student für die nachgewiesenen Kenntnisse und Fähigkeiten insgesamt ein entsprechendes Zertifikat (‚idschaza'), während Zertifikate von Gelehrten, die an den älteren zentralasiatischen ‚madaris' oder an Moscheen unterrichteten, sich lediglich auf thematisch eng begrenzte Unterrichtseinheiten bezogen.

Der von Nizam al-Mulk initiierte Typ von Madrasen unterschied sich jedoch nicht nur in dieser Hinsicht von dem vergleichbaren Unterricht an Moscheen, sondern auch hinsichtlich des Gegenstandes des Unterrichts. So standen eindeutig das schariatische Recht und dessen Ableitung aus dem Koran und den Hadithen im Zentrum des Unterrichts, und zwar in der Frühphase der Geschichte dieses Schultyps auch nur die entsprechende Lehre einer der vier sunnitischen Rechtsschulen. Des Weiteren war der Unterricht anders organisiert. So wies der Lehrplan eine didaktisch begründete Struktur auf, die zielgerichtet auf eine Steigerung des Schwierigkeitsgrades hinsichtlich der Inhalte und Methoden abhob. Dies implizierte nach damaliger Auffassung wohl auch, dass die an einer Madrasa Studierenden – ähnlich wie an den Hochschulen, die einer Moschee angeschlossen waren – jeweils nur von einem oder zwei Lehrern in den beiden Studienphasen unterrichtet wurden. Der wichtigste Unterschied im Vergleich zu einer ‚Moschee-Hochschule' bestand jedoch darin, dass die von Nizam al-Mulk konzipierte Madrasa keiner Moschee angegliedert und damit selbständig war. Folglich war sie nicht dem Kalifen aufgrund seines Status als Führer der Religionsgemeinschaft, sondern nur dem Stifter unterstellt. Der Stifter entschied also darüber, nach welcher ‚Rechtsschulen-Doktrin' unterrichtet und welcher Gelehrte als Lehrer eingestellt wurde. Im Falle einer Hochschule, die einer Moschee angegliedert war, hätte dagegen dieses Recht letztendlich auch dann dem Kalifen zugestanden, wenn die Moschee samt Schule von irgendeiner Privatperson gestiftet worden wäre. Mit seiner Konstruktion einer vom jeweiligen Kalifen unabhängigen

Madrasa hatte al-Mulk folglich diese Eingriffsmöglichkeit eines Kalifen ausgeschlossen. Dieses Interesse sowie die besondere Bedeutung des Rechtswesens für den Inhaber der politischen Herrschaft veranlassten m. E. vor allem den im Dienste eines seldschukischen Sultans stehenden Wesir Nizam al-Mulk, einen solchen Hochschultyp wie die Madrasa zu entwickeln und selbst mehrere derartige Schulen in Form einer Stiftung zu gründen (7).

4. al-Mamuns ‚Haus der Weisheit' (‚bait al-hikma')

Neben den erwähnten Ausbildungseinrichtungen gab es seit dem Jahre 830 das von dem Kalifen al-Mamun initiierte ‚Haus der Weisheit' (‚bait al-hikma'), das wohl aufgrund des Interesses an griechischer Philosophie und an den griechischen Wissenschaften eingerichtet worden war. Folglich stand anfangs vornehmlich die Übersetzung der entsprechenden griechischen Literatur als Aufgabe an, wobei offensichtlich dem Syroaramäischen eine Art Brückenfunktion zukam. Ergebnis dieser Arbeit war zunächst eine umfängliche Bibliothek mit griechischen Originaltexten und arabischen Übersetzungen. Des Weiteren ergab sich in der Folge eine weitgehende Rezeption der griechischen Wissenschaften und der griechischen Philosophie. Im Zusammenhang dieser Rezeption wurden je nach Standpunkt des Rezipienten gegenüber den griechischen Lehren diese adaptiert, weiterentwickelt oder einer kritischen Überprüfung unterzogen. Dieser rationale Diskurs verstärkte auch die rationalen Ansätze in der islamischen Theologie, was sich in verschärften Auseinandersetzungen zwischen den sogenannten Traditionariern und den rational argumentierenden Theologen (‚mutakallimun') niederschlug. Dies war denn auch bereits unmittelbar nach der Einrichtung des ‚Hauses der Weisheit' der Fall, als es um die Frage nach dem Status des Korans, nämlich dessen ‚Geschaffenheit' oder ‚Ungeschaffenheit', ging (8).

IV. Verhältnis von göttlicher Prädestination und menschlicher Willensfreiheit

1. Ausgangspunkt der theologischen Diskussion über das Verhältnis von göttlicher Prädestination und menschlicher Willensfreiheit

Nach der Darstellung der Entwicklung des Kalifenamtes, des Rechts- und Bildungswesens wird im folgenden Kapitel die Entwicklung des Verständnisses vom Verhältnis zwischen göttlicher Prädestination und menschlicher Willensfreiheit dargestellt. Da die Frage nach diesem Verhältnis ihren Ursprung in der Ausübung des Kalifenamtes durch die Umaiyaden und in deren kalifalem Selbstverständnis hatte, soll zunächst kurz auf den entsprechenden historisch-politischen Hintergrund eingegangen werden (1). Nachdem sich Muawiya im sogenannten 1. Bürgerkrieg (656–661) gegen Ali durchgesetzt hatte, konnte er nach und nach seine Herrschaft während seiner fast 20-jährigen Regentschaft stabilisieren. Dabei gerieten die beiden oppositionellen Gruppierungen der Aliden und Charidschiten zunächst etwas ins Hintertreffen und wurden zum Teil in die Randgebiete der damaligen islamischen Welt abgedrängt. Als Muawiya seinen Sohn Jezid zu seinem Nachfolger bestimmte und damit das Erbfolgeprinzip etablierte, organisierten jedoch beide Gruppierungen Aufstände, die in einen 2. Bürgerkrieg (683–692) mündeten. Nach der Niederschlagung dieser Aufstände durch den Kalifen Abd al-Malik (reg. 685–705) konnte die Herrschaft der Umaiyaden nochmals stabilisiert werden. Infolge zunehmender Unzufriedenheit mit der umaiyadischen Herrschaft kam es aber seit 740 erneut zu Aufständen. Diese führten im Januar 750 mit der Schlacht am Oberen Zab im heutigen Kurdistan zum Ende der Umaiyadenherrschaft und zum Beginn der Herrschaft der Abbasiden. Sowohl die Aliden als auch die Charidschiten blieben wie bereits nach dem 1. Bürgerkrieg ungefähr 100 Jahre vorher erneut von der Herrschaft oder einer Beteiligung an ihr ausgeschlossen. Folglich blieb die bereits zur Zeit des 1. Bürgerkrieges aufgeworfene Frage, welche Voraussetzungen ein Inhaber des Kalifenamtes erfüllen müsse, weiterhin virulent. Der bereits seit dem 1. Bürgerkrieg bestehende Konflikt zwischen den Umaiyaden einerseits und den Aliden sowie den Charidschiten andererseits hatte nicht nur durch das von den Umaiyaden praktizierte Erbfolgeprinzip eine Verschärfung erfahren. Vielmehr gewann dieser Konflikt auch aufgrund des Selbstverständnisses der umaiyadischen Kalifen als Stellvertreter Gottes an Brisanz. Dieses Selbstverständnis diente nicht nur dazu, die jeweilige Amtsinhaberschaft als solche zu legitimieren, sondern auch die konkrete Amtsführung, die sie als Wahrnehmung eines göttlichen Auftrages verstanden. Dies legte dann den Gedanken an eine göttliche Prädestination der Amtsinhaberschaft und der Amtsführung nahe. Umaiyadische Kalife und ihnen nahestehende Religions- und Rechtsgelehrte vertraten denn auch die Auffassung, dass das Regierungshandeln eines Kalifen von Gott vorherbestimmt sei (2).

Diese religiöse Begründung der umaiyadischen Herrschaft und des Regierungshandelns zog weitere Überlegungen nach sich. Dabei ging es nun also nicht mehr nur um die Begründung der zu erfüllenden Voraussetzungen für die Bekleidung des Kalifenamtes. Vielmehr stellte sich auch die Frage, ob ein Versagen des Kalifen für diesen selbst irgendwelche Konsequenzen habe und ob diese Konsequenzen sich möglicherweise auch auf dessen jenseitige Existenz erstrecken könnten. Daraus ergaben sich weitere Fragen, die allgemein und grundsätzlich geklärt werden mussten: Welche Bedeutung hat das diesseitige Verhalten eines Menschen für dessen jenseitiges Leben und inwiefern ist der Mensch für sein Verhalten und sein jenseitiges Leben verantwortlich? Diese Fragen machten es ihrerseits notwendig, über die diesbezügliche Rolle Gottes und das Verhältnis zwischen menschlicher Willensfreiheit und göttlicher Prädestination nachzudenken. Die erwähnten gedanklichen Zusammenhänge initiierten denn auch eine über die Zeit der umaiyadischen Herrschaft hinausgehende und infolge der sich entwickelnden Eigendynamik immer umfänglicher werdende theologische Diskussion.

2. Diskussion des Verhältnisses zwischen göttlicher Prädestination und menschlicher Willensfreiheit in umaiyadischer Zeit

Am Anfang der theologischen Diskussion des Verhältnisses zwischen göttlicher Prädestination und menschlicher Willensfreiheit bzw. Heilsverantwortlichkeit stand also die Frage, welche Konsequenzen die Amtsführung eines Kalifen für dessen jenseitige Existenz habe. In dieser Diskussion kam es im Laufe der Zeit – entsprechend der gerade angesprochenen Logik des Themenkomplexes – zu einer Verallgemeinerung. Es ging nun grundsätzlich um die theologische Frage nach der Verantwortlichkeit des Menschen für sein Verhalten und die Relevanz dieses Verhaltens für die jenseitige Existenz des Menschen. Entschiedene Befürworter der Verantwortlichkeit des Menschen gegenüber Gott waren die Qadariten, die von einer entsprechenden Willensfreiheit bzw. ‚Macht' (‚qadar') des Menschen ausgingen (3). Ein Mensch kann nach qadaritischer Auffassung aufgrund der Gott zugeschriebenen Gerechtigkeit von diesem beim Jüngsten Gericht nur dann zurecht belohnt oder bestraft werden, wenn er sich willentlich für das eine oder andere Verhalten habe frei entscheiden können. Hierbei setzten die Qadariten voraus, dass der Mensch generell in der Lage sei, die Gebote Gottes zu erfüllen. Diese theologische Position stand also im Widerspruch zur umaiyadischen Herrschaftsideologie und deren Implikationen. Die Qadariten waren also qua theologischer Position Gegner der umaiyadischen Herrschaft und fanden folglich großen Zuspruch bei den Charidschiten, von denen einige als qadaritische Gelehrte in Erscheinung traten (4). Folge dieser Opposition war auch, dass zwei der bekanntesten Qadariten, nämlich Mabad al-Dschuhani und Gaylan ad Dimaschqi, sich an Aufständen gegen die Umaiyaden beteiligten und von diesen hingerichtet wurden (5). Mit dem Ende der umaiyadischen Herrschaft wurde die politische Motivation der qadaritischen Auffassung von der menschlichen Willensfreiheit hinfällig, die Bestimmung des Verhältnisses zwischen göttlicher Prädestination und menschlicher Willensfreiheit blieb aber weiterhin als theologisches Problem bestehen.

Am radikalsten wurde die qadaritische Position zu jener Zeit wohl von Amr ibn Ubayd (ca. 699–761) vertreten. Er sah die Vorstellung von einem klaren Zusammenhang zwischen diesseitigem Handeln und jenseitiger Vergeltung als zentrale Lehre des Korans an, die sich an einer Vielzahl von Koranstellen belegen lasse. In der Folge erklärte er kurzerhand dieser Auffassung widersprechende Hadithe und auch anderslautende Koranstellen als Fälschungen (6). Ein solches Verdikt muss u. E. vor dem Hintergrund gesehen werden, dass zu jener Zeit – wahrscheinlich durch Vertreter der prädestinatianischen Auffassung – viele Hadithe in Umlauf gebracht worden waren, die die prädestinatianische Auffassung stützten (7), während die

IV. Göttliche Prädestination und menschliche Willensfreiheit 73

Qadariten vornehmlich den Koran für die Begründung ihrer Position in Anspruch nahmen (8).

Gemäßigter und differenzierter als Amr ibn Ubayd vertrat dessen Lehrer al-Hasan al-Basri (642–728), einer der berühmtesten Gelehrten jener Zeit, seine Position hinsichtlich des Verhältnisses zwischen göttlicher Prädestination und menschlicher Willensfreiheit (9). Er verwies zwar auf die von Gott vorgegebenen und vorherbestimmten ‚Rahmenbedingungen' menschlicher Existenz, reklamierte aber die individuelle Heilsverantlichkeit und damit die Notwendigkeit einer entsprechenden Willensfreiheit, ansonsten käme es zu unauflösbaren Widersprüchen in der koranischen Offenbarung. Denn wenn alles vorherbestimmt wäre, wie die Prädestinatianer lehrten, dann wäre auch das unheilvolle jenseitige Schicksal eines Menschen durch Gott vorherbestimmt. Es würde sich dann aber die Frage nach dem Sinn der im Koran verkündeten Barmherzigkeit Gottes stellen. Auch die vielfältigen Aufforderungen zu einem Gott wohlgefälligen Leben sowie der Warnungen vor dem Jüngsten Gericht, wie sie im Koran anzutreffen seien, verlören ihre Plausibilität. Um diese angedeuteten Widersprüchlichkeiten zu vermeiden, sprach sich al-Hasan al-Basri klar für die individuelle Heilsverantwortlichkeit und eine entsprechende Willensfreiheit des Menschen aus. Diese Position versuchte er anhand des Korantextes zu verifizieren, indem er auch von den Prädestinatianern in Anspruch genommene Belege erörterte und deren Auswertung durch die Prädestinatianer zurückwies. Andererseits verwies er immer wieder auf die von Gott gesetzten Bedingungen menschlichen Handelns und die letztendliche Verfügungsgewalt Gottes über das dies- und jenseitige Schicksal des jeweiligen Menschen. Folglich wird eine eindeutige Zuordnung al-Hasan al-Basris zum Qadarismus von vielen Vertretern der historischen Islamwissenschaft vermieden. In dieser Zurückhaltung zeigt sich wohl, dass al-Hasan al-Basri keine klare Abgrenzung zwischen göttlicher Prädestination und menschlicher Willensfreiheit vorgenommen hat oder ihm dies nicht gelungen war.

Das wohl älteste Zeugnis für eine kritische theologische Auseinandersetzung mit den Qadariten ist ein kurzer Traktat, den al-Hasan b. Muhammad wahrscheinlich kurz nach 692 unter dem Eindruck der Nachwirkungen des 2. Bürgerkrieges verfasst hat (10). In diesem Traktat versuchte al-Hasan b. Muhammad, die qadaritische Auffassung von der Willensfreiheit des Menschen zu widerlegen, indem er die Prädestination Gottes positiv zu begründen versuchte, und zwar vornehmlich mit heilsgeschichtlichen Argumenten. So begründete er beispielsweise die Prädestination Gottes damit, dass die Vertreibung von Adam und Eva aus dem Paradies von Gott vorherbestimmt gewesen sei, da er von Anfang an ein Leben der Menschen unter den vorfindbaren irdischen Verhältnissen vorgesehen habe. Darüber hinaus versuchte er, die qadaritische Auffassung dadurch zu widerlegen, dass er auf deren Unvereinbarkeit mit Aussagen des Korans verwies. So führte al-Hasan b. Muhammad beispielsweise Sure 9,102 an, wonach der Mensch zu einem angemessenen Urteil über das Tun bzw. Verhalten von Mitmenschen nicht in der Lage sei. Deshalb empfahl er, in solchen Situationen ein Urteil ‚zurückzustellen' (‚murdschawn' – deshalb die

Bezeichnung ‚Murdschiiten' für eine Personengruppe mit entsprechender Vorstellung) und dieses Gott zu überlassen. Auf diese Weise versuchte al-Hasan b. Muhammad, das Wissen des Menschen um rechtes Tun bzw. Verhalten als wichtige gedankliche Voraussetzung der qadaritischen Lehre in Frage zu stellen. Die Wahrheit koranischer Aussagen begründete er mit dem Hinweis, dass die von Gott berufenen Propheten ab dem Zeitpunkt ihrer Berufung sich nur noch in Übereinstimmung mit Gott äußern konnten. Selbst wenn sie ihre von Gott eingegebenen Erkenntnisse hätten verfälschen oder unterschlagen wollen, wäre ihnen dies nicht möglich gewesen (11). Im Übrigen wagte es kaum jemand, die Wahrheit des Korans in Frage zu stellen, denn dies wäre einem theologischen Tabubruch gleichgekommen, den auch die Qadariten nicht wagten.

Einen etwas anderen Ansatzpunkt für seine kritische Auseinandersetzung mit den Qadariten wählte in der ersten Hälfte des 8. Jahrhunderts Dschahm b. Safwan (gest. 746). Er ging von einer schroffen Trennung zwischen dem allmächtigen und allgegenwärtigen Schöpfer und der von diesem geschaffenen Welt aus (12). Aus dieser Annahme ergab sich für ihn, dass nur Gott als ‚Urheber' jeglichen Geschehens in Frage komme, nicht aber der von Gott geschaffene Mensch. Von diesem als Handelndem könne nur metaphorisch im Sinne von ‚der Bach fließt' gesprochen werden. Der Mensch habe zum Handeln weder die Kraft noch den Willen und verfüge auch über keine Wahlmöglichkeit. Die Vertreter dieser Position wurden von denjenigen, die der qadaritischen Auffassung zuneigten, als Dschabriten bezeichnet, die den Menschen als ein Wesen betrachteten, das einem ‚blinden Zwang' (‚dschabr') unterworfen sei (13).

3. Fortführung der Diskussion über das Verhältnis von göttlicher Prädestination und menschlicher Willensfreiheit im 9. Jahrhundert

Nach der Ablösung der umaiyadischen Dynastie durch die abbasidische verloren sowohl die Gegner als auch die Befürworter der menschlichen Willensfreiheit ihre politische Motivation. So verlagerte sich die Diskussion noch stärker auf die theologische Ebene, und es eröffnete sich die Möglichkeit zu Differenzierungen und Annäherungen, um die in der vorangegangenen Diskussion immer schärfer zutage getretene Aporie von göttlicher Prädestination und menschlicher Willensfreiheit aufzulösen. Ein Aspekt dieser Verlagerung war auch, dass in der ersten Hälfte des 9. Jahrhunderts die Qadariten als öffentlich wirksame Vertreter einer rationalen Theologie von der Gruppe der Mutaziliten abgelöst wurden (14). Zu dieser Ablösung der Qadariten kam es, weil seit dem Wechsel von der umaiyadischen Dynastie zur abbasidischen die Frage der Willensfreiheit an politischer Brisanz eingebüßt hatte und in den Hintergrund getreten war. In den Vordergrund schob sich dagegen seit der 2. Hälfte des 8. Jahrhunderts die Frage nach dem Gottesverständnis und seit der 1. Hälfte des 9. Jahrhunderts die sich daraus ergebende Frage nach dem Koranverständnis. Den Part der rationalen Theologie übernahmen in dieser Diskussion die Mutaziliten. Sie versuchten – abgesehen von der Phase, in der sie sich in das politische Konzept des Kalifen al-Mamun und seiner beiden unmittelbaren Nachfolger einbinden ließen (15) –, sich auf rein theologische Fragen zu beschränken. Möglicherweise erklärt sich daraus auch ihre Bezeichnung, da diese etymologisch vom arabischen ‚itizal' (Rückzug) abgeleitet wurde und mit ‚itizal' der Rückzug aus dem politischen Streit allgemein gemeint war (16). Ein solcher Rückzug schien insofern geboten, als in den ersten beiden Jahrhunderten nach dem Tode des Propheten bereits drei machtpolitisch motivierte Bürgerkriege ausgelöst worden waren, die zu keiner Befriedung geführt hatten, sondern jeweils zu neuem Streit.

In Bezug auf das Verhältnis zwischen göttlicher Prädestination und menschlicher Willensfreiheit führte die geforderte Verlagerung der Diskussion auf die rein theologische Ebene zunächst tatsächlich auch zu einer differenzierteren Betrachtung dieses Verhältnisses auf beiden Seiten. So mussten sich die Prädestinatianer den moralischen Bedenken gegen die Vorstellung von einer allumfassenden Vorherbestimmung Gottes stellen, um die damit einhergehende Bedeutungslosigkeit moralischen Handelns für die Art der jenseitigen Existenz zu zerstreuen. Vor allem der Vorwurf moralischer Laxheit und das Problem der Ungewissheit des Menschen hinsichtlich seiner jenseitigen Existenz verlangten nach einer Klärung (17). Dagegen stellte sich für die Befürworter der menschlichen Willensfreiheit die Frage, wie angesichts der von ihnen rational begründeten Notwendigkeit menschlicher Willensfreiheit die Allmacht Gottes gewahrt und nachvollziehbar begründet werden könne.

Dirar ibn Amr (geb. um 730), der aufgrund seiner theologischen Vorstellungen zu den Vordenkern mutazilitischer Auffassungen gezählt wird, stellte sich denn auch der aufgeworfenen Frage nach der Vereinbarkeit von menschlicher Willensfreiheit und göttlicher Allmacht (18). Er ging davon aus, dass eine solche Vereinbarkeit nur möglich sei, weil Gott dem Menschen einen freien Willen verliehen habe und selbst an der jeweils aktuellen Handlung des Menschen im Sinne ihrer Ermöglichung mitwirke. Es gehe also bei der Handlung eines Menschen aufgrund freier Willensentscheidung um die Aneignung (,kasb') bzw. Wahrnehmung einer von Gott geschaffenen Möglichkeit, sodass dem einzelnen Menschen eine Mitwirkung und damit eine entsprechende individuelle Verantwortlichkeit für diese Handlung zukomme. Um diese individuelle Verantwortlichkeit des Menschen ging es auch Abu l-Hudail (um 750–840), der als Gelehrter in Basra und Bagdad wirkte und mit seinen Vorstellungen den Beginn des Mutazilismus markierte (19). Abu l-Hudail nahm an, dass die Lebenswirklichkeit des Menschen durch ein für diesen überwiegend undurchschaubares Geflecht von Kausalbeziehungen gekennzeichnet sei. Die untere Ebene dieser Kausalbeziehungen könne aber von den Menschen erkannt werden, sodass der Mensch für die deshalb vorhersehbaren Folgen seines Handelns in diesem Bereich verantwortlich gemacht werden könne. Für das Geschehen im nicht durchschaubaren Bereich lasse sich der Mensch dagegen nicht verantwortlich machen, möge sich aber in Bezug auf das Geschehen in diesem Bereich nach 1-Hudail bereitwillig der göttlichen Güte und Gnade anvertrauen.

Im Allgemeinen versuchten die Mutaziliten durch eine Analyse der menschlichen Handlung das Problem der Vereinbarkeit göttlicher Allmacht mit der menschlichen Willensfreiheit und Heilsverantwortlichkeit zu lösen (20). Dabei unterschieden sie zunächst die Voraussetzungen einer Handlung von der Handlung selbst. Die Voraussetzungen einer Handlung, zu denen sie auch das Vermögen des Menschen zählten, sich frei für eine Handlungsoption zu entscheiden und diese dann auch umzusetzen, sahen sie als von Gott vorgegeben an. Die konkrete Handlung aber werde vom einzelnen Menschen vollzogen, der folglich auch dafür verantwortlich sei. Hinsichtlich der konkreten Handlung unterschied der bereits erwähnte Abu l-Hudail zwischen einem ‚ersten' und einem ‚zweiten Augenblick'. Im ‚ersten Augenblick' handele der Mensch insofern, als er sich aufgrund seines ihm von Gott mitgegebenen Entscheidungsvermögens (‚istitaa') für oder gegen eine Handlung entscheide. Im ‚zweiten Augenblick' setze er aufgrund seines ihm ebenfalls von Gott geschenkten Handlungsvermögens (‚qudra') gegebenenfalls die von ihm zuvor getroffene Entscheidung selbständig um. Die Allmacht Gottes bleibe dadurch gewahrt, dass Gott den Menschen mit einer solchen Fähigkeit zur Entscheidung und zu deren Umsetzung ausgestattet habe. Willensfreiheit und Heilsverantwortlichkeit des Menschen manifestierten sich dagegen in der konkreten autonomen Entscheidung des einzelnen Menschen und deren Umsetzung allein durch ihn, während Dirar ibn Amr noch von einer Führung durch Gottes Hand ausging. Für Bischr ibn-al-Mutamir (gest. 825), den Begründer der Bagdader Schule der Mutaziliten, ergab sich daraus wie für andere Mutaziliten auch, dass alle Folgen einer konkreten Handlung als von dem betreffenden Menschen verursacht anzusehen seien, für die dieser daher auch insgesamt verantwortlich sei.

Mit dieser Klarstellung reagierte Bischr ibn-al-Mutamir auf entsprechende Einwände von Gelehrten unterschiedlichster theologischer Provenienz So wurde beispielsweise gegen die mutazilitische Argumentation angeführt, dass die einem Menschen durch einen Steinwurf zugefügte körperliche Verletzung nicht direkt dem Werfer des Steines angelastet werden könne, sondern in der körperlichen Beschaffenheit des getroffenen Menschen begründet liege, die beispielsweise der Grund für eine Schwellung oder Blutung sei. Für die Mutaziliten stellte sich dagegen die körperliche Verletzung als eine von dem Werfer zu verantwortende Folge seines Steinwurfs dar. Denn für sie gehörte die körperliche Beschaffenheit zu den von Gott geschaffenen Rahmenbedingungen des Steinwurfs. Erst der Steinwurf, zu dem es aufgrund der freien Willensentscheidung des Werfers gekommen sei, führe zur Verletzung des getroffenen Menschen. Diese Unterscheidung zwischen den vorauszusetzenden Rahmenbedingungen einer Handlung und der eigentlichen Handlung ermöglichte den Mutaziliten die Zurückweisung der von ihren Gegnern vorgenommenen Bewertung des angeführten Beispiels von dem Steinwurf. Zu den von Gott geschaffenen Rahmenbedingungen gehören in diesem Beispiel nicht nur die Beschaffenheit des menschlichen Körpers (und des Steines), sondern auch das

Vermögen des Menschen, sich frei zu entscheiden und diese Entscheidung auch umzusetzen. Die von den Mutaziliten postulierte menschliche Willensfreiheit erlaubte es ihnen auch, das Böse in der Welt zu erklären, indem sie es den Menschen anlasteten. Radikale Prädestinatianer wiesen dagegen aufgrund ihrer weit gefassten Vorstellung von Gottes Allmacht auch das Böse und das Unrecht in der Welt Gott zu. Denn nach dieser prädestinatianischen Auffassung sei alles Geschehen in der von Gott geschaffenen Welt zu jeder Zeit und an jedem Ort von Gott verursacht, sodass jegliche Konzession an eine wie auch immer geartete autonome menschliche Willensentscheidung oder Handlung ausgeschlossen sei.

Um die mutazilitische Vorstellung von der Heilsverantwortlichkeit des Menschen in Frage zu stellen, konstruierten Prädestinatianer in diesen Auseinandersetzungen weitere Beispielfälle, mit denen nachgewiesen werden sollte, dass diese Vorstellung zu Widersprüchen mit der von den Mutaziliten ebenfalls postulierten göttlichen Gerechtigkeit führe (21). So verwiesen sie unter anderem auf die Problematik bei verstorbenen Kindern und konfrontierten die Mutaziliten mit der Frage, wie sie sich in Anbetracht ihrer Vorstellungen von der menschlichen Heilsverantwortlichkeit und der göttlichen Gerechtigkeit das jenseitige Schicksal dieser Kinder vorstellen würden. Denn diese Kinder seien wegen ihres Alters nicht der Scharia und den aus ihr abgeleiteten Pflichten unterworfen und hätten deshalb nach islamischer Glaubenslehre gar keine Sünden begehen können. Mutaziliten griffen dieses Problem auf und vertraten zunächst die Auffassung, dass diese Kinder ins Paradies aufgenommen würden, auch wenn kein ‚verdienstvolles' Handeln bzw. Verhalten vorliege. Diese Lösung ignorierte also die von den Mutaziliten vertretene Forderung nach einer klaren Korrespondenz von Handeln bzw. Verhalten und Vergeltung. Entsprechenden Einwänden vonseiten der Prädestinatianer begegneten Mutaziliten mit dem Hinweis auf die Freigebigkeit (‚tafaddul') Gottes, in der sich dessen Barmherzigkeit ja vornehmlich manifestiere. Auf diese Freigebigkeit könnten nach Auffassung einiger Mutaziliten auch früh verstorbene Ungläubige hoffen, die aufgrund ihres frühen Todes keine Chance zu einer Umkehr gehabt hätten und deshalb drohten der ewigen Verdammnis anheimzufallen. In einem solchen Fall könnte die von Gott vorherbestimmte ‚Lebensfrist' zu knapp bemessen gewesen sein und damit wäre Gott selbst für die Verdammnis als das schlimmste aller Schicksale eines Menschen verantwortlich. Da dies aber dem mutazilitischen Verständnis von Gottes Gerechtigkeit widerspräche, waren einige Mutaziliten der Auffassung, dass auch diesen Menschen aufgrund von Gottes Freigebigkeit Hilfe bzw. Rettung zuteil werde. An diesen Beispielen und Lösungsvorschlägen zeigten sich also die Schwierigkeiten der Mutaziliten, ihre Vorstellung von der Heilsverantwortlichkeit des Menschen mit der von Gottes Gerechtigkeit in Einklang zu bringen. Dies war insofern wichtig, als die Vorstellung von der Gerechtigkeit Gottes neben der von der Allmacht Gottes sowie der Heilsverantwortlichkeit des Menschen die Überlegungen der Mutaziliten zum Verhältnis von menschlicher Willensfreiheit und göttlicher Prädestination bestimmte. Die sich daraus ergebenden Schwierigkeiten der Mutaziliten wurden allerdings erst im Verlauf der Diskussionen zwischen ihnen und den Prädestinatianern offenbar. Dagegen sahen sich die Mutaziliten von Anfang an mit der grundsätzlichen Kritik radikaler Prädestinatianer konfrontiert, dass ihr Eintreten für die Willensfreiheit des Menschen als Voraussetzung für dessen Heilsverantwortlichkeit die Allmacht Gottes relativiere.

Besonders scharf und radikal wurde diese Kritik von Ahmad ibn Hanbal formuliert, der sich der Inquisition al-Mamuns (reg. 813–833) widersetzt hatte und wohl auch aufgrund dieses Widerstandes breite Zustimmung unter den damaligen Gelehrten fand. Aus dieser Zustimmung zu Ibn Hanbals Widerstand entwickelte sich allmählich die Gruppierung der Hanbaliten, die den damals sich formierenden Sunnismus entscheidend prägen sollte (22). Ibn Hanbal ging von einer allumfassenden und immerwährenden Allmacht Gottes aus und leitete davon ab, dass alles von Gott vorherbestimmt sei, auch das Böse in der Welt. Wäre es anders, so liefe dies nach Ibn Hanbal auf die Annahme eines zweiten Schöpfers bzw. einer entsprechenden Macht hinaus, was der Vielgötterei gleichkäme, die die schlimmste Sünde eines Muslims darstelle. Folglich könne es für den Menschen auch keine Willens- und Handlungsfreiheit und damit auch keine Heilsverantwortlichkeit geben, da ja auch das Jenseitsschicksal eines jeden Menschen seit Ewigkeit von Gott vorherbestimmt sei. Nichtsdestoweniger hielt Ibn Hanbal an der Vorstellung vom Jüngsten Gericht als dem Tag der endgültigen Bewertung der Taten eines jeden Menschen fest. Seinen Schrecken verliere dieser Tag jedoch für die Muslime, weil sie auf die Fürsprache Mohammeds hoffen könnten.

Neben dieser radikalen Absage an die Vorstellung von der Willensfreiheit des Menschen und dessen Heilsverantwortlichkeit gab es jedoch zu jener Zeit auch Traditionarier, die eine moderatere Position hinsichtlich der menschlichen Willensfreiheit und Heilsverantwortlichkeit vertraten als Ibn Hanbal. Wie dieser ging beispielsweise Ibn Qutaiba (828–889), der wahrscheinlich anfangs den Mutaziliten nahestand (23), von der Vorstellung einer göttlichen Prädestination aus, sprach aber dem Menschen gleichzeitig die Fähigkeit zu autonomem Handeln zu. Aufgrund der Art dieses Handelns werde Gott am Tag des Jüngsten Gerichts über das Jenseitsschicksal des betreffenden Menschen entscheiden. Die sich aus dieser Konzeption zunächst ergebende Widersprüchlichkeit löste Ibn Qutaiba durch seine Vorstellung auf, dass Gott den Menschen eine diesen lenkende feinstoffliche Substanz schenke oder vorenthalte. Deren Vorhandensein befähige den Menschen, sich Gott gegenüber als gehorsam zu erweisen und sich dadurch die Aufnahme in das Paradies zu ‚verdienen'. Menschen, denen diese feinstoffliche Substanz aufgrund göttlicher Prädestination vorenthalten werde, seien dagegen zur ewigen Verdammnis verurteilt. Diese von Gott prädestinierte Erwählung oder ‚Nicht-Erwählung' entziehe sich nach Qutaiba menschlichem Verständnis und sei als göttlicher Ratschluss hinzunehmen. Daran wird deutlich, dass Ibn Qutaibas Versuch, die Aporie zwischen absolut gesetzter Allmacht Gottes und menschlicher Willensfreiheit durch sein Konzept von der feinstofflichen Substanz aufzulösen, letztlich unzulänglich war. Dieses Konzept entfaltete denn auch keine breitere Wirkung innerhalb der damaligen islamischen Theologie. Nichtsdestoweniger steht es beispielhaft für Versuche einiger Prädestinatianer, die menschliche Willensfreiheit und Heilsverantwortlichkeit irgendwie in ihr theologisches Gedankensystem einzubeziehen, um auf diese Weise die mutazilitische Kritik zu entschärfen.

4. al-Ascharis Position als Vermittlungsversuch zwischen Mutaziliten und Hanbaliten

Eine weitere Folge dieser im 9. Jahrhundert stattfindenden Auseinandersetzungen zwischen Mutaziliten und Prädestinatianern bzw. Hanbaliten war die verstärkte Adaption der rationalen Methode der Mutaziliten durch sunnitische Gelehrte. Ganz bewusst nutzte Abu l-Hasan al-Aschari (873–935) diese Methode, um seine theologischen Auffassungen gegenüber rational argumentierenden Theologen, den sogenannten ‚mutakallimun‘, zu verteidigen oder um diese Theologen zu widerlegen (24). So wurde zum Beispiel al-Aschari die ‚Geschichte von den drei Brüdern‘ zugeschrieben, anhand deren er auf spitzfindige Weise die Schwierigkeiten und die Widersprüchlichkeit der mutazilitischen Auffassung von der Heilsverantwortlichkeit des Menschen aufgezeigt haben soll. Diese Geschichte ist in Form eines Dialoges zwischen al-Aschari und dessen Lehrer al–Dschubbai dargestellt. Es geht in ihr um drei Brüder und die Frage nach deren Jenseitsschicksal. Einer der drei Brüder stirbt als gläubiger und frommer Mann, einer als sündiger und ungläubiger Mann und einer bereits im Kindesalter. Al-Dschubbai, der in diesem Dialog als Repräsentant der Mutaziliten fungiert, beantwortet denn auch die an ihn gerichtete Frage nach dem Jenseitsschicksal der drei Brüder im Sinne der mutazilitischen Vorstellung von der Heilsverantwortlichkeit des Menschen. Danach ist klar, dass der gläubige Bruder im Paradies Aufnahme finde und der ungläubige Bruder in die Hölle komme, während für den im Kindesalter verstorbenen Bruder ein ‚Ort der Rettung‘ vorgesehen sei. Dabei handelt es sich um eine mutazilitische ‚Konstruktion‘, von der wir wenig wissen. Da nach al-Aschari letztlich Gott für den frühen Tod des einen Bruders verantwortlich sei, trage also Gott auch die Verantwortung dafür, dass der im Kindesalter verstorbene Bruder nach mutazilitischer Auffassung nicht ins Paradies aufgenommen werde. Al-Dschubbai reagiert darauf auf typisch mutazilitische Weise mit dem Hinweis, dass Gott möglicherweise durch den frühen Tod ein schlimmeres Schicksal des im Kindesalter verstorbenen Bruders verhindert habe. So wäre es möglich gewesen, dass der als Kind verstorbene Bruder im Erwachsenenalter schwere Sünden begangen hätte. Da Gott dies aufgrund seiner Allwissenheit im Voraus wisse, habe er ihn durch den frühen Tod vor diesen schweren Sünden bewahrt. Dieser Bruder sei also in den Genuss des ‚Besten‘ (‚aslah‘) gekommen, das Gott aufgrund seiner Barmherzigkeit für jeden Menschen bereithalte. Al-Aschari stellt daraufhin die Frage, warum denn Gott dann den sündigen und ungläubigen Bruder nicht auch habe bereits im Kindesalter sterben lassen, um ihm auf diese Weise das Schicksal der ewigen Verdammnis zu ersparen. Darauf, so heißt es in der Dialoggeschichte von den drei Brüdern, habe al-Dschubbai, der ja in dieser Beispielgeschichte stellvertretend für die Mutaziliten steht, keine Antwort geben können. In dieser Geschichte habe also al-Aschari die rationale Methode der Mutaziliten genutzt, um diese zu widerlegen und die eigene Position zu verteidigen, die inhaltlich weitgehend mit der von Ibn Hanbal übereinstimmte.

So trat al-Aschari wie Ahmad ibn Hanbal ganz entschieden für die Vorstellung von einer allumfassenden göttlichen Prädestination ein, konzedierte aber anders als dieser, dass der Mensch die von Gott ‚geschaffene Handlung' sich ‚aneignen' könne. Damit meinte er, sowohl der Vorstellung von der Prädestination als auch der von der Willensfreiheit des Menschen Genüge getan zu haben (25). Mit dieser Konzeption stand er gewissermaßen in der Tradition ähnlicher Vorstellungen Dirar ibn Amrs. Die Bedeutung dieses Zugeständnisses hinsichtlich der Willensfreiheit des Menschen lag darin, dass die von Gott ‚geschaffene Handlung' aufgrund der ‚Aneignung' durch den Menschen diesem zugeschrieben werden könne. Gleichzeitig meinte er, so auch einen Zusammenhang zwischen menschlichem Verhalten und ‚göttlicher Vergeltung' hergestellt zu haben. Nach al-Aschari erfolge die ‚Aneignung' einer von Gott ‚geschaffenen Handlung' durch ein Entscheidungs- und Handlungsvermögen, das Gott dem Menschen erst zum Zeitpunkt der jeweiligen Entscheidung und Handlung verleihe (26). Folglich gebe es keine zeitliche Differenz zwischen dem Verleihen des jeweiligen Vermögens und dessen Wirksamwerden in der konkreten Situation. So bleibe also die Allmacht Gottes unberührt. Damit gibt es faktisch aber auch keinen Spielraum für die Willensfreiheit, die al-Aschari dem Menschen hatte zubilligen wollen. Al-Ascharis Konzeption erweckte folglich den Eindruck einer rein begrifflichen Distinktion ohne nachvollziehbaren Bezug zur Wirklichkeit und damit wohl auch ohne besondere Bedeutung für das religiöse Bewusstsein und die religiöse Praxis der damaligen Muslime. Dies mag ein Grund dafür gewesen sein, dass in den späteren Auseinandersetzungen zwischen Aschariten und Hanbaliten im 11. Jahrhundert die einfacheren und klareren Vorstellungen der Hanbaliten bei der breiten Masse der Bagdader Bevölkerung größere Akzeptanz fanden.

Hinsichtlich der Bedeutung der Fürsprache Mohammeds beim Jüngsten Gericht stimmte al-Aschari wiederum mit Ibn Hanbal überein. Wie dieser vertrat er die Auffassung, dass Mohammed Fürsprache zu Gunsten von Sündern, insbesondere auch schweren Sündern, einlegen könne (27). Die Entscheidung über die Wirksamkeit der Fürsprache Mohammeds liege aber nach al-Aschari und Ibn Hanbal letztlich bei Gott, dessen Ratschluss aber unergründbar sei, sodass dem gläubigen Sünder nur das Vertrauen in die Barmherzigkeit Gottes bleibe. Die Mutaziliten zogen dagegen – wenn überhaupt (28) – eine solche Fürsprache nur für Gläubige ohne Sünden in Erwägung, was ‚lediglich' auf eine Bestätigung dessen hinauslaufen könne, was man sich ausgerechnet und von Gott erwartet habe. Für schwere Sünder könne es nach mutazilitischer Auffassung keine Fürsprache geben; sie seien aufgrund des von den Mutaziliten geforderten klaren Zusammenhangs von Verhalten und Vergeltung zur ewigen Verdammnis verurteilt. Die nachfolgenden Auseinandersetzungen zwischen Mutaziliten einerseits sowie den Anhängern al-Ascharis und Ibn Hanbals andererseits brachten hinsichtlich der Bestimmung des Verhältnisses

IV. Göttliche Prädestination und menschliche Willensfreiheit   81

zwischen göttlicher Prädestination und menschlicher Willensfreiheit nur noch unwesentliche Veränderungen mit sich. Das für die weitere Entwicklung des sunnitischen Islam wichtige Ergebnis dieser Diskussionen insgesamt fand in den entsprechenden Aussagen des von al-Qadir erlassenen Glaubensdekrets von 1017 seinen Niederschlag: „Er (scil. Gott) ist der Lenker des Himmels und der Erde und der Lenker dessen, was in ihnen ist und was zu Lande und zu Wasser ist, es gibt keinen Lenker außer ihm und keinen anderen Schützer als ihn. Er erhält die Menschen, macht sie krank und heilt sie, läßt sie sterben und macht sie lebendig. Die Geschöpfe aber sind schwach, die Engel, die Gesandten, Propheten und alle Kreatur. Er ist der Mächtige durch seine Macht und der Wissende durch sein Wissen. Ewig und unerfaßlich." (29)

5. Ursachen für die Niederlage der ‚rationalen Theologie' in der Prädestinationsfrage

Zum Abschluss der Darstellung der theologischen Auseinandersetzungen um das Verhältnis zwischen menschlicher Willensfreiheit und göttlicher Prädestination stellt sich noch die Frage, warum sich Qadariten und Mutaziliten nicht mit ihren diesbezüglichen Vorstellungen gegen die Wegbereiter des Sunnismus bzw. die Sunniten durchsetzen konnten. Vor allem drei Gründe lassen sich für die größere Akzeptanz der entsprechenden sunnitischen Vorstellungen anführen: die Einfachheit und Klarheit der zentralen Aussagen sowie deren größere Nähe zum religiösen Bewusstsein der damaligen Muslime und drittens die innere Widersprüchlichkeit bzw. mangelnde Konsistenz der qadaritischen respektive mutazilitischen Lehre. So sprachen sich die Prädestinatianer und die späteren hanbalitisch ausgerichteten Sunniten ohne Wenn und Aber für eine allumfassende Allmacht Gottes und damit für die totale Abhängigkeit des Menschen von Gott aus. Diese Vorstellungen wiesen ihrerseits eine große Nähe zum religiösen Bewusstsein der damaligen Muslime auf, das seine Wurzeln auch in dem vorgängigen Schicksalsglauben der arabischen Beduinen hatte.

Drittens litt die qadaritische bzw. mutazilitische Lehre von der menschlichen Willensfreiheit und Heilsverantwortlichkeit an innerer Widersprüchlichkeit und an mangelnder Konsistenz, wie am Beispiel der ‚Geschichte von den drei Brüdern' deutlich wird. Um dem Vorwurf innerer Widersprüchlichkeit und mangelnder Konsistenz zu entgehen, mussten die Qadariten und Mutaziliten im Verlaufe der diskursiven Auseinandersetzungen mit den Prädestinatianern immer häufiger ‚Ausnahmetatbestände' schaffen, zum Beispiel die Vorstellung von einem ‚Ort der Rettung'. Des Weiteren mussten sie oft auf die Vorstellung von der ‚Freigebigkeit' Gottes als Ausdruck seiner Barmherzigkeit zurückgreifen. Dieser Rückgriff auf die Barmherzigkeit Gottes evozierte seinerseits die Frage, wem sie zuteil werde. Dies wurde dann meist mit dem Hinweis auf den ‚unergründlichen Ratschluss' Gottes beantwortet. Auch die Prädestinatianer kamen nicht ohne den Rückgriff auf den

‚unergründlichen Ratschluss' und die Barmherzigkeit Gottes aus. Während derartige Vorstellungen bei den Prädestinatianern jedoch am Anfang ihrer Argumentation standen und diese strukturierten, standen sie bei den Qadariten und Mutaziliten meist am Ende einer Argumentationskette, wenn rationale Argumente nicht mehr zur Verfügung standen. Aufgrund des faktischen Ablaufs der diskursiven Auseinandersetzungen mit den Prädestinatianern musste man also den Eindruck gewinnen, dass der Begriff ‚unergründlicher Ratschluss' Gottes bei den Qadariten und Mutaziliten lediglich die Lücken rationaler Argumentation zu schließen hatte. Begründet lagen diese argumentativen Schwierigkeiten vor allem in der mangelnden Konsequenz der Befürworter der menschlichen Willensfreiheit hinsichtlich ihres Argumentationsansatzes. Denn diese konnten sich nicht klar für eine Entlassung des Menschen aus seiner in der Allmacht Gottes begründeten Abhängigkeit in einen sinnvoll und überzeugend definierten Raum der Willensfreiheit entscheiden.

Einen entsprechenden Versuch zu einer solchen Abgrenzung stellten m.E. am ehesten Abu l-Hudails Vorstellungen dar (30). Denn er versuchte mit seinem Konzept, einen Raum für die menschliche Willensfreiheit und damit auch für die Heilsverantwortlichkeit des Menschen zu schaffen, ohne die göttliche Allmacht in ihrem Wesenskern zu beeinträchtigen. So sprach l-Hudail von einer von Gott geschaffenen Fähigkeit des Menschen, in dem von diesem durchschaubaren Wirklichkeitsbereich autonom unterschiedliche Entscheidungen zu treffen und diese auch umzusetzen. Dass sich l-Hudails Vorstellungen nicht durchsetzen konnten, lag vor allem daran, dass sich der prädestinatianische Vorwurf nicht überzeugend entkräften ließ, dass ein autonom handelnder Mensch die göttliche Schöpfungsmacht relativieren würde. Hinzu kam, dass es bereits im Koran und vor allem auch in den Hadithen Aussagen gab bzw. gibt, die im Widerspruch zur Vorstellung von einem Raum menschlicher Willens- und Handlungsfreiheit standen bzw. stehen (31). Allerdings wurden viele dieser Hadithe erst im Verlaufe der Auseinandersetzungen hinsichtlich des Umfangs der göttlichen Prädestination mit der Absicht in Umlauf gebracht, die jeweils eigene Position abzusichern.

6. Relativierung der radikalen Position der Prädestinatianer

Ein weiterer Aspekt, der sich hinsichtlich der Akzeptanz durch die damalige muslimische Bevölkerung zugunsten der Prädestinatianer auswirkte, war deren Vorstellung von der Fürsprache Mohammeds zugunsten gläubiger Muslime beim Jüngsten Gericht (32). Durch diese Vorstellung fand auch der Gedanke von der Heilsverantwortlichkeit des einzelnen Gläubigen Eingang in die sunnitische Theologie. Denn in den Augen der Prädestinatianer orientiere sich Mohammeds Fürsprache an dem irdischen Verhalten des Gläubigen (33). Orientierung für sein Verhalten boten dem Gläubigen die vielfältigen Ge- und Verbote im Koran und der tradierte Lebenswandel des Propheten. Außer der Berücksichtigung des Gedankens

IV. Göttliche Prädestination und menschliche Willensfreiheit

der individuellen Heilsverantwortlichkeit in der sunnitischen Theologie bewirkte die Vorstellung von Mohammeds Fürsprache auch eine Aufwertung des Propheten. Denn durch diese Fürsprache wurde er über seine Funktion als Prophet, Religionsstifter und Vorbild hinaus zum potentiellen Helfer des einzelnen Gläubigen erhoben, auch wenn über die Wirkung dieser Fürsprache nach prädestinatianischer Vorstellung letztendlich Gott entscheidet. Diese Entscheidung wiederum erfolge aufgrund des ‚unergründlichen Ratschlusses' Gottes, ohne dass für den Menschen eine klare Beziehung zum Verhalten des jeweiligen Gläubigen erkennbar wäre.

Die dem allgemeinen religiösen Empfinden zuwiderlaufende Vorstellung vom Fehlen einer solchen Beziehung wurde zudem dadurch relativiert, dass sich bereits seit Mitte des 9. Jahrhunderts die Zugehörigkeit zur Gemeinschaft der Gläubigen (‚umma') als wesentlicher Bestandteil des islamischen Glaubens etabliert hatte (34). Zu dieser Entwicklung kam es, da seit der medinensischen Staatsgründung die Bedeutung der ‚umma' für den Glauben des einzelnen Muslimen kontinuierlich zunahm. Verantwortlich hierfür war zunächst die Abgrenzung gegenüber den Mekkanern und infolge der Eroberungen dann gegenüber den äußeren Nachbarn und den Nicht-Muslimen in den eroberten Gebieten. Hinzu kamen sehr bald nach dem Tode Mohammeds innere Auseinandersetzungen, die zu Gruppenbildungen und Spaltungen führten. Diese machten ihrerseits konkretere Differenzierungen und Abgrenzungen notwendig, um die Unterschiede auch nach außen hin sichtbar werden zu lassen. Auf diese Weise entwickelten sich in den verschiedenen Gruppierungen nicht nur unterschiedliche religiöse Vorstellungen und unterschiedliche Regelungen für das Zusammenleben, sondern auch unterschiedliche Riten, Zeremonien und Festtagskulturen. Über deren penible Einhaltung bzw. Beachtung wachten die Glaubensbrüder ebenso wie über die Beobachtung der Scharia insgesamt. So wuchs der ‚umma' als der Gemeinschaft der Glaubensbrüder eine immer größer werdende Bedeutung zu, zumal viele Riten, in denen sich in besonderer Weise die Hinwendung zu Gott ausdrücke, grundsätzlich gemeinsam vollzogen wurden. Dadurch war dem einzelnen Gläubigen religiöse Orientierung und kontinuierliche Selbstvergewisserung möglich.

Die Zugehörigkeit zur ‚umma' kam seit Mitte des 9. Jahrhunderts nach sunnitischer Auffassung einer Heilsanwartschaft gleich. Zu diesem Zuwachs an Bedeutung kam es vor allem infolge des Scheiterns von al-Mamuns Religionspolitik (35). Dieses Scheitern hatte dazu geführt, dass das Selbstverständnis des Kalifen als Imam-Kalif, der die ihm anvertraute Gemeinschaft der Gläubigen zum ewigen Heil führe, in Frage gestellt wurde. In der Folgezeit wuchs also diese Funktion allmählich der von den Religions- und Rechtsgelehrten geführten Gemeinschaft der Gläubigen zu. Die Zugehörigkeit zu dieser Glaubensgemeinschaft kommt nach sunnitischer Auffassung durch das ‚innere Annehmen' des im islamischen Glaubensbekenntnis (‚schahada') formulierten Glaubens zustande und wird durch die Beobachtung der Scharia, insbesondere der Riten als Ausdruck für die Hinwendung zu Gott, aufrechterhalten (36). Der ‚innere Glaube' (‚iman') und die Befolgung der Scharia als Voraussetzung für die Erlangung des jenseitigen Heils seien jedoch dem einzelnen

Gläubigen nur bei entsprechender Rechtleitung durch Gott möglich. Diese Rechtleitung komme dem einzelnen Gläubigen aufgrund des ‚unerforschlichen Ratschlusses' Gottes zugute, könne ihm aber auch vorenthalten werden (37). Insofern hänge letztlich auch die Zugehörigkeit zur ‚umma' von der Prädestination Gottes ab, da sowohl der ‚innere Glaube' als auch die Befolgung der Scharia keinen Akt menschlicher Willensentscheidung darstellten. Folglich könnten sie auch nicht als Ausdruck individueller Leistung bzw. der Willensfreiheit des jeweiligen Gläubigen angesehen werden, sondern würden vom Gläubigen als Manifestation absoluter göttlicher Allmacht erfahren. Einzig Gott kann nach sunnitischer Auffassung wissen, ob jemandem der Status eines Muslim und damit die Zugehörigkeit zur ‚umma' zu Recht zustehe oder nicht. Als einzige Ausnahme wurde ein Verstoß gegen die Lehre von der Einzigkeit Gottes und damit die schlimmste Sünde, nämlich die der Gotteslästerung (‚shirk'), angesehen. Nur in diesem Fall stünde den Glaubensbrüdern bzw. der ‚umma' das Recht zu, den Sünder aus ihrer Gemeinschaft auszuschließen. Allerdings wurde zuweilen der Begriff ‚shirk' relativ weit gefasst. So bezichtigten beispielsweise die Prädestinatianer die Qadariten und die Mutaziliten der Gotteslästerung, weil diese durch ihr Eintreten für die Willensfreiheit des Menschen diesen zu einer Macht erhöben, die die Einzigkeit Gottes in Frage stelle. Außer im Falle einer vorliegenden Gotteslästerung sei das Urteil über den Verbleib in der Gemeinschaft der Muslime jedoch Gott zu überlassen, sodass die ‚umma' einen relativ geschützten Raum darstellte, in dem die Hoffnung auf eine ‚positive Prädestination' und einen barmherzigen Gott erhalten blieb.

Andererseits vermittelten der von der ‚umma' kontrollierte Glaubensvollzug des einzelnen Gläubigen sowie dessen Beobachtung des schariatischen Gesetzes diesem das Gefühl, eben auch persönlich durch eine bestimmte Lebensführung gefordert zu sein. Dies dürfte dem religiösen Bewusstsein der Mehrheit der damaligen Muslime entsprochen haben und die Vorstellung vom Vorherbestimmtsein des jenseitigen Schicksals jedes einzelnen Muslims durch Gott relativiert haben. Die überragende Bedeutung, die die Beobachtung der Scharia und der damit verbundenen Riten zu Beginn des 10. Jahrhunderts bereits hatte, findet darin ihren Ausdruck, dass gegenwärtige Islamwissenschaftler von einer Ritenfrömmigkeit der damaligen Muslime und von einem schariatischen Islam sprechen. Auch die Zugehörigkeit zur ‚umma' im Sinne einer Gemeinschaft mit verbürgter Heilsanwartschaft dürfte dazu beigetragen haben, die Bedeutung der Ungewissheit der Gläubigen zu relativieren, die aus der Vorstellung von der allumfassenden und unergründlichen göttlichen Prädestination resultierte. Die Vorstellung von der Fürsprache Mohammeds, die geforderte Beobachtung der Scharia und der damit verbundene gemeinsame Vollzug einiger wichtiger Riten sowie die Zugehörigkeit zur ‚umma' machten wohl die durch die radikale Prädestinationslehre der Traditionarier bzw. Sunniten verursachte Ungewissheit für den gläubigen Muslim erträglich.

V. Entwicklung des Gottes- und Koranverständnisses

1. Ausgangspunkt und Hintergrund der Diskussion über das Gottesverständnis

Wie im Zusammenhang der Darstellung der theologischen Auseinandersetzungen um die Frage des Verhältnisses zwischen göttlicher Prädestination und menschlicher Willensfreiheit deutlich wurde, stand im Zentrum dieser Auseinandersetzungen das Verständnis von der Allmacht Gottes. Die Prädestinatianer gingen von einer absoluten Allmacht Gottes aus, die sie als immerwährende und allgegenwärtige höchste Macht verstanden, die nach ihrer Auffassung keine autonom entscheidenden oder handelnden Menschen zuließ. Qadariten und Mutaziliten teilten zwar die Vorstellung von einem allmächtigen Gott, gingen aber davon aus, dass Gott die Menschen mit Willens- und Handlungsfreiheit ausgestattet habe und ihnen die eigene Lebensgestaltung überlasse. An der ‚Reichweite' der göttlichen Allmacht entzündeten sich folglich die Diskussionen, gingen über den ursprünglichen Kontext der göttlichen Prädestination hinaus und erfassten das islamische Gottesverständnis insgesamt. Darüber hinaus sah sich das islamische Gottesverständnis auch von außen durch die trinitarische Gottesvorstellung der Christen, durch dualistisch-gnostische Vorstellungen sowie neuplatonische Vorstellungen herausgefordert (1). Durch die dualistisch-gnostischen Vorstellungen, aber auch durch die trinitarische Gottesvorstellung der Christen sah man die eigene monotheistische Vorstellung in Frage gestellt. Die trinitarische Gottesvorstellung der Christen, die ihre Religion ja auch als eine monotheistische Religion verstanden, wurde vor allem wegen der Missachtung der von den islamischen Theologen postulierten ‚Einsheit' und ‚inneren Einheit' Gottes[3] abgelehnt. Die neuplatonischen Vorstellungen wiederum stellten vor allem die islamische Vorstellung von einem personalen Schöpfergott in Frage. Gleichzeitig stellten sie auch die Kategorien für die Kritik an der islamischen Gottesvorstellung zur Verfügung. Die Gottesvorstellung, gegen die sich diese Kritik wandte, war bis Mitte des 8. Jahrhunderts fast ausschließlich durch die entsprechenden Aussagen des Korans geprägt, da zu jener Zeit entsprechende Hadithe und islamische theologische Abhandlungen kaum vorhanden waren.

2. Die koranische Gottesvorstellung

Die Gottesvorstellung, die in dem im 7. Jahrhundert kompilierten Koran ihren Niederschlag fand, basierte auf den drei Grundannahmen von der Allmacht, der Barmherzigkeit und der Personalität des verehrten göttlichen Wesens (2). Die Vor-

---

[3] Mit ‚Einsheit Gottes' ist gemeint, dass Gott der einzige und alleinige Gott sei, während mit ‚innerer Einheit Gottes' dessen unauflösbare Ganzheit bzw. ganzheitliche Kompaktheit gemeint ist. Liegt eine inhaltliche Überschneidung vor, so wird im Folgenden die Schreibung ‚Ein(s)heit' verwendet.

stellung von der Allmacht Gottes wurde insbesondere aus dem Glauben abgeleitet, dass Gott die Welt in einem einmaligen Schöpfungsakt geschaffen habe und durch fortwährendes Eingreifen bis zu ihrem von ihm bestimmten Ende erhalte. Das fortwährende Eingreifen in das Weltgeschehen impliziere auch, dass das Schicksal jedes einzelnen Menschen sowohl auf Erden als auch im Jenseits von Gott bestimmt werde bzw. vorherbestimmt sei. Außer durch den Schöpfungsgedanken ist die koranische Botschaft vor allem auch durch den Gerichtsgedanken geprägt, wonach Gott am Jüngsten Tag von jedem Menschen Rechenschaft für dessen Tun und Handeln verlange und dementsprechend über dessen Jenseitsschicksal entscheide. Die von jedem einzelnen Menschen abverlangte Rechenschaft setzt jedoch logischerweise eine entsprechende Willensfreiheit und Handlungsfähigkeit sowie eine daraus ableitbare Verantwortlichkeit des Menschen voraus. Von dieser Voraussetzung gehen offensichtlich auch die im Koran vielfach enthaltenen Mahnungen an die Menschen, ein gottgefälliges Leben zu führen, und die häufigen Warnungen vor den Folgen eines gottlosen und unmoralischen Lebens aus. Diese in der Vorstellung vom Jüngsten Gericht vorausgesetzte Willensfreiheit und Handlungsfähigkeit des Menschen wirft natürlich die Frage nach der Vereinbarkeit mit der Vorstellung von der göttlichen Allmacht auf. Diese Problematik wird jedoch im Koran nicht thematisiert, geschweige denn aufgelöst, sondern war Gegenstand der gegen Ende des 7. Jahrhunderts beginnenden Auseinandersetzungen zwischen den Prädestinatianern und den Qadariten bzw. Mutaziliten.

Die Vorstellung von der Allmacht Gottes warf auch die Frage auf, warum es trotz des fortwährenden Eingreifens Gottes in das Weltgeschehen auf der Welt so viel Leid und Ungerechtigkeit gebe. Im Koran wird diese Frage mit dem Hinweis darauf beantwortet, dass es sich hierbei um Strafen Gottes handele (3). Eine systematische Auseinandersetzung mit dieser Problematik findet im Koran jedoch nicht statt, der auch sonst aufgrund seiner gesamten Anlage keine systematisch entwickelte Darstellung theologischer Fragen aufweist. Auch schien für die frühen Koranrezipienten eine solche Auseinandersetzung angesichts der überaus häufigen Hervorhebung der Barmherzigkeit Gottes offensichtlich nicht dringlich gewesen zu sein. Die Barmherzigkeit Gottes leitete man vor allem daraus ab, dass Gott aufgrund seiner Allmacht dem Menschen das Leben schenke und durch die Schaffung entsprechender Bedingungen auch erhalte. Die überragende Bedeutung der Barmherzigkeit Gottes manifestiert sich auch äußerlich-formal in der Invokation Gottes am Anfang einer jeden Sure in der sogenannten ‚basmala', wo in der Anrufung Gottes als ‚Erbarmer' und als ‚Barmherziger' dessen Barmherzigkeit gleich zweimal zum Ausdruck gebracht wird. Die Antwort des Menschen auf diese übergroße Barmherzigkeit Gottes haben nach islamischer Vorstellung Dankbarkeit und die Ehrerweisung gegenüber Gott zu sein. Mit Dankbarkeit sei eine entsprechende innere Haltung gemeint, während die Ehrerweisung gegenüber Gott sich in einem bestimmten, genau zu beachtenden äußeren Vollzug von Riten wie beispielsweise dem Verbeugen beim Gebet äußere. In der Dankbarkeit und Ehrerweisung soll also die Abhängigkeit des Menschen von Gott innerlich und äußerlich-formal Anerkennung finden. Diese

Anerkennung und das ‚Sich-Ergeben' in die Abhängigkeit von Gott müssen von so zentraler Bedeutung für die Muslime gewesen sein, dass sie ihre Religion ‚Islam' nannten, denn ‚Islam' ist der substantivierte Infinitiv zum Verb ‚aslama', das ‚sich ergeben' bedeutet (4). Die Dankbarkeit als innerliche Anerkennung der Abhängigkeit des Menschen von Gott stellt ihrerseits die Grundlage der Ethik des Islam dar. Denn aus dieser Dankbarkeit wird das Verhalten der Muslime gegenüber ihren Mitmenschen abgeleitet, zum Beispiel die im Koran geforderte materielle Unterstützung hilfsbedürftiger Menschen.

Sowohl die Vorstellung von einem allmächtigen und barmherzigen Schöpfergott als auch die von einem richtenden und strafenden Gott implizieren die dritte Grundannahme der koranischen Gottesvorstellung, nämlich die der Personalität des göttlichen Wesens. Darauf verweist beispielsweise, dass Gott im Zusammenhang der Erschaffung der Welt wie ein personales, anthropomorphe Züge aufweisendes Wesen agiert habe. So habe er eine Art Ursubstanz gespalten und daraus Himmel und Erde geschaffen, aus dem Wasser alles Lebendige gemacht, den ersten Menschen aus Ton erschaffen und diesem eine Gattin ‚beigesellt' (5). Auch im Zusammenhang der Erhaltung der Schöpfung tritt Gott als personales Wesen in Erscheinung, wenn er für die Erhaltung des geborenen Lebens alle notwendigen Voraussetzungen schaffe, nachdem er zuvor von der Zeugung über die Entwicklung des Embryos im Mutterleib bis zu dessen Geburt alle biologischen Prozesse initiiert und vorangetrieben habe. Um dies gedanklich nachvollziehbar zu machen, wird Gott im Koran die totale Verfügungsgewalt über die Natur zugeschrieben, die er dem Menschen dienstbar mache. Eine besondere Bedeutung wird hierbei dem Regen zugewiesen, der sich auf Gottes Geheiß hin aus den Wolken auf die Erde ergieße und die Ernährung der Menschen sichere. Gottes Fürsorge zugunsten des Menschen manifestiere sich jedoch nicht nur in seinem Eingreifen in das Naturgeschehen, sondern Gott greife auch in das politische und gesellschaftliche Leben ein. So habe Gott zum Beispiel zugunsten der (medinensischen) Muslime bei deren Sieg über die zu jener Zeit noch nicht bekehrten feindlichen mekkanischen Quraisch in der Schlacht von Badr eingegriffen (Sure 3,119–122), denen er wiederum zu anderen Zeiten zu Wohlstand verholfen habe (Sure 106). Gott tritt also in diesen Fällen als eine Art fürsorglicher Herrscher in Erscheinung, ähnlich wie ein ‚Schutzherr' gegenüber seinen ‚Schutzbefohlenen', wie es damals in dem auf der arabischen Halbinsel verbreiteten Klientelwesen anzutreffen war. Gott greife jedoch nicht nur als Helfer in das irdische Geschehen ein, sondern trete auch bei dem allesentscheidenden Endgericht als Richter auf, der über die Menschen aufgrund ihres irdischen Lebens letztgültig urteile und diese dem ewigen Paradies oder der ewigen Verdammnis in der Hölle zuweise. Auch im Gebet trete das angesprochene göttliche Wesen als ein personales Gegenüber in Erscheinung, dem man Dankbarkeit und Ehrerbietung schulde und das man – auf dessen Allmacht und Barmherzigkeit vertrauend – um etwas bitte. Die Personalität des göttlichen Wesens, das nach koranischer Darstellung zuweilen auch anthropomorphistische Züge annimmt, erweist sich als das dominante Merkmal der islamischen Gottesvorstellung. Besonders die anthropomorphistischen Züge stießen aber bereits in der Frühzeit des Islam vor allem bei den Theologen und Philosophen auf Kritik, die vom Neuplatonismus beeinflusst waren.

3. Die Kritik Dschahm b. Safwans (gest. 746) und Dschad b. Dirhams (gest. 743) an der koranischen Gottesvorstellung

Einer der ersten historisch fassbaren und nachhaltig wirksamen Kritiker der damaligen Gottesvorstellung war Dschahm b. Safwan (gest. 746). Dschahm ging von der im Koran – beispielsweise in Sure 39,63 sowie Sure 42,7 und 42,10 – anzutreffenden Gegenüberstellung des Schöpfergottes mit der von ihm geschaffenen Welt aus. Er leitete daraus eine radikale Andersheit Gottes im Vergleich zu den von ihm geschaffenen Dingen und Lebewesen ab (6). Dieses radikale Verständnis von der Andersheit Gottes implizierte für Dschahm, dass auf Gott keines der Merkmale, die ein von ihm geschaffenes Ding oder Lebewesen charakterisieren, zutreffen dürfe und sich Gott somit jeglicher Beschreibung mit Hilfe der auf sinnlicher Wahrnehmung basierenden ‚weltlichen Begriffe' entziehe. Denn Gott habe weder eine räumliche noch eine zeitliche Begrenzung und auch keine irgendwie geartete materiale Beschaffenheit. Gott könne also nach Dschahm nicht gedacht werden als jemand, der sich nach seinem Schöpfungswerk auf einem Thron niederlasse (vgl. Sure 20,3 f.), denn dies schlösse nach Dschahm eine Art zeitlicher Gebundenheit an diesen Ort ein. Dies widerspräche somit der Vorstellung von einem allgegenwärtigen Gott, der eben nicht als an einem bestimmten Ort sich aufhaltend gedacht werden könne. Um die Vorstellung von der Allgegenwart Gottes mit der von Dschahm postulierten radikalen Andersheit Gottes in Einklang zu bringen, entwarf Dschahm seine Vorstellung von einem transzendenten und zugleich aber auch der Welt immer und überall immanenten Gott. Die Transzendenz leitete er aus der bereits erwähnten Entgegensetzung von Schöpfergott und Schöpfung und der dadurch bedingten radikalen Andersheit Gottes ab. Die Immanenz ergab sich für ihn dagegen daraus, dass er Gott als alleinige Ursache alles Existierenden und allen Geschehens ansah, sodass Gott in allem Existierenden wirke und dadurch diesem immer und überall immanent sei. Diese Gottesvorstellung implizierte eine konsequente Ablehnung einer anthropomorphen Vorstellung von Gott, wie sie im Koran anzutreffen ist. Folglich dürfe man nach Dschahm entsprechende Koranstellen nicht wörtlich verstehen, sondern habe diese metaphorisch zu interpretieren. So sei beispielsweise das Sitzen auf dem Thron nicht wörtlich zu verstehen, sondern metaphorisch als Verweis auf die Erhabenheit und Majestät Gottes. Dies widersprach jedoch dem damaligen mehrheitlich akzeptierten Verständnis des Korans, der ja als Offenbarung Gottes gegenüber dem Propheten Mohammed angesehen wurde, was zur damaligen Zeit nur ein wörtliches Verständnis der jeweiligen Koranstellen zuließ. Darüber hinaus sah Dschahm aufgrund seiner radikalen Entgegensetzung von Schöpfer und Geschaffenem um der ‚Ein(s)heit' des ewigen Schöpfergottes willen den Koran als ein von Gott geschaffenes und damit ‚zeitliches Ding' an, was ebenfalls in der Folgezeit auf heftigen Widerspruch stieß. Dschahms Ansatz inhärierten folglich bereits alle wichtigen Aspekte, die im Zusammenhang der nachfolgenden Diskussionen um den islamischen Gottesbegriff und das damit eng zusammenhängende Koranverständnis zu heftigen Kontroversen führten. Er selbst ließ hinsichtlich des Gottesverständnisses nur gelten, dass Gott als einziger Urheber das gesamte Sein hervorgebracht habe und immer noch hervorbringe, sich durch keine materiale oder körperliche Beschaffenheit kennzeichnen lasse und sowohl räumlich als auch zeitlich an keine Grenzen gebunden sei. Dies brachte Dschahm und seinen Anhängern (den sogenannten ‚Dschahmiten') den Vorwurf der ‚Entleerung' des Gottesbegriffs ein und wurde später auf den Begriff ‚negative Theologie' gebracht.

Ähnlich wie Dschahm b. Safwan hat auch dessen Zeitgenosse Dschad b. Dirham die anthropomorphistischen Aussagen des Korans abgelehnt, denn dies gebot auch ihm seine dezidierte Auffassung von der Transzendenz Gottes (7). Für ihn war es inakzeptabel, dass nach koranischen Aussagen Abraham Gottes Freund gewesen sei und Moses von Gott aus dem Dornbusch heraus angesprochen worden sei. Diese Kritik implizierte auch die Möglichkeit einer Infragestellung vergleichbarer Begegnungen Mohammeds mit Gott und hätte damit den Charakter der koranischen Offenbarung insgesamt in Zweifel ziehen können. Folglich war auch für Dschad des Öfteren eine Abkehr vom wörtlichen Verständnis bestimmter koranischer Aussagen notwendig geworden und eine metaphorische Interpretation des Korans geboten. Die als möglich erscheinende Infragestellung des damals mehrheitlich akzeptierten Offenbarungscharakters des Korans musste natürlich unter den damals gegebenen Bedingungen auf erheblichen Widerstand stoßen. So verwundert es nicht, dass Dschad b. Dirham wegen seiner theologischen Aussagen oder zumindest unter dem Vorwand derselben um 743 hingerichtet wurde. Selbst wenn es ‚nur' unter einem solchen Vorwand zu dieser Hinrichtung gekommen sei, so macht gerade die anzunehmende ‚Brauchbarkeit' dieses Vorwandes deutlich, wie die Mehrheit der damaligen Bevölkerung offensichtlich dachte.

4. Dirar ibn Amrs versuchter Ausgleich zwischen koranischer Gottesvorstellung sowie den Vorstellungen Dschahms und Dschads

Die Radikalität der erwähnten theologischen Auffassungen Dschahm b. Safwans und Dschad b. Dirhams veranlasste selbst nachfolgende Anhänger der rationalen Theologie Relativierungen und Korrekturen im Sinne der traditionellen theologischen Überzeugungen vorzunehmen. So führte beispielsweise Dirar ibn Amr (geb. um 730) die Unterscheidung zwischen der Existenz (‚annija') und der Essenz (‚mahija') Gottes in die damalige Diskussion ein, um der Transzendenz Gottes, wie sie sich Dschahm und Dschad vorstellten, ihre Schärfe zu nehmen und möglichen radikalen Schlussfolgerungen aus dieser Vorstellung vorzubeugen (8). Denn bei dieser radikalen Transzendenzvorstellung drohte die Subjekt-Objekt-Beziehung zwischen Gott und Mensch, wie sie im Koran ihren Ausdruck findet und von der damaligen traditionellen islamischen Theologie vertreten wurde, verloren zu gehen. Mit Hilfe seiner Unterscheidung zwischen der Existenz Gottes und dessen Essenz erreichte Dirar, dass die Existenz des als personales Wesen vorgestellten Gottes weiterhin behauptet werden konnte, ohne dass man weitere Aussagen über Gottes Wesen hätte machen müssen. Denn Dirar vertrat auch die Auffassung, dass man das Wesen Gottes aufgrund dessen verborgener Natur im diesseitigen Leben nicht erkennen könne. Erst im Jenseits ermögliche Gott dem ins Paradies aufgenommenen Menschen ein ‚glückselig machendes Schauen' (‚visio beatifica') Gottes. Wegen der im Diesseits unmöglichen Erkenntnis des göttlichen Wesens könne man grundsätzlich keine entsprechenden positiven Aussagen machen, sondern Aussagen über Gottes Wesen könnten nur die Funktion haben, Negatives zu negieren. ‚Gott sei allmächtig' bedeute also lediglich, dass er nicht machtlos sei. Desgleichen seien auch alle Aussagen anthropomorphen Inhalts über Gott lediglich in dem Sinne zu verstehen, dass Gott eben anders sei als die Menschen. Folglich blieben die so verstandenen Aussagen des Korans über Gott relativ inhaltsleer. Mit seiner Unterscheidung zwischen der Existenz Gottes und dessen Essenz hatte Dirar also die Existenz eines als personales Wesen gedachten Gottes ohne anthropomorphe Züge theoretisch abzusichern versucht. Durch das negative Verständnis der Gott zugeschriebenen Eigenschaften setzte sich Dirar allerdings ähnlich wie Dschahm und Dschad dem Vorwurf der ‚Entleerung des Gottesbegriffs' aus.

Ähnlich wie in Bezug auf die radikale Vorstellung von einem transzendenten Gott versuchte Dirar, auch die radikalen Schlussfolgerungen zu vermeiden, die sich aus der Kritik an den im Koran anzutreffenden anthropomorphistischen Aussagen über Gott ergaben. So umging er die aus diesen Aussagen abgeleitete Infragestellung des Offenbarungscharakters des Korans, indem er unter Bezugnahme auf Sure 85,21 f. die Vorstellung von einem ‚Urkoran' in die damalige Diskussion einführte. Dieser sogenannte Urkoran befinde sich nach Dirar auf einer ‚wohlverwahrten Tafel' und sei von dem niedergeschriebenen, dem rezitierten oder auswendig vorgetragenen Koran zu unterscheiden. Bei dieser Tafel handele es sich um einen von Gott geschaffenen Körper, auf dem sich die göttliche Rede als unverlierbares Akzidens befinde. Da dieses Akzidens ebenfalls von Gott geschaffen und dem materialen Substrat der Tafel zugewiesen worden sei, sei folglich die Tafel mit der göttlichen Rede insgesamt, der sogenannte Urkoran, von Gott geschaffen worden. Dieser ‚Urkoran' weise also eine große Nähe zu Gott auf und sei der menschlichen Wahrnehmung unzugänglich. Der menschlichen Wahrnehmung zugängig sei dagegen der niedergeschriebene, der rezitierte wie auch der auswendig gelernte Koran, der nach Dirar eine Art zweite Schöpfung des Korans durch Gott darstelle und den sich der Mensch zum Beispiel im Akt des Rezitierens aneigne (‚kasb': Aneignung). Nach dieser ‚kasb-Theorie' werde auch die Möglichkeit des Rezitierens des Korans durch den Menschen von Gott geschaffen. Aber im Augenblick des Rezitierens nehme der Mensch diese Möglichkeit bewusst wahr und mache sich diese zu eigen, sodass es sich bei diesem

Rezitieren des Korans um das Ergebnis des Zusammenwirkens von Gott und dem Menschen handele, der den Koran rezitiere (9).

Mit der Einführung des Begriffs ‚Urkoran' und der angenommenen Übereinstimmung zwischen ihm und dem Mohammed offenbarten Koran (10) verlieh Dirar auch diesem aufgrund seiner Nähe zu Gott göttliche Autorität. Auf diese Weise vermied Dirar die Infragestellung des Offenbarungscharakters des Korans, die den Vorstellungen Dschahms und Dschads inhärierte. Denn diese beiden verstanden den Koran wie die übrigen Schöpfungen Gottes lediglich als ein ‚geschaffenes zeitliches Ding'. Dieses Koranverständnis erlaubte es ihnen, das im Koran vorliegende anthropomorphistische Gottesbild metaphorisch zu verstehen. Dagegen bewahrte Dirar mit Hilfe des Begriffs ‚Urkoran' und der Vorstellung, dass es sich bei diesem wie auch beim offenbarten Koran um göttliche Rede handele, seine Konzeption vor ähnlich radikalen Schlussfolgerungen, wie sie Dschahm und Dschad gezogen hatten. Andererseits wahrte Dirars Vorstellung vom ‚Urkoran' die von Dschahm und Dschad postulierte Transzendenz Gottes. Das Problem der im Koran vorliegenden anthropomorphistischen Aussagen über Gott löste Dirar wie Dschahm und Dschad durch Akzeptieren der metaphorischen Interpretation. Des Weiteren wurde auch die Vorstellung von der ‚Ein(s)heit' Gottes durch Dirars Argumentation gewahrt. Denn sowohl der ‚Urkoran' als auch der offenbarte Koran seien nach Dirar von Gott geschaffen worden und damit sei eine Hypostasierung des als göttliche Rede verstandenen Korans ausgeschlossen worden.

Die Vorstellung von einem ‚Urkoran' spielte ebenso wie das Verständnis des Korans als göttliche Rede in der weiteren Diskussion vor allem im Zusammenhang der Frage nach der ‚Geschaffenheit' oder ‚Ungeschaffenheit des Korans' eine nicht unerhebliche Rolle. Beide Vorstellungen Dirars stellten insofern eine Art Kompromiss dar, als sie eine Abkehr vom Koranverständnis Dschahms und Dschads und gleichzeitig eine Annäherung an das Koranverständnis der traditionellen islamischen Theologie bedeuteten. Die Vorstellung von einem ‚Urkoran' war wohl auch für die damaligen Traditionarier neu, konnte aber ohne weiteres in deren vorgängiges Koranverständnis integriert werden, zumal sie ja unter Bezugnahme auf den Koran, nämlich die Sure 85,21 f., von Dirar entwickelt worden war. Dessen Verständnis des Korans als göttliche Rede nahm sogar eine vorhandene Vorstellung der damaligen traditionellen islamischen Theologie auf, wonach vor allem unter Verweis auf die im Koran enthaltenen Selbstaussagen Gottes, zum Beispiel in Sure 20,14, der Koran als göttliche Rede angesehen wurde. Abweichend von Dirar verstanden die Traditionarier den Koran jedoch als ‚ungeschaffene Rede Gottes' (11).

5. Abu l-Hudails Koranverständnis und Gottesvorstellung sowie die mutazilitische Attributenlehre

Auch Abu l-Hudail (ca.750–840), ein jüngerer Zeitgenosse Dirars und ebenfalls ein Vertreter der sogenannten rationalen Theologie (‚kalam'), unternahm einen

Versuch, die Vorstellungen von einem transzendenten Gott samt den daraus abgeleiteten Schlussfolgerungen mit dem koranischen Offenbarungsglauben in Einklang zu bringen. Dabei knüpfte er teilweise an Gedanken Dirars an, entwickelte diese aber auch weiter und veränderte sie zum Teil, wobei aufgrund der Quellenlage nicht ganz auszuschließen ist, dass die eine oder andere Ergänzung bzw. Erweiterung bereits von Dirar selbst vorgenommen worden war (12). Dirars Vorstellung von einem ‚Urkoran' übernehmend, vertrat auch l-Hudail die Auffassung, dass der ‚Urkoran' geschaffen worden sei und eines materiellen Substrates wie der ‚wohlverwahrten Tafel' bedurft habe. Diesem materiellen Substrat war der Inhalt der später im Koran offenbarten göttlichen Botschaft als Akzidens inkorporiert. Nach l-Hudail habe der dem Propheten offenbarte Inhalt des Urkorans in den Buchexemplaren des Korans, in dem Herzen als dem Ort des Gedächtnisses des Memorierenden und in der Zunge des Rezitierenden seinen Niederschlag gefunden und werde beim Lesen, beim Memorieren oder beim Rezitieren unverfälscht wahrgenommen. Wo immer der Gläubige den Koran lese, memoriere oder rezitiere bzw. höre, vernehme er „das, was Gott selber gesagt hat" (13).

Anders als Dirar hat Abu l-Hudail einige der im Koran Gott zugeschriebenen Eigenschaften auch als positive Aussagen über Gott verstanden. Denn er meinte, dem Koran auf diese Weise eher gerecht zu werden, als wenn man diese Eigenschaften nur als negative Aussagen über Gott in dem Sinne verstünde, was dieser nicht sei. Die göttliche Eigenschaft ‚allmächtig' bedeute also nicht nur wie bei Dirar, dass Gott nicht ohne Macht sei wie der Mensch, sondern dass er tatsächlich auch ‚allmächtig' sei. Abu l-Hudail soll – als erster, wie manche Islamwissenschaftler meinen – eine systematische Untersuchung der im Koran Gott zugeschriebenen Eigenschaften vorgenommen haben. Er kam zu dem Ergebnis, dass einige der Gott zugeschriebenen Eigenschaften ein substantieller Teil Gottes seien, da Gott beispielsweise „durch ein Wissen wissend ist, das er ist" (14). Diese spezielle mutazilitische Thematik wird in der historischen Islamwissenschaft als ‚Attributenlehre' bezeichnet. Allerdings geriet Abu l-Hudail mit seiner Position in die Gefahr, sich unzureichend gegenüber der Position der Traditionarier abzugrenzen, die die Gott im Koran zugeschriebenen Eigenschaften ‚einfach' als zu Gott gehörend betrachteten. Des Weiteren bestand bei l-Hudails Abgrenzungsversuch die Gefahr, den Eigenschaften bzw. Attributen[4] eine Art Selbständigkeit oder gar den Charakter einer eigenen Entität zuzubilligen und so die Vorstellung von der Ein(s)heit Gottes in Frage zu stellen.

Dass dieses Problem damals durchaus virulent war, zeigt der Versuch einiger zeitgenössischer Vertreter der rationalen Theologie – von denen eine bestimmte Gruppe seit Abu l-Hudail als Mutaziliten bezeichnet wurde –, dessen Attributenlehre gegen einen derartigen Verdacht abzusichern. So versuchte beispielsweise Abu l-Hudails Zeitgenosse an-Nazzam (gest. zwischen 835 und 845), mit seiner Formulierung „Gott (…) ist wissend durch sich selbst" (15) die von l-Hudail postulierte

---

[4] Im Folgenden wird ‚Attribut(e)' als theologischer Begriff verwandt, wenn es um die ‚Eigenschaften Gottes' im mutazilitischen Sinne geht.

enge Zusammengehörigkeit der Attribute mit dem Wesen Gottes noch stärker zu betonen. Durch die in dieser Formulierung zum Ausdruck gebrachte Rückbezüglichkeit auf Gott sollte der Eindruck jedweder Eigenständigkeit der Attribute und damit deren Hypostasierung vermieden werden. Durch die modifizierenden Formulierungen meinten die Mutaziliten einerseits also dem Vorwurf der Hypostasierung der Attribute Gottes und damit dem der Infragestellung der monotheistischen Gottesvorstellung zu entgehen. Andererseits hoffte man, das durch Abu l-Hudail begründete positive Verständnis der im Koran überlieferten Eigenschaften Gottes zu bewahren und so anders als die ‚negative Theologie' dem entsprechenden koranischen Befund und dem religiösen Empfinden der Mehrheit der damaligen Muslime gerecht zu werden. Denn für die Mutaziliten war der Gedanke eines immerwährenden Subjekt-Objekt-Verhältnisses zwischen Gott dem Schöpfer und seiner Schöpfung wichtig. Insbesondere dieser Gedanke war es, der Abu l-Hudail und die Mutaziliten zu ihrer Attributenlehre veranlasste, um sich von der ‚negativen Theologie' abzugrenzen.

Ein weiteres Problem, das die von l-Hudail begründete mutazilitische Attributenlehre für die Vertreter der rationalen Theologie mit sich brachte, wurde in der Vielzahl der Attribute gesehen, da deren inhaltliche Konkretheit die Gefahr einer sich entwickelnden anthropomorphistischen Vorstellung von Gott vergrößerte.[5] Um dies zu vermeiden, versuchte man folglich in der nachfolgenden theologischen Diskussion des 9. Jahrhunderts die Zahl der Attribute zu reduzieren, indem in Frage kommende Attribute unter einem Oberbegriff zusammengefasst wurden. So subsumierte man beispielsweise ‚Hören' und ‚Sehen' unter dem Begriff ‚Wahrnehmung' oder auch ‚Wissen' und hoffte, mit Hilfe derartiger Abstraktionen einer anthropomorphistischen Gottesvorstellung entgegenzuwirken. Darüber hinaus entwickelte sich im Zusammenhang dieser Überlegungen eine entsprechende Sensibilität für grundsätzliche Unterschiede zwischen den verschiedenen Attributen, die zur Unterscheidung zwischen Tat- bzw. Wirkattributen einerseits und Wesensattributen andererseits führte (16). Abu l-Hudail und an-Nazzam war diese Begrifflichkeit bzw. Unterscheidung nach derzeitigem Kenntnisstand wahrscheinlich noch nicht geläufig. Hinsichtlich der Tat- bzw. Wirkattribute entwickelte sich im Laufe der Zeit ein zumindest im Bereich der sogenannten rationalen Theologie allgemein akzeptiertes Verständnis, wonach mit diesen Attributen die Fähigkeiten Gottes beschrieben wurden, auf seine Schöpfung einzuwirken. Die mit diesen Attributen angesprochenen Fähigkeiten bezögen sich folglich immer auf ein Objekt, unter anderem eben auch auf den Menschen, und träten demzufolge erst mit diesen Objekten ‚in ihre Existenz', seien also nicht ewig. Im Gegensatz dazu wurden die sogenannten We-

---

[5] Eine im Laufe der ersten Jahrhunderte des Islam anhand des Korans entwickelte Liste wies beispielsweise 99 Attribute bzw. Namen Allahs auf, die in dem unbekannten 100. Namen für Gott ihre Zusammenfassung erfahren sollten (vgl. hierzu Khoury, S.111 f. und Nagel, Geschichte der islamischen Theologie, S.148). Daraus entwickelte sich ein Ritual, bei dem mit Hilfe einer Perlenschnur von besonders frommen Muslimen die 99 Namen Gottes memoriert wurden bzw. werden.

sensattribute als seit Ewigkeit existierend angesehen, da sie als zum Wesen Gottes gehörend verstanden wurden und folglich wie dieser ewig seien.

Die Zahl der Gott zugewiesenen Wesensattribute schwankte stark. Für die damalige weitere theologische Diskussion waren jedoch vor allem ein Dreier-, Vierer- sowie ein Siebenerschema wichtig (17). Nach dem Dreierschema zählte man Wissen, Allmacht und Leben und nach dem Viererschema Wissen, Allmacht, Wille und Erschaffen zu den Wesensattributen. Vertreter des Siebenerschemas sahen Wissen, Macht, Wille, Leben, Sprechen bzw. Reden, Hören und Sehen als Wesensattribute an. Dreier- und Viererschema wurden von Mutaziliten vertreten. Das Siebenerschema wurde dagegen von Vertretern der traditionellen islamischen Theologie entwickelt, die sich wie die Mutaziliten ebenfalls rationaler Methoden bedienten und in der Islamwissenschaft als orthodoxe ‚mutakallimun' bezeichnet werden (18). Die Vertreter dieser gemäßigten Gruppe der Traditionarier entwarfen auch eigene Vorstellungen von einer Attributenlehre. Berücksichtigt man, dass ‚Hören' und ‚Sehen' zur damaligen Zeit zuweilen unter den Oberbegriff ‚Wissen' subsumiert wurden, so besteht die Besonderheit dieses Siebenerschemas in der Aufnahme des Attributs ‚Sprechen' bzw. ‚Reden'. Dies lag wohl darin begründet, dass der Koran bereits damals nach weit verbreiteter Auffassung als ‚göttliche Rede' verstanden wurde. Folglich war den orthodoxen ‚mutakallimun' daran gelegen, dass ‚Sprechen' bzw. ‚Reden' zu den Wesensattributen gezählt wurde, denen ein besonderer Rang unter den Attributen Gottes zukam. Denn eine solche Zuordnung stellte die logische Voraussetzung für das sich seit der 2. Hälfte des 9. Jahrhunderts allmählich etablierende Verständnis der koranischen Botschaft als ‚ewige, ungeschaffene göttliche Rede' dar, das von den orthodoxen ‚mutakallimun' geteilt wurde. In dieser Hinsicht agierten sie also als Vertreter der traditonellen islamischen Theologie, auch wenn sie sich ansonsten für rationale Ansätze in der Theologie offen zeigten.

6. Ahmad b. Hanbals Vorstellungen als Beispiel für das damalige traditionelle Gottes- und Koranverständnis

Für die konservative Gruppe der Traditionarier kamen rationale Methoden im Zusammenhang der Theologie nicht in Frage, da sie sich einer Veränderung ihrer religiösen Grundüberzeugungen verweigerten, sodass sich für sie die Entwicklung einer Attributenlehre erübrigte. Zu diesen religiösen Grundüberzeugungen gehörte die Auffassung, dass Eigenschaften Gottes nicht verschieden von Gott seien, sondern ihn ausmachten und dass der Koran folglich als Rede Gottes ein Teil desselben sei (19). Diese Grundüberzeugung bildete sich wahrscheinlich aber erst in der Auseinandersetzung mit den Mutaziliten heraus und hat sich wohl gegen Ende des 9. Jahrhunderts bei einem Teil der Traditionarier als Dogma fest etabliert. Der entschiedenste Vertreter dieser Auffassung war Ahmad b. Hanbal (780–855), der als Begründer der konservativen Richtung des Sunnismus gilt (20). Er hielt nicht nur den Koran für ‚ungeschaffen', sondern auch das aus diesem rezitierend oder memorierend

V. Entwicklung des Gottes- und Koranverständnisses 95

Vorgetragene (‚lafz'). Denn beim Koran handele es sich um Gottes Rede, die durch den Engel Gabriel dem Propheten Mohammed offenbart worden sei und ohne jegliche Brüche im Koran ihren Niederschlag gefunden habe. Folglich seien der Koran selbst als auch das aus diesem laut Vorgetragene, sei es rezitierend oder memorierend, mit Gottes Rede identisch (21). Um diese Identität theoretisch abzusichern, vertraten Anhänger Hanbals die Auffassung, dass Gottes Rede – wie Reden von Menschen – auch aus Lauten bzw. Buchstaben bestehe. Infolge der postulierten Identität von Gottes Rede und Koran lag die Schlussfolgerung nahe, dass auch der Koran wie Gottes Rede selbst ‚ungeschaffen' sei. Ahmad b. Hanbal hat wohl die Formulierung ‚ungeschaffen' erst relativ spät verwendet – zuvor hatte er immer nur von ‚nicht geschaffen' gesprochen (22). Ob er auch davon gesprochen habe, dass der Koran seit Ewigkeit existiere, lässt sich quellenmäßig wohl nicht nachweisen. Seine Gegner haben dies ihm und seinen Anhängern jedoch vorgehalten und daraus den Vorwurf abgeleitet, dass eine derartige Argumentation dazu führe, dass die ‚Ein(s)-heit' Gottes in Frage gestellt werde, da es neben Gott noch etwas ‚Eigenständig-Ewiges' gebe. Allerdings setzten sich Ibn Hanbal und Vertreter der traditionellen islamischen Theologie mit diesem Vorwurf kaum auseinander, weil dieser Vorwurf möglicherweise jeglicher Grundlage entbehrte. Im Übrigen wähnten sie sich insbesondere aufgrund des wörtlich verstandenen Offenbarungsgeschehens im Recht.

Da die Traditionarier und insbesondere auch Ahmad b. Hanbal viele ihrer Auffassungen aus wörtlich verstandenen Aussagen des Korans ableiteten, lag es nahe, diesen grundsätzlich wörtlich zu verstehen. Da jedoch einige Koranstellen, wollte man sie wörtlich verstehen, zu erheblichen Verständnisproblemen führen und auch für die damalige Zeit gewagte anthropomorphistische Aussagen über Gott enthalten, entwickelte Ibn Hanbal die Vorstellung, die in Rede stehenden Koranstellen weder wörtlich noch metaphorisch zu verstehen bzw. zu interpretieren, sondern diese Aussagen hinzunehmen, ohne die Frage zu stellen, wie man sie zu verstehen habe (‚bi-la-kayf': ‚ohne wie'). In der Islamwissenschaft wird dieser Interpretationsansatz als ‚amodal' bzw. als ‚Amodalismus' bezeichnet. Faktisch führte dieser Ansatz dazu, dass zwar die metaphorische Interpretation nach hanbalitischer Auffassung ausgeschlossen war, das wörtliche Verständnis aber in Ermangelung eines anderen Interpretationsansatzes alleine den Umgang mit dem Koran zu bestimmen begann. Folglich wurden die im Koran häufig vorkommenden anthropomorphistischen Aussagen in Bezug auf Gott übernommen oder – um mit Ahmad b. Hanbal zu sprechen – ‚hingenommen' und haben nach und nach immer stärker die sunnitische Gottesvorstellung geprägt.

Zu seinem Koranverständnis gelangte Ahmad b. Hanbal in der Auseinandersetzung mit den Mutaziliten, als diese hinsichtlich ihrer bereits im 8. Jahrhundert entwickelten Vorstellung vom ‚geschaffenen Koran' von dem Kalifen al-Mamun und seinen beiden unmittelbaren Nachfolgern in der ersten Hälfte des 9. Jahrhunderts unterstützt wurden. Außer auf die postulierte ‚Ein(s)heit Gottes', die neben Gott nichts ‚Ungeschaffenes' zulasse, stützten sich die Mutaziliten auch auf Koranstellen wie beispielsweise Sure 43,2 oder Sure 41,41–45, um die ‚Geschaffenheit des

Korans' zu beweisen (23). Mit der ‚Geschaffenheit des Korans' war nach Auffassung des Islamwissenschaftlers Josef van Ess allerdings niemals – also auch nicht aufseiten der Mutaziliten – gemeint, dass er „erst mit der Offenbarung zu einem bestimmten Zeitpunkt auf der Arabischen Halbinsel in die Existenz (getreten sei)" (24). Die Frage nach dem Zeitpunkt für das ‚Geschaffen-worden-Sein des Korans' wurde jedoch von den Mutaziliten nicht einheitlich beantwortet, zumal die Annahme eines ‚Urkorans' eine zusätzliche Differenzierung notwendig machte. Einig sei man sich unter den Mutaziliten nach van Ess insoweit gewesen, als man die Schaffung des Korans als kontingent ansah (25). Um der Durchsetzung des wahrscheinlich auch politisch motivierten Koranverständnisses willen schreckte der erwähnte Kalif al-Mamun auch nicht vor inquisitorischen Maßnahmen zurück (26). Darunter hatte auch Ibn Hanbal zu leiden, der zeitweise sogar inhaftiert worden war. Mit seiner Intervention verschärfte der Kalif die Auseinandersetzungen hinsichtlich der Frage nach der ‚Geschaffenheit' bzw. ‚Ungeschaffenheit des Korans'. Somit avancierte diese Frage zum zentralen theologischen Thema des 9. Jahrhunderts und drängte die übergeordnete Frage nach den Attributen Gottes in den Hintergrund. Die extremen Positionen in dieser Kontroverse wurden auf der einen Seite von Ahmad b. Hanbal und seinen Anhängern, den Hanbaliten, und auf der anderen Seite von den sogenannten Dschahmiten, den Anhängern Dschahm b. Safwans, vertreten, während die Mutaziliten eine Position zwischen den beiden Extrempositionen einnahmen.

7. Verschärfung der Auseinandersetzungen um das Gottes- und Koranverständnis zwischen Traditionariern und Mutaziliten

Ein besonders radikaler Vertreter in der Auseinandersetzung um den Status des Korans war der Dschahmit Bischr al-Marisi (gest. 833), für den sich die Frage der ‚Ungeschaffenheit des Korans' gar nicht stellte, da es sich für ihn beim Koran um menschliche Rede über Gott handele (27). Darüber hinaus sei diese Rede bzw. der Koran auch nur metaphorisch zu verstehen, da Gottes Wesen sich menschlicher Erkenntnis entziehe. Dieses besonders radikale Verständnis des Korans als menschliche Rede über Gott stieß natürlich auf den entschiedensten Widerstand aufseiten der Traditionarier und brachte ihm die Verfolgung vonseiten des Kalifen Harun ar-Raschid (786–809) ein, vor dem er sich ungefähr 20 Jahre verstecken musste. Dass Bischr al-Marisis Koranverständnis in der damaligen theologischen Diskussion aber ansonsten fast bedeutungslos blieb, lag wohl daran, dass dieses radikale Koranverständnis auch von den Mutaziliten nicht geteilt wurde. Denn diese verstanden den Koran wie die Traditionarier als göttliche Rede, sahen ihn aber im Gegensatz zu diesen als ‚geschaffen' an. Die Mutaziliten versuchten folglich die ‚Geschaffenheit des Korans' zu begründen und dabei dessen göttlichen Charakter zu wahren.

Um diese beiden Aspekte ihres Koranverständnisses zu begründen, arbeiteten die Mutaziliten, zum Beispiel Abu l-Hudail (28), mit den Begriffen ‚Substrat' und ‚Akzidens'. Dabei entwickelten sie zuweilen auch Begründungszusammenhänge, denen es an Plausibilität mangelte und die für die gläubigen Muslime der damaligen Zeit in ihrer Mehrheit eine geistige Überforderung dargestellt haben dürften. Was sollte sich beispielsweise ein muslimischer Zeitgenosse darunter vorstellen, dass nach an-Nazzam Gottes Rede von diesem unmittelbar als Schall – Gott habe ja nach an-Nazzam keinen Mund! – geschaffen wurde, wobei der Schall im abstrakt-physikalischen Sinne als Substrat verstanden wurde, dem Gott den Inhalt seiner Rede als Akzidens zugewiesen habe. Diese Lösung warf jedoch viele konkrete Fragen auf, die zu weitschweifigen Diskussionen ohne überzeugende Antworten führten (29). So blieb nach derzeitiger Quellenlage an-Nazzam die Antwort auf die wichtige Frage schuldig, wie die als Schall geschaffene Rede Gottes Mohammed offenbart wurde. Aufgrund diverser Auffassungen, die damals von Mutaziliten vertreten wurden, wird man sich dies wohl so vorzustellen haben, dass der Engel Gabriel die in den Schall inkorporierte Rede Gottes verstanden, ins Arabische übersetzt und Mohammed offenbart habe. Wie viel einfacher war dagegen die Auffassung der Traditionarier und später der Hanbaliten, wonach die Rede Gottes infolge ihrer anthropomorphistischen Gottesvorstellung hinsichtlich ihrer Form der Rede der Menschen entspreche. Die argumentativen Schwierigkeiten der Mutaziliten und die ein oder andere problematische Lösung dieser Schwierigkeiten hatten hingegen damit zu tun, dass die Mutaziliten den göttlichen Charakter des Korans wahren wollten und gleichzeitig widerspruchsfrei in ihr Gottesverständnis zu integrieren hatten. Dabei stellte die Wahrung des Charakters des Korans als göttliche Rede wahrscheinlich eine Konzession an die Traditionarier und das religiöse Bewusstsein der Mehrheit der damaligen Muslime dar.

Die Mutaziliten akzeptierten bzw. übernahmen also im Verlaufe der Auseinandersetzungen um das Gottes- und Koranverständnis einige Glaubensaussagen der Traditionarier. Im Zusammenhang dieser Auseinandersetzungen näherten sich auch gemäßigte Traditionarier, insbesondere die orthodoxen ‚mutakallimun', den Mutaziliten an, indem sie extreme Positionen hanbalitischer Theologen aufgrund rationaler Erwägungen ablehnten. Wie bei der Auseinandersetzung um die göttliche Prädestination und die menschliche Willensfreiheit kam es also auch bei der Diskussion der Gottesvorstellung und des Koranverständnisses zu Relativierungen radikaler Positionen und zu Differenzierungen der jeweiligen Ausgangsposition. So hat beispielsweise der Traditionarier al-Karabisi (gest. 859 oder 862), ein Zeitgenosse Ibn Hanbals, dessen Vorstellung abgelehnt, dass man in dem aus dem Koran Rezitierten (‚lafz') die ‚ungeschaffene göttliche Rede' vernehme. Al-Karabisi gilt seitdem als Begründer der entsprechenden Gegenbewegung ‚Lafziyya' (30). Die extreme Position Hanbals bzw. der Hanbaliten stieß auch bei anderen Traditionariern wie beispielsweise Ibn Kullab (gest. 855) auf Widerspruch (31). Wie für al-Karabisi war auch für Ibn Kullab die göttliche Rede als solche ‚ungeschaffen' und ewig. Denn nach Ibn Kullab müsse das Schöpfungswort ‚kun' (‚Es sei!') vor allem Geschaffenen existiert haben. Folglich könne göttliche Rede im Prinzip vor allem Geschaffenen existieren, also ungeschaffen und ewig sein. Im Übrigen bestehe die göttliche Rede nicht aus Buchstaben oder Lauten, sondern sei ‚unkörperlich' und ungeformt. Desgleichen hielt er wie al-Karabisi zum Beispiel das aus dem Koran Rezitierte (‚lafz') für geschaffen, da es sich dabei nur um den Ausdruck (‚ibara') der göttlichen Rede mit Hilfe von Lauten handele. Das Rezitierte bzw. Gehörte sei also geschaffen, der Inhalt des Rezitierten aber entspreche der göttlichen Rede und sei ungeschaffen. Entsprechendes gelte auch beim Memorieren und Lesen des Korans. Der Inhalt der göttlichen Rede sei Mohammed durch den Engel Gabriel in der Form der arabischen Sprache mitgeteilt worden. Das Wort ‚Koran' hat Ibn Kullab offensichtlich in diesem Zusammenhang nicht gebraucht. Möglicherweise hat er so eine Beantwortung der Frage, ob der Koran ‚geschaffen' oder ‚ungeschaffen' sei, umgangen. Die Unterscheidung zwischen dem Vorgang des Rezitierens und dem Rezitierten war allerdings nicht neu, sondern war in ähnlicher Form auch schon zuvor von Mutaziliten in Basra entwickelt worden.

Neu scheint jedoch Ibn Kullabs Verständnis der Attribute Gottes zu sein, die nicht in derselben Weise erläutert wurden wie bei l-Hudail oder an-Nazzam, sondern als ‚immerwährende Vollkommenheiten des göttlichen Wesens' verstanden wurden (32). Diese Vollkommenheiten hätten wohl an dessen Ewigkeit teil, seien selbst aber nicht ewig und als ‚Momente' des göttlichen Wesens „weder identisch mit Gott noch nicht-identisch mit ihm" (33). Bei den Mutaziliten handelte sich Ibn Kullab jedoch mit diesem Verständnis der Attribute den Vorwurf ein, dass diese den Charakter selbständiger Entitäten besäßen und insofern die ‚Ein(s)heit Gottes' in Frage stellten. Dieser Vorwurf speiste sich wohl daraus, dass Ibn Kullab explizit zwischen den Attributen als ‚Momenten des göttlichen Wesens' und diesem selbst unterschied, während Abu l-Hudail und an-Nazzam die Attribute als substantiellen Bestandteil Gottes ansahen und diesen Bestandteil nicht von Gott unterschieden. Dagegen leitete Ibn Kullab ähnlich wie Abu l-Hudail und möglicherweise in Anlehnung an diesen aus den im Koran vorgegebenen ‚Namen' Gottes dessen Attribute ab. Diese ‚Namen' liegen im Koran meist in Form von adjektivischen und partizipialen Beifügungen oder Prädikatsnomen vor. So schloss Ibn Kullab beispielsweise aus der (koranischen) Formulierung ‚Gott sei wissend', dass Gott (dann auch) Wissen habe. Ibn Kullab hat wohl auch zwischen Wirk- und Wesensattributen unterschieden sowie das oben erwähnte Siebenerschema der Wesensattribute kreiert und gilt als Begründer der sunnitischen Attributenlehre, während die mutazilitische auf l-Hudail zurückgeführt wird.

Wie al-Karabisi und Ibn Kullab trat einige Zeit später Ibn Qutaiba (gest. 889), ebenfalls ein gemäßigter Vertreter der traditionellen Theologie, für eine Modifizierung der extremen Position der hanbalitischen Theologie ein (34). Er bediente sich dabei partiell auch der rationalen Methode und wird deshalb zu den orthodoxen ‚mutakallimun' gezählt. Er sprach sich gegen den naiven Anthropomorphismus der Hanbaliten aus und sah dessen Ursache in der unkritischen Übernahme entsprechender ‚unechter' Hadithe. Deshalb forderte er zu einer Überprüfung der Tradenten dieser Hadithe auf und hoffte, durch deren Eliminierung und durch einen stärkeren Rückgriff auf den Koran den naiven Anthropomorphismus zu beseitigen. Diese kritische Haltung bewog ihn auch, aufgrund der Ergebnisse eigener sprachanalytischer Untersuchungen die Vorstellung abzulehnen, dass man beim Rezitieren aus dem ‚ungeschaffenen Koran' Gott reden höre (35). Andererseits hielt er es nicht für möglich, Gottes Wesen und Handeln vornehmlich rational zu erfassen. Deshalb plädierte er dafür, beim Herstellen von Analogien zwischen ‚Offenkundigem' und ‚Verborgenem' zurückhaltend zu sein und das ‚Geheimnis des göttlichen Ratschlusses' und das ‚Numinosum des Göttlichen' nicht rational auflösen zu wollen.

Neben den gemäßigten Vertretern der traditionellen Theologie, den sogenannten orthodoxen ‚mutakallimun', die einen mittleren Weg in der Auseineinandersetzung zwischen Mutaziliten und Hanbaliten anstrebten, gab es um die Wende vom 9. zum 10. Jahrhundert auch weiterhin Vertreter der radikalen hanbalitischen Richtung in der traditionellen Theologie. Ein Repräsentant dieser radikalen Richtung war Ibn Huzaima (gest. 923). Er verteidigte beispielsweise die anthropomorphistische Vorstellung von Gott, stellte jedoch klar, dass damit nicht eine ‚Verähnlichung' oder partielle Gleichsetzung Gottes mit den Menschen gemeint sei (36). Dies verdeutlichte Ibn Huzaima zum Beispiel anhand der Sure 55,27, wo vom Antlitz Gottes die Rede ist. Eine Gleichsetzung mit dem Antlitz eines Menschen verbiete sich seiner Meinung nach schon deshalb, weil das Antlitz Gottes unvergänglich sei. Ähnlich wie diese Gleichsetzung von göttlichem und menschlichem Antlitz unzulässig sei, würde sich – so Ibn Huzaima – ja auch jeder Mensch dagegen verwahren, wenn man sein Gesicht mit dem eines Affen vergliche und gleichsetzte. Ibn Huzaima unterschied also zwischen dem Zeichen (Laut- bzw. Buchstabenfolge von ‚Antlitz') und dem Bezeichneten, dessen Inhalt und jeweilige Bedeutung durch das jeweils konkret Bezeichnete (‚Antlitz Gottes' etc.) und durch den Kontext (den jeweiligen Vergleich) bestimmt sei. Im Übrigen ging er von einem wörtlichen Verständnis des Korans aus und verstand diesen als Selbstaussage Gottes, was ihn wiederum als entschiedenen Hanbaliten auswies. Ähnlich wie Ibn Qutaiba sprach er sich aber gegen den allzu naiven Anthropomorphismus einiger Anhänger Ibn Hanbals aus.

Parallel zu den gemäßigten Vertretern der traditionellen Theologie, den sogenannten orthodoxen ‚mutakallimun', die in Anlehnung an die Mutaziliten eine eigene Attributenlehre entwarfen, entwickelten auch die Mutaziliten ihre Attributenlehre weiter. Ein für die mutazilitische Attributenlehre besonders nachhaltiges Konzept hatte in der Übergangszeit vom 9. zum 10. Jahrhundert Abu Ali al-Dschubbai (gest. 915) vorgelegt (37). Dabei griff al-Dschubbai bzw. dessen engerer Anhängerkreis auf die bereits früher entwickelte Formulierung der Attribute Gottes in der Form des Zustandspassivs, z. B. ‚Gott ist wissend' etc., zurück, mit der man seinerzeit die enge Beziehung der Attribute zu Gott deutlich machen wollte. Man erweiterte nun diese Auswertung des Zustandspassivs durch die diesem ebenfalls inhärierende Bedeutung, dass sich das jeweilige Subjekt in einem bestimmten Zustand befinde, z. B. Gott im Zustand des Wissend-Seins. Da nach al-Dschubbai und seinem Anhängerkreis, insbesondere wohl seines Sohnes Abu Haschim (gest. 933), ‚wissend' also ein Zustand Gottes sei, könne dieses Wissen nicht ohne Gott existieren. Folglich sei jegliche Selbständigkeit dieses Attributes ausgeschlossen. Mit diesem Konzept hatte der Kreis um al-Dschubbai versucht, die ‚Ein(s)heit Gottes' zu wahren und den antimutazilitischen Vorwurf von der ‚Entleerung des Gottesbegriffs' zu entkräften. Eine ähnliche Position vertrat dann auch al-Dschubbais Schüler al-Aschari, der ja ebenfalls einen Mittelweg zwischen der ‚Entleerung des Gottesbegriffs' und der völligen ‚Verähnlichung' Gottes mit dem Menschen suchte.

8. al-Ascharis Gottesvorstellung und Koranverständnis

Die Darstellung der theologischen Vorstellungen markanter Repräsentanten der traditionellen Theologie zeigt, dass diese sich gegen Ende des 9. Jahrhunderts durch eine große Vielfalt auszeichnete. Diese Vielfalt bildete zusammen mit den oben dargestellten mutazilitischen Vorstellungen von Gott und Koran die Folie für die Vorstellungen al-Ascharis (gest. 935), des wohl bedeutendsten Theologen des 10. Jahrhunderts (38). Dessen Verdienst wird in der Islamwissenschaft darin gesehen, dass er die von den Mutaziliten in der Theologie praktizierte rationale Methode für die traditionelle Theologie fruchtbar gemacht hat, und zwar nicht nur sporadisch, sondern vom Anspruch her systematisch anzuwenden versuchte. Dieses Vorgehen und die davon erhoffte Zusammenführung traditioneller und mutazilitischer Vorstellungen garantierten ihm große Aufmerksamkeit und verliehen ihm die angesprochene Bedeutung. Im Verlauf des 10. Jahrhunderts stellte sich jedoch heraus, dass die erhoffte Zusammenführung nicht gelang. Die Anhänger al-Ascharis formierten sich daher in der Folge als eigenständige Gruppe. Parallel dazu bildete sich bei den Vertretern der traditionellen Theologie ebenfalls ein entsprechendes Gruppenbewusstsein aus. Dessen Kern stellte die Vorstellung von der Notwendigkeit einer Verteidigung der religiösen Überlieferung bzw. Gewohnheit (‚sunna') dar, weshalb seit der 2. Hälfte des 10. Jahrhunderts die Bezeichnung ‚Sunniten' für diese Gruppierung aufkam. In den Auseinandersetzungen zwischen den nunmehr drei Gruppierungen verlor zunächst vor allem die mutazilitische Bewegung an Bedeutung, da die Mutaziliten sich sowohl von den ehemaligen Vertretern der traditionellen Theologie als auch von den Aschariten bedrängt sahen.

Wie die Mutaziliten ging al-Aschari von der völligen Andersartigkeit Gottes aus, zog jedoch daraus andere Schlussfolgerungen als die Mutaziliten. Denn er schätzte zum Beispiel die Möglichkeiten der Gotteserkenntnis mit Hilfe des von ihm in begrenztem Umfang akzeptierten sogenannten Analogieschlusses vom Offenkundigen im Diesseits auf das Verborgene im Jenseits anders ein als die Mutaziliten. So lehnte er es ab, entsprechend menschlichem Denken und Empfinden von den im Koran offenbarten Ge- und Verboten auf Gottes Absichten und dessen ‚Charakter' zu schließen. Aus dieser Ablehnung des Analogieschlusses ergab sich ihrerseits die gravierende Schlussfolgerung, dass man dann auch nicht als Muslim abschätzen könne, welche Folgen das jeweilige irdische Verhalten für das Urteil Gottes beim

V. Entwicklung des Gottes- und Koranverständnisses

Jüngsten Gericht habe. Dieser nicht erkennbare Zusammenhang zwischen irdischem Verhalten und jenseitigem Schicksal stellte einen wichtigen Glaubensgrundsatz innerhalb der ascharitischen Theologie dar. Nach deren Auffassung bleibe folglich dem Muslim nur die Hoffnung auf die Gnade Gottes, und im Falle eines negativen Urteils beim Jüngsten Gericht sei dieses Urteil als Ausdruck der göttlichen Gerechtigkeit anzusehen und hinzunehmen. Auch in Bezug auf Gottes Wesen und Eigenschaften kam der Analogieschluss für al-Aschari und seine Anhänger nur in einem eng begrenzten Rahmen in Frage. Denn ein solcher Schluss zum Beispiel auf das Wesen Gottes, das er als Numinosum begriff, könne diesem nur in sehr begrenztem Maße gerecht werden, zumal diese transzendente Wirklichkeit mit Hilfe der Sprache des Menschen nur annäherungsweise erfasst werden könne. In Ansätzen sei dies aber nach Auffassung der Aschariten möglich, da Einzelerscheinungen im Diesseits mit entsprechenden Einzelerscheinungen im Jenseits durchaus miteinander verglichen und Analogien zwischen ihnen hergestellt werden können, auch wenn es sich um zwei unterschiedliche Wirklichkeitsbereiche handele. Das in Bezug auf den Analogieschluss hinsichtlich des Wesens Gottes Gesagte gelte natürlich mutatis mutandis auch für den Analogieschluss hinsichtlich der Eigenschaften Gottes. Mit dieser Konzeption vermieden al-Aschari und seine Anhänger die Gefahr einer vollkommenen ‚Verähnlichung' Gottes mit dem Menschen, wie sie in hanbalitischen Kreisen vorkam. Andererseits wahrten sie durch die Vorstellung von begrenzten Analogien zwischen Diesseits und Jenseits die Möglichkeit begrenzter Gotteserkenntnis und setzten sich nicht von vornherein der Gefahr der ‚Gottesentleerung' aus, mit der sich die Mutaziliten auseinandersetzen mussten.

Hinsichtlich der Gottesvorstellung war jedoch sowohl den Mutaziliten als auch den Aschariten mit den Traditionariern und den diesen nachfolgenden hanbalitischen Sunniten gemeinsam, dass sie in Anlehnung an Aussagen im Koran die Vorstellung von der Einzigkeit bzw. Einsheit Gottes vertraten. Unter Bezugnahme auf Sure 21,22, Sure 23,91 und Sure 13,16 entwickelten Vertreter rationaler Methoden in der Theologie den ‚Beweis mit der gegenseitigen Hinderung' (39), wonach es nur einen als allmächtig gedachten Gott geben könne. So könne sich beispielsweise bei einer kontroversen Entscheidung oder bei entgegengesetzten Handlungen trotz angenommener Allmacht nur einer der beiden Kontrahenten durchsetzen. In diesem Falle wäre also der andere unterlegen und besäße folglich keine Allmacht, woraus der Schluss zu ziehen sei, dass es nur einen einzigen allmächtigen Gott geben könne.

Während al-Aschari und seine Anhänger hinsichtlich der Vorstellung von der Einsheit Gottes als solcher sowohl mit den Hanbaliten als auch den Mutaziliten übereinstimmten, traf dies in Bezug auf die Vorstellung von der ‚inneren Einheit' Gottes, dem anderen Aspekt des islamischen Monotheismus, nicht zu. Für die Traditionarier und die Hanbaliten stellte sich die Frage nach der ‚inneren Einheit' nicht, weil sie die im Koran Gott zugeschriebenen Eigenschaften als zu Gott gehörend und ihn in ihrer Gesamtheit ausmachend betrachteten. Für sie waren keine Unterscheidungen oder Differenzierungen notwendig. Anders stellte sich dies dagegen für die Mutaziliten dar. Denn sie sahen die ‚innere Einheit' Gottes vor allem durch ein unangemessenes Verständnis der Gott zugewiesenen Eigenschaften bzw. Attribute gefährdet, wenn diese drohten die Gestalt von Hypostasen anzunehmen und so die Vorstellung von der Ein(s)heit Gottes in Frage zu stellen. Dies war der Fall, als die Mutaziliten sich mit der Auffassung der Traditionarier konfrontiert sahen, dass es sich beim Koran um eine ‚ungeschaffene, ewige Rede Gottes' und damit in den Augen der Mutaziliten um eine Hypostase Gottes handele. Darauf reagierten sie mit einer entsprechenden Kritik und der Entwicklung ihrer Attributenlehre seit der ersten Hälfte des 9. Jahrhunderts. Im Laufe des sich daran anschließenden Diskurses kam es denn auch zu begrifflichen Differenzierungen (zum Beispiel mit Hilfe der Unterscheidung zwischen ‚Wesen', ‚Substrat' und ‚Akzidens' sowie ‚Wirk-' und ‚Wesensattributen'). Vor diesem Hintergrund entwickelte al-Aschari seine Vorstellung von den Attributen als ‚Arten der Äußerung des göttlichen Wesens', die seit Ewigkeit zum Wesen Gottes gehören. Allerdings sah al-Aschari die sogenannten ‚Wirkattribute' nicht als seit Ewigkeit existierend an, da sie auf das Vorhandensein entsprechender Objekte angewiesen seien und folglich erst nach der Erschaffung der Welt durch Gott wirksam werden konnten (40).

Nach al-Aschari drücke sich in dem jeweiligen Attribut als ‚Art der Äußerung des göttlichen Wesens' lediglich ein Teilaspekt der Seinsfülle Gottes aus, dessen Wesen in seiner Ganzheit dem Menschen unbekannt bleibe und auch in seinen Teilaspekten nur unzureichend erfasst und beschrieben werden könne. Wenn beispielsweise von Gottes ‚Hand' die Rede sei, so dürfe man diese nicht gemäß menschlichem Verständnis als körperliches Gliedmaß verstehen, wie dies naive hanbalitische Anthropomorphisten täten. Auch irgendeine metaphorische Interpretation – wie bei den Dschahmiten oder Mutaziliten üblich – sei abzulehnen. Vielmehr habe man ‚Hand' im Zusammenhang der göttlichen jenseitigen Wirklichkeit als reales Attribut anzusehen, dessen ‚göttliche Natur' dem Menschen aber unbekannt bleibe. Attribute stellen also nach al-Aschari eine reale Gegebenheit in der göttlichen Wirklichkeit dar, seien aber infolge der Unzulänglichkeit menschlicher Erkenntnis und Sprache weder adäquat zu erkennen noch adäquat zu beschreiben. Um eine Auflösung der Seinsfülle Gottes durch eine Vielzahl spezieller Einzelattribute und eine daraus resultierende unangemessene Haltung des Menschen gegenüber Gott zu vermeiden, trat al-Aschari auch für eine Reduktion der Zahl der Attribute Gottes ein und schlug den Weg der Subsumtion konkreter Attribute unter allgemeinere Begriffe vor. Außerdem wollte er die Zahl der Attribute Gottes auch dadurch begrenzt wissen, dass nur die im Koran vorkommenden Eigenschaften Gottes als Ausgangspunkt entsprechender Überlegungen akzeptiert werden sollten.

Al-Ascharis Attributenlehre stand in der Tradition der entsprechenden Vorstellungen Ibn Kullabs (41) und weist viele Ähnlichkeiten und Übereinstimmungen mit dessen Vorstellungen auf. Denn Ibn Kullab begriff die Attribute als ‚immerwährende Vollkommenheiten des göttlichen Wesens', die er weder als identisch noch als nichtidentisch mit Gott ansehen mochte, wies ihnen aber Teilhabe an der göttlichen Ewigkeit zu. Al-Aschari bezeichnete zwar die Attribute Gottes etwas anders als Ibn Kullab als ‚Arten der Äußerung des göttlichen Wesens', meinte aber Ähnliches.

Allerdings sprach er etwas weitergehend als Ibn Kullab den Wesensattributen –
anders als den sogenannten ‚Wirkattributen' – Ewigkeitscharakter zu (42), während
Ibn Kullab wie erwähnt lediglich von einer ‚Teilhabe' der Attribute an der göttlichen
Ewigkeit ausging. Beide sprachen aber im Zusammenhang der Charakterisierung der
göttlichen Attribute nicht von ‚Vollkommenheiten' bzw. ‚Äußerungen Gottes',
sondern des ‚göttlichen Wesens' und suggerierten so eine ‚Art Zweiheit innerhalb
Gottes'. Dies kam einem Verstoß gegen eine strenge Vorstellung von der ‚Ein(s)heit
Gottes' gleich und musste bei den Mutaziliten auf Kritik stoßen. Ähnliche Wirkung
dürfte al-Ascharis Auffassung hervorgerufen haben, wonach zumindest den Wesensattributen als solchen Ewigkeit eigen sei und eine ‚jenseitige Realität' zukomme.
In dieselbe Richtung wies sicherlich auch al-Ascharis Vorstellung, dass Gott durch
das Attribut ‚Wissen' wisse (43), während ja die zeitgenössischen Mutaziliten die
Auffassung vertraten, dass Gott ‚durch sich selbst' wisse.

Von den Hanbaliten unterschied sich al-Aschari jedoch nicht nur durch seine
Lehre von den Attributen Gottes und durch eine begrenzte Akzeptanz des Analogieschlusses, sondern auch hinsichtlich seiner Vorstellungen von der Personhaftigkeit Gottes. Die hanbalitische Gottesvorstellung zeichnete sich durch einen naiven
Anthropomorphismus aus, der nicht nur aus koranischen Aussagen, sondern auch aus
entsprechenden Hadithen abgeleitet wurde. Al-Aschari distanzierte sich von allzu
naiven anthropomorphistischen Aussagen, indem er die Zahl der Attribute durch
deren Zusammenfassung unter allgemeine Oberbegriffe zu reduzieren und damit die
‚Anthropomorphisierung' Gottes zu vermeiden versuchte. Des Weiteren ließ er nur
entsprechende Aussagen des Korans gelten und schloss Hadithe als Quelle der islamischen Gottesvorstellung aus. Denn Hadithe enthielten wesentlich konkretere
anthropomorphistische Aussagen über Gott als der Koran. So wird zum Beispiel in
einem Hadith von Gott als einem „kraushaarigen, bartlosen Jüngling in einer grünen
Robe" (44) gesprochen. Eine metaphorische Interpretation solcher Hadithe und des
Korans, wie sie Mutaziliten vertraten, lehnte al-Aschari ebenso ab wie ein wörtliches
Verständnis. Darüber hinaus vertrat er die Auffassung, dass viele Aussagen über Gott
und das Jenseits auf unzulänglichen Analogieschlüssen beruhen. Angemessene
Analogieschlüsse könnten dagegen durchaus erhellend auf etwas im Jenseits Existierendes verweisen. Dessen Charakterisierung sei jedoch umso angemessener, je
weniger konkret die hergestellten Analogien zwischen diesseitiger und jenseitiger
Wirklichkeit seien.

Anders als hinsichtlich der Attributenlehre als solcher und der Vorstellung von der
Personhaftigkeit Gottes vertrat al-Aschari in Bezug auf das Koranverständnis Positionen, die denen der Hanbaliten in Teilen entsprachen. So hielt er wie die Hanbaliten den Inhalt der Botschaft des Korans für ‚ungeschaffen' und ewig, abweichend
von den Hanbaliten dessen Buchstaben- und Lautgestalt sowie sein Rezitieren und
Memorieren jedoch für geschaffen und zeitlich. Er verstand die inhaltliche Botschaft
des Korans als ewige Rede Gottes, die er als ‚Äußerung des göttlichen Wesens'
verstand. Diese ‚Äußerung' habe als göttliche Botschaft durch die Vermittlung des
Engels Gabriel und des Propheten Mohammed ihren Niederschlag im Koran ge-

funden und sei als solche Botschaft ‚ungeschaffen' und ewig. Am Beispiel des Koranverständnisses lässt sich also sehr gut erkennen, dass al-Aschari einen Mittelweg zwischen hanbalitischer und mutazilitischer Theologie einzuschlagen versuchte. So vertrat er einerseits die zentrale These der Hanbaliten von der ‚Ungeschaffenheit' der koranischen Botschaft, lehnte andererseits aber deren Vorstellung ab, dass man beispielsweise beim Vortragen des Korans tatsächlich Gott sprechen höre. In dem letzteren Punkt schloss er sich also der mutazilitischen Position an, wobei diese Übereinstimmung jedoch nur hinsichtlich des Ergebnisses gegeben war, nicht dagegen in Bezug auf die Art der Begründung.

9. Präzisierung und Weiterentwicklung der Lehre al-Ascharis

Al-Ascharis Vorstellungen trafen offensichtlich auf eine breite Zustimmung, sodass sich neben Hanbaliten und Mutaziliten daraus eine weitere theologische Bewegung mit einer entsprechenden Schultheologie seines Namens entwickelte. So wurden nach al-Ascharis Tod von dessen Anhängern Bücher verfasst, die die Vorstellungen al-Ascharis systematisch darzustellen und eventuell zu vervollständigen versuchten. Als entsprechendes Schlüsselwerk wird in der modernen Islamwissenschaft das ‚Buch der Einführung' von Ibn al-Baqillani (um 940–1013) angesehen (45). In diesem streng gegliederten Buch setzte sich Ibn al-Baqillani auch mit den Korporealisten auseinander, die die Auffassung vertraten, dass Gott einen Körper habe. In einem dialogisch angelegten fiktiven Diskurs stellt er sich den Fragen der Korporealisten und entwickelt auf der Grundlage der ascharitischen Metaphysik seine Auffassung, wonach Gott nicht über einen Körper verfügen könne. Denn der anfangslos Ewige könne nicht aus verschiedenen ‚Materie-Partikeln' zusammengesetzt und Konsequenzen unterworfen sein, die sich aus der Räumlichkeit eines Körpers ergeben. Diese Auffassung Baqillanis hätte natürlich erhebliche Folgen hinsichtlich der Vorstellung von einem als Person gedachten Gott gehabt. Diese Folgen vermied al-Baqillani durch sein Verständnis vom Analogieschluss, wonach er allzu weitgehende direkte Analogien zwischen dem ‚Offenkundigen' und dem ‚Verborgenen' ablehnte und sich lediglich für äußerst eng begrenzte Analogien aussprach. So könne man gemäß der Verheißung im offenbarten Koran Gott zwar im Paradies schauen, aber daraus zu schließen, dass Gott deshalb über einen Körper verfüge, wie dies bei einem Sehvorgang im irdischen Kontext vorauszusetzen wäre, sei unzulässig. Durch dieses restriktive Verständnis des Analogieschlusses war es al-Baqillani möglich, beispielsweise die Attribute ‚Sehen' und ‚Hören' Gott zuzuweisen, ohne sich den Vorwurf einer anthropomorphistischen Gottesvorstellung einzuhandeln. So lasse beispielsweise das Attribut ‚Hören' lediglich den Schluss zu, dass Gott über ein entsprechendes Hörvermögen verfüge, nicht aber den Schluss, dass er auch Hörorgane und einen Körper habe. Bei einem solchen Verständnis der Attribute büßten diese allerdings an konkret fassbarem Inhalt ein, andererseits stellten sie aber nach al-Baqillani eine eigenständige Realität dar, die ‚in Gottes Selbst ruhe'. Während die mangelnde Konkretheit der Attribute bei den Hanbaliten auf Vorbehalte gestoßen sein dürfte, hat sicherlich die Vorstellung von der eigenständigen Realität der Attribute bei den Mutaziliten Widerspruch hervorgerufen, zumal dies auch Konsequenzen für al-Baqillanis Koranverständnis hatte. Nach seiner Auffassung ‚ruhe' auch das Attribut ‚Rede' und damit der Sinngehalt der im Koran offenbarten Rede Gottes ‚in dessen Selbst' und sei folglich auch ewig, was ebenfalls im Widerspruch zur mutazilitischen Lehre stand.

Ibn al-Baqillani erlangte nicht nur Bedeutung als Systematiker der ascharitischen Theologie, sondern auch als derjenige, der diese ursprünglich in Basra entwickelte Theologie in Bagdad bekannt machte, wo zu jener Zeit der Kalif al-Qadir amtierte (46). Das Bekanntmachen der ascharitischen Theologie in Bagdad und die sich dadurch entwickelnden Diskussionen und auch gewaltsamen Auseinandersetzungen zwischen Hanbaliten und Aschariten bildeten den historischen Hintergrund für die theologische Arbeit des bekannten Aschariten al-Dschuwaini (gest. 1085). Al-Dschuwaini reagierte auf diese Auseinandersetzungen mit einer umfassenden Ausarbeitung der ascharitischen Position in Abgrenzung zu den radikalen Hanbaliten. Besonders klar fiel seine Abgrenzung gegenüber den Hanbaliten auch hinsichtlich der Gottesvorstellung und des Koranverständnisses aus. So verwarf er ganz entschieden die anthropomorphistische Gottesvorstellung der Hanbaliten, da er von der Unkörperlichkeit Gottes ausging (47). Diese Ausgangsposition hatte zur Folge, dass al-Dschuwaini bei bestimmten anthropomorphistischen Aussagen über Gott ein wörtliches Verständnis ablehnte und in diesen Fällen für eine metaphorische Interpretation des Korans eintrat. So sei nach seiner Auffassung mit ‚Hand Gottes' dessen ‚Macht' gemeint. Die Macht Gottes verstand al-Dschuwaini im Übrigen als Allmacht so extensiv, dass er in Anlehnung an entsprechende Koranstellen jegliches Geschehen und jede Handlung der Menschen als von Gott gewirkt ansah. Aus diesem Verständnis leitete er auch die Einzigkeit bzw. ‚Einsheit' Gottes ab, da eine derartige Macht nur einem Schöpfer-Gott möglich sei, der einen zweiten Schöpfer-Gott neben sich nicht dulden könne. Die erwähnten koranischen Bezugsstellen wurden in diesem Fall jedoch nicht metaphorisch, sondern wörtlich verstanden.

Den Koran hielt al-Dschuwaini hinsichtlich seiner Laut- respektive Buchstabengestalt, also seiner materialen bzw. ‚körperlichen' Gestalt, für geschaffen, während es sich beim Inhalt des Korans um Gottes ewige Rede handele, die er auch als etwas Unkörperliches ansah. Hinsichtlich der Geschaffenheit des Korans in seiner äußeren Erscheinungsform stand al-Dschuwaini in der Tradition al-Karabisis, Ibn Kullabs und Ibn Qutaibas (48). Er kritisierte scharf die Vorstellung radikaler Hanbaliten, man höre beispielsweise beim Vortragen des Korans Gottes Stimme, als eine Art magischen Glauben. Für ihn handelte es sich bei der koranischen Botschaft um eine Rede Gottes, in der ein ‚Charakterzug des göttlichen Wesens' und Gottes Bedeutung für die von ihm geschaffene Welt zum Ausdruck kämen. Deshalb verstand al-Dschuwaini die sich im Koran manifestierende göttliche Rede als ‚Bedeutungseigenschaft Gottes'. So habe Gottes Rede, wie sie im Koran offenbart vorliege, unter anderem als Grundlage der Scharia die Bedeutung, das Zusammenleben der Menschen zu regeln. Darin offenbare sich darüber hinaus die Fürsorge Gottes zugunsten seiner Schöpfung als ein Aspekt seines Wesens.

Als ‚Bedeutungseigenschaften' bezeichnete al-Dschuwaini also Eigenschaften Gottes, die einen ‚Charakterzug des göttlichen Wesens' darstellen, der sich jedoch nicht immer für den Menschen erkennbar manifestiere. Außer der Rede betrachtete er Leben, Wissen, Kraft, Willen, das Hör- und das Sehvermögen als ‚Bedeutungseigenschaften', die Gott notwendigerweise zuzuschreiben seien. Denn ohne diese Eigenschaften seien nach al-Dschuwaini weder die Erschaffung noch die Erhaltung der Welt denkbar. Von den ‚Bedeutungseigenschaften' unterschied er die Wesenseigenschaften ‚Ewigkeit' und ‚Selbstsubsistenz'. Diese machen nach seiner Auffassung Gottes Wesen aus und begründen dessen vollkommene Andersheit im Vergleich zur Schöpfung. Da al-Dschuwaini die ‚Bedeutungseigenschaften' als notwendig betrachtete und diesen in bestimmten Phasen seiner Lehrtätigkeit die Qualität eines ‚Zustandes Gottes' zuschrieb, kam er der mutazilitischen Vorstellung sehr nahe, wonach es sich bei den Attributen Gottes eigentlich um ‚Zustände des göttlichen Wesens' handele. In seinem späteren Leben gab er seine Vorstellung von den ‚Zuständen Gottes' jedoch auf und vertrat dann wohl auch durchgängig die Auffassung, dass Gott ‚wissend sei durch sein Wissen', was darauf schließen lässt, dass er ‚Wissen' als Attribut gewahrt wissen wollte.

Diese vorgenommene Korrektur seiner früheren Auffassung hat sicherlich auch dazu beigetragen, dass sich seine hanbalitischen Gegner in ihrer Kritik an der rationalen Theologie (dem ‚kalam') bestätigt fühlten. Denn in ihren Augen habe der ‚kalam' letztlich in wichtigen theologischen Fragen wie dem Gottes- und Koranverständnis zu keinen tragfähigen Ergebnissen geführt und insofern sei das Misstrauen gegenüber dieser Methode berechtigt gewesen. Hinzu kam das Unverständnis der Mehrheit der Bevölkerung für die von den Aschariten unternommenen Versuche, rationale Ansätze in der islamischen Glaubenslehre zu etablieren. Insbesondere die Vorstellung von der ‚Unkörperlichkeit Gottes' und das Koranverständnis dürften seit Mitte des 11. Jahrhunderts zu einer immer größer werdenden Distanz zwischen den Aschariten und der Mehrheit der Bevölkerung geführt haben. Al-Dschuwaini erahnte offensichtlich gegen Ende seines Lebens diese Zusammenhänge, die letztlich ihren Grund in der mangelnden Kohärenz des ascharitischen Ansatzes hatten. Allerdings hatte er dies nicht mehr theoretisch aufarbeiten können, sodass er gegen Ende seines Lebens resignierend empfahl: „Halte dich an die Religion der alten Frauen!" (49).

Wie bei seinem Lehrer al-Dschuwaini entwickelte sich auch bei al-Ghazali (gest. 1111) im Verlaufe seiner Beschäftigung mit der antiken Philosophie und der rationalen islamischen Theologie eine tiefgreifende Skepsis gegenüber der Anwendung rationaler Methoden in zentralen Glaubensfragen wie beispielsweise dem Gottesverständnis (50). Allerdings versuchte al-Ghazali diese Erfahrungen noch theoretisch aufzuarbeiten und kam zu dem Ergebnis, dass man die koranische Botschaft nur intuitiv erfassen könne. Das Erfassen dieser Botschaft und damit das Erlangen wirklichen religiösen Wissens seien letztlich ein Gnadengeschenk Gottes. Diese Erfahrung geschenkter Gnade veranlasse dann den Gläubigen zu bedingungslosem Gehorsam gegenüber Gott und dessen koranischer Botschaft, die nach al-Ghazali am authentischsten vom Propheten und seinen Gefährten erfasst und gelebt worden sei. Die Funktion der rationalen Methode bestand für al-Ghazali vor allem darin, der eigenen Position entgegengesetzte theologische oder philosophische Positionen zu widerlegen und das Religionsgesetz der Scharia aus dem Koran und den Hadithen rational abzuleiten. Für eine positive Begründung zentraler Aussagen eines Offenbarungsglaubens eigne sich die rationale Methode dagegen nicht. Diese Skepsis al-Ghazalis sowie al-Dschuwainis Resignation und die Zurückdrängung der Aschariten durch die Hanbaliten in den religiösen Auseinandersetzungen der zweiten Hälfte des 11. Jahrhunderts ließen bis zum Ende des Untersuchungszeitraumes die Stimmen verstummen, die im Zusammenhang der Gottesvorstellung und des Koranverständnisses rationale Methoden versuchten zur Geltung zu bringen.

B. Entwicklung des abendländischen Christentums bis zum Vorabend der Reformation

I. Entwicklung des Verhältnisses zwischen geistlicher und weltlicher Obrigkeit

1. Außenseiterposition der Jesusbewegung und der frühen Christenheit

Ganz anders als im Islam waren die Entstehungsbedingungen des Christentums, dessen Religionsgründer Jesus von Nazareth sich als Reformer des jüdischen Glaubens verstand und folglich ausschließlich religiöse Ziele verfolgte (1). Diese Zielrichtung ergibt sich aus der in den Evangelien überlieferten Kritik Jesu an dem zeitgenössischen jüdischen Glaubensverständnis und am damaligen Tempelkult. Jesu Kritik richtete sich vor allem gegen die jüdische Geistlichkeit, die insbesondere auch für den Vollzug des Tempelkultes verantwortlich war und daraus ihr Selbstverständnis bezog. An dieser Kritik lässt sich auch Jesu eigene Glaubensbotschaft ablesen. Nach den Evangelien kritisierte Jesus die Veräußerlichung des Glaubens und die damit verbundene Verabsolutierung des Kultus. Diesen Fehlentwicklungen habe er das Gebot konsequenter Nächstenliebe gegenübergestellt, die er als Ausdruck des von ihm verkündeten anbrechenden Gottesreiches angesehen habe. Folglich habe Jesus beispielsweise Kranke auch am Sabbat geheilt (Mk.3,1–6) und damit das für den jüdischen Glauben zentrale Sabbatverständnis mit der Begründung in Frage gestellt, dass „der Sabbat ... um des Menschen willen da (sei) und nicht der Mensch um des Sabbats willen" (Mk.2,27). Derlei Kritik, wie sie sich zum Beispiel auch in der Erzählung von der sogenannten ‚Tempelreinigung' manifestiert (Mk.11,15 ff.), traf vor allem die jüdische Geistlichkeit.

Die jüdische Geistlichkeit habe denn auch den Hohen Rat (‚Sanhedrin') veranlasst, Jesus aufgrund seines von ihm reklamierten Verständnisses als Messias wegen Gotteslästerung anzuklagen und ihn zum Tode zu verurteilen. Nach dieser Verurteilung sei Jesus dem römischen Statthalter Pontius Pilatus überantwortet worden, dem allein als Repräsentanten der römischen Staatsmacht die Exekution von Todesstrafen zustand. Pontius Pilatus sei diesem Ansinnen nur widerwillig nachgekommen, wie die Evangelien berichten. Dies sei aber nach Meinung vieler Kirchenhistoriker und Neutestamentler dem Versuch der Evangelisten geschuldet, vor allem den Juden die Schuld an dem Kreuzestod Jesu zuzuweisen. Faktisch mögen Pontius Pilatus als römischem Präfekten in Judäa die Jesus gemachten Vorwürfe plausibel erschienen sein. Denn seit dem Tode Herodes' des Großen war es zu Wirren um dessen Nachfolge gekommen, die immer wieder zu Unruhen und dem Auftreten selbsternannter messianischer Könige und dadurch zu einer angespannten Atmosphäre führten (2). Diese selbsternannten Könige begriffen sich als Retter Israels bzw. als dessen verheißener Messias. Sie wandten sich gegen die römische Herrschaft und die von dieser Herrschaft abhängigen Nachfolger Herodes' des Großen, um ein ‚Königreich der Gerechtigkeit' zu schaffen. Eine nachhaltige atmosphärische Wirkung hatte auch die von Judas von Gamala und dem Pharisäer Zadok gegründete Widerstandsbewegung der Zeloten, die meist aus dem Untergrund gegen die römische Herrschaft und deren jüdische Marionettenregierung kämpften. Beide Begründer der zelotischen Widerstandsbewegung verstanden sich jedoch nicht als Messias, da die Zeloten die Vorstellung vertraten, dass Gott allein die Königsherrschaft über Israel zustehe. Die beiden Begründer der zelotischen Bewegung sahen sich vielmehr als Kämpfer für die göttliche Königsherrschaft über Israel, indem sie für die Beseitigung der römischen Fremdherrschaft kämpften. Wie das Markus-Evangelium suggeriert (Mk.12,13 ff.), wollte die jüdische Geistlichkeit Jesus als Zeloten diskreditieren, um ihn dann an Pontius Pilatus auszuliefern und ein entsprechendes Urteil zu erwirken. Sie konfrontierte Jesus mit der Frage, ob es rechtens sei, an den römischen Kaiser Steuern zu zahlen, oder ob dies für einen Juden unerlaubt sei, wie es die Zeloten beurteilten. Unter Hinweis auf den auf einer Denar-Münze abgebildeten Kaiser bejahte Jesus die Zahlung von Steuern: „Gebt dem Kaiser, was des Kaisers ist, und gebt Gott, was Gottes ist" (Mk.12, 17). Mit seiner Antwort verwies Jesus auf die Trennung von weltlichem und religiös-geistlichem Bereich, eine Vorstellung, die für seine auf ein Jenseits ausgerichtete Botschaft („Mein Reich ist nicht von dieser Welt.") kennzeichnend war.

Diese Vorstellung wurde denn auch in der nachfolgenden Ausgestaltung der christlichen Glaubenslehre entsprechend rezipiert. Denn wie die Jesusbewegung befanden sich auch die ur- und die frühchristlichen Gemeinden bis zur sogenannten ‚Konstantinischen Wende' in einer Außenseiterposition. Folglch lag den Christen eine gedankliche bzw. theologische Auseinandersetzung mit der alternativen Vorstellung von einer wie auch immer gearteten Einheit ihrer Religion mit einem real existierenden Staat fern. Ähnlich wie die Jesusbewegung wurde auch die urchristliche Gemeinde von den Juden Palästinas als Sekte angesehen und ausgegrenzt. Man bezeichnete sie als Nazoräer und verfolgte sie zuweilen auch, wie die Apostelgeschichte des Lukas beispielsweise 4,1 ff., 5,17 ff, 6,8 ff. und 7,1 ff. berichtet. Dies wird auch an dem in Apg.8,1–3 und 9,1 f. überlieferten Verhalten des Apostels Paulus gegenüber den Christen vor dessen Bekehrung deutlich. Ähnlich lässt sich der in Apg.21,27–26,23 überlieferte Umgang der Jerusalemer Juden mit Paulus nach dessen Bekehrung verstehen. In einer vergleichbaren Außenseiterposition befand sich auch das Frühchristentum im Römischen Reich, nachdem es sich zunächst nach Kleinasien und danach nach Europa ausgebreitet hatte. Die Außenseiterposition äußerte sich am drastischsten zunächst in sporadischen und später in allgemeinen Christenverfolgungen vonseiten des römischen Staates. Vor allem die allgemeinen Christenverfolgungen 249–251 unter Decius, 257–258 unter Valerian und 303–311 unter Diokletian haben den Christen vor Augen geführt, dass sie ihren Glauben nur bewahren konnten, wenn sie ausreichend Distanz zum römischen Staat hielten. Die Verfolgungen unter Decius und Valerian wurden von staatlicher Seite provoziert, indem man die Christen zur Darbringung von Opfern zugunsten der römischen Götter verpflichtete. Da bei einer Verweigerung dieses Opfers der Tod drohte, ein solches Opfer aber für die Christen ein unzumutbares Ansinnen war, kam es zu vielen Hinrichtungen, vor allem von Priestern und Bischöfen. Unter Diokletian kam es dann zur größten Christenverfolgung, die sich auf das gesamte römische Reich erstreckte und insbesondere auch das römische Heer erfasste. Außer der Verweigerung der verlangten Opfer führte auch das öffentliche Bekenntnis zum christlichen Glauben zur Hinrichtung. Darüber hinaus kam es zur systematischen Beschlagnahmung von Bibeln sowie zur Schließung und Zerstörung von Kirchen. Diese Erfahrungen mit dem römischen Staat führten dazu, dass man ungebrochen an der jesuanischen Lehre von der Trennung von Staat und Religion festhielt.

2. Verhältnis zwischen (ost-)römischen Kaisern und Christentum seit der ‚Konstantinischen Wende'

Für die Christen änderte sich ihr Verhältnis zum römischen Staat erst mit dem von den Kaisern Galerius und Licinius erlassenen Toleranzedikt von 311 (3). Dieses Toleranzedikt gewährte wie ein bereits 260 von Kaiser Gallienus erlassenes Toleranzedikt den Christen im Römischen Reich Duldung. Das Toleranzedikt des Kaisers Gallienus war allerdings durch die 303 von Kaiser Diokletian initiierte Verfolgung der Christen faktisch außer Kraft gesetzt worden. Kurz nach dem Toleranzedikt von 311 wurde durch das Mailänder Abkommen zwischen Konstantin und Licinius aus dem Jahre 313 dann das Christentum mit den anderen Religionen und dem bisherigen Staatskult gleichgestellt. Zur nachfolgenden Religionspolitik Konstantins des Großen (306–337) gehörte unter anderem die Rückgabe beschlagnahmten Eigentums an die Kirche und die Einführung des Sonntags als allgemeinen Feiertag. Grundlage dieser Religionspolitik war das traditionelle Selbstverständnis der römischen Kaiser als ‚pontifex maximus'. Konstantin der Große sah es folglich auch als seine Aufgabe an, religiöse respektive theologische Konflikte wie im Falle des Donatistenstreites und des durch den Presbyter Arius ausgelösten christologischen Streites[1] zu schlichten. Allerdings wurden bei diesen Schlichtungsversuchen auch die Schattenseiten dieses kaiserlichen Engagements und der damals sich entwickelnden Nähe

---

[1] Bei den Donatisten handelte es sich um eine rigorose Gruppe, die die Auffassung vertrat, dass Sakramente nur wirksam seien, wenn sie von einem moralisch integeren Geistlichen gespendet worden seien. Gebildet hat sich diese Gruppe Anfang des 4. Jahrhunderts anlässlich einer Bischofsweihe, die von einem während der Christenverfolgung vom Glauben abgefallenen Geistlichen vollzogen wurde. Dies stieß auf den entschiedenen Widerstand des Bischofs von Karthago namens Donatus, der sich jedoch mit seinen Anhängern nicht gegen die Mehrheit der damaligen Kirche durchsetzen konnte. – Zum arianischen Streit vgl. unten Kap.V. 2. und V. 3.

I. Entwicklung des Verhältnisses zwischen geistlicher und weltlicher Obrigkeit 111

des Christentums zum römischen Staat offenkundig. Denn Konstantin schreckte auch nicht vor der Anwendung militärischer Gewalt gegenüber den Donatisten und vor Repressionen wie der Amtsenthebung und Verbannung von Arius und anderen prominenten Arianern zurück. Doch dies hat anfangs aufseiten der Führung der damaligen Kirche offensichtlich nicht unmittelbar zu irgendwelchen Bedenken geführt.

Zu solchen Bedenken kam es jedoch im östlichen Teil des Reiches im Jahre 328, als Konstantin seine Haltung gegenüber der nizänischen Glaubensformel änderte und sich die arianische Auffassung zu eigen machte. Dies führte 335 einerseits zur Rehabilitierung Arius' und andererseits zur Verbannung Athanasius', des vehementesten Verteidigers der nizänischen Glaubensformel (4). Als Constantius II. (337–361), Sohn Konstantins des Großen und seit 353 dessen alleiniger Nachfolger, ebenfalls den Arianismus förderte und diesen für verbindlich erklärte, kam es zunächst im östlichen Teil des Römischen Reiches zu Widerstand vonseiten der Befürworter des nizänischen Bekenntnisses. Dieser Widerstand weitete sich ab dem Jahre 353, nachdem Constantius II. auch die Herrschaft über den westlichen Teil des Römischen Reiches erlangt hatte, auf diesen Teil aus und führte nun auch zur Forderung nach kirchlicher Freiheit und Autonomie.

Mit der durch ihn eingeleiteten Wende verfolgte Konstantin der Große nach allgemeiner Auffassung von Kirchenhistorikern die Festigung der Einheit des spätrömischen Reiches. Deshalb lag ihm vor allem auch daran, die Einheit des neuen Glaubens sicherzustellen. Dies versuchte er auch dadurch zu erreichen, dass er zur Beilegung von Glaubensstreitigkeiten Synoden oder Konzilien wie beispielsweise das von Nizäa im Jahre 325 einberief, diese moderierte und Entscheidungen herbeiführte. Dass bei der Entscheidungsfindung die Auffassung des Kaisers selbst eine besondere Rolle spielte, zeigen Verlauf und Ergebnisse der Synode von Arles 314 und des Konzils von Nizäa 325. Insbesondere die erwähnte faktische Rücknahme der Konzilsentscheidung von Nizäa und die Entscheidung zugunsten der arianischen Vorstellung von der Wesensähnlichkeit Jesu mit Gott(-vater) durch Konstantin den Großen und seinen Nachfolger Constantius II. machen die besondere Bedeutung des jeweiligen Kaisers bei solchen Entscheidungen deutlich.

Erst unter den Kaisern Gratian (375–383) und Theodosius I. (379–395), die beide unter dem Einfluss des damaligen Mailänder Bischofs Ambrosius (374–397) standen, wendete sich dann das Blatt wieder zugunsten des nizänischen Glaubensbekenntnisses bzw. der Athanasianer. Mit seinem Edikt ‚Cunctos populos' aus dem Jahre 380 bestimmte Theodosius das Christentum in der Form des nizänischen Bekenntnisses zur allgemeinverbindlichen und alleinigen Religion des Römischen Reiches. Im Jahr 381 erklärte er im Nachgang den Arianismus, den er bereits 379 im Osten des Reiches verboten hatte, ausdrücklich zur Häresie. Ebenfalls im Jahr 381 ließ Theodosius seine vorangegangenen Entscheidungen durch das von ihm einberufene Konzil von Konstantinopel absegnen. Auf diesem Konzil wurde das nizänische Glaubensbekenntnis im Wesentlichen bestätigt und gleichzeitig eine begriffliche Präzisierung vorgenommen (5), die auch einen Teil der Arianer zufriedenstellte. 391 verbot Theodosius darüber hinaus noch ausdrücklich alle heidnischen Kulte. Nun war das Christentum in Form der athanasianischen Vorstellung von der Wesensgleichheit Jesu Christi mit Gott(-vater) zur Staatsreligion geworden, während die Ausübung heidnischer Kulte als Majestätsverbrechen und der Arianismus als Häresie unter Strafe gestellt wurden. Dem Christentum als der neuen Staatsreligion und dessen Trägern wurden dagegen verschiedene Privilegien eingeräumt, insbesondere den Bischöfen eine konkurrierende Zivilgerichtsbarkeit über die Christen sowie die ausschließliche Gerichtsbarkeit über Kleriker, das sogenannte ‚privilegium fori', sowie deren Freistellung von militärischen und zivilen Dienstpflichten.

Legitimiert wurde diese Religionspolitik mit der Vorstellung, dass die römischen Kaiser sich nicht nur als oberster weltlicher Herrscher (‚Imperator') im engeren Sinne verstanden, sondern sich in der römischen Tradition des ‚pontifex maximus' sahen. Allerdings hatte Theodosius I. diesen Titel auf Drängen des Bischofs Ambrosius von Mailand – wie zuvor bereits Kaiser Gratian (375–383) – aufgegeben, ohne aber auf seine Kompetenzen in Religionsfragen (‚ius in sacris') zu verzichten (6). Diese Kompetenzen ergaben sich nach damaliger römischer Vorstellung notwendigerweise daraus, dass der Imperator für das Wohl des römischen Reiches (‚salus imperii') verantwortlich war. Dies schloss die Sorge um die Herstellung der äußeren Bedingungen für eine integrativ wirkende Staatsreligion ebenso ein wie beispielsweise die Sorge um ein funktionierendes Rechtssystem. Aus diesem Grunde wurde auch den Konzilsbeschlüssen Gesetzeskraft verliehen. Problematisch wurde dieses Verfahren, wenn Konzilsbeschlüsse wegen unzureichender Mehrheiten unter den am theologischen Diskurs Beteiligten nicht zustande kamen, der jeweilige Kaiser aber um der politischen Stabilität willen meinte, eine Entscheidung herbeiführen zu müssen. Folglich kam es in der Spätantike oft zu Interventionen der damaligen Herrscher, weil gerade zu jener Zeit viele wichtige theologische Probleme zu lösen waren.

Da derartige Interventionen seit Konstantin dem Großen des Öfteren die Grenze der kaiserlichen Macht nach Auffassung des damaligen Bischofs von Mailand überschritten, sah sich dieser bei verschiedenen Anlässen aufgerufen, Theodosius die Grenzen kaiserlicher Macht aufzuzeigen (7). So musste sich Theodosius nach einer entsprechenden Überlieferung beispielsweise einer Bußstrafe unterziehen, weil er in den Augen Ambrosius' eine unverhältnismäßig harte Strafaktion gegen die Stadt Thessalonike angeordnet hatte, bei der viele Menschen getötet worden waren. Ambrosius begründete seine Position damit, dass in Glaubensfragen und den damit zusammenhängenden Bewertungen menschlichen Handelns die Bischöfe über dem Kaiser stünden. Dieser unterliege folglich dem bischöflichen Urteil und habe sich den entsprechenden kirchlichen Zuchtmitteln zu beugen wie andere Christen auch. Als Theodosius sich der auferlegten Buße und den damit verbundenen Zuchtmitteln unterwarf, muss dies eine nicht zu unterschätzende öffentliche Wirkung gehabt haben (8). Die Annahme dieser Bußstrafe habe nach allgemeiner Auffassung von Kirchenhistorikern signalisiert, dass Theodius die Überordnung der Kirche gegenüber dem Staat in religiösen und moralischen Angelegenheiten anerkannt habe.

I. Entwicklung des Verhältnisses zwischen geistlicher und weltlicher Obrigkeit

Ambrosius hat auch in solchen Zusammenhängen bereits die Begriffe ‚imperium' für den weltlichen Herrschaftsbereich und ‚sacerdotium' für den geistlichen Herrschaftsbereich einander gegenübergestellt, zwei Begriffe, die ungefähr 100 Jahre später im Zusammenhang der sogenannten Zwei-Gewalten-Lehre des Papstes Gelasius I. (492–496) von zentraler Bedeutung waren.

Nichtsdestoweniger kam es bald nach dem 381 in Konstantinopel abgehaltenen Konzil erneut zu ‚grenzwertigen' Interventionen vonseiten verschiedener Kaiser, weil die Konzilsentscheidung von 381 zum Verhältnis von Gott(-vater) und Jesus Christus neue theologsiche Auseinandersetzungen auslöste. Deren Grund war die nach dem Konzil von 381 sich aufdrängende christologische Frage nach dem Verhältnis von ‚Gottheit' und ‚Menschheit' in Jesus Christus (9). Wie bei den Auseinandersetzungen um die trinitarische Frage, die mit dem Konzil von 381 ihren vorläufigen Abschluss gefunden hatte, eskalierte auch der christologische Konflikt und hatte massive Eingriffe der jeweils regierenden Kaiser zur Folge (10). Um die seinerzeitigen christologischen Auseinandersetzungen zwischen dem Antiochener Nestorius, dem damaligen Erzbischof von Konstantinopel, und Cyrillus, dem Erzbischof von Alexandrien, beizulegen, berief Kaiser Theodosius II. (408–450) für 431 ein Konzil nach Ephesus ein. Dieses Konzil kam aber als gemeinsames Konzil gar nicht zustande, sondern es fanden lediglich zwei Teilsynoden unter alexandrinischer bzw. antiochenischer Ägide statt. Als auf diesen Teilsynoden die jeweiligen Hauptakteure der Gegenseite für abgesetzt erklärt wurden, löste der kaiserliche Beauftragte die beiden Teilsynoden kurzerhand auf und erklärte seinerseits die Hauptkontrahenten Cyrillus und Nestorius für abgesetzt.

Danach fanden noch zwei weitere Synoden sowie Verhandlungen zwischen den beiden Erzbischöfen von Antiochia und Alexandria statt, bevor 451 auf dem Konzil von Chalcedon eine zwischenzeitliche Einigung erzielt wurde. Auch das zweite Konzil von Ephesus 449 verlief ähnlich chaotisch wie das für das Jahr 431 nach Ephesus einberufene erste Konzil. Bei der Synode von 449 sorgte beispielsweise kaiserliches Eingreifen dafür, dass dem Erzbischof Dioscorus von Alexandrien der Vorsitz übertragen wurde und nicht Flavianus, dem Erzbischof der Reichshauptstadt Konstantinopel. Der Vorsitzende Dioscorus wird in der kirchengeschichtlichen Tradition unter anderem dafür verantwortlich gemacht, dass eine von der alexandrinischen Christologie abweichende Stellungnahme des Papstes Leo I. (440–461) nicht verlesen werden konnte, weil die päpstlichen Legaten niedergeschrien wurden. Als im weiteren Verlauf der Synode die von Dioscorus angestrebte Verurteilung des Erzbischofs Flavianus von Konstantinopel auf Widerspruch stieß, stürmten ägyptische Mönche den Versammlungsraum und verprügelten Flavianus und seine Unterstützer derart, dass Flavianus an seinen Verletzungen verstarb. Am Ende dieser zweiten Synode von Ephesus wurden die Beschlüsse der ‚alexandrinischen' Teilsynode von Ephesus aus dem Jahre 431 im Großen und Ganzen bestätigt. Folglich waren die zwischenzeitlich erzielten Kompromisse von 433 sowie die Entscheidungen der Synode von Konstantinopel aus dem Jahre 448 hinfällig geworden. Der ursprüngliche Dissens zwischen der alexandrinischen und der antiochenischen

Christologie bestand also weiter, die Konfrontation hatte sich dagegen durch die zurückliegenden Ereignisse sogar noch verschärft. Dies änderte sich erst 451, als es durch den Tod des Kaisers Theodosius II. (408–450) zu einem Wechsel an der Spitze des oströmischen Reiches gekommen war und der neue Kaiser Marcian (450–457) für das Jahr 451 das bereits erwähnte Konzil von Chalcedon einberief. Auf diesem Konzil einigte man sich dann auf der Basis der Vorstellungen von Papst Leo I. auf einen Kompromiss, der sowohl antiochenische als auch alexandrinische Vorstellungen berücksichtigte und zum christologischen Dogma erhoben wurde. Nach diesem Dogma handele es sich bei Jesus Christus um eine Person, die über ‚eine göttliche und eine menschliche Natur verfüge'. Nichtsdestoweniger kamen sehr bald neue theologische Bedenken vor allem aufseiten der Alexandriner auf, die unter anderem wegen mangelnder begrifflicher Klarheit schon dem Konzilsbeschluss von Chalcedon nicht zugestimmt hatten. Folglich gingen die Diskussionen über das Wesen Jesu Christi und den entsprechenden Konzilsbeschluss von Chalcedon weiter.

Angesichts der vielen massiven Einflussnahmen vonseiten der jeweils regierenden Kaiser auf den Verlauf theologischer Auseinandersetzungen sah sich Papst Gelasius I. (492–496) veranlasst, klärend zum Verhältnis von Kaiser und Bischöfen Stellung zu nehmen (11). So schrieb er in einem Brief an Kaiser Anasthasios I. (491–518), dass die christlich-römische Welt von zwei ‚Gewalten', den Bischöfen mit ihrer ‚geheiligten Autorität' (‚auctoritas sacrata') und dem Kaiser mit seiner ‚königlichen Macht' (‚potestas regalis'), regiert werde. Beide Gewalten mit ihren je eigenständigen Funktionen im religiös-geistlichen oder profan-weltlichen Bereich verstand er als von Gott verliehene Gaben. Aus dieser Trennung der Funktionsbereiche leitete Gelasius seine Auffassung ab, dass sich der Kaiser nicht in theologische Angelegenheiten einmischen dürfe und die Entscheidungen der Bischöfe zu akzeptieren habe. Andererseits haben sich die Bischöfe auch den kaiserlichen Anordnungen zu fügen, soweit diese sich auf den weltlichen Bereich beziehen und nicht der christlichen Ethik widersprechen. Diese Einschränkung deutet an, dass Gelasius von einer Höherrangigkeit der bischöflichen Autorität im Vergleich zur kaiserlichen Autorität und der darauf gründenden kaiserlichen Gewalt ausging. Gelasius begründete diese bischöfliche Höherrangigkeit damit, dass die Bischöfe auch für das jenseitige Seelenheil der Kaiser vor Gott verantwortlich seien und dass das jenseitige Seelenheil höherwertig sei als jedes irdische Gut. Bei dieser Zwei-Gewalten-Lehre handelte es sich nach derzeitigem Kenntnisstand um den ersten Versuch, eine konsistente Theorie zum Verhältnis von geistlicher und weltlicher Obrigkeit in einem christlich geprägten Staat zu entwickeln. Gelasius' sogenannte Zwei-Gewalten-Lehre wurde danach auf vielfältige Weise rezipiert, insbesondere im Hoch- und Spätmittelalter im Bereich der lateinischen Kirche Westeuropas.

Auch Kaiser Justinians I. (527–565) Vorstellungen vom Verhältnis zwischen Kaiser und Papst scheinen von Gelasius' Lehre geprägt zu sein. So unterschied auch Justinian zwei Gewalten, bezeichnete sie als ‚sacerdotium' und ‚imperium' und sah diese als Geschenk Gottes an die jeweiligen Inhaber an. Darüber hinaus ging er von der Möglichkeit aus, dass diese beiden Funktionen in harmonischer Weise wahrgenommen werden könnten, um das menschliche Leben seiner Vollendung zuzuführen (12). Aber seine faktisch betriebene Politik wich wie die seiner Nachfolger allzu oft von der Vorstellung eines harmonischen Miteinanders von ‚sacerdotium' und ‚imperium' ab. So zwang beispielsweise Justinian den Papst Vigilius (537–555), ein Verbotsedikt gegen dyophysitische Auffassungen dreier Theologen der Schule von Antiochia zu akzeptieren. Vigilius lehnte dies jedoch zunächst ab, weil die Begründung dieses Ediktes nach seiner Überzeugung nicht den Konzilsbeschlüssen von Chalcedon (451) entsprach. Letztendlich akzeptierte Vigilius, der zuvor nach Konstantinopel zitiert worden war, dieses Verbotsedikt im Jahre 553, um wieder nach Rom zurückkehren zu können.

Ähnlich wie Justinian ging Kaiser Herakleios (610–641) vor und erließ zum Beispiel ein Glaubensdekret, mit dem die christologischen Streitigkeiten beigelegt werden sollten. Dieses Glaubensdekret stieß jedoch ebenfalls wegen seiner Unvereinbarkeit mit den Konzilsbeschlüssen von Chalcedon im ehemaligen weströmischen Gebiet auf Widerstand. Daraufhin erließ Herakleios' Nachfolger Kaiser Konstans II. 648 ein Edikt, mit dem er jede weitere Diskussion über die von den oströmischen Kaisern vorgeschlagene Lösung verbot, wonach Jesus Christus wohl über zwei Naturen, aber nur über einen Willen (‚Monotheletismus') verfüge. Auf dieses Edikt reagierte der zeitgenössische Papst Martin I. (649–653) mit der Einberufung einer Synode in den Lateran, die sowohl Herakleios' Glaubensdekret als auch das Verbotsedikt Konstans' II. ablehnte. Gleichzeitig exkommunizierte die Synode den Patriarchen von Konstantinopel sowie weitere östliche Geistliche, die die Position des Kaisers teilten. Am Ende dieser Auseinandersetzungen standen die Verhaftung Martins I. und dessen Verurteilung zum Tode, vor dem der Papst jedoch aufgrund einer Begnadigung durch Kaiser Konstans II. bewahrt wurde. Stattdessen wurde er auf die Halbinsel Krim verbannt, wo er bald darauf starb.

Papst Martins Nachfolger wurde unter kaiserlichem Druck gewählt und konnte sich wie seine unmittelbaren Nachfolger bei der Amtsausübung der kaiserlichen Einflussnahme kaum entziehen. Insgesamt war das 7. Jahrhundert durch besonders viele Versuche der oströmischen Kaiser gekennzeichnet, bei theologischen Konflikten im Falle eines Dissenses den Päpsten die eigene Lehrmeinung zu oktroyieren (13). Dabei orientierten sie sich an Kaiser Justinians I. (527–565) Verständnis von ‚sacerdotium' und ‚imperium' und verstanden sich letztlich als oberste Autorität in der Reichskirche. Für die östliche Reichshälfte bedeutete dies, dass der Kaiser faktisch die Kirche leitete und der Bischof bzw. Patriarch von Konstantinopel ihm hinsichtlich der diesbezüglichen Kompetenzen nachgeordnet war. Der Kaiser entschied wichtige theologische und kirchliche Fragen. So berief er beispielsweise Synoden ein und leitete sie, entschied dogmatische Streitigkeiten ebenso wie über die Besetzung von Bischofsstühlen, allerdings meistens in Abstimmung mit dem Patriarchen von Konstantinopel. In der westlichen Reichshälfte manifestierte sich die Autorität des oströmischen Kaisers beispielsweise auch darin, dass der römische Bischof nach seiner Wahl durch den römischen Klerus und die stadtrömische Aristokratie spätestens seit 555 der Bestätigung durch den oströmischen Kaiser bedurfte.

Der kaiserliche Anspruch auf die oberste Autorität in der Reichskirche implizierte darüber hinaus zumindest eine Relativierung des Anspruchs auf den geistlichen Primat, den die römischen Bischöfe bereits seit der Wende vom 4. zum 5. Jahrhundert für sich reklamierten. Der Anspruch auf den Primat manifestierte sich auch in der Führung des damals aufkommenden Titels ‚Papst' für den römischen Bischof. Im Falle eines Dissenses in theologischen Fragen war also der Konflikt zwischen den oströmischen Kaisern und den Päpsten vorprogrammiert.

Anlass für einen derartigen Konflikt boten insbesondere die christologischen Auseinandersetzungen wegen der Konzilsbeschlüsse von Chalcedon aus dem Jahre 451. Als sich diese Auseinandersetzungen im 6. und 7. Jahrhundert verschärften, griffen die oströmischen Kaiser um der Einheit des Glaubens willen verstärkt in diese Auseinandersetzungen ein. Wenn die kaiserliche Auffassung sich von der des jeweils amtierenden Papstes unterschied, kam es zu heftigen Konflikten, wie an den erwähnten Auseinandersetzungen der oströmischen Kaiser mit den Päpsten Vigilius und Martin I. deutlich wird. Allerdings gelang es seit dem Ende des 7. Jahrhunderts den Kaisern nicht immer, sich durchzusetzen. So konnten sich die Päpste Sergius I. (687–701) und Konstantin I. (708–715), als sie sich kaiserlichen Anordnungen widersetzten, dank der Hilfe der römischen Stadtbevölkerung sogar der vom Kaiser angeordneten Gefangennahme entziehen. Dies verweist darauf, dass der oströmische Kaiser zur Zeit des Übergangs vom 7. zum 8. Jahrhundert zunehmend Schwierigkeiten hatte, auf Rom Einfluss zu nehmen. Möglich blieben jedoch noch andere Formen der Bestrafung. So strafte der oströmische Kaiser Leo im Jahre 731 Papst Gregor II. für seine Haltung im Bilderstreit ab, indem er ihm die geistliche Oberhoheit über Illyrien, Sizilien und Süditalien entzog und dem Patriarchen von Konstantinopel zuwies. Kirchlichen Widerstand gab es auch schon kurz nach der Etablierung des Christentums als Staatsreligion, wie die oben angesprochene Auseinandersetzung zwischen Bischof Ambrosius von Mailand (374–397) und Kaiser Theodosius I. (379–395) sowie der Brief des Papstes Gelasius I. an Kaiser Anasthasios I. aus dem Jahre 494 zeigen, in dem Gelasius die Zwei-Gewalten-Lehre begründet.

An dieser Stelle drängt sich die Frage auf, warum sich die Päpste dem Ansinnen der oströmischen Kaiser, die geistliche Oberhoheit auch ihnen gegenüber zur Geltung zu bringen, zum Teil erfolgreich widersetzten und entsprechende Begründungen entwickelten, während die Patriarchen von Konstantinopel die vom oströmischen Kaiser reklamierte geistliche Oberhoheit akzeptierten oder hinnahmen. Das Verhalten der Patriarchen von Konstantinopel lässt sich wohl damit erklären, dass ihre Stellung anders als die der Bischöfe von Rom von Anfang an in entscheidendem Maße vom Kaiser abhängig war. Denn ihr Amt als Bischöfe wurde allererst mit der von Kaiser Konstantin vorgenommenen Verlegung der Reichshauptstadt von Rom nach Konstantinopel geschaffen. So waren sie auch in der Folgezeit auf die Unterstützung des oströmischen Kaisers angewiesen. Dies galt vor allem wegen der sich entwickelnden Konkurrenz mit den Bischöfen von Rom, die seit der Wende vom 4. zum 5. Jahrhundert eine geistliche Vorrangstellung in der gesamten Reichskirche

I. Entwicklung des Verhältnisses zwischen geistlicher und weltlicher Obrigkeit

beanspruchten. So stärkte der oströmische Kaiser tendenziell die Position der Bischöfe von Konstantinopel gegenüber dem römischen Bischof und strebte die Gleichstellung der Bischöfe der alten und der neuen Hauptstadt an (14). Diese Unterstützung trug insofern auch Früchte, als den Bischöfen von Konstantinopel ebenso wie den Bischöfen von Rom auf dem Konzil von Konstantinopel im Jahre 381 der Ehrentitel ‚Patriarch' zugesprochen wurde. Auf dem Konzil von Chalcedon 451 wurde ihnen dann der Titel eines ‚Patriarchen des Ostens' respektive eines ‚Patriarchen des Westens' verliehen. Diese Ergebnisse dürften die Akzeptanz der vom oströmischen Kaiser reklamierten Oberhoheit bei den Bischöfen von Konstantinopel erleichtert haben. Im Übrigen ließ sich der oströmische Kaiser durchaus von der Geistlichkeit Konstantinopels beraten, sodass diese einen besonderen Einfluss auf die Religions- und Kirchenpolitik des Kaisers besaß und wohl auch deshalb dessen beanspruchte geistliche Oberhoheit eher akzeptieren konnte als die römischen Bischöfe. Deren Widerstand gegen die beanspruchte geistliche Oberhoheit des Kaisers erwies sich auch als eher realisierbar als ein möglicher Widerstand vonseiten der konstantinopolitanischen Geistlichkeit. Denn aufgrund der machtpolitischen Gegebenheiten waren die Durchgriffsmöglichkeiten des oströmischen Kaisers in Rom geringer als in Konstantinopel, wie dessen Auseinandersetzungen mit den Päpsten Sergius I. und Konstantin I. deutlich machten.

Der Widerstand der römischen Bischöfe bzw. Päpste hatte aber noch einen weiteren Grund. Für sie stellte die von den oströmischen Kaisern beanspruchte geistliche Oberhoheit nicht nur einen Verstoß gegen die Trennung von weltlicher und geistlicher Gewalt dar, sondern hätte auch den von ihnen seit der Wende vom 4. zum 5. Jahrhundert sich entwickelnden Anspruch auf den geistlichen Primat ‚neutralisiert'. Bei ihrem Primatsanspruch ging es den römischen Bischöfen zunächst ‚nur' um die Frage nach ihrem Verhältnis zu den übrigen Bischöfen in der Gesamtkirche. Durch das Konzil von Chalcedon 451 war allerdings bereits festgeschrieben worden, dass dem Bischof von Rom der Status eines ‚Patriarchen für den Westen' und damit ein Vorrang gegenüber den Bischöfen in der westlichen Reichshälfte zukomme. Da dem Bischof von Konstantinopel der entsprechende Status für die östliche Reichshälfte ebenfalls zugestanden wurde, mochten sich die römischen Bischöfe bzw. Patriarchen mit dieser Konstellation nicht abfinden. Denn wahrscheinlich schon auf der römischen Synode von 382, die der römische Bischof Damasus I. (366–384) einberufen und geleitet hatte, wurde unter Berufung auf Mt. 16,18 klar und eindeutig der Primatsanspruch des römischen Bischofs in der Gesamtkirche formuliert (15). Gegen Ende des 4. Jahrhunderts tauchte dann auch eine lateinische Übersetzung eines älteren fiktiven griechischen Briefes auf, in dem der angebliche römische Bischof Clemens I. (angeblich amtierend um 99–107) dem Herrenbruder Jakobus mitgeteilt haben soll, dass er von dem Apostelfürsten Petrus die Binde- und Lösegewalt übertragen bekommen habe, woraus in der Folgezeit der päpstliche Jurisdiktionsprimat abgeleitet wurde.

Bereits Damasus' Nachfolger Siricius (384–399) hatte nach derzeitigem Wissensstand für sich den Titel ‚Papst' reklamiert. Leo I. (440–461) verstand sich darüber hinaus in Anlehnung an die altrömische Tradition als ‚pontifex maximus', was eine entsprechende Position auch in der östlichen Reichshälfte implizierte. Konsequenterweise lehnte er auch den Konzilsbeschluss von Chalcedon aus dem Jahr 451 ab, wonach dem Patriarchen von Konstantinopel der gleiche Rang wie ihm selbst zugesprochen worden war. Papst Leo I. hatte auch in einer überlieferten Predigt anlässlich des Doppelfestes zu Ehren der Apostel Petrus und Paulus am 29. Juni 441 auf die zweifache Apostolizität des römischen Bischofsstuhles hingewiesen und aus der besonderen Funktion der beiden Apostel den Vorrang des römischen Bischofs sowohl hinsichtlich der Jurisdiktionsgewalt als auch der Lehrautorität abgeleitet. Nichtsdestoweniger gelang es den römischen Päpsten nicht, den Lehr- und Jurisdiktionsprimat in der östlichen Reichshälfte durchzusetzen, da die Widerstände der oströmischen Kaiser und der konstantinopolitanischen Patriarchen zu groß waren.

3. Verhältnis zwischen weltlicher und geistlicher Obrigkeit in germanischer Zeit bis zum Investiturstreit

In den westlichen Teilen des ehemaligen römischen Reiches genoss dagegen der römische Bischof entsprechend dem auch von Ostrom konzedierten Status als Patriarch des westlichen Teils der Reichskirche durchaus einen Vorrang im Vergleich zu den anderen Bischöfen des Westens (16). Dies zeigte sich auch daran, dass diese des Öfteren bei Konflikten untereinander an den römischen Bischof appellierten (17), was aber in spätantiker und frühmittelalterlicher Zeit auch im weströmischen Teil der Reichskirche nicht in einen allgemein anerkannten Jurisdiktionsprimat des römischen Bischofs mündete. Eine solche Entwicklung wurde auch durch die Entstehung und Entfaltung der germanischen Volkskirchen auf dem weströmischen Gebiet verhindert. Denn diese Kirchen zeichneten sich dadurch aus, dass sie infolge der kulturellen Tradition der Germanen unter der geistlichen Oberhoheit des jeweiligen germanischen Königs standen. So setzte beispielsweise im Westgotenreich dessen König die Bischöfe ein und organisierte die Synoden, deren Beschlüsse seiner Bestätigung bedurften. Vergleichbares galt auch für das Frankenreich unter den Merowingern. Seit Chlodwig hatten die Könige sowohl den Eintritt in den geistlichen Stand als auch die Einsetzung eines Bischofs von ihrer Genehmigung oder Bestätigung abhängig gemacht und nahmen maßgeblichen Einfluss auf die Abhaltung von Synoden. Deren Beschlüsse konnten für den weltlichen Bereich nur Geltung erlangen, wenn sie zuvor vom jeweiligen König bestätigt worden waren. Darüber hinaus hatten sich die merowingischen Könige ein Gesetzgebungsrecht gegenüber der Kirche gesichert, die ihrerseits aber in Strafsachen eine Sonderstellung für die Geistlichkeit durchsetzen und behaupten konnte. Dieses von den Merowingern geschaffene fränkische Volks- bzw. Landeskirchentum wurde zunächst auch von den im Jahre 751 die fränkische Königsherrschaft erlangenden Karolingern übernommen, erfuhr aber unter ihnen wichtige Veränderungen.

I. Entwicklung des Verhältnisses zwischen geistlicher und weltlicher Obrigkeit

Zu diesen Veränderungen kam es, als Papst Stephan II. (752–757) die Franken unter König Pippin um Hilfe gegen die Langobarden bat, die 754 trotz eines mit Papst Zacharias (741–752) abgeschlossenen Waffenstillstandes erneut Rom bedrohten. Pippin entsprach diesem Hilfegesuch – wohl auch um seine Legitimität als fränkischer König zu erhöhen –, und es kam 754 zu Verhandlungen, deren Ergebnisse im Vertrag von Quierzy ihren Niederschlag fanden. Die ersten Verhandlungen fanden im Januar 754 in der nordfranzösischen Königspfalz Ponthion statt und wurden ab dem Osterfest 754 in der nahe gelegenen Pfalz Quierzy fortgesetzt, wo sie sich offensichtlich bis in den Sommer desselben Jahres hinzogen. Vereinbart wurde ein Freundschaftsbündnis, wonach der fränkische König zum dauerhaften Schutz des römischen Bischofs und dessen Herrschaftsgebiet verpflichtet war und dafür den Titel eines ‚patricius Romanorum' verliehen bekam. Konkret ergab sich damals daraus die ebenfalls von Pippin eingegangene Verpflichtung, gegen die Langobarden Kriegszüge zu unternehmen und damit die von den Langobarden kurz zuvor gemachten Eroberungen zurückzugewinnen. Teile dieser erwarteten Rückeroberungen sollten dem Papst überlassen werden (‚Pippinische Schenkung') und bildeten zusammen mit dem Dukat Rom die Grundlage des Kirchenstaates (‚Patrimonium Petri'). Die Gegenleistung des Papstes bestand neben der verliehenen Würde eines ‚Patricius Romanorum' vor allem in der von Papst Stephan II. am 28. Juli 754 vorgenommenen Salbung Pippins, der zuvor im Jahre 751 bereits durch seine fränkischen Bischöfe in Soissons gesalbt worden war. Durch diese Salbung(-en) wurde eine neue, christliche Art von Sakralität des fränkischen Königtums begründet, die Pippin als Legitimation seiner Königsherrschaft dienen sollte. Denn dem ehemaligen Hausmeier Pippin fehlte die den Germanen vertraute Form der Sakralität, weil er keinem königlichen Geschlecht wie beispielsweise die von ihm abgesetzten Merowinger entstammte. Nach germanischer Auffassung gewährleistete nur eine solche Abstammung die notwendige Geblütsheiligkeit und das daraus entspringende Königsheil, das für eine gelingende Königsherrschaft als Voraussetzung angesehen wurde. Diese neue, christliche Art von Sakralität, die durch die päpstliche Salbung vermittelt wurde und den fränkischen König gegenüber den anderen germanischen Königen hervorhob, mündete infolge eines entsprechend veränderten Selbstverständnisses Karls des Großen in dessen theokratische Herrschaft.

Dieses theokratische System war dadurch gekennzeichnet, dass die Bischöfe letztlich durch Karl den Großen eingesetzt wurden, der auch die Synoden einberief, leitete und deren Entscheidungen maßgeblich bestimmte. Dies galt auch für diejenigen Entscheidungen, die sich auf die Glaubenslehre und die Gottesdienstgestaltung bezogen. Auch wurden Bischöfe und Klosteräbte mit der Wahrnehmung von Verwaltungsaufgaben betraut und sogar zu Feldzügen herangezogen. Sowohl die Bischöfe und Äbte als auch die Beamtenschaft für die hohen Reichsämter wurden im Allgemeinen an der königlichen Hofkapelle unter der Leitung eines von Karl eingesetzten Erzkaplans ausgebildet. Auf diese Weise hatte sich Karl der Große die Kontrolle über die weltliche und geistliche Funktionselite in seinem Reich gesichert. Grundlage dieses weltlichen und geistlichen Regimentes war Karls Selbstverständnis als ‚rex et sacerdos' (‚König und Priester'). Nach diesem Selbstverständnis oblag Karl der Schutz der Christenheit nach außen gegenüber äußeren Feinden und nach innen im Sinne der Wahrung des rechten Glaubens, während dem Papst lediglich die Fürbitte zugunsten des Gelingens dieser kaiserlichen Aufgaben zukommen sollte. Bei den Franken traf dieses Selbstverständnis ihres Regenten durchaus auf Zuspruch, während beispielsweise Papst Leo III. mit der ihm zugewiesenen Rolle offensichtlich nicht zufrieden war. Dies lässt sich aus dessen ‚Regieführung' bei der Kaiserkrönung Karls am Weihnachtstag des Jahres 800 und der Darstellung derselben in der päpstlichen Quelle ‚Liber pontificalis' schließen. Diese Quelle hob nämlich darauf ab, dass durch die Art und Weise der Krönung und Salbung Karls deutlich geworden sei, dass der Papst das Geschehen bestimmt und Karl zum Kaiser ‚gemacht' habe. Karls Biograph Einhard schrieb dagegen in seiner Biographie, dass Karl dem Gottesdienst ferngeblieben wäre, wenn er von der beabsichtigten Krönung und Salbung durch den Papst gewusst hätte. Diese unterschiedliche Darstellung des Krönungsvorganges am Weihnachtstag des Jahres 800 zeigt also, dass Papst Leo III. und seine Umgebung Karls Verständnis von der Position und Kompetenz des Papstes nicht teilten.

Diese unterschiedlichen Auffassungen führten in der Zeit nach Karl dem Großen immer wieder zu Versuchen seitens der amtierenden Päpste, das theokratische System Karls des Großen zurückzudrängen und damit die eigene Position auszubauen. Dabei ging es den Päpsten im Wesentlichen darum, in der sich unter Karl dem Großen entwickelnden Reichskirche in Orientierung an der Zwei-Gewalten-Lehre zunächst die geistliche Oberhoheit zu erlangen. Dies schloss damals jedoch nicht aus, auch Einfluss auf die Inthronisation des Schutzherrn des Papstes und der westlichen Kirche zu nehmen. So lief beispielsweise die Kaiserkrönung Karls des Kahlen im Jahre 875 auf eine ähnliche Weise ab wie die Karls des Großen, was allerdings von dem mächtigen Erzbischof Hinkmar von Reims kritisiert wurde. Denn dieser befürchtete einen zu großen päpstlichen Einfluss in dem Sinne, dass eventuell der Eindruck vermittelt worden sei, der Papst erhebe den fränkischen König qua eigener Autorität zum Kaiser. Was im 9. Jahrhundert Hinkmar von Reims noch als Eindruck befürchtete, sollte sich im weiteren Verlauf des Mittelalters phasenweise durchaus als allgemeine Auffassung etablieren.

Des Weiteren versuchten die Päpste, die geistliche Oberhoheit in der fränkischen Reichskirche dadurch zu erlangen, dass sie in Konflikte zwischen Bischöfen eingriffen und Beschlüsse fränkischer Synoden in Frage stellten oder aufhoben. So hob Papst Nikolaus I. (858–867) zum Beispiel im Zusammenhang der Frage nach der Gültigkeit der Ehe Lothars II. mit Theutberga, von der sich Lothar II. wegen Kinderlosigkeit trennen wollte, Synodalbeschlüsse zugunsten Lothars auf. Darüber hinaus setzte er zugleich die Erzbischöfe von Köln und Trier als die vermeintlichen ‚Urheber' dieser Beschlüsse ab, was ebenso Bestand hatte wie die päpstliche Entscheidung hinsichtlich der Gültigkeit der Ehe Lothars II. mit Theutberga. Rein juristisch betrachtet wären diese Entscheidungen des Papstes nur akzeptabel gewesen, wenn dieser über den Jurisdiktionsprimat in der fränkischen Reichskirche verfügt

I. Entwicklung des Verhältnisses zwischen geistlicher und weltlicher Obrigkeit   121

hätte, was aber nach Auffassung von Kirchenhistorikern für das 9. Jahrhundert nicht angenommen werden kann. Folglich kann die Geltungskraft dieser päpstlichen Entscheidungen wohl nur mit der nachgewiesenen Unterstützung des Papstes durch Ludwig den Deutschen und Karl den Kahlen erklärt werden, die sich von der Kinderlosigkeit Lothars II. eigene Vorteile versprachen. Nichtsdestoweniger kann man entsprechende Primatsvorstellungen bei Papst Nikolaus I. durchaus unterstellen, wie sie ja auch in den zu jener Zeit wahrscheinlich entstandenen pseudo-isidorischen Fälschungen anzutreffen sind, in die auch die sogenannte ‚Konstantinische Schenkung' Aufnahme gefunden hatte (18).

Neben diesen Interventionen gab es zu jener Zeit auch viele Appellationen an den römischen Stuhl, in denen um Stellungnahmen des Papstes zu aktuellen Konflikten zwischen Bischöfen gebeten wurde und die auf eine Anerkennung eines Vorrangs der Päpste gegenüber anderen Bischöfen verwiesen. Ähnlich lassen sich auch die vielen Ehrenbezeichnungen verstehen, die zu jener Zeit anzutreffen waren, wenn der römische Stuhl fränkischen Kirchen Reliquien überließ. Zeugnis von diesen Ehrenbezeichnungen legt der entsprechende Schriftverkehr zwischen Päpsten und den Empfängern der Reliquien ab. Dieser den Päpsten zugewiesene Vorrang drückte sich auch darin aus, dass das seit dem 9. Jahrhundert für Erzbischöfe verpflichtend gewordene Pallium nur vom Papst vergeben werden konnte, worauf zum Beispiel Papst Leo IV. (847–855) selbstbewusst gegenüber Ostrom hinwies. Auch fungierte Papst Nikolaus I. (858–867) sogar im oströmischen Reich als eine Art Schiedsrichter im Konflikt um das Patriarchat von Konstantinopel zwischen Ignatios und Photios. In einem Lehrschreiben verwies Nikolaus I. zudem darauf, dass das Patriarchat von Konstantinopel sich nicht wie Rom auf eine Apostelgründung berufen könne. Nikolaus' Vorgänger Benedikt III. (855–858) begründete wiederum den Vorrang des römischen Bischofs – wie bereits in der Spätantike geschehen – mit dem Hinweis darauf, dass die römischen Bischöfe als Nachfolger des Apostels Petrus gemäß Mt.16,18 exklusiv mit der Binde- und Lösegewalt ausgestattet seien.

Die während des 9. Jahrhunderts unternommenen und in der Amtszeit des Papstes Nikolaus I. kulminierenden Versuche, den Primat gegenüber den anderen Bischöfen einschließlich der Patriarchen von Konstantinopel durchzusetzen, gingen nach Nikolaus I. stark zurück (19). Dies lag nach allgemeiner Auffassung der Kirchenhistoriker darin begründet, dass Rom und damit auch das Papsttum selbst seit dieser Zeit in politischem und moralischem Niedergang begriffen waren. Der Niedergang hatte seinerseits seine Ursache in dem Ringen der verschiedenen Gruppierjungen des stadtrömischen Adels um politischen Einfluss in der Stadt Rom. Zu den Auseinandersetzungen und dem daraus resultierenden Bedeutungsverlust des Papsttums kam es unter anderem auch, weil es seit dem Zerfall des fränkischen Reiches nach dessen verschiedenen Teilungen keine äußere kraftvolle ‚Schutzmacht' mehr gab, die solche Auseinandersetzungen hätte verhindern können. Das Fehlen der fränkischen Schutzmacht führte zudem dazu, dass sich Rom infolge der Bedrohung durch die Sarazenen nach Verbündeten im Zentrum der Apenninischen Halbinsel umsehen musste. Dies verschärfte jedoch des Öfteren die angesprochenen Auseinandersetzungen, da die verbündeten mittelitalienischen Fürsten sich oft in die stadtrömischen Auseinandersetzungen einmischten, um selbst in Rom Macht und Einfluss zu gewinnen. Eine weitere Folge dieser Bündnisse war, dass einige der Fürsten von den jeweils amtierenden Päpsten zu Kaisern erhoben wurden, die jedoch keinen universalen Anspruch hatten und lediglich als ‚imperatores Italiae' angesehen wurden. Es gab also seit dem Tode Ludwigs II. im Jahre 875 bis zur Kaiserkrönung Ottos des Großen im Jahre 962 auf dem Gebiet der lateinischen Westkirche keinen weltlichen Herrscher, der willens und in der Lage war, als päpstliche Schutzmacht zu fungieren.

Auch die Päpste jener Zeit waren nicht in der Lage, ihren universalen Anspruch durchzusetzen. Infolge der innerrömischen Auseinandersetzungen und der notwendig gewordenen Bündnisse mit italienischen Fürsten konzentrierten sie sich fast ausschließlich auf das Gebiet des heutigen Italiens und verloren die übrigen Gebiete der lateinischen Kirche fast gänzlich aus den Augen. Darüber hinaus führten die Auseinandersetzungen des stadtrömischen Adels um die Bekleidung des päpstlichen Amtes dazu, dass sich die Amtszeit der Päpste im Durchschnitt im Vergleich zur vorangegangenen Zeit stark verkürzte. In den 164 Jahren nach dem Pontifikat Johannes VIII. (872–882) bis zur Synode von Sutri im Jahre 1046, dem sogenannten ‚dunklen Jahrhundert', gab es insgesamt ungefähr 40 Päpste, deren Amtszeit also im Durchschnitt nur 4 Jahre betrug. Dies machte natürlich eine kontinuierliche Wahrnehmung theologischer, kirchenorganisatorischer und jurisdiktioneller Aufgaben in der lateinischen Westkirche nahezu unmöglich, selbst wenn der Wille dazu vorhanden gewesen wäre.

Darüber hinaus wäre gerade in jener Zeit eine solche Absicht auf besondere Schwierigkeiten gestoßen. Denn in den germanisch geprägten Gebieten der lateinischen Westkirche nördlich der Alpen hatte sich das Eigenkirchenwesen neben der bisherigen bischöflichen Taufkirchenorganisation etabliert und war seit dem 9. Jahrhundert auch allgemein akzeptiert (19a). Das Eigenkirchenwesen basierte auf der germanischen Vorstellung, dass eine von einem privaten Grundstückseigentümer errichtete Kirche als Zubehör seines Grundstücks angesehen wurde und folglich seiner Verfügungsgewalt unterlag. Dies bedeutete zum einen, dass dem Grundstückseigentümer bzw. dem sogenannten ‚Eigenkirchenherrn' auch die Entscheidungsbefugnis in Bezug auf die sogenannten äußeren Angelegenheiten ‚seiner' Kirche zukam. Des Weiteren implizierte die beanspruchte Verfügungsgewalt über die errichtete Kirche, dass mögliche Einkünfte aus deren Nutzung dem ‚Eigenkirchenherrn' zustanden. Mit dem Begriff ‚Nutzung' waren im Zusammenhang von Kirchen beispielsweise die Stolgebühren für priesterliche Amtshandlungen und die Kirchenzehnteinnahmen gemeint, über die also der Grundstückseigentümer – damals meist ein Adliger – verfügen konnte. Die Errichtung einer ‚Eigenkirche' konnte folglich eine durchaus lukrative Investition sein. Dem ‚Eigenkirchenherrn' oblagen allerdings die Versorgung des von ihm eingesetzten Pfarrers und die Mindestausstattung der jeweiligen Kirche. Dem zuständigen Bischof standen dagegen die Weihe des Pfarrers und die Konsekration der Kirche zu. Beide Akte konnte er nur bei Vorliegen gravierender Mängel verweigern. Das Eigenkirchenwesen prägte den überwiegenden Teil der sogenannten Niederkirchen, erfasste zu jener Zeit aber auch immer stärker den hochkirchlichen Bereich der Bischofskirchen und auch die Klöster. Folglich wären mögliche Eingriffe vonseiten eines Papstes auf erheblichen Widerstand der meist adligen ‚Eigenkirchen-‘ und ‚Eigenklosterherren‘ gestoßen. Andererseits war die Verbreitung des Eigenkirchenwesens bzw. -rechts nicht nur dem Fehlen einer ‚geistlichen Zentralmacht‘ geschuldet, sondern auch dem Fehlen einer kraftvollen weltlichen Macht an der Spitze des jeweiligen Reiches.

Eine solche weltliche Macht entwickelte sich im Bereich der lateinischen Kirche erstmals wieder mit dem aus dem ostfränkischen Reich hervorgegangenen deutschen Königreich unter Otto dem Großen (20). Ihm verlieh Papst Johannes XII. 962 die Kaiserwürde, die seitdem bis 1806 den deutschen Königen vorbehalten war. Zur Kaiserkrönung Ottos kam es, weil sich Johannes XII. sowohl vom stadtrömischen Adel als auch von den von Süditalien aus nach Rom vordringenden byzantinischen Truppen bedrängt sah und sich von Otto dem Großen Schutz und Hilfe erhoffte. Denn vornehmste Pflicht des Kaisers war der Schutz der Christenheit und damit verbunden der des Kirchenstaates. Dessen Umfang und Fortbestand wurde im sogenannten ‚Ottonianum‘ – einem gemäß karolingischer Tradition abgeschlossenen Pakt zwischen Kaiser und Papst – vonseiten des Kaisers garantiert, der sich seinerseits aber auch Einfluss auf die Papstwahl sicherte. Durch die Krönung eines ostfränkisch-deutschen Königs zum Kaiser wurde der Blick des Papstes notgedrungen wieder verstärkt auf den transalpinen germanischen Teil der lateinischen Kirche gelenkt und der Papst wieder auf seine gesamtkirchliche Verantwortung verwiesen.

Dem mit der Erlangung der Kaiserwürde gesteigerten Ansehen Ottos I. korrespondierte die Festigung seiner königlichen Herrschaft im Inneren des ostfränkisch-deutschen Reiches. Dies erreichte er dadurch, dass er sich von den Stammesherzogtümern mit ihren zentrifugalen Tendenzen unabhängiger machte und sich verstärkt auf die Reichskirche stützte. So nutzte er die bereits seit dem 9. Jahrhundert in Gang befindliche Entwicklung, Bistümer als königliche Benefizien in Form einer Leihe an ihm vertraute und ergebene Geistliche zu vergeben, die sich meist aus der königlichen Hofkapelle oder ihm zugetanenen Domkapiteln rekrutierten. Diese Geistlichen wurden durch Übergabe des Bischofsstabes – seit dem 11. Jahrhundert auch des Ringes – und durch die Leistung des Treueides mit anschließender Kommendation in ihr bischöfliches Amt eingesetzt (‚investiert‘). Das so begründete Treueverhältnis schloss auch die Übernahme verschiedener königlicher Dienste bis hin zum Kriegsdienst ein, was dem Bischof auch den Status eines Landesherrn verlieh. Ähnlich war auch die Investitur der Reichsäbte und der Umfang ihres Amtes, sodass auch sie wie die Bischöfe zur Stütze des sächsisch-salischen Königtums wurden: das sogenannte ‚ottonische Reichskirchensystem‘ war geschaffen. Das Besondere dieser Art der Festigung königlicher Herrschaft lag darin begründet, dass sowohl die Reichsbischöfe als auch die Reichsäbte zölibatär leben mussten und keine legitimen Nachkommen hatten. Folglich stellte sich bei deren Tod nicht die Frage einer Vererbung des Amtes, sondern dieses konnte durch den König neu vergeben werden. Dagegen sorgten die nicht-geistlichen Lehensnehmer während der Ausübung eines ihnen übertragenen landesherrlichen Amtes im Allgemeinen dafür, dass nach ihrem Tod ihr Lehen an einen ihrer Söhne oder ein anderes Familienmitglied vergeben wurde. Auf diese Weise verblieb das landesherrliche Amt in ihrer Familie und wurde mit der Zeit faktisch erblich. Bei den mit der weltlichen Herrschaft über ihr Bistum oder Kloster ausgestatteten Reichsbischöfen und -äbten waren solche Interessen nicht gegeben, sodass die unter geistlicher Obrigkeit stehenden Gebiete quasi eine Art Hausmacht des Königs bzw. Kaisers darstellten. Auch die jeweilige aktuelle Wahrnehmung des landesherrlichen Amtes durch einen Bischof oder Abt war weniger von familiär bedingten Rücksichten geprägt als bei nicht-zölibatär lebenden weltlichen Amtsinhabern.

Dieses System, das sich in vergleichbarer Form auch im Westfrankenreich und bei den Angelsachsen im damaligen England ausgebildet hatte, basierte auf der in dieser Zeit immer noch latent vorhandenen altgermanischen Vorstellung vom sakralen Königtum. Nach damaligem christlichen Verständnis sei diese Sakralität aber durch die Salbung, die bis ins 12. Jahrhundert auch als Sakrament betrachtet wurde, dem König ‚eingestiftet' worden, während sie nach altgermanischer Vorstellung dem König als ‚Königsheil' innegewohnt habe. Zur Zeit der Ottonen und Salier waren beide Vorstellungen wirksam (21), sodass man damals je nach Autor oder Betrachter unterschiedliche Vorstellungen vom Königtum antraf. So sah Papst Johannes XII., der Otto den Großen 962 zum Kaiser gekrönt hatte, diesen als den militärischen Schutzherrn der römischen Kirche an (22). In der deutschen Krönungsliturgie, wie sie im Mainzer Krönungsordo um 960 konzipiert war (23), wurde der König als Stellvertreter Christi (‚vice Christi') angesehen. Der Chronist Thietmar von Merseburg (975–1018) verstand die sächsischen Könige und Kaiser als ‚Stellvertreter des höchsten Lenkers' (‚summi rectoris vice') und kam mit dieser Vorstellung der Auffassung Karls des Großen und dessen unmittelbaren Nachfolgern sehr nahe, wonach der König als unmittelbar von Gott eingesetzter Priesterkönig (‚rex et sacerdos') verstanden wurde. Gemeinsam war diesen Vorstellungen, dass der König als Schutzherr der Kirche angesehen wurde. Bei der Ausübung ihres Amtes interpretierten die ottonisch-salischen Könige bzw. Kaiser ihre Schutzfunktion gegenüber der Kirche sehr weit und setzten des Öfteren Päpste ab und andere wiederum ein (24). Darüber hinaus verstanden sie sich entsprechend germanischer Rechtstradition als Eigenkirchenherren, was die Gefahr in sich barg, dass die Kirche zu einer Eigenkirche des Königs degradiert wurde, die dieser als seinen Besitz ansah. Setzte der König einen Bischof oder Abt in sein Amt ein, übertrug er diesen die Verfügungsgewalt über eine Diözese oder ein Kloster in Form einer Leihe. Infolge dieser Praxis stellten sich allmählich verschiedene Fehlentwicklungen ein, zum Beispiel die Übertragung des jeweiligen Amtes gegen finanzielle oder andere Gegenleistungen, der sogenannte Ämterkauf (‚Simonie'), oder gar die Übertragung derartiger Ämter an ‚Nicht-Geistliche', sogenannte Laien.

4. Cluniazensische Reformbewegung und Investiturstreit in ihrer Bedeutung für das Verhältnis zwischen weltlicher Herrschaft und Kirche

Diese Fehlentwicklungen führten zunächst aufseiten der Klöster zu Aufbegehren und der Forderung nach Reformen, und zwar des monastischen Lebens selbst sowie hinsichtlich des weltlichen Einflusses auf die Klöster (25). So wurde eine freie Abtwahl durch die Mönche des jeweiligen Klosters gefordert, um einerseits den weltlichen Einfluss zu beseitigen und andererseits auch den geistlichen Einfluss vonseiten des jeweiligen Bischofs zurückzudrängen. Die freie Abtwahl wurde bereits 910 bei der Gründung des Reformklosters Cluny diesem von dessen Gründer Herzog Wilhelm von Aquitanien zugesichert. Desgleichen verzichtete der Herzog auf seine Rechte als Eigenklosterherr und übertrug diese auf den Papst, sodass das Kloster Cluny frei von Einflüssen seitens des weltlichen Adels und des Ortsbischofs war. Begründet wurde diese Exemtion mit der Forderung nach Unabhängigkeit und Eigenständigkeit des Klosters, um der Regel Benedikts gerecht werden zu können, wonach das Kloster eine Welt für sich zu sein habe. Mit dieser Veränderung des Status des Klosters gingen auch andere Veränderungen einher, von denen die wichtigste eine stärkere Berücksichtigung der eigentlichen Aufgabe des Klosters war, nämlich die Pflege des Gottesdienstes (des ‚officium'). Diese stärkere Akzentuierung manifestierte sich vor allem in einer Verlängerung des Gottesdienstes, die auch eine Veränderung der Liturgie bedeutete und das Verhältnis zwischen ‚ora et labora' stark zugunsten des ersteren verschob.

Die von Cluny ausgehende Reformbewegung breitete sich relativ rasch im Westen und Süden Europas aus, da viele bereits bestehende Klöster die in Cluny vorgenommenen Reformen übernahmen. Es wurden aber auch viele Klöster von Cluny aus neu gegründet, die sich an diesen Reformen ausrichteten. Die Übernahme der cluniazensischen Reformen brachte es mit sich, dass diese Klöster keiner weltlichen und keiner anderen geistlichen Obrigkeit als der des jeweiligen Abtes von Cluny unterstellt waren. Die so reformierten oder neu gegründeten Klöster bildeten mit Cluny eine Ordensgemeinschaft, die insgesamt unter der Leitung des Abtes von Cluny stand, der seinerseits lediglich dem Papst unterstellt war. Im ostfränkischen bzw. deutschen Reich war dagegen ungefähr bis zur Mitte des 11. Jahrhunderts vor allem die vom lothringischen Kloster Gorze bei Metz ausgehende Reformbewegung wirksam. Diese Reformbewegung trat zwar für ähnliche innermonastische Reformen wie die cluniazensische Reformbewegung ein, strebte aber keinen rechtlich einheitlichen Klosterverband an und akzeptierte auch die Abhängigkeit vom deutschen König oder anderen weltlichen Eigenklosterherren. Dieser Einfluss der von Gorze ausgehenden Reformbewegung wurde erst allmählich zurückgedrängt, als von dem 1069 wiedergegründeten Kloster Hirsau im Schwarzwald eine Reformbewegung in Anlehnung an Cluny ausging und sich relativ rasch im deutschen Reich ausbreitete. Allerdings übernahm die Hirsauer Reformbewegung nicht die zentralistischen Strukturen der cluniazensischen Ordensgemeinschaft und akzeptierte auch weiterhin die Abhängigkeit vom jeweiligen Diözesanbischof. Die innermonastischen Reformen Clunys versuchte man jedoch umzusetzen. Allerdings kollidierte die zeitliche Ausdehnung des Gottesdienstes mit dem Anspruch der Hirsauer Reformbewegung, den klösterlichen Besitz selbst zu bewirtschaften. Die Lösung dieses Problems sah man darin, dass man das Institut der ‚Laienbruderschaft' schuf und entsprechend ausbaute. Die eben erwähnten unterschiedlichen Ausgestaltungen der benediktinischen Regel, die in den sogenannten ‚Consuetudines' (‚Gewohnheiten') ihren schriftlichen Niederschlag fanden, führten jedoch im Laufe der Zeit zu Diskussionen darüber, welche Ausgestaltung die richtige sei.

Neben dieser Diskussion sah sich jede benediktinische, also auch die cluniazensische Reformbewegung mit einer grundsätzlicheren Kritik konfrontiert, die vor allem vonseiten radikaler Vertreter des eremitischen Mönchtums vorgebracht wurde (26). Infolge der karolingischen Reformen waren viele reiche Großabteien entstanden, in denen schwerlich ein asketisches Leben in Abgeschiedenheit realisiert werden konnte, wie es den radikalen Vertretern des Mönchsideals vorschwebte. Diese verstanden unter der von den Cluniazensern geforderten ‚libertas ecclesiae' (‚Freiheit der Kirche') nicht nur die Unabhängigkeit von Einflüssen weltlicher Herrn, sondern auch die Freiheit von der Welt insgesamt. Auf dem Hintergrund dieser Kritik ist denn auch die Gründung des Ordens der Zisterzienser zu sehen, die 1097 oder 1098 durch Robert von Molesme mit der Gründung eines Klosters in der unwirtlichen Gegend von Citeaux erfolgte. Mit der Gründung dieses von der Welt abgeschiedenen Klosters wollte man der eremitischen Vorstellung vom idealen Mönchsleben gerecht werden, was in der Folgezeit ein Kennzeichen zisterziensischer Klostergründungen blieb und diesen Orden für den Landesausbau und die Kolonisation prädestinierte. Von Citeaux aus wurden sehr bald 4 weitere Klöster, die sogenannten Primarabteien, gegründet, die ihrerseits weitere neue Klöster gründeten, sodass ein Filiationssystem entstand, bei dem die Tochterklöster in besonders enger Verbindung zu ihrem Mutterkloster standen. Diese Entwicklung gebot um der Einheit dieser Klostergemeinschaften willen eine Art Organisationsstatut, das der Engländer Stephan Harding, Abt von Citeaux in der Zeit von 1109–1133, mit der ‚charta caritatis' schuf. Nach der ‚charta caritatis' bestand die Klostergemeinschaft der Zisterzienser aus selbständigen Abteien und wurde von einem Generalkapitel geleitet, das sich aus den Äbten der Klöster zusammensetzte und einmal im Jahr in Citeaux tagte. Über dem Generalkapitel stand lediglich der Papst, da es sich um eximierte Klöster handelte. Die Umsetzung der ‚charta caritatis' sowie der Beschlüsse des Generalkapitels wurde durch Visitationen sichergestellt, die von den jeweiligen Äbten der Mutterklöster und hinsichtlich Citeaux' selbst durch die Äbte der 4 Primarklöster durchgeführt wurden. Im Vergleich zur hierarchischen Struktur der cluniazensischen Ordensgemeinschaft wiesen also die Strukturen der zisterziensischen Gemeinschaft in Ansätzen durchaus demokratische Elemente auf, obwohl beide Orden ein Leben gemäß der Regel Benedikts von Nursia anstrebten. In Bezug auf die innermonastischen Regelungen unterschieden sich die beiden Orden nicht prinzipiell, sondern lediglich graduell. So traten beispielsweise die Zisterzienser für eine einfachere Liturgie und damit für

I. Entwicklung des Verhältnisses zwischen geistlicher und weltlicher Obrigkeit   127

kürzere Gottesdienste sowie für relativ schmucklose Klosterbauten und Kirchen ein. Des Weiteren setzten sie entschiedener als die Cluniazenser das Gebot der Selbstversorgung um und nahmen deshalb auch verstärkt Laienbrüder in ihre Klöster auf. Ähnlich wie cluniazensische Klöster gelangten auch zisterziensische Klöster allmählich zu ansehnlichem Reichtum, der auch bei ihnen zu einer Legitimationskrise wie seinerzeit bei den Cluniazensern führte, was unter anderem den Boden bereitete für das Aufkommen der sogenannten Bettelorden.

Die Reformbewegungen der Cluniazenser und der Zisterzienser haben mit ihrem Rückgriff auf die Vorstellung von der ‚libertas ecclesiae' eine enorme Kraft entfaltet und vermochten es, das germanisch geprägte Eigenklosterrecht zurückzudrängen. Denn die cluniazensischen Klöster unterstanden seit ihrer Reform in geistlicher und jurisdiktioneller Hinsicht letztlich nur dem Abt von Cluny, die zisterziensischen Klöster dagegen ihrem eigenen Generalkapitel, das seinerseits wie der Abt von Cluny auch dem Papst unterstand. Der König bzw. Landesherr übte dagegen gegenüber beiden Ordensgemeinschaften lediglich eine Art Schutzherrschaft aus. Diese Organisationsform der beiden Mönchsorden hat auch zur Stärkung der päpstlichen Position im sogenannten Investiturstreit des 11. und 12. Jahrhunderts beigetragen. Dass beide Ordensgemeinschaften trotz der damals starken eremitischen Tendenzen sich deren radikaler Umsetzung verweigerten, hat die gesamtgesellschaftliche Entwicklung im westlichen Europa langfristig sicherlich gefördert, zunächst aber unmittelbar die überaus positive Entwicklung dieser beiden Ordensgemeinschaften möglich gemacht.

Darüber hinaus gingen von der mönchischen Reformbewegung mit ihrer Forderung nach Freiheit und Unabhängigkeit der Kirche (‚libertas ecclesiae') sowohl ideelle als auch personelle Impulse für eine Reform der Kirche insgesamt aus. Denn das von den Ottonen und Saliern praktizierte Reichskirchensystem sowie das Eigenkirchenwesen im germanisch geprägten Teil der lateinischen Kirche hatten nicht nur negative Folgen für das Klosterwesen, sondern auch für das kirchliche Leben allgemein. Es bedurfte nur noch eines Anlasses, um einen breit angelegten Konflikt zwischen weltlichen Herrschaftsträgern und geistlich-kirchlicher Führung auszulösen. Dieser Anlass wird nach allgemeiner Auffassung in der Absetzung dreier Päpste durch Heinrich III. auf der Synode von Sutri im Jahr 1046 gesehen. In Rom kam es 4 Tage später zur Wahl des von Heinrich III. favorisierten Bischofs Suitger von Bamberg zum neuen Papst Clemens II. am 24. Dezember 1046 (27). Zu diesem Vorgehen sah sich Heinrich III. aufgrund seines königlichen Selbstverständnisses als ‚vicarius Christi' auf Erden und der verworrenen Zustände in Rom veranlasst. Infolge der Zerstrittenheit des stadtrömischen Adels gab es zum Zeitpunkt der Synode von Sutri drei verschiedene Päpste, von denen sich zwei gegenseitig für abgesetzt erklärt hatten und der dritte, Gregor VI., nur durch eine Geldzahlung in sein Amt gelangt war. Der neue ‚deutsche' Papst Clemens II. sowie die ihm nachfolgenden und ebenfalls von Heinrich III. ins Amt gebrachten ‚deutschen' Päpste, insbesondere Leo IX. (1048–1054), teilten Heinrichs Reformvorstellungen. So umgab sich der durch die cluniazensische Reformbewegung geprägte Leo IX. in Rom mit entsprechenden Mitstreitern aus dieser Bewegung wie beispielsweise Humbert von Silva Candida.

Humbert von Silva Candida verfasste um 1058 die Schrift ‚Adversus Simoniacos', in der er sich mit der Simonie und deren Folgen für die Gültigkeit der Priesterweihe auseinandersetzte, die von sogenannten ‚Simonisten' vollzogen wurde. In dieser Schrift entwickelte er auch einen erweiterten Begriff von Simonie, unter der er nicht nur den Kauf eines geistlichen Amtes, sondern jegliche Beteiligung von Laien an der Vergabe eines geistlichen Amtes verstand und folglich eine solche Beteiligung vehement ablehnte. Neben der Priesterehe waren denn auch Simonie und Laieninvestitur die Kampfbegriffe und zentralen Themen des sich damals verschärfenden Streites um Fragen der Investitur in ein geistliches Amt. Die Frage der Simonie war auch ausschlaggebend für die Absetzung Gregors VI. durch Heinrich III. auf der Synode von Sutri im Jahre 1046 gewesen. Folglich schien es angesichts der Wirren infolge der Ab- und Einsetzungen von Päpsten sowie des daraus resultierenden Phänomens von Gegenpäpsten dringend geboten, sich auch konkret mit der Frage der Papstwahl zu befassen. Dies geschah unter Papst Nikolaus II. (1058/9–1061) zunächst auf der römischen Synode von 1059, deren diesbezügliche Ergebnisse zusätzlich in Form eines päpstlichen Dekretes im selben Jahr verbindlich gemacht wurden. Nach diesem Papstwahldekret sollte der Papst von sieben Kardinälen gewählt werden und nicht mehr durch Klerus und Volk von Rom; auch entfiel die bisher notwendige Bestätigung der Wahl durch den Kaiser. Bei den 7 Kardinälen handelte es sich um die Bischöfe aus der Umgebung Roms, die durch die römischen Kardinalpriester und -diakone beratend unterstützt wurden. Nachdem 1059 also der Wahlmodus neu festgelegt worden war, machte sich Papst Gregor VII. (1073–85), ebenfalls ein Vertreter der cluniazensischen Reformbewegung, daran, in der Schrift ‚Dictatus papae' von 1075 (siehe Anhang II) die Stellung und Kompetenzen des Papstes neu zu bestimmen. In dieser Schrift vertrat er die Auffassung, dass der Papst und nicht die Konzilien die oberste Autorität der Kirche darstelle und dass ihm das alleinige Gesetzgebungsrecht sowie die oberste Jurisdiktionsgewalt in der Kirche zukämen. Er selbst aber unterstehe keiner Jurisdiktion irgendeiner anderen Amtsperson oder Versammlung und könne auch den Kaiser absetzen sowie Untergebene von ihrem Treueid gegenüber sündhaften Obrigkeiten lösen.

Diese Positions- und Kompetenzbestimmung musste auf Widerspruch vornehmlich des deutschen Kaisers stoßen und es bedurfte nur noch eines Anlasses, um einen heftigen Konflikt zwischen Kaiser und Papst auszulösen. Diesen Anlass sah Papst Gregor VII. in der kurz vor seinem Amtsantritt von Kaiser Heinrich IV. vorgenommenen widerrechtlichen Investitur des Klerikers Gottfried in das Amt des Mailänder Erzbischofs gegeben. Die sich daran anschließenden Auseinandersetzungen führten Anfang 1076 zur Forderung einer in Worms stattfindenden Reichsversammlung, dass der Papst sein Amt aufgeben solle, was dieser mit der Exkommunikation Heinrichs IV. beantwortete. Der Gang Heinrichs nach Canossa stellte den dramatischen Höhepunkt der Auseinandersetzungen dar, die ihren Abschluss im sogenannten Wormser Konkordat von 1122 fanden. In diesem Konkordat wurde vor allem die Investitur der Bischöfe im deutschen Reich geregelt. Nach dieser Regelung sollte der zukünftige Bischof zunächst durch Klerus und Volk gewählt werden. Danach erfolgte die Investitur des Gewählten in das weltliche Amt, die sogenannte Szepterinvestitur, indem ihm die entsprechenden Hoheitsrechte und Güter verliehen wurden. Erst danach konnte in Deutschland – im Königreich Burgund und in Reichsitalien war die Reihenfolge umgekehrt – die Einsetzung in das kirchliche Amt, nämlich die Investitur mit Ring und Stab sowie die Weihe durch den zuständigen Erzbischof, vorgenommen werden. Die Einsetzung in das kirchliche bzw. geistliche Amt war also durch die Konkordatsregelung dem König entzogen worden, was übrigens zuvor bereits in Frankreich aufgrund von Vereinbarungen zwischen König Philipp I. und Papst Paschalis II. und auch in England im sogenannten ‚Londoner Konkordat' von 1107 entsprechend geregelt worden war. Möglich wurde dies durch die von dem französischen Bischof Ivo von Chartres zu jener Zeit entwickelte Unterscheidung der Funktionen eines Bischofs in einen sogenannten geistlichen und einen weltlichen Funktionsbereich (28). Zum geistlichen Funktionsbereich (den ‚spiritualia') gehörten nach Ivo von Chartres beispielsweise die Seelsorge, die Weihe von Priestern, die Lehrtätigkeit sowie die richterliche Bewertung religiös-geistlicher Angelegenheiten. Diese Funktionen seien für das Bischofsamt konstitutiv und bezögen ihre Begründung aus dem göttlichen Recht (‚ius divinum'). Die weltlichen Funktionen, zum Beispiel die damalige landesherrliche Tätigkeit, seien dagegen nicht konstitutiv für das Bischofsamt und basierten auf von Menschen gesetztem Recht (‚ius humanum'), seien also auch veränderbar. Aufgrund dieser Unterscheidung war denn auch eine Aufspaltung der Investitur eines Bischofs in eine geistliche und eine weltliche Investitur und damit eine Lösung des Investiturstreites möglich.

Durch die Vereinbarungen des Papsttums mit den damals wichtigsten Königreichen der lateinischen Kirche war der Investiturstreit zu Beginn des 12. Jahrhunderts im Wesentlichen beendet worden. Trotz einiger Zugeständnisse, zum Beispiel dass die freie kanonische Wahl der Bischöfe in Gegenwart des jeweiligen Königs stattfinden und die Szepterinvestitur der Einsetzung in das kirchliche Amt vorangehen sollte, hatten diese Vereinbarungen dazu geführt, dass den Königen die Einsetzung der Bischöfe in das kirchliche Amt entzogen worden war. Dies bedeutete auch, dass die für diese Einsetzung vorausgesetzte Sakralität des Königs schließlich in Frage gestellt wurde und im allgemeinen Bewusstsein die Vorstellung von seiner Sakralität mit der Zeit verloren ging, während die Position des Papstes eine Aufwertung erfuhr. Dessen Aufwertung basierte darauf, dass der Papst sich nun als ranghöher als die Könige darstellte und auch so wahrgenommen wurde, und zwar aus zweierlei Gründen. Zum einen trat er als die einzige Amtsperson in Erscheinung, die dem Bischof durch die Weihe die geistliche Kraft verleihen könne, die diesen zur Wahrnehmung seiner bischöflichen Aufgaben befähige. Zum anderen lag die Aufwertung des Papstes darin begründet, dass die aus dieser exzeptionellen Weihegewalt abgeleitete Höherrangigkeit des Papstes auch gegenüber allen Königen zu gelten schien. Folglich kam dem Papst in den Augen der Zeitgenossen eine universell wirksame Macht zu, die sich beispielsweise in der Kaiserkrönung manifestierte.

5. Konflikte zwischen weltlicher Obrigkeit und Papsttum infolge des papalen Anspruchs auf die indirekte Suprematie

Die angesprochene Wahrnehmung des Papstes als universelle Macht als auch das entsprechende Selbstverständnis des Papstes evozierten damals, nachdem im geistlich-kirchlichen Bereich die Frage des Vorrangs entschieden worden war, die Frage nach der Bedeutung des Papstes im weltlichen Bereich. Bei einer christlich fundierten Gesellschaft wie den damaligen westeuropäischen Gesellschaften lag die Antwort nahe, dass auch in weltlichen Angelegenheiten dem Papst der höchste Rang zuzukommen habe. Dies implizierten bereits die im ‚Dictatus papae' festgelegten Bestimmungen, dass der Papst der höchste Richter sei und den Kaiser absetzen könne, ihn selbst aber niemand zu richten befugt sei. Auch die Bestimmung, dass der Papst Untergebene vom Treueid gegenüber sündhafter Obrigkeit lösen könne, eröffnete dem Papst weitreichende Möglichkeiten, in weltliche bzw. herrschaftliche Angelegenheiten einzugreifen. Davon machte zum Beispiel Innozenz III. (1198–1216) im Zusammenhang des Thronstreits zwischen Philipp von Schwaben und Otto IV. Gebrauch (29). Innozenz selbst sah die Begründung für ein derartiges Eingreifen wie seinerzeit Gregor VII. in seiner priesterlichen Vollmacht als Nachfolger des Apostels Petrus (‚vicarius Petri') gegeben, die ihn zur Benennung, Bestrafung, aber auch Lossprechung von Sünden ermächtige. Der damals weit gefasste Sündenbegriff bot dem Papst vielerlei Ansatzpunkte für ein Eingreifen in das weltliche Geschehen. Seit dem beginnenden 12. Jahrhundert verstanden sich die Päpste auch zunehmend als ‚vicarius Christi', was anders als die Vorstellung von der Nachfolgeschaft Petri auf eine unmittelbare Beziehung zu Christus verwies (30).

Auch in Bezug auf die Zwei-Gewalten-Lehre wurde verstärkt darauf abgehoben, dass der Papst zunächst beide Gewalten von Christus erhalten und dann die weltliche Gewalt Königen bzw. Kaisern übertragen habe. Um dieses Verständnis der Zwei-Gewalten-Lehre biblisch breiter – und wohl auch überzeugender – abzusichern, trat im 12. Jahrhundert im Anschluss an Bernhard von Clairvaux' Schrift ‚De consideratione' die sogenannte Zwei-Schwerter-Lehre in den Vordergrund. Denn mit ihr ließ sich die päpstliche Oberhoheit auch in weltlichen Angelegenheiten plausibler begründen als mit der gelasianischen Zwei-Gewalten-Lehre, die ja ursprünglich vor allem im Sinne einer Trennung von geistlicher und weltlicher Gewalt und deren jeweiliger Autonomie verstanden worden war. Die Zwei-Schwerter-Lehre stützte sich auf Lk.22,38, wo in einem Dialog zwischen Jesus und seinen Jüngern diese darauf hinweisen, dass sie über zwei Schwerter verfügten. Aus dieser Bibelstelle leitete man also die Zwei-Schwerter-Lehre ab, mit der man im 12. Jahrhundert vonseiten des Papsttums die von diesem postulierte Überordnung des Papstes über jegliche königliche Obrigkeit begründete. Dieses Verhältnis von Papst und königlicher Obrigkeit hat Innozenz III. denn auch mit dem Verhältnis von Sonne und Mond verglichen, wonach der Mond ja nur aufgrund des von der Sonne empfangenen Lichtes leuchte. Konkret wirksam wurde dieses Selbstverständnis zum Beispiel im Verlaufe des bereits erwähnten Thronstreites zwischen Philipp von Schwaben und Otto IV., als Innozenz III. das bereits seit dem Investiturstreit vonseiten des Papsttums reklamierte Approbationsrecht in Bezug auf die beiden Kontrahenten anwandte und sich für Otto IV. entschied. Diese Entscheidung wurde 1202 in der Dekretale ‚Venerabilem' begründet, die später auch ins Kirchenrecht (‚Corpus iuris canonici') aufgenommen wurde.

Dieses Approbationsrecht wurde in der Folgezeit noch von Papst Innozenz IV. (1243–1254) ausgebaut, der auch die Auffassung vertrat, dass es sich bei der kaiserlichen Herrschaft der Staufer eigentlich um die Delegierung einer ursprünglich dem Papst zugewiesenen Funktion handle, die diesem einst gemäß der sogenannten Konstantinischen Schenkung von Konstantin dem Großen übertragen worden sei. Daraus ergab sich für Innozenz IV. nicht nur das Approbations- bzw. Einsetzungsrecht, sondern auch das Recht, einen Kaiser abzusetzen. Dass es sich auch bei Innozenz IV. nicht nur um theoretische Erwägungen handelte, zeigen beispielsweise die Absetzung König Sanchos II. von Portugal und die Kaiser Friedrichs II. auf dem von Innozenz IV. einberufenen Konzil von Lyon im Jahre 1245. Für die Absetzung Friedrichs II. war die Angst des Papstes um den Kirchenstaat von besonderer Bedeutung, da er diesen infolge der Umklammerung durch die staufischen Territorien im Norden (‚Reichsitalien') und im Süden (staufisches Königreich Sizilien) gefährdet sah. Um diese Gefährdung auf Dauer zu beseitigen, suchten die Päpste Hilfe und Unterstützung bei Frankreich, und zwar Innozenz IV. bei Ludwig IX. von Frankreich gegen den abgesetzten Kaiser Friedrich II. Später suchten die Päpste Urban IV. (1261–1264) und Clemens IV. (1265–1268) bei Karl von Anjou, dem Bruder des französischen Königs Ludwig IX., Hilfe gegen die letzten Staufer Manfred und Konradin. Karl von Anjou erhielt denn auch 1266 vom Papst das Königreich Sizilien als Lehen gegen das Versprechen, weder die Kaiserwürde noch den Besitz von Reichsitalien anzustreben. An dieser Verzichtserklärung lässt sich ähnlich wie an den Motiven der antistaufischen Politik erkennen, dass die päpstliche Politik zuweilen entscheidend von territorialen bzw. machtpolitischen Interessen geprägt war.

Nach den Auseinandersetzungen zwischen den Staufern und dem Papsttum in der ersten Hälfte des 13. Jahrhunderts kam es gegen Ende dieses Jahrhunderts auch zu einer geschichtsträchtigen Auseinandersetzung zwischen Papsttum und französischem Königtum, die allerdings mit einer Niederlage des Papsttums endete (31). Ausgangspunkt dieser Auseinandersetzung zwischen Papst Bonifaz VIII. (1294–1303) und dem französischen König Philipp dem Schönen (1285–1314) war die Frage, ob Könige aufgrund eigenen Rechts in ihrem Reich auch von kirchlichen Amtsträgern bzw. Körperschaften Steuern verlangen dürften. Im konkreten Fall ging es damals Philipp dem Schönen um die Finanzierung eines Krieges gegen England.

Als französische Zisterzienser gegen die auch von ihnen eingeforderten Steuern aufbegehrten, griff Bonifaz in diese Auseinandersetzungen ein und vertrat in seiner Schrift ‚Clericis laicos' die Auffassung, dass derartige Steuern nur mit Zustimmung des Papstes erlaubt seien. Dies war für Philipp den Schönen vollkommen inakzeptabel und führte zu vehementen Protesten. Nach einer zwischenzeitlichen Beruhigung des Konfliktes mündete dieser in einen heftigen Streit und führte gegen Ende des Jahres 1302 zum Erlass der Bulle ‚Unam sanctam'. In dieser Bulle wurde die bereits in ‚Clericis laicos' vertretene Auffassung von der Überordnung des Papstes über jegliche königliche Macht auch in weltlichen Angelegenheiten wiederholt und in der bereits von Innozenz III. vertretenen Weise mit der Zwei-Schwerter-Lehre begründet. Neu hinzu kam jedoch die Erklärung, dass der Gehorsam gegenüber entsprechenden Anordnungen des Papstes für das Seelenheil des jeweils betroffenen Gläubigen notwendig sei. Dies führte zu einer weiteren Verschärfung des Streites und zu einer öffentlichen Anklage gegen Bonifaz durch den Kanzler Philipps des Schönen, Wilhelm von Nogaret, der Bonifaz Häresie und auch andere Vergehen vorwarf und dessen Absetzung plante. Daraufhin wollte Bonifaz ein Konzil einberufen und mit einer Bulle Philipp den Bann androhen. Dazu kam es allerdings nicht, weil Nogaret zuvor gewaltsam gegen den Papst vorging, einen Anschlag auf Bonifaz in seinem päpstlichen Palast in Anagni durchführte und den Papst vorübergehend gefangen setzte. Volksscharen der Umgebung befreiten Bonifaz jedoch zwei Tage später und schlugen Nogaret mit seinen Truppen in die Flucht. Allerdings verstarb Bonifaz ungefähr einen Monat später in Rom, wohin er zuvor zurückgekehrt war. Auch dieser vehemente Versuch des mittelalterlichen Papsttums, absolutistisch anmutende hierokratische Vorstellungen durchzusetzen, stellte ähnlich wie die Auseinandersetzungen der Päpste mit den Staufern eine Instrumentalisierung religiöser Vorstellungen dar. In dem Konflikt mit Philipp dem Schönen waren es jedoch nicht territoriale und geopolitische, sondern finanzielle Aspekte, die sowohl für den französischen König als auch für das Papsttum von besonderem Interesse waren und den Konflikt auslösten.

Wie die damaligen Reaktionen zeigen, wurde der Ausgang dieses Konfliktes im Allgemeinen als Niederlage Bonifaz' VIII. und als Ablehnung der von diesem vertretenen hierokratischen Vorstellungen empfunden (32). So hat beispielsweise sein unmittelbarer Nachfolger Benedikt XI. (1303–1304) den von Bonifaz über Philipp den Schönen verhängten Bann gelöst und ist dessen finanziellen Vorstellungen entgegengekommen. Ähnlich verhielt sich auch noch Benedikts Nachfolger Clemens V. (1305–1314), der sogar Philipps Kanzler Nogaret absolvierte, der den Anschlag auf Bonifaz geplant und durchgeführt hatte. Spätestens der übersteigerte Herrschaftsanspruch Bonifaz' und der sich anschließende Umgang mit dessen Scheitern haben zu Beginn des 14. Jahrhunderts zu einem weitreichenden Autoritätsverlust des Papsttums geführt. Dieser Autoritätsverlust äußerte sich auf zweierlei Weise, und zwar zum einen aufseiten der weltlichen Obrigkeit in der Zurückweisung päpstlicher Ansprüche und Vorgaben und zum anderen in der theologischen sowie innerkirchlichen Kritik am Papsttum. So lehnten beispielsweise deutsche Fürsten, die 1338 in Rhens einen ‚Kurverein' gegründet und ein Bündnis zur Verteidigung der Reichsrechte geschlossen hatten, die Notwendigkeit einer Approbation des deutschen Königs durch den Papst ab, die insbesondere Papst Johannes XXII. (1316–1334) weiterhin reklamierte. König Ludwig IV. der Baier (1314–1347) ging im selben Jahr in seiner Konstitution ‚Licet iuris' noch einen Schritt weiter als die Fürsten des Rhenser Kurvereins. In dieser Konstitution stellte er fest, dass der durch die Kurfürsten gewählte König durch diese Wahl bereits wahrer Kaiser sei, was 1356 auch Eingang in die ‚Goldene Bulle' fand. Der Autoritätsverlust des Papsttums manifestierte sich darüber hinaus in den Auseinandersetzungen zwischen König Ludwig IV. und Papst Johannes XXII. auch insofern, als die gegen Ludwig IV. verfügte Absetzung und Exkommunikation sowie das gegen seine Anhänger ausgesprochene Interdikt bei der Bevölkerung im deutschen Reich kaum Wirkung zeitigten.

Unterstützung fand Ludwig IV. bei dem damals bekannten Theologen Wilhelm von Ockham und dem Juristen Marsilius von Padua, die sich seit 1330 bis zu ihrem Lebensende an Ludwigs Hof aufhielten (33). Beide vertraten die Auffassung, dass es sich bei der weltlichen Obrigkeit um eine vom Papst unabhängige und autonome Macht bzw. Institution handele. Nach Ockham habe die weltliche Obrigkeit bereits vor der Offenbarung des Evangeliums existiert und beziehe ihre Legitimation aus der Sorge um das Gemeinwohl. Nach Marsilius gründe sich die weltliche Obrgikeit auf den Willen des jeweiligen Volkes und beziehe aus dessen Zustimmung ihre Legitimation. Beide vertraten also eine radikale Trennung von weltlicher und geistlicher Gewalt, die sie ihrerseits streng auf den geistlichen und kirchlichen Bereich beschränkt wissen wollten. Marsilius übertrug darüber hinaus seine Vorstellung von der Bedeutung des Volkes in einer staatlichen Gemeinschaft auf die Kirche als Glaubensgemeinschaft. Er sah folglich nicht im Papst, sondern in einem Generalkonzil, dem auch Laien anzugehören hätten, das oberste Entscheidungsgremium der Kirche, während Begründung und Umfang der Stellung des Papstes sich aus Zweckmäßigkeitserwägungen ergäben. Wilhelm von Ockham seinerseits unterschied zwischen der vom Papst geleiteten äußeren Kirche und der wahren Kirche, nämlich der Gemeinde der Heiligen als dem mystischen Leib Christi. Dies stellte insofern ebenfalls eine wesentliche Relativierung der Bedeutung des päpstlichen Amtes dar, als die Gesamtheit der wahren Gläubigen die wahre Kirche repräsentiere, nicht aber der Papst und auch nur bedingt ein allgemeines Konzil. Marsilius von Padua und Wilhelm von Ockham haben durch ihre jeweilige Begründung der weltlichen Obrigkeit als einer autonomen Macht und der damit verbundenen klaren Trennung von geistlicher und weltlicher Macht sowohl dem Suprematsanspruch des Papsttums als auch theokratischen Vorstellungen weltlicher Herrscher eine Absage erteilt.

Andererseits hat beider Staats- und Kirchenverständnis die sich damals anbahnende Entstehung sowohl von Nationalstaaten als auch von National- bzw. Landeskirchen positiv begleitet. Die realen Auseinandersetzungen des Papsttums mit den Staufern, Philipp dem Schönen und Ludwig IV. dem Baiern sowie das Avignoneser Exil (1309–1377) und später auch das Schisma (1378–1417) haben dagegen die Ausbildung von National- bzw. Landeskirchen faktisch gefördert. Darüber hinaus schufen Marsilius von Padua (gest. 1342/43) mit seiner Vorstellung von einem Generalkonzil und Wilhelm von Ockham (gest. 1349) mit seiner Unterscheidung von ‚äußerer' und ‚wahrer' Kirche zusammen mit Johannes (Quidort) von Paris (gest. 1306) die theoretischen Voraussetzungen für die konziliare Theorie. Diese kam im 14. Jahrhundert auf und griff möglicherweise auch auf entsprechende kanonistische Traditionen zurück (34). Um die Wende vom 14. zum 15. Jahrhundert wurde diese Theorie vor allem an der Pariser Universität weiterentwickelt, und zwar von Autoren wie Pierre d'Ailly, Jean Gerson, Heinrich von Langenstein und Konrad von Gelnhausen. Deren Vorstellungen liefen auf zwei unterschiedliche Konzepte hinsichtlich der Zusammensetzung eines allgemeinen Konzils hinaus. So sollte sich ein allgemeines Konzil entweder aus den Inhabern höherer Kirchenämter, insbesondere den Bischöfen (‚Episkopalismus'), oder aus einer breiter aufgestellten Repräsentanz der Gesamtheit der Gläubigen zusammensetzen, wie es später von der radikaleren (‚demokratischen') Richtung der Konzilsbewegung gefordert wurde. Beide Konzepte stellten das damalige Papsttum in Frage. Die spätmittelalterliche Konzilsbewegung war also Folge des Verhaltens und der auf Suprematie ausgerichteten Politik des Papsttums seit Bonifaz VIII. und des seit dieser Zeit greifbaren Autoritätsverlustes. Der Autoritätsverlust wurde besonders manifest in der Zeit des Schismas, als Kardinäle der beiden rivalisierenden Anhängerschaften (‚Obedienzen') von Papst Gregor XII. in Rom und Papst Benedikt XIII. in Avignon zu dem 1409 in Pisa stattfindenden Konzil einluden, nicht aber einer der beiden Päpste. Dabei beriefen sich beide ‚Obedienzen' zum einen auf das ‚alte Recht' der Kirche, mit dem sie vor allem die Tradition und Praxis der spätantiken Konzilien meinten. Zum anderen bezogen sich beide auch auf frühchristliche Vorstellungen von der unter den Aposteln existierenden Gleichheit, die man aus dem im Neuen Testament berichteten Apostelkonvent (Apg.15,6–21 und Gal.2,1–10) ableitete.

Die Politik und das Verhalten der Päpste im 13. und 14. Jahrhundert hatten nicht nur die bisher erwähnten Folgen in der Theologie und in Bezug auf das Kirchenverständnis, sondern stießen vor allem angesichts des päpstlichen Finanzgebarens auf Widerspruch im zeitgenössischen Mönchtum. Dies löste eine Auseinandersetzung und Neubesinnung über die gebotene christliche Lebensweise aus, wie es seinerzeit in ähnlicher Weise im Zusammenhang der mönchischen Reformbewegung im 10. und 11. Jahrhundert geschehen war. Dieses Mal fanden die Auseinandersetzung und Neubesinnung vornehmlich im franziskanischen Umfeld statt, wo es bereits in der ersten Hälfte des 13. Jahrhunderts unter den Franziskanern zum sogenannten Armutsstreit gekommen war. Dieser Streit erfasste im Laufe der Zeit die gesamte Kirche und gewann an Dynamik zu Beginn des 14. Jahrhunderts durch das Verhalten des Papsttums (35). Ursprünglich ging es um die Auslegung des Gelübdes der Armut und dessen praktische Umsetzung. Während die Gruppe der sogenannten Spiritualen für ein radikales Verständnis des Armutsgelübdes und dessen konsequente Umsetzung eintrat, akzeptierte die Mehrheit der Kommunität, die Konventualen, das gemeinschaftliche Eigentum. Um den ständigen Konflikt zwischen diesen beiden Gruppen zu lösen, legte Innozenz IV. in der Bulle ‚Ordinem vestrum' von 1245 fest, dass sämtlicher Besitz der Franziskaner in das Eigentum des Apostolischen Stuhles übergehe, den Franziskanern aber weiterhin ein Nießbrauchsrecht zustehe. Die Spiritualen sahen darin eine Scheinlösung, sodass der Streit unter den Franziskanern nur vorübergehend beigelegt war.

Im Verlaufe dieses Streites wurde das Papsttum selbst – zunächst aufgrund der von ihm abverlangten Stellungnahmen – immer stärker in diesen Konflikt hineingezogen. Darüber hinaus wurde es mit der Frage konfrontiert, wie sich seine Herrschaftsansprüche, sein Reichtum und sein Finanzgebaren mit dem Selbstverständnis als Nachfolger Petri vereinbaren ließen. Denn Ausgangspunkt des Armutsstreites war ja die Annahme, dass Jesus und seine Jünger in Armut gelebt und über kein Eigentum verfügt hatten. Die aufgeworfene Frage als solche stellte angesichts des Lebensstils und des Finanzgebarens der Päpste spätestens um die Wende vom 13. zum 14. Jahrhundert schon eine Art Kritik dar, die sich zunehmend verschärfte. Papst Johannes XXII. (1316–1334) erklärte denn auch die Auffassung von der absoluten Armut Jesu Christi und der Apostel als häretisch und damit die Spiritualen zu Häretikern, die er somit der Verfolgung durch die Inquisition aussetzte. Nichtsdestoweniger schwelte der Konflikt unter den verschont gebliebenen Franziskanern weiter und wurde erst 1517 durch Papst Leo X. beigelegt. Leo X. verfügte eine Trennung der radikalen Observanten, die in gewisser Weise die Rolle der ehemaligen Spiritualen übernommen hatten, von den sogenannten Konventualen durch Gründung zweier selbständiger Ordensfamilien.

Die Herrschaftsansprüche, der Reichtum und das Finanzgebaren des damaligen Papsttums provozierten nicht nur aufseiten der radikalen Franziskaner Kritik, sondern führten auch um die Wende vom 14. zum 15. Jahrhundert zu radikalen religiösen Bewegungen in England und in Böhmen. Diese Bewegungen gingen in ihrer Kritik am Papsttum und an der von diesem geleiteten Kirche noch weiter als die radikalen Franziskaner (36). In England war es der Oxforder Universitätslehrer John Wyclif (gest. 1384), der die damaligen Päpste wegen ihres Verhaltens als Gegenbild zu Christi Leben und Lehre ansah und folglich als Antichristen bezeichnete. Er verstand die Kirche als Gemeinschaft der Prädestinierten und lehnte die Sakramente, insbesondere das des Abendmahls, ab und stellte damit die Position der Geistlichkeit in Frage. In Böhmen schlossen Jan Hus (1415 hingerichtet) und dessen Anhänger sich weitgehend Wyclifs Vorstellungen an, nicht aber der Ablehnung der Sakramente, sondern forderten vielmehr das Abendmahl in beiderlei Gestalt auch für die Laien. Gemeinsam war beiden Bewegungen, dass sie sich in ihrer Argumentation auf die Bibel und das frühe Christentum beriefen. Auf der Grundlage dieser Rückbesinnung, die vor allem auf die für die frühen Christen gültigen Prinzipien der Armut und Demut abhob, leiteten sie die Notwendigkeit einer radikalen Reform der spätmittelalterlichen Kirche ab.

6. Auseinandersetzungen zwischen dem Papsttum und der spätmittelalterlichen konziliaren Bewegung

Gegen Ende des 14. Jahrhunderts war also das Papsttum auf vielfältige Weise in die Kritik und unter Druck geraten. Am bedrohlichsten für das Papsttum war wohl die konziliare Bewegung, da nach deren Kirchenverständnis die höchste kirchliche Gewalt einem allgemeinen Konzil zukomme, was einen fundamentalen Angriff auf das Selbstverständnis der damaligen Päpste darstellte. Als um der Beendigung des Schismas willen die Obedienzen der beiden rivalisierenden Päpste in Rom und Avignon 1409 zu einem Konzil nach Pisa einluden (37), wurde der Autoritätsverlust des Papsttums einmal mehr offenkundig. Andererseits eröffnete die Einberufung eines Konzils der konziliaren Bewegung die Chance, in Verbindung mit einer erfolgreichen Beendigung des Schismas auch eigene Ziele durchzusetzen. Dies war jedoch auf dem Konzil von Pisa letztlich nicht gelungen, sodass es zur Einberufung des Konzils von Konstanz (1414–1418) kam, auf dem dann die Einheit des Christentums unter dem 1417 vom Konzil gewählten Papst Martin V. (1417–1431) wiederhergestellt wurde. Auf dem Konstanzer Konzil wurde auch festgelegt, dass in vorgeschriebenen Zeitabständen ein allgemeines Konzil stattzufinden habe und dass dem allgemeinen Konzil in Fragen der Reform die oberste Entscheidungsgewalt zukomme. Folglich berief Papst Martin V. fünf Jahre nach dem Konstanzer Konzil wie vorgesehen ein weiteres Konzil nach Pavia ein und danach ebenfalls wie vorgesehen sieben Jahre später zum 1. Februar 1431 ein Konzil nach Basel. Da Martin V. im selben Monat starb, übernahm sein Nachfolger Eugen IV. (1431–1447), ein entschiedener Gegner der konziliaren Bewegung, die Leitung des Konzils und wollte es bereits im Dezember 1431 auflösen. Dieser Versuch provozierte vehementen Widerstand der Konzilsmehrheit und vergiftete die weitere Zusammenarbeit zwischen Papst und Konzilsmehrheit. Im Jahr 1437 kam es dann zwischen dem Papst und der Konzilsmehrheit zum endgültigen Bruch anlässlich der Frage, an welchem Ort die damals möglich gewordenen Verhandlungen mit der oströmischen Kirche über eine Union beider Kirchen stattfinden sollten. Angeblich um dieser Verhandlungen willen verlegte Eugen IV. kurzerhand das Baseler Konzil nach Italien. Diese Verlegung wurde jedoch von der Mehrheit des Konzils nicht akzeptiert, sodass nur eine Minderheit der Konzilsteilnehmer sich entsprechend Eugens Vorschlag zunächst nach Ferrara aufmachte und im Februar 1439 nach Florenz, wo sie an den dortigen Verhandlungen mit der oströmischen Kirche teilnahm. Die Mehrheit der Konzilsteilnehmer blieb dagegen in Basel, setzte im Juni 1439 Eugen IV. ab und wählte im Herbst desselben Jahres den damaligen Grafen von Savoyen als Felix V. zum Papst. In der Zwischenzeit führte Eugen IV. die Verhandlungen mit der Ostkirche fort und brachte sie mit dem Unionsdekret vom 6. Juli 1439 zum Abschluss, sodass vorübergehend die Spaltung zwischen den beiden Kirchen aufgehoben war. Der Abschluss des Dekretes stärkte seinerzeit die Position Eugens IV. und schwächte die der in Basel gebliebenen radikalen Konzilsteilnehmer. Dies machte deren Ausweisung aus Basel durch den deutschen König Friedrich III. möglich und führte 1449 zur Selbstauflösung in Lausanne, wohin man zunächst noch einmal ausgewichen war.

I. Entwicklung des Verhältnisses zwischen geistlicher und weltlicher Obrigkeit

Die Schwächung der Konziliaristen manifestierte sich vor allem auch darin, dass der vom Baseler Konzil 1439 als Gegenpapst gewählte Felix V. ebenfalls im Jahre 1449 zurücktrat.

Dass sich Eugen IV. letztlich doch gegen die Konzilsmehrheit durchsetzte, gelang ihm mit Hilfe der landeskirchlichen Zugeständnisse an die französischen und deutschen Konzilsvertreter, deren Abkehr von der konziliaren Bewegung er sich auf diese Weise ‚erkaufte' (38). So wurden beispielsweise Frankreich eine Beschränkung der an Rom abzuführenden Abgaben, ein weitreichender Einfluss des Königs auf die Besetzung hoher kirchlicher Ämter sowie eine Einschränkung der kirchlichen Gerichtsbarkeit zugestanden. Diese Regelungen fanden dann 1438 Eingang in die ‚Pragmatische Sanktion von Bourges', eine Art Staatsgrundgesetz. Ähnliche Zugeständnisse wurden einige Zeit zuvor schon in entsprechenden Verhandlungen auch dem deutschen Kaiser- bzw. Königreich gemacht. Diese Zugeständnisse fanden 1447 in den ‚Concordata principum' und 1448 im ‚Wiener Konkordat' ihren Niederschlag. Zu den Zugeständnissen kam es also vor allem, um der konziliaren Bewegung möglichst die Unterstützung der französischen und deutschen Teilnehmer am Baseler Konzil (1431–1437/49) zu entziehen, was dem damaligen Papst Eugen IV. (1431–1447) letztlich auch gelang. Denn die deutschen Landesfürsten und König Friedrich III. sowie der französische König Karl VII. verhielten sich in Eugens Auseinandersetzungen mit dem Baseler Konzil seit Ende der 30er Jahre des 15. Jahrhunderts neutral.

Folglich hatte die Zurückdrängung der konziliaren Bewegung zunächst zu einem Wiedererstarken des Papsttums geführt, sodass Papst Pius II. bereits 1459 das Dekret ‚Haec sancta' von 1415 aufhob und die darin festgelegte Auffassung, dass das Konzil dem Papst übergeordnet sei, als Häresie verdammte. Diese Entwicklung war letztlich nur denkbar, weil die Päpste wichtige europäische Könige vor allem durch Zugeständnisse für ihre antikonziliare Position gewonnen hatten. Allerdings machten diese Zugeständnisse in der Folgezeit den Auf- und Ausbau eigener Landeskirchen möglich. Folglich haben die damaligen Päpste zwar ihre Position als geistliches Oberhaupt der abendländischen Kirche wieder festigen können und die konziliare Bewegung zurückgedrängt, aber wichtige Durchgriffs- und Gestaltungsmöglichkeiten in den Kirchen vor Ort eingebüßt (39). So führten die päpstlichen Zugeständnisse an die Könige und andere Territorialherren dazu, dass diese ihre Kompetenzen hinsichtlich der Gerichtsbarkeit zu Lasten der bisherigen geistlichen Gerichtsbarkeit ausdehnten. Auch erweiterten sie ihre Befugnisse bei der Besetzung hoher kirchlicher Ämter, und zwar meist zu Lasten des Papsttums. Im Zusammenhang der Gerichtsbarkeit ging es den Königen und anderen Territorialherren zunächst vornehmlich um die Zurückdrängung der päpstlichen Gerichtsbarkeit, zum Beispiel durch das Verbot von Appellationen an den Papst bzw. päpstliche Gerichte (40). Damit avancierte das königliche bzw. landesherrliche Gericht zur höchsten irdischen Gerichtsinstanz, und zwar auch bei Missbrauch der geistlichen Amtsgewalt. Bei der Besetzung hoher kirchlicher Ämter ging es dagegen insbesondere darum, dass die vom Domkapitel oder von der Klostergemeinschaft zu wählenden Bischöfe und Äbte vom jeweiligen König bzw. Territorialherrn nominiert werden konnten. Im Übrigen blieb es zwar insofern bei der Trennung von geistlicher und weltlicher Gewalt, als sich die neuen landesherrlichen Kompetenzen auf sogenannte ‚äußere kirchliche Angelegenheiten' beschränkten, aber die Trennungslinie hatte sich beträchtlich zugunsten der weltlichen Obrigkeit verschoben. Folglich sieht man in der Geschichtswissenschaft in Bezug auf die zweite Hälfte des 15. Jahrhunderts in manchen Teilen der abendländischen Kirche ein ‚landesherrliches Kirchenregiment' etabliert, das dann vom Protestantismus übernommen und weiterentwickelt wurde. Verursacht wurde diese Entwicklung – darauf sei hier noch einmal hingewiesen – unter anderem durch die Auseinandersetzungen mit der konziliaren Bewegung, deren Theorie sich auf die entsprechende ur- und frühchristliche Praxis und die daraus entwickelten christlichen Vorstellungen berief. Auch wenn die Ziele der konziliaren Bewegung damals nur vorübergehend umgesetzt werden konnten, so wurde auf den Konzilien von Pisa, Konstanz und Basel den expansiven päpstlichen Machtansprüchen Einhalt geboten und eine Art neues konziliares Bewusstsein geschaffen, das sich beispielsweise auch in Luthers frühen Forderungen nach einem allgemeinen Konzil sowie in dem Zustandekommen des wichtigen Trienter Konzils (1545–1563) manifestierte.

II. Spätantike und mittelalterliche Entwicklung des weltlichen und geistlichen Rechtswesens im westkirchlichen Christentum

1. Entstehung der geistlichen Gerichtsbarkeit in Abgrenzung zur weltlichen Gerichtsbarkeit

Das jesuanische Trennungsgebot hat in der Spätantike und im Mittelalter nicht nur das Verhältnis zwischen der jeweiligen obersten weltlichen Macht und dem Papst als der obersten geistlichen Autorität im abendländischen Christentum bestimmt, sondern war auch ausschlaggebend für das Verhältnis zwischen weltlicher und geistlicher Gerichtsbarkeit. Während des Untersuchungszeitraumes waren weltliche Angelegenheiten grundsätzlich Gegenstand der weltlichen Gerichtsbarkeit, während glaubensbedingte Verhaltensvorschriften und innerkirchliche Angelegenheiten der geistlichen Gerichtsbarkeit unterlagen (1). Die geistliche Gerichtsbarkeit stand ursprünglich allein den Bischöfen zu, wurde aber im Laufe des Hochmittelalters aufgeteilt zwischen Bischöfen und Papst, seitdem dieser seinen Primatsanspruch durchgesetzt hatte und infolgedessen bestimmte Rechtsmaterien für sich reklamierte. Da sich Rechtsmaterien nicht immer eindeutig der weltlichen oder geistlichen Gerichtsbarkeit zuordnen ließen, kam es des Öfteren zu Konflikten zwischen der geistlichen und weltlichen Obrigkeit. Dem eingedenk hatte bereits Kaiser Theodosius I. (379–395) auf Verlangen der Kirche die Vorstellung von einer ‚konkurrierenden Gerichtsbarkeit' in das damalige römische Staatsrecht eingeführt. Folglich gab es außer dem reinen Nebeneinander von weltlicher und geistlicher Gerichtsbarkeit auch Angelegenheiten, die als sogenannte ‚gemischte Angelegenheiten' (‚causae mixtae') sowohl zum Zuständigkeitsbereich der geistlichen als auch der weltlichen Gerichtsbarkeit gehörten wie zum Beispiel Eheangelegenheiten oder Fragen im Zusammenhang des Zinsnehmens und des Preiswuchers.

Die bischöfliche Gerichtsbarkeit gab es bereits im spätantiken lateinischen Christentum, seit Kaiser Theodosius I. dieses zur Staatsreligion erklärt und der christlichen Kirche entsprechende Zugeständnisse gemacht hatte. Zu diesen Zugeständnissen gehörte vor allem das ‚privilegium fori', wonach Vergehen oder Verletzung der Amtspflichten vonseiten Geistlicher ausschließlich vor einem bischöflichen bzw. geistlichen Gericht verhandelt werden durften. Dabei ging es darum, den Klerus vor gerichtlicher Verfolgung durch die weltliche Obrigkeit zu schützen. Des Weiteren gewährte Theodosius der christlichen Kirche die gerichtliche Zuständigkeit bei Streitfällen und Angelegenheiten, die zwar Laien betreffen, aber für die christliche Glaubenslehre und die daraus abgeleitete Ethik von besonderer Bedeutung waren, sodass die Kirche hierfür auch die gerichtliche Zuständigkeit reklamierte. Dazu gehörten zum Beispiel Vormundschafts- und Testamentssachen sowie Eheangelegenheiten. Vormundschafts- und Testamentssachen waren der Kirche besonders angelegen, weil es ihr dabei um den Schutz von Witwen und Waisen bzw. der Armen und Schwachen ging. Eheangelegenheiten waren für die Kirche bereits in der Spätantike von besonderem Interesse, da sie zum einen Ehen zwischen bestimmten Verwandten verhindern und zum anderen die Praxis der Scheidungen zurückdrängen und die Unauflöslichkeit der Ehe durchsetzen wollte. Allerdings waren diese Rechtsmaterien auch für die weltliche Obrigkeit von Belang. Welche Rechtssachen im Laufe der Zeit jeweils in den Zuständigkeitsbereich der kirchlichen Gerichtsbarkeit fielen oder bei der weltlichen Gerichtsbarkeit verblieben, wurde in den Auseinandersetzungen zwischen den Inhabern staatlicher Macht und der Kirche entschieden und hing meist von der jeweiligen Machtkonstellation und dem dadurch bestimmten Verhältnis dieser beiden Institutionen ab.

2. Mittelalterliche Entwicklung der bischöflichen Gerichtsbarkeit

So kristallisierte sich in der Zeit des Früh- und Hochmittelalters für den Bereich der lateinisch-abendländischen Kirche heraus, dass Delikte wie Mord, Diebstahl, Meineid, Wucher und Ketzerei wegen der besonderen Relevanz dieses Tuns im Kontext der christlichen Ethik zum Zuständigkeitsbereich der geistlichen Gerichtsbarkeit gehörten (2). Im 15. Jahrhundert zogen dagegen weltliche Gerichte die zuvor als eindeutig der geistlichen Gerichtsbarkeit zugeordneten Delikte wie Meineid, Gotteslästerung und Wucher (wieder) an sich. Neben einem solchen eher konfliktreichen Wechsel der Zuständigkeit gab es jedoch auch noch eine andere Lösung. So wurden derartige Konflikte auch durch Differenzierung der Rechtsmaterie in Teilaspekte und deren entsprechende Aufteilung auf die weltliche und geistliche Gerichtsbarkeit gelöst. Dies geschah beispielsweise in Bezug auf die Zuständigkeit für Eheangelegenheiten. Als man seit dem 12. Jahrhundert die Ehe als Sakrament verstand, war es deren sakramentaler Charakter, der die Kirche bewog, die ausschließliche Gerichtsbarkeit über die personalen Wirkungen der Ehe an sich zu ziehen. Die materiellen Wirkungen verblieben dagegen im Zuständigkeitsbereich der weltlichen Gerichtsbarkeit. Darüber hinaus beanspruchte die Kirche für die personalen Wirkungen auch das Gesetzgebungsrecht, das sie danach auch in vielen Ländern erhielt. Die Grenzen zwischen weltlicher und geistlicher Gerichtsbarkeit waren also im Mittelalter oft Veränderungen unterworfen und im Bereich der lateinisch-abendländischen Kirche auch nicht einheitlich. Im mittelalterlichen deutschen Kaiserreich erreichte der Zuständigkeitsbereich der geistlichen Gerichtsbarkeit unter Kaiser Friedrich II. mit dem Mainzer Reichslandfrieden von 1235 seinen größten Umfang, der jedoch bereits in der zweiten Hälfte des 13. Jahrhunderts durch die städtische und landesherrliche Gerichtsbarkeit wieder zurückgedrängt wurde. Im Übrigen sei darauf hingewiesen, dass im Mittelalter die Exekution der von kirchlichen Gerichten gefällten Urteile – außer bei den kirchlichen Bußstrafen – immer in den Händen der weltlichen Obrigkeit verblieben war und dass es zu dieser Zeit immer das Nebeneinander von weltlicher und geistlicher Gerichtsbarkeit gegeben hat.

Ursprünglich übte der Bischof in seiner Diözese wohl persönlich diese Gerichtsbarkeit aus. Seit der karolingischen Zeit gab es die sogenannten ‚Sendgerichte‘, die einmal jährlich unter der Leitung des jeweiligen Ortsbischofs in den Pfarreien der Diözese stattfanden. Bei derartigen Gerichtsterminen wurden dem Bischof begangene bzw. ruchbar gewordene Delikte von ausgewählten ‚Sendgeschworenen‘ vor der Kirchenversammlung (‚synodus‘, daher die Bezeichnung ‚Send‘) angezeigt, die dann verhandelt wurden und in dem von den ‚Sendschöffen‘ gefällten Urteil ihre gerichtliche Bewertung erfuhren. Im Laufe des 11. und 12. Jahrhunderts wurde diese Sendgerichtsbarkeit zum überwiegenden Teil von Archidiakonen und auch Erzpriestern (Landdechanten) ausgeübt, denen diese Aufgabe vom betreffenden Diözesanbischof übertragen worden war. Angehörige des Ritterstandes (‚homines synodales‘) unterstanden jedoch weiterhin direkt der vom jeweiligen Diözesanbischof persönlich ausgeübten Gerichtsbarkeit. Seit dem 13. Jahrhundert ist nachweisbar, dass nicht-ritterliche Angehörige der oberen Schichten der Gerichtsbarkeit des jeweiligen Archidiakons und die niederen Schichten der des Erzpriesters unterstanden.

Seit 1200 kam es auch insofern noch zu einer weiteren wesentlichen Veränderung der kirchlichen Sendgerichtsbarkeit, als sich Bischöfe und auch Archidiakone immer häufiger von der persönlichen Wahrnehmung dieses Richteramtes zurückzogen und diese Aufgabe studierten Juristen des kanonischen Rechts als ‚Offizial‘ übertragen. Da gegen Ende des 12. Jahrhunderts bei der Urteilsfindung vermehrt auf schriftlich fixiertes kanonisches Recht – das Decretum Gratiani war 1140 entstanden – Bezug genommen werden musste, verdrängten die als ‚Offizial‘ eingesetzten Juristen im Laufe der Zeit allmählich die Sendschöffen und wurden zu Einzelrichtern, denen nun auch die Urteilsfindung oblag. Da die Sendschöffen oft mit den Sendgeschworenen identisch waren, ließ deren Interesse an der weiteren Wahrnehmung dieses Amtes angesichts dessen Konfliktträchtigkeit auch nach. Hinzu kam, dass im Laufe des Mittelalters das bischöfliche Gericht zunehmend auch der Disziplinierung des Klerus durch die kirchliche Hierarchie diente. Dabei ging es seit dem 12. Jahrhundert vermehrt um Abweichungen von der offiziellen kirchlichen Lehre bzw. um Häresie. Da derartige Verfahren sich aus verschiedenen Gründen schwerlich nur auf ‚private' Kläger stützen konnten, trugen auch diese Verfahren dazu bei, das ‚Offizialprinzip' zu etablieren, wonach eine Anklage von Amts wegen vorgenommen und das Verfahren von dem eigens dafür eingesetzten Offizial durchgeführt wurde. Am Ende dieser Entwicklung fungierte dieser juristisch ausgebildete Offizial also nicht nur als Vorsitzender des bischöflichen Gerichtes, sondern auch als Ankläger und ‚Urteiler'. Das bischöfliche Sendgericht hatte sich also im Laufe der Zeit zu einem Offizialatgericht entwickelt, das in Deutschland erstmals 1221 in Mainz und Trier nachweisbar ist. Dieses Gericht wies Strukturen auf, wie sie im mittelalterlich-frühneuzeitlichen Inquisitionsprozess anzutreffen waren, die auch zu Veränderungen im Beweisverfahren führten. So musste nun ein ‚außenstehender' Offizial ein mögliches Vergehen oder Verbrechen aufklären, indem er Beweise suchte, um die ‚materielle Wahrheit' eines Sachverhaltes herauszufinden. Er konnte sich nicht mehr nur mit Schwüren eines Klägers oder des Angeklagten und den Aussagen der Eidhelfer begnügen, die sich lediglich auf den Leumund der Prozessgegner bezogen, sondern er befragte den Angeklagten als auch mögliche Zeugen zum in Rede stehenden Sachverhalt und bezog eventuell Urkunden mit ein.

Bei den vorangegangenen Verfahren vor dem bischöflichen Sendgericht konfrontierte im Allgemeinen zunächst ein Kläger bzw. ein Rügegeschworener den vorgeladenen Angeklagten mit dem Inhalt der Klage. Der Anklagte hatte sich nun von dem in der Anklage vorgetragenen Vorwurf zu ‚reinigen', indem er die Anklage ‚beweiskräftig' zurückwies. Dies konnte mangels anderer überzeugender Beweise durch eine die Anklage zurückweisende eidliche Aussage, einen sogenannten ‚Reinigungseid', geschehen. Diese beeidete Aussage des Angeklagten bzw. dessen ‚Reinigungseid' konnte auch noch durch sogenannte ‚Eidhelfer' insofern bekräftigt werden, als diese die Unbescholtenheit des Beklagten unter Eid bestätigten. Darauf konnte der Kläger mit einer Beeidigung des Inhalts seiner Anklage und mit dem Aufgebot einer entsprechend großen Zahl von Eidhelfern reagieren. Bei einer gleich großen Zahl von Eidhelfern musste der Streit durch ein Gottesurteil bzw. einen Zweikampf entschieden werden, dessen Ausgang seit karolingischer Zeit auch als Gottesurteil verstanden wurde. Seit dieser Zeit hätte eine Entscheidung auch durch die Vorlage entsprechender Urkunden herbeigeführt werden können. Konnte dagegen einer der beiden Kontrahenten eine größere Zahl von Eidhelfern als sein Gegner aufbieten, so war die Entscheidung zu seinen Gunsten gefallen. Allerdings konnte der Kläger eine derartige ‚Reinigung' vonseiten des Angeklagten auch verhindern respektive ‚verlegen', indem er beispielsweise gleich zu Beginn beim Vorbringen seiner Klage einen ‚Voreid' leistete oder eine beweiskräftige Urkunde vorlegte. Auch konnte der Kläger bei Erhebung der Anklage zugleich einen Zweikampf anbieten und damit eine eidliche Aussage des Angeklagten von vornherein nichtig machen (‚schelten'). Der Ablauf dieses vornehmlich mündlich ausgetragenen Gerichtsstreit verweist also auf eine ausgeprägte Formalisierung des ursprünglichen Verfahrens vor dem bischöflichen Gericht.

Für Anklagen vor dem bischöflichen Offizialatgericht musste dagegen eine Anklageschrift verfasst werden, zu der während des Prozesses die streitenden Parteien Stellung nehmen mussten und Zeugen befragt wurden, was in Form eines Prozessprotokolls schriftlich festgehalten wurde und am Ende zu einem schriftlich formulierten Gerichtsurteil führte. Diese Schriftlichkeit förderte auch die Abwägung der gegnerischen Positionen und Einlassungen, machte den Rechtsfindungsprozess nachprüfbar und ermöglichte eine nochmalige bzw. nachträgliche Überprüfung des Gerichtsurteils. Sowohl diese Schriftlichkeit als auch die Art des prozessualen Verfahrens verliehen diesem neuen Typus der geistlichen Gerichtsbarkeit einen höheren Grad an Rationalität, als ihn die vorangegangene Form des bischöflichen Sendgerichts und auch weiterhin die zeitgenössische weltliche Gerichtsbarkeit aufwiesen. Einen höheren Grad an Rationalität der geistlichen Gerichtsbarkeit insgesamt verbürgte zum Beispiel der Umstand, dass es nun einen offiziellen Ankläger gab, der von Amts wegen begangene Straftaten aufzuklären und in seiner Funktion als Richter ein Urteil zu fällen hatte, sodass im Idealfall alle Straftaten verfolgt und auf vergleichbare Weise beurteilt und abgeurteilt wurden. Die Rationalität dieses Verfahrens wurde auch dadurch erhöht, dass Gottesurteile seit einer entsprechenden Entscheidung auf dem 4. Laterankonzil von 1215 als Beweismittel im Rahmen der geistlichen Gerichtsbarkeit ausgeschlossen wurden. Auch eidliche Aussagen als Formalbeweis ohne Bezug zum eigentlichen Sachverhalt wurden in zweierlei Hinsicht zurückgedrängt oder gar ersetzt. So wurde die eidliche Bestätigung der Unbescholtenheit des Begünstigten aufgegeben zugunsten einer eidlichen Aussage über den verhandelten Sachverhalt. Am Ende dieser Entwicklung stand die eidliche Zeugenaussage zum Sachverhalt. Des Weiteren wurde der ‚Formalbeweis des Übersiebnens' im Sinne eines Blockierens von Beweismitteln der gegnerischen Partei aufgegeben. Dieser neue Typus geistlicher Gerichtsbarkeit wirkte als Vorbild und führte im Spätmittelalter dazu, dass sich auch die weltliche Gerichtsbarkeit dieser Form der Rechtsprechung allmählich annäherte.

3. Entwicklung der päpstlichen Gerichtsbarkeit im Mittelalter

Neben der bischöflichen Gerichtsbarkeit mit ihren verschiedenen Gestaltungsformen gab es die ihr übergeordnete päpstliche Gerichtsbarkeit, die entweder vom Papst selbst wahrgenommen oder von ihm auf andere Angehörige des Klerus übertragen wurde (3). Eine wichtige theoretische Grundlegung für die Entwicklung der päpstlichen Gerichtsbarkeit im Hochmittelalter stellte der ‚Dictatus papae' von

II. Entwicklung des Rechtswesens im westkirchlichen Christentum 143

1075 (siehe Anhang II) dar, wonach aufgrund der in diesem Dokument postulierten umfassenden Vollmacht des Papstes (‚plenitudo potestatis') dieser der oberste Richter sei und von niemandem gerichtet werden könne. Aus dieser obersten Jurisdiktionsgewalt ergab sich auch, dass sich der Papst wichtige Rechte reservierte. Dazu gehörten die kirchliche Höchststrafe der Exkommunikation sowie deren Aufhebung, das Begnadigungs- und Dispensationsrecht sowie das Recht der Erteilung von Privilegien und die ausschließliche Jurisdiktionsgewalt über die Bischöfe. Des Weiteren gehörten zu diesen Reservatsfällen auch die sogenannten ‚causae maiores' wie Ketzerei, Mord und Ehebruch, die also auch Gegenstand der unmittelbaren päpstlichen Rechtsprechung waren. Diese wurde anfangs im Allgemeinen von den Päpsten persönlich wahrgenommen, aber im Laufe der Zeit wurden in zunehmendem Maße Kardinäle bei der Urteilsfindung hinzugezogen, woraus sich das sogenannte Konsistorium als päpstliches Gericht entwickelte.

Angesichts der Zunahme der zu behandelnden Fälle wurde im 13. Jahrhundert die ‚audientia sacri palatii' als weiteres päpstliches Gericht geschaffen, in dem allerdings nicht mehr der Papst persönlich mitwirkte, sondern vom Vizekanzler der päpstlichen Kurie berufene ‚auditores' (‚Anhörer') das Verfahren leiteten und Recht sprachen. Diese Gerichtsverfahren fanden in der Rotunde des päpstlichen Palastes statt – daher die spätere Bezeichnung ‚Rota' für dieses Gericht – und befassten sich wie das Konsistorium ebenfalls mit Rechtsangelegenheiten aus der gesamten lateinisch-abendländischen Kirche mit Ausnahme von Strafsachen und den ‚causae maiores'. Die Auditoren hörten die streitenden Parteien an, überprüften als Beweis in Frage kommende Schriftstücke, vernahmen präsentierte Zeugen und sprachen nach dieser Beweiserhebung ihr Urteil, wobei dieses Urteil selbst und auch das Verfahren schriftlich festgehalten wurden. Soweit dieses Verfahren auf die im Konsistorium verhandelten Rechtsfälle übertragbar war, wurde es auch dort angewandt.

Dies galt grundsätzlich auch für die dritte Institution zur Wahrnehmung der päpstlichen Gerichtsbarkeit, die vom Papst als Richter eingesetzten Legaten, die im Allgemeinen beauftragt wurden, Rechtsstreitigkeiten außerhalb Roms vor Ort beizulegen bzw. zu entscheiden. Seit Papst Gregor VII. (1073–1085) handelte es sich meist um Legaten im Kardinalsrang, die seit Papst Alexander III. (1159–1181) als ‚legati a latere' (‚Legaten von der Seite des Papstes') bezeichnet wurden. Diese Legaten verfügten über eine umfängliche jurisdiktionelle Vollmacht vonseiten des Papstes, mit der sie den päpstlichen Interessen und Ansprüchen gegenüber weltlichen und geistlichen Obrigkeiten bzw. Autoritäten außerhalb Roms Geltung zu verschaffen suchten. Geringere Autorität besaßen die sogenannten ‚legati missi', da es sich bei ihnen im Allgemeinen nicht um Kardinäle handelte, sie nur über geringere Vollmachten verfügten und nur mit bestimmten Einzelaufträgen ausgestattet waren. Die Funktion der Legaten brachte es oft mit sich, dass diese auf den Widerstand weltlicher und geistlicher Obrigkeiten bzw. Autoritäten stießen, da sowohl die ‚legati a latere' als auch die ‚legati missi' mit ihrer Rechtsprechung und der Ausführung ihrer Spezialaufträge auch der vom Papst in jener Zeit beanspruchten ‚plenitudo potestatis' Geltung verschaffen sollten.

So organisierte beispielsweise Gregor IX. 1231 auf der Grundlage einer Delegierung seiner Jurisdiktionsgewalt in verschiedenen Diözesen eine päpstliche Inquisitionsgerichtsbarkeit gegen Ketzer, indem er die jeweilige bischöfliche Zuständigkeit überging und Mitglieder des Dominikanerordens als Inquisitoren einsetzte und mit der Durchführung der Prozesse beauftragte. Seit 1246 wurden auch Franziskaner entsprechend eingesetzt. Der entwickelte kanonische Inquisitionsprozess des 13. Jahrhunderts wurde von Amts wegen eingeleitet und strebte mit Hilfe eines rationalen Beweiserhebungsverfahrens die Aufklärung der ‚materiellen Wahrheit' an. Bestandteil eines solchen Verfahrens waren zum Beispiel das Verbot der Nutzung von ‚Gottesurteilen' und die Notwendigkeit eines sogenannten ‚vollen Beweises' für eine Verurteilung. Ein ‚voller Beweis' galt als erbracht, wenn ein Geständnis des Angeklagten vorlag oder mindestens zwei übereinstimmende Zeugenaussagen zum verhandelten Sachverhalt beigebracht werden konnten. Um ein Geständnis zu erreichen, erlaubte Innozenz IV. 1252 auch die Anwendung der Folter, die zuvor schon in italienischen Kommunen in Orientierung an der römisch-rechtlichen Tradition angewandt wurde. Allerdings durfte ein solches Geständnis als Beweis nur akzeptiert werden, wenn es in einem gewissen zeitlichen Abstand zur Folterung erfolgte. Bei einer Verurteilung wegen Häresie wurde im Allgemeinen die kirchliche Strafe der ‚großen Exkommunikation' (‚excommunicatio maior') verhängt, der seit 1220 als weltliche Strafe in Deutschland die Reichsacht und Todesstrafe folgten. Dieses Inquisitionsverfahren, das ja auch in den bischöflichen Offizialatgerichten Anwendung fand (4), wurde aufgrund seiner rationalen Ausgestaltung im Spätmittelalter von den Städten und zu Beginn der Neuzeit auch von den deutschen protestantischen Landesherren rezipiert und bildet die historische Grundlage des modernen europäischen Strafprozesses. In der Frühen Neuzeit übernahmen die weltlichen Obrigkeiten nicht nur das Verfahren, sondern zogen die Inquisitionsprozesse gegen Ketzer insgesamt an sich, zumal die weltliche Obrigkeit zuvor schon bei diesen Prozessen für die Festsetzung der Strafe und deren Exekution zuständig war.

Wie sich aus der Darstellung der geistlichen Gerichtsbarkeit in ihren Formen der bischöflichen und päpstlichen Gerichtsbarkeit entnehmen lässt, blieb das gesamte Mittelalter hindurch die Trennung von geistlicher und weltlicher Gerichtsbarkeit erhalten. Allerdings kam es hinsichtlich der Kompetenzen oft zu Verschiebungen. Seit dem 14. und 15. Jahrhundert – in England setzte dieser Prozess schon früher ein – verliefen diese Verschiebungen tendenziell zugunsten der weltlichen Gerichtsbarkeit. Dadurch wurde der im 12. und 13. Jahrhundert stattgefundene Prozess, der eine Ausweitung der bischöflichen Gerichtsbarkeit zur Folge hatte, in gewisser Weise wieder rückgängig gemacht. Ähnlich verlief die Entwicklung der päpstlichen Gerichtsbarkeit. Denn seit dem ‚Dictatus papae' von 1075 reklamierte das Papsttum aufgrund der darin beanspruchten ‚plenitudo potestatis' die weltliche Oberhoheit in allen Herrschaftsgebieten christlichen Glaubens. Allerdings stieß die Umsetzung dieses Anspruchs seit Ende des 13. Jahrhunderts auf immer massiveren Widerstand in den größeren Königreichen bzw. Territorialstaaten und scheiterte letztendlich. Die bekanntesten Protagonisten dieses Widerstandes waren der französische König Philipp der Schöne und der deutsche Kaiser Ludwig der Baier. Zum Scheitern des päpstlichen Machtanspruchs trug allerdings in nicht unerheblichem Maße auch die innerkirchliche Kritik bei, da die erwähnten Auseinandersetzungen zwischen dem Papsttum und den größeren westeuropäischen Königreichen von entsprechenden geistigen Auseinandersetzungen, zum Beispiel der franziskanischen Kritik am zeitgenössischen Papsttum, begleitet waren (5).

Im Rahmen dieser geistigen Auseinandersetzungen wurde die Konzilstheorie entwickelt, die ihrerseits in die konziliare Bewegung mündete, die angesichts der innerkirchlichen Probleme auf die Einberufung eines allgemeinen Konzils drängte. Ein solches Konzil trat unter der Ägide Kaiser Sigismunds 1414 in Konstanz zusammen und setzte drei Päpste ab bzw. zwang diese zum Rücktritt. Als dieses Konzil dann am 6. April 1415 in dem Dekret ‚Haec sancta' die oberste Lehr- und damit auch die oberste Jurisdiktionsgewalt in der Kirche für sich reklamierte, war der Schritt von der Kritik zur grundsätzlichen Infragestellung der Position des Papsttums getan. Das Papsttum versuchte zunächst, sich durch diverse Konzessionen dieser Infragestellung zu erwehren, geriet jedoch auf dem 1431 nach Basel einberufenen Konzil erneut in die Defensive. Es konnte letztlich eine gravierende Niederlage nur verhindern, indem es in verschiedenen Konkordaten den wichtigen Königen bzw. Territorialherrn im christlichen Abendland erhebliche national- bzw. landeskirchliche Zugeständnisse machte und diese Regenten dadurch im Abwehrkampf gegen den spätmittelalterlichen Konziliarismus auf seine Seite zog.

Die in den erwähnten Konkordaten vonseiten des Papsttums gemachten Konzessionen hatten eine gewisse Ausdifferenzierung der abendländischen Kirche in National- bzw. Landeskirchen zur Folge. Dazu gehörte auch eine unterschiedliche Ausgestaltung des jeweiligen Verhältnisses zwischen weltlicher und geistlicher Gerichtsbarkeit. Gemeinsam war jedoch allen derartigen Veränderungen die Tendenz, die geistliche Gerichtsbarkeit zu beschneiden, insbesondere die päpstliche Gerichtsbarkeit zurückzudrängen (6). Dies geschah beispielsweise dadurch, dass Appellationen an das päpstliche Gericht in Rom grundsätzlich verboten wurden und der Geltungsanspruch von Entscheidungen dieses Gerichts zurückgewiesen wurde, was sich gegen die Rechtsprechung der zentralen päpstlichen Gerichte in Rom richtete. Gegen die Rechtsprechung der päpstlichen Legaten und auch gegen die der Ortsbischöfe richtete sich dagegen die Möglichkeit, gegen deren Urteile gegebenenfalls Berufung vor einem weltlichen Gericht einzulegen (‚recursus ab abusu'). Besonders weitreichend war die Wirkung der in einigen Königreichen festgelegten Genehmigungspflicht (‚placetum regium') für die Inkraftsetzung päpstlicher Rechtsentscheidungen und Gesetzesinitiativen. Diese erlangten erst Geltung oder Gesetzeskraft, wenn sie zuvor das Plazet des jeweiligen Regenten des betroffenen Landes erhalten hatten. Diese massiven Einschnitte in die päpstliche Gerichtsbarkeit und die päpstliche Jurisdiktionsgewalt wurden neben anderen Regelungen in den verschiedenen Königreichen der abendländischen Christenheit nicht alle in gleichem Maße vorgenommen, sondern auf unterschiedliche Weise umgesetzt. Diese Unterschiede prägten unter anderem den Charakter der jeweiligen National- bzw. Landeskirche. Die Einschnitte und Regelungen liefen also im Ergebnis darauf hinaus, dass die vom Papsttum seit dem 12. Jahrhundert beanspruchte Jurisdiktionsgewalt und wahrgenommene Gerichtsbarkeit hinsichtlich weltlicher Angelegenheiten in umfänglicher Weise – außer natürlich im Kirchenstaat – wieder zurückgedrängt wurde. Im Großen und Ganzen wurde so ein für das spätmittelalterliche Bewusstsein adäquates Nebeneinander von weltlicher und geistlicher Gerichtsbarkeit wiederhergestellt.

4. Mittelalterliche Entwicklung der weltlichen Gerichtsbarkeit

Neben der bischöflichen und päpstlichen Gerichtsbarkeit als den beiden Formen der geistlichen Gerichtsbarkeit im abendländischen Christentum gab es für die sogenannten ‚rein weltlichen Angelegenheiten' eine entsprechende weltliche Gerichtsbarkeit. Im mittelalterlichen Islam gab es dagegen im Prinzip nur eine Gerichtsbarkeit mit nur einer Rechtsgrundlage, der Scharia. Im Folgenden soll denn auch um des späteren Vergleichs mit der mittelalterlichen islamischen Gerichtsbarkeit willen ein knapper Überblick über die Entwicklung der weltlichen Gerichtsbarkeit im abendländischen Christentum gegeben werden. Da die äußeren Strukturen der Gerichtsbarkeit am ehesten einen Einblick in die jeweilige Gerichtsbarkeit insgesamt bieten, orientiert sich die nachfolgende Darstellung vornehmlich an der Entwicklung der äußeren Struktur der Gerichtsverfassung. Dabei sollen die karolingischen Verhältnisse als eine wesentliche Wurzel der westeuropäischen Rechtsentwicklung den Ausgangspunkt bilden. Denn erst in karolingischer Zeit beeinflussten andere, nämlich germanische Rechtstraditionen die geistliche Gerichtsbarkeit, die zuvor vom römischen Recht geprägt war (7). Neben der Einrichtung des bischöflichen Gerichts kam es folglich im spätantik-römischen Umfeld nur noch im materiellen Recht zu einigen nennenswerten Veränderungen im Vergleich zum vorgängigen römischen Recht. Die Verfahren der Bischofsgerichte fanden dagegen auf der Grundlage des römischen Prozessrechtes statt. Diese Verfahren erfuhren erst unter der Regentschaft Karls des Großen eine Veränderung, zum Beispiel durch die Einführung von Rüge- bzw. Sendgeschworenen und Sendschöffen (8).

Neben dem die geistliche Gerichtsbarkeit wahrnehmenden Bischofsgericht gab es als Pendant zur Wahrnehmung der weltlichen Gerichtsbarkeit in karolingischer Zeit das Königsgericht, das außer vom König selbst seit dem 9. Jahrhundert auch von Pfalzgrafen geleitet wurde (9). Auch die alten germanischen Thing- bzw. Volksgerichte blieben weiterhin bestehen, wurden seit dem 6. Jahrhundert aber nicht mehr von einem ‚Thungin', sondern von einem Grafen als Vorsitzendem und dessen Beisitzer, dem sogenannten Zentenar, geleitet. Bei diesen Thing- bzw. Volksgerichten oblag die ‚Findung' des Urteils ‚Rachinburgen' (‚Ratbürgen'), über das die

Thinggenossen, die zur Teilnahme am Thing verpflichtet waren, letztendlich entschieden. Um die Thinggenossen von der Teilnahme an den relativ oft angesetzten Gerichtstagen zu entlasten, schuf Karl der Große die Schöffenverfassung, wonach nur noch sieben Schöffen unter dem Vorsitz eines Grafen bzw. Zentenars die Volksgerichtsbarkeit wahrnahmen. Das Königsgericht wurde in karolingischer Zeit vom König oder von dem durch den König autorisierten Pfalzgrafen einberufen, die diesem Gericht auch vorsaßen. Die Urteile wurden aber von ausgewählten Stammes- oder Standesgenossen des Angeklagten gesprochen. Allerdings konnte der König um der Billigkeit des Urteils (,iudicium aequitatis') willen das Urteil verändern. Dies war möglich geworden, weil sich Karl der Große und seine Nachfolger als von Gott eingesetzte Herrscher verstanden, denen auch die oberste Jurisdiktionsgewalt zugeschrieben wurde, während in germanischer Zeit diese Funktion von der Gesamtheit der waffenfähigen Männer auf dem Thing wahrgenommen wurde. Dieses königliche Selbstverständnis lief also auf eine Infragestellung des erwähnten Rechtes der freien waffenfähigen Männer hinaus. Wahrscheinlich aus Rücksicht auf diese germanische Rechtstradition kam es aber nicht zu einer vollständigen Abschaffung, sondern nur zu einer ,Teilentmachtung' der Institution der Volksgerichte. Diese wurden aber aufgrund ihrer Leitung durch den vom König ernannten Grafen zunehmend als Grafengericht empfunden und bereits in der zeitgenössischen Literatur auch so bezeichnet. Das angesprochene Selbstverständnis des Königs hatte auch zur Folge, dass beim Volks- bzw. Grafengericht anhängige Verfahren aufgrund königlichen Rechts (,ius evocandi') an das Königsgericht gezogen und dort verhandelt werden konnten.

Außer dem Königsgericht und den von Grafen geleiteten Volks- bzw. Schöffengerichten gab es bereits in karolingischer Zeit die sogenannte Kirchen- und Klostervogtei (10). Bei der Kirchen- und Klostervogtei handelte es sich um ein Amt, dessen Inhaber die weltliche Gerichtsbarkeit in dem geistlichen Immunitätsbezirk einer Kirche oder eines Kloster wahrnahm. Dieses Amt war notwendig geworden, weil zum einen vor dem bischöflichen Gericht nur Glaubensfragen oder kirchliche Angelegenheiten verhandelt wurden und zum anderen sowohl Kirchen als auch Klöster samt ihres Besitzes frei von weltlicher Herrschaft waren. Kirchen- und Klosterbezirk waren also eximiert und galten als Immunitätsbezirk, in dem es nur eine geistliche Führung, nämlich die des jeweiligen Bischofs oder Abtes, gab. Es bedurfte also einer Person, die in diesem Immunitätsbezirk die weltliche Gerichtsbarkeit ausübte. Hierfür schuf man im Rückgriff auf das römisch-rechtliche Institut des ,advocatus' bereits in merowingischer Zeit das Amt des Vogtes, der dann in karolingischer Zeit als königlicher Beamter eingesetzt wurde. Den eingesetzten Vögten oblag auch die Aufgabe, die Bewohner des geistlichen Immunitätsbezirkes vor anderen weltlichen Gerichten zu vertreten und gegebenenfalls zu schützen. Darüber hinaus hatten die Vögte nicht nur die von ihnen verhängten weltlichen Strafen zu vollstrecken, sondern auch die des bischöflichen Sendgerichtes. Seit dem 10. Jahrhundert wurde im Zusammenhang des Auf- und Ausbaus des ottonischen Reichskirchensystems den Vögten dann jedoch ihr Amt prinzipiell als Lehen übertragen (11). Da diese Lehen und die damit verbundene Wahrnehmung der weltlichen Gerichtsbarkeit ökonomisch und machtpolitisch attraktiv waren, konkurrierten des Öfteren Grafen oder gar Herzöge der Umgebung mit Angehörigen des niederen Adels um derartige Vogteien. Diese Attraktivität führte aber auch zu Konflikten mit den Bischöfen oder Äbten in ihrer Eigenschaft als Lehensherren. Grund für diese Auseinandersetzungen war meist der Versuch der Vögte, die weltliche Gerichtsbarkeit als auf Dauer verliehenes und vererbbares Recht durchzusetzen. Die Bischöfe und Äbte versuchten folglich, dies zu verhindern und reklamierten beim Tode des Vogtes den ‚Heimfall' der als Lehen ausgegebenen weltlichen Gerichtsbarkeit, um sie danach wieder neu zu verleihen. Bei der Neuverleihung der weltlichen Gerichtsbarkeit wurde diese dann des Öfteren auf mehrere Lehnsnehmer verteilt, damit deren Macht und Einfluss nicht zu groß und für den Lehnsherrn bedrohlich wurden. Darüber hinaus erfolgte die Neuverleihung seit dem 12. Jahrhundert immer öfter mit der ausdrücklichen Maßgabe, dass die verliehene Gerichtsbarkeit nicht vererbbar sei. In der Konkurrenz um die Vogteien unterlagen die Herzöge und Grafen meist, weil die Bischöfe und Äbte deren Macht und Einfluss fürchteten und sich deshalb im Allgemeinen für weniger potente Lehensnehmer als Vögte entschieden. Dies war wohl auch ein Grund dafür, dass die Grafen und deren Gerichte im Laufe des 12. und 13. Jahrhunderts zunehmend an Bedeutung verloren.

Entscheidender Grund für diesen Bedeutungsverlust war jedoch der Auf- und Ausbau von Landesherrschaften durch die Reichsfürsten. Zu diesem Ausbau gehörte vor allem auch die Errichtung von landesherrlichen Landgerichten, die an die Stelle vorhandener Grafengerichte traten oder diese im Laufe der Zeit so weit zurückdrängten, dass die Grafengerichte im Spätmittelalter ‚nur' noch als Adelsgerichte fungierten. Zum Teil gingen die landesherrlichen Landgerichte aus Landfriedensgerichten hervor. Die Landfriedensgerichte waren ihrerseits von Reichsfürsten eingerichtet worden, um die verabschiedeten ‚Landfrieden' durchzusetzen. Die Grafengerichte waren dazu offensichtlich nicht in der Lage gewesen und deshalb war die Landfriedensgerichtsbarkeit Landesherrn übertragen worden. Aufgrund ihres Selbstverständnisses als Landesherren bauten diese Fürsten im Spätmittelalter zusätzlich zu den Landgerichten ihr fürstliches Hofgericht zum territorialen Obergericht aus, das als Appellationsinstanz fungierte, über das Evokationsrecht verfügte und von ständigen Hofrichtern geleitet wurde. Vor allem über die Landgerichte drangen ausgebildete Juristen im Spätmittelalter ins weltliche Gerichtswesen ein (12), lösten allmählich die Schöffen ab und waren als beamtete Einzelrichter für die Urteilsfindung zuständig. Der in jener Zeit des Übergangs zur Neuzeit in den Territorialfürstentümern eingerichtete geregelte Instanzenzug wurde allerdings in der ‚Frühen Neuzeit', in der sich die Landesfürsten zunehmend als absolutistische Regenten gerierten, sporadisch außer Kraft gesetzt. Dies geschah durch entsprechende Anweisungen an das Gericht oder dadurch, dass der Landesherr selbst den Rechtsfall entschied. Ein Gericht mit einem beamteten Einzelrichter war für derartige Eingriffe vonseiten des Landesherrn sicherlich anfälliger als ein mit Schöffen besetztes Gericht. In gewisser Weise wurde dieses Vorgehen später insofern legalisiert, als absolutistisch regierende Fürsten in vielen deutschen Territorialfürstentümern – wie in anderen europäischen Ländern auch – sich selbst zum obersten Gesetzgeber und Gerichtsherrn erklärten. Sie schufen entsprechende Verfassungsstrukturen und verschafften sich so Einfluss auf die Rechtsprechung insgesamt und auch Zugriff auf einzelne zeitgenössische Rechtsverfahren.

Ähnlich wie die Entstehung von Landesherrschaften bzw. Territorialstaaten zur Ausbildung einer landesherrlichen Gerichtsbarkeit führte, vollzog sich seit dem Hochmittelalter ein vergleichbarer Prozess im Zusammenhang der hoch- und spätmittelalterlichen Entwicklung der deutschen Städte. Denn in dieser Zeit verlangten Bischofsstädte und auf Königs- bzw. Reichsland gelegene Städte zunehmend nach städtischer Autonomie, wozu auch die Forderung nach eigener Gerichtsbarkeit gehörte. Während die Niedergerichtsbarkeit meist ohne größere Probleme den interessierten Städten von ihren Stadtherren überlassen wurde, stieß das städtische Verlangen nach der Hochgerichtsbarkeit oft auf erheblichen Widerstand. Nichtsdestoweniger erwarben einige größere Bischofs- und Reichsstädte die Hochgerichtsbarkeit, die meist von einem Richter und 6 Schöffen wahrgenommen wurde. Der Richter wurde entweder vom Rat der Stadt ernannt oder von den Bürgern gewählt. Verblieb die Hochgerichtsbarkeit in der Reichsstadt beim Grafen und in der Bischofsstadt beim Bischof bzw. Vogt, dann wurde sie vom jeweiligen Grafen oder Vogt organisiert und wahrgenommen, während die Niedergerichtsbarkeit seit dem 13. Jahrhundert im Allgemeinen in den Händen des Rates der jeweiligen Stadt lag.

Ging es um sogenannte ‚geistliche Angelegenheiten', so oblagen die Hoch- und auch die Niedergerichtsbarkeit dem bischöflichen Sendgericht und seit dem beginnenden 13. Jahrhundert dem bischöflichen Offizialatgericht, und zwar sowohl in der Stadt als auch im nicht-städtischen ländlichen Bereich. Die Hochgerichtsbarkeit bei ‚weltlichen Angelegenheiten' wurde dagegen in kirchlichen und klösterlichen Immunitätsbezirken, in denen der jeweilige Bischof oder Abt Gerichtsherr war, im Allgemeinen Kirchen- oder Klostervögten übertragen. Ansonsten waren im ländlichen Raum die Grafengerichte und in spätmittelalterlicher Zeit die Landgerichte der Territorialfürsten sowie die Vögte der königlichen Landvogteien für die Hochgerichtsbarkeit zuständig. Die Niedergerichtsbarkeit wurde entweder auch von den erwähnten Hochgerichten wahrgenommen oder lag bei einem genossenschaftlich organisierten Dorfgericht freier Bauern oder bei einem Grundherrn, der gleichzeitig die Gerichtsherrschaft über die zu seiner Grundherrschaft gehörenden halbfreien oder unfreien Bauern innehatte.

Die feststellbare Vielgestaltigkeit der Gerichtsverfassung im mittelalterlichen deutschen König- bzw. Kaiserreich lag in einem Nebeneinander entgegengesetzter Formen bzw. Prinzipien der Gerichtsbarkeit begründet. In dem Nebeneinander kommt zum Ausdruck, dass das Mittelalter als eine Übergangsphase anzusehen ist. So gab es das Nebeneinander von weltlicher und geistlicher Gerichtsbarkeit als Ausdruck dafür, dass die religiöse Bestimmtheit des Rechtswesens bzw. der Gerichtsbarkeit noch nicht durch eine rein weltliche Gerichtsbarkeit überwunden worden war. Ähnlich drückte sich in dem Nebeneinander von königlicher und landesherrlicher Gerichtsbarkeit die Unentschiedenheit der Auseinandersetzung zwischen königlicher Zentralmacht und territorialfürstlichen bzw. föderalen Teilmächten aus. Desgleichen gab es auch noch ein Nebeneinander von ständisch geprägter Gerichtsbarkeit und Tendenzen zu einer allgemeinen Gerichtsbarkeit. Mit dieser Art von Gerichtsbarkeit ist gemeint, dass alle strafmündigen Bewohner eines Gerichtsbezirkes der Rechtsprechung ein und desselben Gerichts unterworfen waren und dass auf diese Weise eine gewisse Gleichbehandlung gewährleistet war. Ständisch geprägt war beispielsweise die grundherrliche Gerichtsbarkeit, der nur die halbfreien und unfreien Bauern der betreffenden Grundherrschaft unterworfen waren. Auch die früh- und hochmittelalterlichen Grafengerichte wandelten sich im Spätmittelalter zu einem Gericht, das nur noch für Angelegenheiten Adliger zuständig war. Eine ähnliche Veränderung machte auch das bischöfliche Sendgericht insofern durch, als seit dem 13. Jahrhundert Adlige (‚homines synodales') im Unterschied zur nichtadligen Bevölkerung nur von einem Sendgericht unter dem Vorsitz des Ortsbischofs verurteilt werden konnten. Andererseits gab es auch Gerichte, deren Zuständigkeit sich unterschiedslos auf alle Bewohner ihres Bezirkes erstreckte, zum Beispiel das Gericht eines genossenschaftlich organisierten Dorfes freier Bauern und die spätmittelalterlichen Gerichte eximierter, selbstverwalteter Städte. An diesen beiden zuletzt genannten Gerichten wird deutlich, dass die Gerichtsverfassung am Ende des untersuchten Zeitraumes sowohl von sehr frühen als auch von jungen Formen der Gerichtsbarkeit geprägt war.

Ähnlich wie bei der Entwicklung der äußeren Struktur der Gerichtsverfassung lassen sich auch Veränderungen in Bezug auf die innere Struktur damaliger Gerichte feststellen. So kam es beispielsweise bei den bischöflichen Sendgerichten, den Grafengerichten und den Landgerichten zu Veränderungen hinsichtlich der Urteilsfindung, die sich im Sinne einer Steigerung der Effektivität dieser Gerichte und der Rationalität ihrer Urteilsfindung auswirkten. Urteilten im gräflichen Thing- bzw. Volksgericht bis zum Inkrafttreten der Schöffenverfassung Karls des Großen alle waffenfähigen freien Männer, so waren es danach lediglich sieben angesehene Schöffen. Eine vergleichbare Veränderung vollzog sich auch beim bischöflichen Sendgericht. So übertrugen um die Wende vom 12. zum 13. Jahrhundert Bischöfe und Archidiakone in zunehmendem Maße den Vorsitz ihres Sendgerichts angeblich aufgrund eigener Überlastung einem juristisch gebildeten ‚Offizial'. Dieser ‚Offizial' löste im Laufe der Zeit auch die Schöffen angesichts der komplizierter gewordenen Verfahren als ‚Urteilsfinder' ab und wurde zum Einzelrichter, der als Vorsitzender des Sendgerichts dann auch noch die Aufgabe des Anklägers übernahm. Denn die zu jener Zeit immer stärker in den Fokus geistlicher Gerichtsbarkeit tretende Bekämpfung häretischer Bewegungen gebot die Ablösung der Rügegeschworenen als Ankläger durch einen juristisch und theologisch gebildeten Offizial. Auf diese Weise waren mit diesem ‚Offizialatgericht' die gerichtlichen Grundstrukturen des (berüchtigten) Inquisitionsprozesses geschaffen. Seit 1252 wurde bei diesem Prozess auch die Folter eingesetzt, die aufgrund der Bulle ‚Ad exstirpenda' um der Erlangung eines Geständnisses willen kirchenrechtlich akzeptiert wurde.

Der Ursprung des Offizialverfahrens liegt nach allgemeiner rechtshistorischer Auffassung allerdings in dem von Karl dem Großen eingeführten Rügeverfahren, wonach Richtern, zum Beispiel den Grafen und Bischöfen, die Vollmacht verliehen wurde, angesehene Männer unter Eid zur Rüge begangener Straftaten zu verpflichten. Diese Männer wurden so zu ‚Rügegeschworenen' und gehörten auch oft zu den Schöffen desselben Gerichts. Die ‚Rügepflicht' war vor allem in den Grafen-, Send- und Femegerichten Voraussetzung für die Aufnahme von Gerichtsverfahren. Denn zuvor galt das Prinzip: ‚Wo kein Kläger, da kein Richter'. Folglich waren Gerichtsverfahren von der Klage eines Geschädigten abhängig, der eine solche Klage jedoch offensichtlich des Öfteren aus Angst vor Schaden unterließ, der ihm vonseiten des Angeklagten oder dessen Verwandtschaft hätte zugefügt werden können. Darauf hatte denn wohl auch Karl der Große mit der Einführung des Rügeverfahrens reagiert. Dass der vorsitzende Richter selbst zur Rüge verpflichtet wurde, geschah nach derzeitigem Kenntnisstand zu Beginn des 13. Jahrhunderts – wie erwähnt – zuerst in den Sendgerichten, die unter anderem infolge dieser Strukturveränderung in der nachfolgenden Zeit eine Vorbildfunktion einnahmen. Allerdings ließ die faktische Übernahme des bischöflichen Gerichtsverfahrens durch weltliche Gerichte noch einige Zeit auf sich warten. In der weltlichen Gerichtsbarkeit des mittelalterlichen deutschen Königreiches fand dieses Verfahren erst um die Wende vom Spätmittelalter zur Neuzeit Aufnahme, und zwar zuerst in den territorialfürstlichen Landgerichten. Allerdings wurde in der ‚Constitutio Criminalis Carolina' Karls V. von 1532 noch festgelegt, dass der juristisch ausgebildete Richter zusammen mit den Schöffen das jeweilige Urteil zu fällen habe, während noch in der Ordnung für das Reichskammergericht von 1495 die Urteilsfindung allein den Schöffen zugewiesen wurde.

Während unseres Untersuchungszeitraumes haben sich nicht nur die äußere und innere Struktur sowohl der weltlichen als auch der geistlichen Gerichtsbarkeit verändert, sondern auch das Beweisverfahren (13). Dieses Verfahren zeichnete sich in germanischer bzw. fränkischer Zeit durch eine strenge Formalisierung aus und ließ vieles hinsichtlich eines sachgerechten rationalen Verfahrens zu wünschen übrig. Denn es ergab sich bei diesem Verfahren nicht nur das Problem, dass lediglich die größere Zahl der Eidhelfer oft ausschlaggebend war, sondern auch die Problematik, dass diese Eidhelfer wegen ihrer Aussage in den seltensten Fällen zur Rechenschaft gezogen werden konnten. Denn mit ihrer Aussage bestätigten sie ja ‚nur' den guten Ruf des Klägers bzw. Angeklagten, sodass ihre Aussage nur schwerlich als eine Falschaussage nachweisbar war. Anders dagegen war es bei einer beeideten Zeugenaussage, da diese sich auf den Sachverhalt bezog. Allerdings kam der Zeugenbeweis in strafrechtlichen Verfahren in fränkischer Zeit nur vereinzelt zum Zuge (14). Sieht man von der relativ seltenen Verwendung des Zeugenbeweises in Strafverfahren und von dem erst in karolingischer Zeit eingeführten Urkundenbeweis ab, so handelte es sich bei den damals akzeptierten Beweisen lediglich um formale Beweise. Denn diese Beweise bezogen sich letztlich nicht auf den in Frage stehenden

Sachverhalt und trugen folglich kaum etwas zur Wahrheitsfindung bei. Auch die dem Kläger eingeräumte Möglichkeit, bereits beim Vortrag seiner Klage den Beklagten zu einem Zweikampf aufzufordern, verhinderte eine Untersuchung des Klageinhalts, weil eine Verweigerung des Zweikampfes bis ins beginnende 13. Jahrhundert hinein als ein Schuldeingeständnis des Beklagten verstanden wurde.

Die diesen damals praktizierten Beweisverfahren innewohnende Problematik wurde erst um die Wende vom 12. zum 13. Jahrhundert durch die von Papst Innozenz III. veranlasste Einführung des Inquisitionsverfahrens in der kirchlichen Gerichtsbarkeit behoben (15). Dieses Verfahren fand im Laufe des Spätmittelalters auch Eingang in die weltliche Gerichtsbarkeit und war seit dieser Zeit allgemein akzeptiert. Papst Innozenz III. wollte nach derzeitigem Kenntnisstand ursprünglich mit Hilfe des Inquisitionsverfahrens zunächst ‚nur' Disziplinarverfahren gegen Geistliche effektiver gestalten, als es nach vorgängiger Rechtspraxis möglich war. Denn zuvor kam für die juristische Aufarbeitung von strafbaren Vergehen oder von Verstößen gegen die offizielle Kirchenlehre vonseiten Geistlicher im Allgemeinen das sogenannte Akkusationsverfahren in Frage. Dieses Verfahren war jedoch in zweierlei Hinsicht kaum geeignet, die angesprochene Art von Vergehen und Verstößen juristisch aufzuarbeiten. Zum einen konnte ein angeklagter Geistlicher in einem solchen Verfahren eine Verurteilung durch einen ‚Reinigungseid' – eventuell mit Hilfe von Eidhelfern – verhindern, zumal zuvor eine Untersuchung des Sachverhalts nicht vorgesehen war. Zum anderen waren für die Einleitung eines solchen Akkusationsverfahrens ‚private' Kläger notwendig, die sich jedoch meist angesichts der Position bzw. des damaligen Ansehens der Geistlichen scheuten, gegen diese als Kläger aufzutreten. Dieses Problem wurde zunächst durch die Einführung des sogenannten ‚Infamationsprozesses' gelöst. Ein solcher Prozess konnte aber nur vom Vorgesetzten des betreffenden Geistlichen von Amts wegen (‚ex officio') eingeleitet werden. Bedingung hierfür war, dass eine gravierende Schädigung des Rufes eines Geistlichen infolge eines ihm zu Last gelegten strafrechtlichen Vergehens oder eines Verstoßes gegen die offizielle Kirchenlehre vorlag. Allerdings konnte der angeklagte Geistliche eine Verurteilung in einem Infamationsprozess ebenso wie im Akkusationsprozess durch einen ‚Reinigungseid' abwenden, bevor es im jeweiligen Prozess zu einer Untersuchung des Sachverhaltes kam. Insofern wies der Infamationsprozess hinsichtlich des Beweisverfahrens dieselben Probleme auf wie der Akkusationsprozess. Um diese Mängel auszuschließen, veranlasste Innozenz III. also die Einführung des Inquisitionsverfahrens, wonach von Amts wegen (‚ex officio') gegen im erwähnten Sinne verdächtige Geistliche vorgegangen wurde. Bei diesem Verfahren war auch die Möglichkeit eines ‚Reinigungseides' vor der Aufklärung des Sachverhaltes im Allgemeinen ausgeschlossen. Ursprünglich ging es Innozenz III. dabei also zunächst ‚lediglich' um eine effektivere Gestaltung des Disziplinarverfahrens gegen Geistliche.

Für die weitere Ausgestaltung des Inquisitionsverfahrens war jedoch der Kampf der Kirche gegen die seit dem letzten Drittel des 12. Jahrhunderts verstärkt aufkommenden häretischen Bewegungen prägend. In diesem Kampf gegen Katharer,

Albigenser und Waldenser setzte die Kirche auch auf ein gerichtliches Vorgehen. Träger dieses gerichtlichen Vorgehens waren zunächst die bischöflichen Gerichte, ehe Papst Gregor IX. 1231 die rechtlichen Grundlagen für eine päpstliche Inquisitionsgerichtsbarkeit schuf, deren Träger vornehmlich vom Papst beauftragte Dominikaner und Franziskaner waren. Im Zusammenhang der Inquisitionsgerichtsbarkeit erwiesen sich nicht nur der bereits erwähnte ‚Reinigungseid' des Angeklagten und die eidlichen Aussagen der Eidhelfer als untauglich, sondern auch der Zweikampf und die sogenannten ‚einseitigen Gottesurteile' (‚Ordale'). Es kam beim Inquisitionsverfahren ja darauf an, die materielle Wahrheit durch Untersuchung (‚inquisitio') des Sachverhaltes herauszufinden. Folglich wurden im Laufe der Zeit diese älteren Beweismittel zurückgedrängt. ‚Ordale' wie zum Beispiel Wasser- und Feuerproben wurden 1215 durch das 4. Laterankonzil verboten, während der Zweikampf in seiner Funktion als Beweismittel nicht mehr in Frage kam, wenn Bürger oder Kaufleute am Rechtsstreit beteiligt waren. Eine zentrale Bedeutung erlangten nunmehr der uneidliche und der eidliche Zeugenbeweis sowie das Geständnis. Lagen zwei inhaltlich gleiche eidliche Zeugenaussagen vor, so galt dies ebenso als ‚voller Beweis' wie das Geständnis. Durch diese Veränderungen kam dem Geständnis für den Prozess infolge des Verzichts auf die bisherigen Formalbeweise eine besonders große Bedeutung zu. Dies habe nach Auffassung des Mediävisten Klaus Herbers zur Einführung der Folter (15a) und zu Fehlentwicklungen bei Inquisitionsprozessen geführt, in denen es um Häresie und Hexerei ging. Andererseits seien aber mit dem Beweisverfahren und der Organisation des Inquisitionsverfahrens (öffentlicher Ankläger und Schriftlichkeit des Verfahrens) im beginnenden 13. Jahrhundert die Grundstrukturen des modernen westeuropäischen Strafprozesses geschaffen worden.

5. Entwicklung des materiellen Rechts am Beispiel des Rechtsstatus der Sklaven und der Frauen

Außer den dargestellten Veränderungen in Bezug auf die äußere und innere Struktur der Gerichtsverfassung sowie das Beweisverfahren kam es im abendländischen Christentum während des Untersuchungszeitraums auch zu verschiedenen Veränderungen im Bereich des materiellen Rechts. Auf zwei – auch im Hinblick auf den Vergleich mit der Rechtsentwicklung im Islam – wichtige Aspekte, nämlich die Stellung der Sklaven bzw. Unfreien und die Stellung der Frau, soll im Folgenden kurz eingegangen werden. Entstehung sowie frühe Entwicklung des Christentums vollzogen sich in einem kulturellen Umfeld, in dem die Sklaverei als etwas Selbstverständliches vorkam und auch angesehen wurde (16). Nach christlicher Glaubensüberzeugung richtete sich die Erlösungsbotschaft Jesu Christi unterschiedslos an alle Menschen, also auch an die Sklaven (1.Kor.12,13 und Gal.3,28), was dazu führte, dass zu den frühen christlichen Gemeinden bereits auch viele Sklaven gehörten.

Allerdings hatte Paulus in seinen Briefen, vor allem in den sogenannten ‚Haustafeln' (zum Beispiel 1.Kor.7,20 ff., 1.Eph.6,5 ff. und Kol.3,22 ff.), die Auffassung vertreten, dass jeder Christ seine jeweilige gesellschaftliche Position bzw. Funktion als Teil der göttlichen Ordnung zu verstehen und auszufüllen habe. Schon seit frühchristlicher Zeit drängte sich natürlich immer wieder die Frage auf, wie man mit der Diskrepanz zwischen der religiösen Gleichheit christlicher Sklaven und deren rechtlicher und gesellschaftlicher Benachteiligung umzugehen gedenke.

In der Spätantike gab es nur ganz vereinzelt Stimmen unter den Christen, die sich wie Gregor von Nyssa ausdrücklich gegen die Sklaverei aussprachen. Bekannte Kirchenväter wie Basilius von Caesarea, Gregor von Nazianz und Johannes Chrysostomus gaben lediglich zu bedenken, dass Gott alle Menschen gleich geschaffen habe. Diesen Gedanken verknüpften sie mit der Vorstellung von einem paradiesischen Urzustand völliger Gleichheit vor dem Sündenfall, ohne jedoch daraus eine generelle Abschaffung der Sklaverei abzuleiten. Dies tat zu jener Zeit m. W. lediglich der erwähnte Gregor von Nyssa, der auch durch das stoische Naturrechtsdenken geprägt war. Allerdings fand dessen Vorstellung offenbar keinen Widerhall und hatte denn auch keine praktischen Konsequenzen. Nichtsdestoweniger drangen auf diese Weise die Vorstellungen von einem paradiesischen Urzustand und einem natürlichen Recht des Menschen (‚ius naturale') in die christliche Theologie ein und blieben wichtige Kategorien auf dem Weg des abendländischen Christentums. Widerhall fanden dagegen die diesbezüglichen Auffassungen der bekannten Kirchenväter Ambrosius von Mailand und Augustinus von Hippo. Ambrosius rechtfertigte die Sklaverei, indem er auf die geistige Unterlegenheit der Sklaven gegenüber ihren Herren verwies. Augustinus führte dagegen die Sklaverei auf den Sündenfall zurück. Aus diesem ergab sich für ihn die Notwendigkeit der Disziplinierung der Menschen, die in übergroßem Maße von der Sündhaftigkeit betroffen seien. Allerdings traten Ambrosius und Augustinus gleichzeitig für eine durch das christliche Gebot der Nächstenliebe geforderte humane Behandlung der Sklaven durch ihre Herren ein. Dies war auch die grundsätzliche Antwort des spätantiken Christentums auf die Frage nach dem Umgang mit der angesprochenen Diskrepanz zwischen religiöser Gleichheit und gesellschaftlicher Ungleichheit der Sklaven.

Infolge der aufgrund der christlichen Nächstenliebe geforderten humanen Behandlung der Sklaven trat die Kirche im Früh- und Hochmittelalter verstärkt für Freilassungen und den Freikauf von Sklaven ein. Papst Gregor I. der Große (590–604) selbst beteiligte sich angeblich am Freikauf von Sklaven in Rom. Der Freikauf und die Freilassung von Sklaven nahm spätestens seit Anfang des 7. Jahrhunderts dadurch zu, dass Christen vermehrt um ihres Seelenheiles willen testamentarisch die Freilassung eigener Sklaven oder den Freikauf anderer Sklaven verfügten (17). Seit dem 9. Jahrhundert erfuhren Freilassung und Freikauf von Sklaven noch einmal eine Steigerung, da in die Beicht-Ordines dieser Zeit die Freilassung und der Freikauf von Sklaven als Bußstrafe aufgenommen worden waren (18). Als dann seit dem Ende des 8. Jahrhunderts vermehrt Hofstellen für Sklaven (‚mansi serviles', ‚hobae serviles') sowohl durch weltliche als auch durch geistliche Großgrundbesitzer eingerichtet wurden, kam es zu einer allmählichen sozialen und rechtlichen Annäherung dieser Hofstelleninhaber an die rechtlich freien, aber ökonomisch von Großgrundbesitzern abhängigen Kolonen bzw. Hörigen (19). Infolge sozialer Vermischung durch Heirat und infolge des Austausches durch An- und Verkauf kam es zu einer weitgehenden Verschmelzung dieser beiden Gruppen und zur Ausbildung des Standes höriger Bauern, die zwar rechtsfähig waren und oft ihre Hofstelle auch an ihre Nachkommen vererben konnten, aber zu Abgaben, insbesondere den Zins für das geliehene Land, und zu gemessenen Frondiensten verpflichtet waren. Die Angehörigen dieser Gruppe abhängiger Bauern lassen sich nicht als Sklaven im römisch-rechtlichen Sinne verstehen, obgleich sie in den Quellen auch als ‚servi casati' (‚behauste Sklaven') bezeichnet wurden. In der Mediävistik nennt man diese Gruppe seit geraumer Zeit ‚Minderfreie' oder auch ‚Halbfreie'. Diejenigen ehemaligen Sklaven, denen keine Hofstelle überlassen wurde und die auf dem Fronhof verblieben waren, wurden dagegen als ‚homines proprii' (‚Eigenleute' bzw. ‚Leibeigene') bezeichnet, verfügten im Vergleich zu den ‚servi casati' über einen niedrigeren Rechtsstatus und mussten zum Beispiel ungemessene Frondienste leisten. Aber auch diese Gruppe stand nun in einer personalen Beziehung zu ihrem Herrn und nicht in einer sachenrechtlichen, wie dies nach römisch-rechtlichem Verständnis des Verhältnisses zwischen Herren und Sklaven der Fall war.

Durch diese Veränderungen sowie durch die Fortführung von Freilassungen und den Freikauf von Sklaven seitens der Kirche verschwanden im Verlaufe des Hochmittelalters die Sklaven im agrarischen Sektor weitgehend (20). An deren Stelle waren abhängige Bauern getreten, deren Abhängigkeit auf zum Teil sehr unterschiedliche Weise ausgestaltet war. Die weitere Entwicklung dieser Gruppe abhängiger Bauern stellte sich im europäischen Mittelalter nicht als kontinuierlicher Prozess dar, sondern war von positiven und negativen Phasen geprägt. So führte der ökonomische Aufschwung, der von etwa 1150 bis Anfang des 14. Jahrhunderts stattfand, zu einer faktischen Verbesserung der Lage der abhängigen Bauern, nicht aber zu einer allgemeinen Verbesserung ihres Rechtsstatus. Der seit Mitte des 14. Jahrhunderts infolge der Pest einsetzende Preisverfall für landwirtschaftliche Produkte, der durch die im Vergleich mit den ländlichen Gebieten größeren Bevölkerungsverluste in den Städten hervorgerufen wurde, verschlechterte die ökonomische Lage der Bauern. Dies führte in einigen Regionen des damaligen deutschen Königreiches auch zu vertragsrechtlichen Verschlechterungen für die abhängigen Bauern.

Die dargestellte Entwicklung der Sklaverei wurde in nicht unerheblicher Weise durch die Kirche selbst beeinflusst. Durch Freilassungen und den Freikauf von Sklaven hatte sie einen Weg geöffnet, das System der Sklaverei zu unterminieren. Sie wirkte auf diese Weise vorbildhaft und lieferte eine entsprechende theologische Begründung für ihr eigenes Tun, die ihrerseits mithalf, Lage und Status der Sklaven zu verbessern. Zur theologischen Begründung gehörte seit frühchristlicher Zeit die soteriologische Vorstellung, dass die durch Jesus Christus erwirkte Erlösung allen Christen zugedacht sei. Spätestens seit dem 4. Jahrhundert wurde in der theologischen Auseinandersetzung mit der Sklaverei auch die Vorstellung vertreten, dass Gott alle Menschen gleich geschaffen habe, sodass zu der soteriologischen Begründung eine schöpfungstheologische Begründung der Gleichheit aller Menschen hinzukam. Wichtige Vermittlungsinstanzen auf dem Weg dieser frühen Begründungen ins Mittelalter waren die ‚Etymologiae' Isidors von Sevilla (gest. 636), eine 20-bändige Enzyklopädie, und das ‚Decretum Gratiani' (1140), in dem das kirchliche Recht der damaligen Zeit zusammengefasst worden war. In der Zeit zwischen Isidors ‚Etymologiae' und dem ‚Decretum Gratiani' gab es immer wieder einzelne Theologen und hohe geistliche Würdenträger, die aus der religiösen Gleichheit die gesellschaftliche Gleichheit ableiteten (21).

Dies tat später auch Eike von Repgow, der Verfasser des Sachsenspiegels (zwischen 1220 und 1235 entstanden), der im 42. Kapitel des 3. Buches aufgrund der Ebenbildlichkeit des Menschen mit Gott und des alle Menschen befreienden bzw. erlösenden Sühnetodes Jesu Christi die Gleichheit aller Menschen forderte. Solche Forderungen haben – wie die der erwähnten Theologen und hohen Geistlichen – ihre Wirkung nicht verfehlt, wie die vielen Freilassungen und der Freikauf von Sklaven sowie die faktischen und rechtlichen Veränderungen in Bezug auf den Status der Sklaven zeigen. So kam es im kanonischen Recht zum Verbot der Selbstversklavung und zur Inkraftsetzung der Regel, dass ein Kind aus einer Beziehung, in der ein Elternteil dem Sklavenstand angehörte, immer der ‚besseren Seite' zu folgen habe. Neben den Freilassungen und dem Freikauf haben auch diese rechtlichen Regeln dafür gesorgt, dass am Ende des untersuchten Zeitraumes im Bereich des abendländischen Christentums christliche Sklaven im römisch-rechtlichen Sinne kaum noch – dies galt nun auch für den städtischen Bereich – anzutreffen waren. Allerdings hatte sich mit der erwähnten Verschlechterung der ökonomischen Lage seit der 2. Hälfte des 14. Jahrhunderts auch die vertragsrechtliche Lage der abhängigen Bauernschaft wieder verschlechtert. So kam es zum Beispiel im deutschen Sprachraum zu Unruhen innerhalb der Bauernschaft und auch zu Aufständen (1476 Aufstand des ‚Pfeifers von Niklashausen' in Franken, 1493 zum Bundschuh-Aufstand am Oberrhein, 1514 zum Aufstand des Armen Konrad in Schwaben), die dann 1524/25 in den ‚Großen deutschen Bauernkrieg' mündeten. Die Forderung der Bauern nach Aufhebung der Leibeigenschaft gründete sich auch auf die Vorstellung, dass die Erlösungstat Jesu Christi für alle Menschen gelte. Anders als im frühen Christentum der Spätantike hatte am Ende des Mittelalters die Auffassung breite Anerkennung gefunden, dass die Erlösungstat Jesu Christi nicht nur das geistlich-geistige Leben eines Christen verändere, sondern auch dessen gesellschaftliches Leben zu verändern habe.

Ähnlich wie in Bezug auf den Status des Sklaven war auch die Ausgangssituation in Bezug auf die Stellung der Frau. Denn auch der Frau war in Gal.3,28 die religiöse Gleichheit zugesprochen worden, ohne dass ihre grundsätzliche Unterordnung unter den Mann aufgehoben worden wäre (22). Vielmehr war im Neuen Testament gleichzeitig eine entsprechende gesellschaftliche Unterordnung gefordert worden (1.Kor.11,9, Eph.5,21–24, Kol.3,18;). Diese geforderte Unterordnung entsprach auch dem soziokulturellen Umfeld des frühen Christentums. Sowohl im jüdischen als auch im römisch-griechischen Milieu kam dem Mann als Hausvater eine Art Hausherrschaft zu, deren Umfang bis hin zur Strafgewalt über die Mitglieder der Hausgemeinschaft, also auch über die Ehefrauen, reichte (23). Die damaligen jüdischen Vorstellungen von der Hausherrschaft finden sich im Übrigen auch in groben Umrissen in den sogenannten ‚Haustafeln‘ verschiedener Paulus-Briefe wieder (Kol.3,18–4,1 und Eph.5,22–6,9;). Diese Ermahnungen und Vorgaben, soweit sie sich auf die gesellschaftliche Stellung der Frauen bezogen, wurden also im Großen und Ganzen von den frühen Christen übernommen. Doch der bei den Juden damals übliche Ausschluss der Frauen von jeglicher religiöser Funktion wurde von den Christen nicht mit vergleichbarer Konsequenz beibehalten. Denn seit Mitte des 3. Jahrhunderts lassen sich Diakonissen nachweisen. Insofern hat sich also das frühe Christentum nicht nur von der jüdischen Glaubenslehre abgegrenzt, sondern sich auch von bestimmten Aspekten der religiös-kulturellen jüdischen Tradition emanzipiert. Die Tätigkeit als Diakonisse bedeutete natürlich auch eine gesellschaftliche Aufwertung der Frauen. Allerdings wurde das Diakonissenamt der Frauen im Hochmittelalter wieder abgeschafft. Ansonsten orientierten sich die frühen Christen hinsichtlich der gesellschaftlichen Stellung der Frauen durchaus an den Vorgaben der paulinischen ‚Haustafeln‘, die für die gesellschaftliche Unterordnung der Frau gegenüber dem Mann für lange Zeit die neutestamentliche Begründung lieferten.

Die in diesen ‚Haustafeln‘ vorausgesetzte Ehe begründeten die frühen Christen schöpfungstheologisch mit dem Verweis auf Gen.1,27 und 2,24 bzw. auf die jesuanische Interpretation dieser Aussagen in Matthäus 19,4–6. Diese Bezugsstellen implizierten ein monogames Eheverständnis, das zwar bei den Römern und Griechen jener Zeit durchaus auch die gesellschaftliche bzw. rechtliche Norm war, nicht aber im damaligen Judentum, das noch ausschließlich von der Thora geprägt war und in dem einem Mann bis zu vier Ehefrauen erlaubt waren. Darüber hinaus sprach sich Jesus in dem ihm zugeschriebenen Vers 19,6 des Matthäus-Evangeliums für die Unauflöslichkeit der Ehe aus und damit für eine Vorstellung, die in den das Christentum umgebenden Kulturkreisen, sowohl dem jüdischen als auch dem griechischen und römischen Kulturkreis, unbekannt war. Sowohl die geforderte Monogamie als auch die Unauflöslichkeit der einmal geschlossenen Ehe bedeuteten eine Aufwertung der gesellschaftlichen Stellung der Frau. In derselben Weise wirkte die Gleichbehandlung von Mann und Frau nach einem begangenen Ehebruch. Da die Vorstellung von der Unauflöslichkeit der Ehe in der Spätantike noch nicht durchgesetzt werden konnte, akzeptierten die meisten Kirchenväter in Orientierung an Mt.5,32 und 19,9 die Scheidung bei einem Ehebruch (24). Bei dieser Regelung der Scheidung wurde eine unterschiedslose Beurteilung des sexuellen Fehlverhaltens von Mann und Frau und damit eine diesbezügliche Gleichstellung der Ehefrau vorausgesetzt. Im Judentum gab es insofern auch eine Gleichbehandlung von Mann und Frau, wenn der Ehebruch von zwei Verheirateten begangen wurde. Dann verfielen beide Beteiligten der durch die Thora vorgeschriebenen Tötung durch Steinigung. Handelte es sich dagegen um einen sexuellen Kontakt eines verheirateten

Mannes mit einer ledigen Frau, so galt dies nicht als Ehebruch, während ein solcher Kontakt zwischen einer verheirateten Frau und einem ledigen Mann als Ehebruch angesehen und mit der Steinigung beider geahndet wurde (25). Auch im griechisch-römischen Kulturkreis wurden außereheliche sexuelle Beziehungen einer Ehefrau stärker sanktioniert als die eines Ehemannes. Während solche Beziehungen der Ehefrau zwangsläufig zur Auflösung ihrer Ehe führten, blieben vergleichbare Beziehungen eines Ehemannes im griechischen Kulturkreis folgenlos und im römisch-rechtlich geprägten Milieu blieb es der Ehefrau überlassen, sich von ihrem Ehemann zu trennen oder dessen außerehelichen Sexualbeziehungen hinzunehmen. Sowohl die geforderte Monogamie als auch die Unauflöslichkeit der einmal geschlossenen Ehe sowie die Gleichbehandlung von Mann und Frau nach einem begangenen Ehebruch stellten eine Besserstellung der christlichen Ehefrau im Vergleich zu den Ehefrauen in ihrem soziokulturellen Umfeld dar.

Die durch das jesuanische Eheverständnis begründete partielle Besserstellung der Frau evozierte einen Prozess, der gegen Ende des untersuchten Zeitraums zu einer gesellschaftlichen Besserstellung der Frau insgesamt führte. Ausgangspunkt für diesen Prozess war eine entsprechende obrigkeitliche Gesetzgebung, nachdem das Christentum 380 zur Staatsreligion erklärt worden war (26). So wurde das relativ großzügige Scheidungsrecht im spätantiken Rom durch kaiserliche Gesetzgebung vonseiten Kaiser Justinians Anfang des 6. Jahrhunderts im christlichen Sinne eingeschränkt. Einvernehmliche Scheidungen wurden gänzlich verboten, außer wenn beide Ehepartner für ihre jeweilige Zukunft ein keusches Leben gelobten. Einseitige Scheidungen wurden dagegen an strenge Voraussetzungen wie beispielsweise Ehebruch oder Tötungsabsichten des Partners gebunden. Auch hinsichtlich der Eheschließung verlangte Justinian in Orientierung an den christlichen Vorstellungen den Konsens beider Partner und eine entsprechende Zuneigung (‚affectio nuptialis') derselben als Voraussetzung für eine rechtsgültige Ehe. Die Vorstellung, dass der Konsens beider Brautleute eine rechtsgültige Ehe begründe, ist möglicherweise auf die Bischöfe Ambrosius und Augustinus zurückzuführen, die diese Vorstellung aus Mt.1,18–25 und der entsprechenden Passage in Lk. 1,26 ff. ableiteten. Denn in den dortigen Berichten werde nach Auffassung der beiden Bischöfe deutlich, dass nicht der Beischlaf, wie es das damalige römische Recht annahm, sondern der beiderseitige Wille von Joseph und Maria zu einer rechtsgültigen Ehe geführt habe. Ähnlich wie in die kaiserliche Gesetzgebung (Ost-)Roms flossen derartige christliche Ehevorstellungen auch in die germanischen Volksrechte ein. So wurde beispielsweise das Verbot, eine Frau gegen ihren Willen zu verheiraten, 643 in das langobardische ‚Edictum Rothari' aufgenommen. Meist handelte es sich bei derartigen gesetzlichen Regelungen um die Übernahme von Beschlüssen der jeweiligen volkskirchlichen Synoden. Treibende Kraft und Träger dieser Beschlüsse waren in frühmittelalterlicher Zeit im Allgemeinen die Bischöfe der jeweiligen germanischen Volkskirche zusammen mit ihrem König.

Handelte es sich bei solchen Beschlüssen um gravierende Veränderungen einer vorgängigen Rechtstradition, wie dies beim Konsensprinzip der Fall war, so bedurfte es im Allgemeinen eines längeren Prozesses, ehe sich eine solche Veränderung im Bewusstsein einer Rechtsgemeinschaft etablierte. So vertrat beispielsweise der Bischof Hinkmar von Reims (gest. 882) noch ein Eheverständnis, das der germanischen Muntehe entsprach, wonach dem Konsens der Brautleute formal für das Zustandekommen einer rechtmäßigen Ehe keinerlei Bedeutung zukam. Allerdings erntete er entschiedenen Widerspruch von seinem Zeitgenossen Papst Nikolaus I., der im Konsens beider Brautleute eine notwendige Bedingung für eine rechtmäßige Ehe sah. Diese Auffassung vertrat auch der Theologe Hugo von St. Victor (gest. 1141), sofern dieser Wille gegenüber einem Priester öffentlich bekundet wurde, und bezeichnete den Konsens als ‚causa efficiens' (‚bewirkende Ursache') der Ehe. Auch Petrus Lombardus (gest. 1160) teilte diese Vorstellung und begründete sie damit, dass vor allem der Konsens beider Brautleute für den Bestand einer Ehe entscheidend sei. Um diesen Konsens als rechtliche Voraussetzung für eine gültige Eheschließung etablieren zu können, drängte die Kirche um der Rechtssicherheit willen auf eine öffentliche Bekundung des Konsenses der beiden Brautleute. Folglich wurde durch das 4. Laterankonzil 1215 festgelegt, dass dieser Konsens – nach einem zuvor erfolgten öffentlichen Aufgebot – gegenüber einem Geistlichen vor der Kirchentür bekundet werden müsse. Diese kirchenrechtliche Regelung markiert nach allgemeiner Auffassung in der Geschichtswissenschaft den entscheidenden Schritt hin zu einem Verständnis der Ehe als einer partnerschaftlichen Beziehung.

Dass diese kirchenrechtliche Auffassung im Hoch- und Spätmittelalter noch keine breitere Wirkung als geschehen entfalten konnte, hatte vor allem zwei Gründe. Zum einen blieb weiterhin die alte fränkisch-germanische Vorstellung vom Verlöbnis (‚sponsalia de futuro') in Geltung, wonach ein Verlöbnis schon im Kindesalter des Sohnes oder der Tochter vom Vater oder einem Vormund vorgenommen werden konnte. Ein solches Verlöbnis war für das Kind bindend. Es konnte sich diesem Verlöbnis auch nur schwerlich entziehen. Denn für das ‚angelobte' Kind war es später kaum möglich, das für die Heirat notwendige Einverständnis zu verweigern, da ihm möglicherweise der Verlust der Mitgift und gar die Enterbung drohten. Ein weiteres Hemmnis für die Durchsetzung des Konsensprinzips stellten die heimlichen (‚klandestinen') Ehen dar, die zwischen heiratsfähigen Männern und Frauen eingegangen wurden. Diese Ehen kamen nach vorangegangener Handreichung und nach Übergabe eines Geschenkes vonseiten des Mannes durch die jeweilige mündliche Erklärung, den anderen zur Ehe zu nehmen, zustande. Sie wurden danach – sofort oder irgendwann später – durch den Beischlaf vollzogen. Sowohl diese Form der Eheschließung als auch die durch den Vater oder einen Vormund verbindlich verabredete Ehe des Kindes konnten durch das kirchliche Eherecht bzw. die Kirche nicht verhindert werden. Bei dem ‚Verlöbnis de futuro' handelte es sich wohl um eine Konzession an eine altgermanische Tradition und an den zeitgenössischen Adel. Zu den vielen klandestinen Ehen kam es dagegen, weil es der Kirche im Hoch- und Spätmittelalter noch nicht gelungen war, das Prinzip der Öffentlichkeit bei der Eheschließung vollständig durchzusetzen.

Synodale Meinungsbildung und Beschlüsse sowie entsprechende kaiserliche bzw. königliche Gesetzgebung hatten bereits zu Beginn der karolingischen Herrschaft hinsichtlich der Bedeutung des Konsenses der Brautleute für das Zustandekommen einer Ehe Diskussionen evoziert, die im Laufe der Zeit eine Veränderung des Rechts mit sich brachten. Dagegen waren zu jener Zeit andere wichtige Aspekte des christlichen Eheverständnisses wie die Monogamie und die Unauflöslichkeit der Ehe kaum Gegenstand einer breiteren Diskussion gewesen. Erst seit den Reformen Bonifatius', der entschieden für die Monogamie und die Unauflöslichkeit der Ehe eintrat, kam überhaupt eine entsprechende Diskussion in Gang (27). Um monogame Beziehungen durchzusetzen, musste die Kirche den Kampf gegen die ‚Friedelehe' und die ‚Kebs-Verhältnisse' aufnehmen, die beide vor allem beim germanischen bzw. fränkischen Adel beliebt waren und relativ oft vorkamen. Bei der ‚Friedelehe' handelte es sich um eine damals gesellschaftlich akzeptierte eheähnliche Beziehung zwischen einem Mann und seiner Geliebten (‚fridla': Freundin, Geliebte), ohne dass eine Trauung vorgenommen wurde, sodass die Geliebte auch nicht der Herrschaft (‚Munt') des Mannes unterstand. Es wurde auch kein Brautschatz (‚dos') dem Mann übergeben. Diese Beziehung basierte auf einer Willensübereinkunft der beiden Partner und konnte auch von beiden einseitig wieder gelöst werden. Die Auflösbarkeit und die damit verbundene Beliebigkeit waren denn auch für die Kirche anstößig und führten zu deren Ablehnung der ‚Friedelehe'. Beim ‚Kebs-Verhältnis' handelte es sich dagegen um eine Beziehung zwischen einem Herrn und einer Unfreien bzw. Sklavin, über die er wie eine Sache verfügen und die er auch zum Geschlechtsverkehr zwingen konnte. Allerdings konnte es sich bei diesen Beziehungen auch um Liebesbeziehungen handeln, die eheähnliche Züge annahmen, sodass in der Geschichtswissenschaft auch von ‚Kebs-Ehen' gesprochen wird. Die damalige Kirche lehnte auch diese ‚Kebs-Verhältnisse' ab, weil diese prinzipiell auf einem Gewaltverhältnis basierten und zu polygynen Beziehungen führten sowie beliebig vonseiten des Mannes bzw. Herrn aufgelöst werden konnten. Diese Beziehungen stellten also einen Verstoß gegen die kirchlichen Prinzipien des Konsenses, der Monogamie und der Unauflöslichkeit der Ehe dar.

Folglich sah sich die Kirche unter den damaligen Umständen darauf verwiesen, für die sogenannte Muntehe als der damaligen ‚Normalform' der Ehe einzutreten und diese im Sinne der erwähnten Prinzipien umzugestalten. Parallel zu dieser Umgestaltung bekämpfte die Kirche sowohl die ‚Friedelehe' als auch die ‚Kebs-Verhältnisse', indem sie solche Beziehungen mit Bußstrafen belegte. Gegen Ende des 9. Jahrhunderts waren diese Beziehungen weitgehend verschwunden. Hinsichtlich der Muntehe setzte sie den beiderseitigen Konsens der Brautleute als formalrechtliche Bedingung durch. Allerdings kamen parallel zur Durchsetzung des Konsensprinzips als Bedingung für eine rechtmäßige Ehe die erwähnten klandestinen Ehen auf. Hierbei handelte es sich wohl um eine Art Wiederaufleben – oder Fortleben – der gegen Ende des 9. Jahrhunderts verschwundenen ‚Friedelehe'. Die klandestinen Ehen nahmen im Spätmittelalter stark zu und führten angesichts ihres häufigen Scheiterns oft zu gerichtlichen Auseinandersetzungen, weil nach dem Scheitern dieser Ehen die beteiligten Frauen wohl des Öfteren mit einem Kind oder gar mehreren Kindern allein zurückblieben. Offenbar konnten diese Beziehungen aber nicht verhindert werden. Effektiver wirkte sich dagegen die mit Unterstützung der Kirche eingeführte Heiratsfähigkeit der Unfreien auf die ‚Kebs-Verhältnisse' aus, deren Voraussetzung ja der Sklaven- bzw. Unfreienstatus der beteiligten Frauen war. Denn einerseits wurde diesen Frauen trotz ihres Unfreienstatus durch die ihnen zuerkannte Heiratsfähigkeit damals der Zugang zur regulären Ehe ermöglicht und andererseits wurden ‚Kebs-Verhältnisse' weiterhin kirchenrechtlich mit Bußstrafen belegt. Die von der Kirche betriebene Durchsetzung der Monogamie kam also sowohl freien als auch unfreien Frauen zugute.

Tendenziell schloss auch die von der Kirche geforderte Unauflöslichkeit der Ehe eine Besserstellung der Frau ein. Wie die Monogamie wurde auch die Unauflöslichkeit der Ehe aus Gen.2,24 und Mt.19,5 abgeleitet. Die dort formulierte Vorstellung, dass beim Geschlechtsakt Mann und Frau zu ‚einem Fleisch werden', legte nach spätantikem Verständnis sowohl die Monogamie als auch die Unauflöslichkeit der Beziehung so vereinigter Ehepartner nahe. Während die Monogamie sich gegen Ende des 9. Jahrhunderts mehr oder weniger durchgesetzt hatte, stieß die Vorstellung von der Unauflöslichkeit der Ehe auf erheblichen Widerspruch in der hochmittelalterlichen Gesellschaft. Dieser Widerspruch resultierte vor allem aus der Problematik, die sich aus dem bisherigen Umgang mit dem Ehebruch ergab. Denn Ehebruch hatte in der damaligen abendländischen Gesellschaft wie auch in den angrenzenden Kulturen im Allgemeinen die Trennung der Ehepartner bzw. die Auflösung der Ehe zur Folge. Da diese Konsequenz des Ehebruchs tief im kollektiven Bewusstsein der hochmittelalterlichen Gesellschaft verankert war, konnte nur eine Art Kompromiss weiterhelfen, um den Widerspruch zwischen der geforderten Unauflöslichkeit der Ehe und den üblichen Folgen des Ehebruches aufzulösen. Kirchenrechtler und Theologen fanden die Kompromisslösung in der Rechtsfigur der ‚Trennung von Tisch und Bett', der ‚separatio tori, mensae et habitationis' (28). Diese Lösung kam einer vorübergehenden oder auch dauerhaften Beendigung der ehelichen Lebensgemeinschaft gleich, ohne jedoch nach Auffassung der Urheber dieser Rechtsfigur das bestehende Eheband irgendwie zu berühren. Die Vorstellung von der Unauflöslichkeit des Ehebandes erfuhr im Verlaufe des Hochmittelalters über die erwähnte biblische Begründung hinaus insofern eine weitere Begründung, als der Ehe der Charakter eines Sakraments zugesprochen wurde. Der sakramentale Charakter der Ehe verlieh der Forderung nach ihrer Unauflöslichkeit zusätzlichen Nachdruck (29). Dieser Charakter der Ehe verstärkte darüber hinaus den Anspruch der Kirche auf die Gerichtsbarkeit über die personalen Aspekte einer Ehe. Dies gelang denn auch der Kirche im Laufe des 13. Jahrhunderts, was seinerseits dem Prinzip der Unauflöslichkeit der Ehe in jener Zeit zum Durchbruch verhalf. Das Prinzip der Unauflöslichkeit trug ähnlich wie die seit Ende des 9. Jahrhunderts offiziell akzeptierte Monogamie und das zu Beginn des 13. Jahrhunderts im abendländischen Christentum durchgesetzte Konsensprinzip zur Verbesserung der hochmittelalterlichen

Stellung der (Ehe-)Frauen im Vergleich zur vorangegangenen Situation der (Ehe-)Frauen im römischen und germanischen Kulturkreis bei.

III. Entwicklung des mittelalterlichen Bildungswesens im westkirchlichen Christentum

1. Entwicklung des Schulwesens

Ähnlich wie bei der Rechtsprechung bildete sich im Verlaufe des Mittelalters auch im Bereich der schulischen und der universitären Bildung eine Zweiteilung in der Trägerschaft dieser Bildung heraus. Von einem christlichen Schulwesen kann man erst seit Ende des 6. Jahrhunderts sprechen, nachdem es in der ersten Hälfte des 6. Jahrhunderts zur Gründung von Klöstern gekommen war, die sich ausdrücklich eine intensivere christliche Bildung ihrer Angehörigen zum Ziel gesetzt hatten (1). Die ersten Klosterschulen sind denn auch erst im 6. Jahrhundert fassbar und dienten grundsätzlich nur der Ausbildung künftiger Mönche, Nonnen und Kleriker. Seit dem 6. Jahrhundert gab es in Südeuropa auch die ersten Pfarr- und Domschulen, in denen der Nachwuchs des Weltklerus im Lesen und Schreiben sowie im liturgischen Gesang und im Spenden der Sakramente unterrichtet und unterwiesen wurde. Später wurden in den Pfarrschulen aber auch Laien aufgenommen, denen in diesen Schulen elementare Kenntnisse über den christlichen Glauben vermittelt werden sollten. Dass auch Klosterschulen von Laien besucht werden konnten, lässt sich nach derzeitigem Kenntnisstand zuerst für Irland nachweisen (2) und wurde in Kontinentaleuropa von Karl dem Großen möglich gemacht. Es kam aber aufgrund von Widerständen in diesem Zusammenhang zu einer Aufspaltung der Klosterschule in eine ‚innere' (‚scola claustri') und eine ‚äußere Schule' (‚scola externa'). In der ‚inneren Schule' wurden die künftigen Mönche und in der ‚äußeren Schule' die Weltgeistlichen und auch Laien unterrichtet (3). In der Folgezeit erlebte die Klosterschule ihre Blütezeit, bis im Laufe des 11. Jahrhunderts die Benediktiner die Reformvorstellungen Benedikts von Aniane (gest. 821) hinsichtlich des klösterlichen Schulwesens aufgriffen. Infolge der Umsetzung dieser Vorstellungen wurde der schulische Unterricht für Laien (die ‚scola externa'), die sich nicht für ein Leben im Kloster entscheiden wollten, in den meisten Klöstern aufgegeben. Außerdem nahmen die Cluniazenser ebenso wie die neuen Orden der Zisterzienser und Kartäuser nur noch Heranwachsende oder Erwachsene als Novizen auf, die im Allgemeinen bereits in Pfarr-, Dom- oder Stiftsschulen entsprechend ausgebildet worden waren (4).

Meist erfuhren diese Novizen ihre Ausbildung wie die Weltgeistlichen in den Dom- und Stiftsschulen, die unter anderem auch dadurch im 12. Jahrhundert ihre Blütezeit erlebten. Die Domschulen standen grundsätzlich unter der Aufsicht des jeweiligen Archidiakons oder Dompropstes, dem Stellvertreter des Bischofs in weltlichen Angelegenheiten, und wurden vom Kanzler der Domkathedrale oder dem Domscholaster geleitet (5). Die Schulen eines Stiftes, das als Korporation über einen relativ autonomen Status verfügte, standen dagegen im Allgemeinen unter der Aufsicht des jeweiligen Stiftspropstes und wurden von einem entsprechend beauftragten Magister geleitet. Sowohl die Dom- als auch die Stiftsschulen verfügten in der Regel ähnlich wie die Klosterschulen über eine ‚innere' und eine ‚äußere Schule', in denen in einer Art Grundstufe Elementarkenntnisse im Lesen und Schreiben sowie hinsichtlich des christlichen Glaubens vermittelt wurden. Darauf aufbauend ging es dann um Inhalte und Methoden bis hin zu einem Niveau, das sich von dem Anfangsunterricht der Universitäten nicht wesentlich unterschied, die sich seit dem 13. Jahrhundert aus diesen Schulen entwickelten. In der Blütezeit der Dom- und Stiftsschulen kam es angesichts eines ökonomisch induzierten Wachstums der Städte im deutschen Königreich zur Ausbildung eines weltlich orientierten städtischen Schulwesens. Initiator und Träger dieser Stadtschulen waren die damals meist noch ausschließlich aus Patriziern bestehenden Räte der Städte, die aufgrund verliehener Privilegien vonseiten des Königs über eine entsprechende Autonomie verfügten. Im Rahmen dieser Autonomie forderten sie das Recht, Schulen einzurichten, was ihnen im Laufe des 13. und 14. Jahrhunderts trotz kirchlichen Widerstandes nach und nach auch eingeräumt wurde. In diesen Stadt- bzw. Ratsschulen ging es um einen Unterrichtsstoff, wie er in den Pfarrschulen vermittelt wurde. Darüber hinaus gehörte in diesen Schulen auch Rechnen zum Unterrichtsstoff und seit dem 15. Jahrhundert Lesen und Schreiben in der Volkssprache Deutsch (6). Mit der Einrichtung dieser Stadt- bzw. Ratsschulen, die den Ursprung des staatlichen Schulsystems markieren, war das mittelalterliche Bildungsmonopol der Kirche in der schulischen Erziehung und Bildung ausgehöhlt worden.

2. Entstehung und Organisationsform der Pariser ‚Professorenuniversität'

Ähnlich wie bei der Schulbildung bildete sich im Verlaufe des Mittelalters auch im Bereich der höheren bzw. universitären Bildung eine Zweiteilung in der Trägerschaft dieser Bildung heraus. Am Anfang der ersten abendländischen Universitäten standen sich selbst organisierende Studenten und Lehrer, die das Interesse an einem Studium bzw. an einer entsprechenden Lehrtätigkeit einte (7). Um dieses Ziel zu erreichen, schlossen sich diese beiden Gruppen, die sich aus damals bereits vor Ort bestehenden Bildungseinrichtungen rekrutierten, zusammen und bildeten eine Korporation bzw. Genossenschaft. Auf diese Weise entstand denn auch die Universität von Paris als die wohl älteste Universität Europas. So schlossen sich um 1200 die Domschule von Notre Dame, die Klosterschule St. Genovefa und eine sich aus ehemaligen Privatschulen gebildete und zunächst von der Kirche relativ unabhängige Schule zusammen und bildeten die ‚schola Parisiensis'. Infolge ihrer Attraktivität vergrößerte sich diese Schule sehr schnell, was zu diversen Problemen und Konflikten sowie zum Zusammenschluss der Studenten und Lehrer führte, um bei der Konfliktlösung möglichst wirkmächtig die eigenen Vorstellungen und Interessen vertreten zu können. Am vorläufigen Ende dieser Auseinandersetzungen um entsprechende Konfliktlösungen stand dann eine genossenschaftliche Vereinigung von Lehrern und Studenten mit eigenen Statuten: die Universität von Paris (‚universitas magistrorum et scolarium Parisiensium') war geboren. Neben einer effektiveren Interessenvertretung gegenüber der Pariser Bürgerschaft ging es dem Zusammenschluss der Studenten und Lehrer der Pariser ‚universitas' darum, sich von der Schulaufsicht des Pariser Bischofs zu befreien und selbst das Studium einschließlich der Examina zu organisieren.

Infolge dieses Zusammenschlusses kam es auch zu Zugeständnissen vonseiten des französischen Königs und des Papstes an die ‚universitas' zu Ungunsten des Kanzlers als dem Vertreter der Kirche bzw. des Pariser Bischofs, aber auch zu Lasten der städtischen Behörden. So entließ der französische König Philipp II. August um 1200 die Studenten (‚scolares') aus der städtischen Gerichtsbarkeit. Er unterstellte sie der Rechtsaufsicht des Kanzlers als dem Vertreter der Kirche, sodass sie nunmehr der ‚milderen' Form der geistlichen Gerichtsbarkeit unterstanden. Folglich waren die Scholaren in dieser Hinsicht den Klerikern und damit auch ihren Lehrern gleichgestellt. 1208 verlieh Papst Innozenz III. wie zuvor schon den Studenten auch den Lehrern Korporationsrechte und erkannte somit beider Zusammenschlüsse als ‚universitas' an. Für diese wurden 1215 durch den päpstlichen Legaten in Frankreich Statuten verfasst, die 1231 erweitert und von Papst Gregor IX. mit der Bulle ‚Parens scientiarum' bestätigt wurden. Diese Statuten enthielten wesentliche Regelungen für das Funktionieren einer mittelalterlichen Universität und signalisierten, dass diese Universität letztlich der päpstlichen Aufsicht und Jurisdiktion unterlag. Zu diesen Regelungen gehörte auch, dass der Universität das Recht eingeräumt wurde, sich selbst weitere Statuten zu geben. In solchen von der Universität selbst beschlossenen Statuten wurden beispielsweise die Rechte und Aufgaben der ‚nationes' genannten landsmannschaftlichen Vereinigungen sowie die Prüfungsordnungen festgelegt. Den damaligen vier ‚nationes' gehörten gemäß den Statuten der Pariser Universität nur die Magister und Studenten der Artistenfakultät an. Sie wählten jeweils einen Prokurator als ihren Vorsteher, besaßen ein Mitspracherecht bei der Aufnahme von neuen Studenten und hatten soziale und religiöse Aufgaben wahrzunehmen. Aus diesen vier ‚nationes' wurde auch jeweils im Wechsel nach dem Rotationsprinzip der Rektor der Gesamtuniversität von deren Lehrern, also den ‚doctores' und ‚magistri', gewählt.

Im Zusammenhang der von der Universität selbst erlassenen Statuten wurden auch die Prüfungsordnungen festgelegt, und zwar von den Lehrern der jeweiligen Fakultät. Diesen Lehrern oblagen auch die Durchführung der Prüfungen und die Entscheidung über deren erfolgreichen Abschluss. Eine positive Entscheidung schloss bei der Magisterprüfung auch die Entscheidung darüber ein, dass der Kandidat fähig sei, nunmehr selbst an der Universität zu unterrichten. Hierzu bedurfte es jedoch noch der Zustimmung des Kanzlers der Universität, bei dem es sich um einen Vertreter des Bischofs von Paris handelte. Die Zustimmung erfolgte in Form der Erteilung einer entsprechenden Lizenz, der ‚licentia docendi'. Diese konnte aber nur erteilt werden, wenn zuvor die aus Doktoren bzw. Magistern bestehende Prüfungskommission den erfolgreichen Abschluss der Magisterprüfung beschieden hatte. Da darüber hinaus den prüfungsberechtigten Hochschullehrern ein Selbstergänzungsrecht zustand und damit an zentraler Stelle kaum kirchlicher Einfluss wirksam werden konnte, wird in der Mediävistik dieses Pariser Modell einer Universität als ‚Professoren-Universität' bezeichnet. Die prüfungsberechtigen Hochschullehrer – nach heutiger Terminologie Professoren – entschieden auch darüber, wer in die Universität aufgenommen wurde. Denn Student konnte nur werden, wer von einem solchen Lehrer angenommen wurde. Dieser Lehrer nahm damit den Studenten quasi als Klient an und hatte diesen beispielsweise auch juristisch zu vertreten. Die damalige Pariser Universität verfügte also über eine weitgehende Autonomie und hatte den vormaligen kirchlichen Einfluss auf die Pariser Schulen relativ weit zurückgedrängt. Rechtlich wurde der Verselbständigungsprozess durch sogenannte Privilegien vonseiten der beiden höchsten rechtsetzenden Gewalten in Frankreich, dem Papst und dem französischen König, ermöglicht. Diese Rechtsgrundlage und die genossenschaftliche Organisationsstruktur verliehen der in Paris neu geschaffenen Institution ‚Universität' Dauer und ließen sie zum Vorbild für fast alle nördlich der Alpen nachfolgenden mittelalterlichen Universitätsgründungen werden.

3. Entstehung und Organisationsform der ‚Studentenuniversität' in Bologna

Ähnlich wie in Paris schlossen sich die italienischen und nicht-italienischen Studenten der seit 1088 bestehenden Rechtsschule in Bologna um 1215 zu zwei Korporationen (‚universitates') zusammen, die sich 1252 erstmals eine geschriebene Satzung gaben (8). Später kamen zu den zwei Korporationen der Studenten des Rechts die Studenten der um 1300 geschaffenen Hochschulen für Medizin und für die ‚freien Künste' (‚artes liberales') als dritte ‚universitas' hinzu. Zu diesen ‚universitates' gehörten damals noch nicht die Lehrkräfte, weshalb diese ‚universitates' bzw. die Universität Bologna als ‚Studentenuniversität' bezeichnet wurde bzw. wird. Die Lehrkräfte hatten sich jedoch ihrerseits wahrscheinlich auch bereits zu Beginn des 13. Jahrhunderts zu ‚collegia' zusammengeschlossen (9), um ihre Interessen sowohl gegenüber der organisierten Studentenschaft als auch gegenüber der Stadt besser durchsetzen zu können. Der Selbstorganisation der Studentenschaft und der Lehrerschaft war bereits 1158 die Erteilung des Privilegs ‚Authentica habita' durch Kaiser Friedrich I. Barbarossa vorausgegangen, in dem dieser den Gelehrten und Scholaren Bolognas seinen besonderen Schutz zugesagt hatte. Darüber hinaus unterstellte Kaiser Friedrich I. die Scholaren der Strafgerichtsbarkeit ihrer Lehrer bzw. des Bischofs von Bologna und entzog sie damit der städtischen Strafjustiz. Infolge der für die damalige Zeit charakteristischen Rivalität zwischen Kaiser und Papst als den beiden Universalgewalten hegte der Papst Bedenken angesichts des kaiserlichen Vorgehens und versuchte selbst Einfluss auf die Entwicklung der Hochschulen in

Bologna zu nehmen und unterstützte deren Anliegen. So sicherte das Papsttum beispielsweise die Anerkennung der an den Hochschulen erfolgten Ausbildung sowie die Anstellung erfolgreicher Absolventen im gesamten kurialen Machtbereich zu. Darüber hinaus trug das Papsttum zur Klärung von Rechtsfragen im Zusammenhang von Mietstreitigkeiten zwischen Stadtbürgern und Universitätsangehörigen bei. Allerdings legte Papst Honorius III. anlässlich entsprechender kontroverser Auseinandersetzungen in Bologna 1219 auch fest, dass Prüfungen an der Universität Bologna unter der Aufsicht des Archidiakons der Stadt stattzufinden hätten. Dies führte 1270 zu massiven Auseinandersetzungen in Bologna, da die Aufsicht über die Durchführung der universitären Examina zuvor offensichtlich noch in den Händen der Hochschullehrer lag. Die Durchführung der Examina selbst sowie die Entscheidung über deren erfolgreichen Abschluss oblagen auch weiterhin den Hochschullehrern (10), während nach bestandener Prüfung die Erteilung der Lehrbefähigung („licentia docendi') dem Archidiakon zustand (11).

An dem Zustandekommen der unterschiedlichen Regelungen für die Universität Bologna zeigt sich, dass die Rechte bzw. Privilegien der Korporationen von Gelehrten und Scholaren in hohem Maße der politischen Mächtekonstellation der damaligen Zeit zu verdanken waren. Diese Mächtekonstellation zeichnete sich dadurch aus, dass seit den gregorianischen Reformen aus der Zeit des Investiturstreites die beiden Universalmächte Papsttum und Kaisertum in Europa um die Vorherrschaft kämpften und von entsprechenden Interessengruppen wie den universitären Korporationen gegeneinander ausgespielt werden konnten. In Bologna kam hinzu, dass die Stadt wie viele Städte im damaligen ‚Reichsitalien' relativ autonom war, über eine eigene Gerichtsbarkeit verfügte und auch eine an eigenen Interessen orientierte Politik betrieb. Diese Politik geriet ihrerseits des Öfteren in Konflikt mit der des Papsttums oder des deutschen Kaisers, sodass auch diese Konstellation von den universitären Korporationen ausgenutzt wurde. Deren wichtigstes Druckmittel gegenüber der Stadt Bologna war allerdings wie später gegenüber anderen Universitätsstädten auch das Verlassen der Stadt oder gar die Aufgabe der betreffenden Hochschule mit der Perspektive, im Allgemeinen mit offenen Armen von einer anderen Stadt aufgenommen zu werden. Auf diese Weise kam es auch zur Neugründung von Universitäten in anderen Städten, und zwar oft nach dem Vorbild der verlassenen oder aufgegebenen Universität. Diese Vorgänge waren jedoch nur möglich, weil sich Lehrende und Lernende zunächst als ‚Einzelkorporationen' („universitates scholarium' und ‚collegia magistrorum') konstituierten und dann durch ihren Zusammenschluss eine ‚Gesamtkorporation' bildeten und so die Universität von Bologna gründeten.

Aufgrund der erwähnten politischen Konstellationen wurden also zunächst den ‚Teilkorporationen' und dann auch der Gesamtkorporation verschiedene Rechte und Privilegien verliehen. Die Universität verfügte folglich aufgrund kaiserlicher Privilegierung und päpstlicher Konzessionen nach außen über eine weitgehende Autonomie, die sich ihrerseits nach innen in einer fast vollständigen Selbstverwaltung manifestierte. Die Selbstverwaltung umfasste zum Beispiel die Gestaltung der

Lehrpläne, die Berufung der Lehrenden und die Durchführung der Examina, die jedoch unter der Aufsicht des Archidiakons stattfanden, wie es Papst Honorius III. 1219 festgelegt hatte. Wahrgenommen wurde diese Selbstverwaltung durch eine entsprechende Organisation der Verwaltung, an deren Spitze je ein gewählter Rektor der italienischen (‚citramontanen') und der nicht-italienischen (‚ultramontanen') Studenten der Rechtsschule standen. Diese beiden Rektoren bildeten spätestens seit 1317 zusammen mit einem studentischen Rat das oberste Entscheidungsgremium, sodass man spätestens seit dieser Zeit von einer aus zwei ‚universitates' zusammengefügten und als Einheit organisierten Universität sprechen kann (12). Dieses Gremium beschloss die für die Universität gültigen Statuten, in denen beispielsweise alles Wesentliche in Bezug auf die Selbstverwaltungsorgane, den Lehrbetrieb, die Examina sowie hinsichtlich der Pflichten und der Rechte des Lehrpersonals sowie der Studenten geregelt wurde. Da es sich nicht nur bei den Mitgliedern des studentischen Rates, sondern auch bei den beiden Rektoren um Studenten handelte, ist zumindest für das 13. Jahrhundert und die 1. Hälfte des 14. Jahrhunderts die oben erwähnte Bezeichnung der Universität von Bologna als ‚Studentenuniversität' aufgrund ihrer anfänglichen organisatorischen Struktur gerechtfertigt. Allerdings verloren bereits im Verlaufe des 14. Jahrhunderts die Studenten ihre Selbstverwaltungsrechte zum Teil an die Magisterkollegien und an die Vertreter der Kirche (13), sodass sich auch die Universität von Bologna dem Typus der ‚Professoren-Universität' Pariser Provenienz anglich. Zur Autonomie der Universität von Bologna gehörte auch eine sichere Finanzierung des Unterrichts sowie der Verpflegung und Unterbringung der Studenten, zumal deren Studium gemäß einer Erklärung des Laterankonzils von 1179 kostenlos sein sollte (14). Diese Finanzierung wurde unter anderem vonseiten der Kirche durch Erträge aus – zum Teil umgewidmeten – Benefizien und Pfründen sowie durch öffentliche Gelder der Stadt Bologna langfristig sichergestellt

4. Gründung einer ‚obrigkeitlichen Universität' in Neapel durch Kaiser Friedrich II.

Neben den beiden genossenschaftlich organisierten Universitätstypen, wie sie sich in Paris und Bologna ausgebildet haben, gab es im Mittelalter auch noch einen weiteren Typus, nämlich den der obrigkeitlichen Universität. Die erste Universität dieser Art im europäischen Raum war die von Kaiser Friedrich II. 1224 in Neapel gegründete Universität. Deren Aufgabe war es, die für die königliche Verwaltung notwendigen Fachkräfte auszubilden. Die ausschließlich aus dem königlichen Haushalt finanzierte Universität unterstand vollkommen der königlichen Verwaltung, die von der Berufung des Lehrpersonals über die Lehrplangestaltung bis hin zur Verleihung akademischer Grade alles regelte. Dieser obrigkeitliche Typus der Universität entfaltete allerdings im Gegensatz zu den beiden genossenschaftlichen Formen der Pariser und Bologneser Universität im Mittelalter keine nennenswerte

Vorbildfunktion, sondern erlangte erst später vor allem in den protestantischen Territorialstaaten des Heiligen Römischen Reiches Deutscher Nationen größere Bedeutung. Im Mittelalter dominierten eindeutig die genossenschaftlich verfassten Universitäten, deren Organisationsstruktur diesen denn auch eine weitreichende Autonomie und damit einhergehend eine nicht geringe Lehrfreiheit verschaffte. Dies galt auch noch für die im deutschen Sprachraum im 14. und 15. Jahrhundert gegründeten Universitäten, die fast alle obrigkeitliche Gründungen waren, aber trotzdem die genossenschaftliche Organisationsform übernahmen (15). Dies lag unter anderem darin begründet, dass diese Universitäten bereits bei der Gründung und auch in der Folgezeit auf den Zuzug von Dozenten und Studenten angewiesen waren, die andere Universitäten, vor allem die in Prag und Paris, verlassen hatten. Die relativ weitreichende Autonomie der mittelalterlichen Universitäten resultierte also aus der genossenschaftlichen Organisationsform, die ihre Vorbilder in den Kloster- und Ordensgemeinschaften, den Domkapiteln und Kollegiatstiften sowie in den Kaufmannsgilden und Handwerkerzünften hatte. Ermöglicht wurde diese Autonomie letztlich vor allem durch die Zweiteilung irdischer Macht in die geistliche und weltliche Gewalt, deren Konkurrenz die jeweiligen Genossenschaften von Lehrern und Scholaren in ihrem Sinne zu nutzen wussten. Lediglich der Typus der obrigkeitlichen Universität, wie er in Neapel von Kaiser Friedrich II. geschaffen worden war, erlangte keine der genossenschaftlichen Universität vergleichbare Autonomie. Wie erwähnt spielte er aber im Mittelalter für die Entwicklung der Universitäten im Abendland noch keine besondere Rolle, entsprach aber am ehesten den seit dem 11. Jahrhundert im Orient entstandenen bzw. sich entwickelnden Madrasen (16).

IV. Entwicklung des Verhältnisses von göttlicher Prädestination und menschlicher Willensfreiheit im westkirchlichen Christentum

1. Augustins Prädestinationslehre als Ausgangspunkt der entsprechenden Kontroversen in der Westkirche

Die Frage nach dem Verhältnis zwischen göttlicher Allmacht und menschlicher Willensfreiheit wurde in der christlichen Tradition nach derzeitigem Kenntnisstand kontrovers und historisch wirksam erstmals in der Auseinandersetzung zwischen Pelagius (gest. um 422) und Augustinus (354–430) thematisiert (1). Zuvor ging man im Allgemeinen davon aus, dass der Mensch grundsätzlich zur Führung eines gottgefälligen Lebens in der Lage sei, was ja auch Grundvoraussetzung für die Entstehung und Entwicklung des Mönchtums war. Insbesondere das asketische Mönchtum stellte auf den Verdienstcharakter seines durch eigene Willensentscheidung praktizierten asketischen Lebenswandels ab. Gegen diese Position und die in der frühen Kirche allgemein verbreiteten Tendenzen zum Moralismus opponierte

Augustinus. Denn er sah in der diesen Tendenzen zugrunde liegenden Auffassung von der Willensfreiheit des Menschen und der Verdienstlichkeit menschlichen Verhaltens die Gefahr, die Allmacht Gottes sowie die Erlösungsbedürftigkeit des Menschen und damit die Erlösungstat Jesu Christi zu relativieren oder gar in Frage zu stellen.

Auf diesem Hintergrund setzte sich Augustinus kurz vor 396 verstärkt mit der damaligen Sünden- und Gnadenlehre auseinander und entwickelte seit jener Zeit allmählich seine Vorstellungen von der sogenannten Erbsünde. Ähnliche Sündenvorstellungen gab es bereits vor Augustinus, da das damalige Verständnis der Taufe als ‚geistige Geburt' entsprechende Vorstellungen voraussetzte (2). Denn durch die Taufe sollte nach damaliger Auffassung der Täufling – die Kindertaufe war bereits üblich geworden – vor drohenden Sünden bewahrt werden, um so an dem von Jesus Christus erworbenen Heil teilhaben zu können. Augustinus vertrat insofern ein radikaleres Sündenverständnis, als die Sünde durch den Sündenfall Adams über die Menschen gekommen sei und deren Sterblichkeit sowie deren moralische Verderbtheit verursacht habe. Diese ‚Verderbtheit' liege in der Fehlleitung des Willens begründet, die ihrerseits durch Hochmut (‚superbia') und Begierde (‚concupiscentia') verursacht werde. Um diese durch den von sexueller Begierde geprägten Zeugungsakt vererbte Fehlleitung des menschlichen Willens zu korrigieren, bedürfe der Mensch der Hilfe Gottes, die dieser ihm als Gnadengeschenk gewähre. Augustinus unterschied drei verschiedene Formen der Gnade: die am Anfang des Rechtfertigungs- bzw. Heiligungsprozesses[2] stehende Gnade (‚gratia praeveniens': vorausgehende Gnade), die den Menschen von seiner erblichen Gebundenheit an die fehlgeleitete Willensrichtung befreie und im Taufakt übertragen werde. Diese Befreiung eröffne die Möglichkeit, ein gottgefälliges Leben zu führen, und bedürfe bei dessen jeweiligem Vollzug nach Augustinus der Ergänzung durch weitere göttliche Hilfe in Form der ‚gratia cooperans' (‚kooperierende Gnade'). Um einer solchen Lebensführung Kontinuität zu verleihen, müsse der Mensch über eine entsprechende Kraft zur Beharrlichkeit verfügen, die ihm durch die ‚gratia perseverans' (‚Beharrlichkeit verleihende Gnade') geschenkt werde. Beim Vollzug eines gottgefälligen Lebens wirke der Mensch aufgrund eigener Willensentscheidung mit, was ihm jedoch erst durch die zuvor empfangene ‚gratia praeveniens' möglich sei, da diese ihn allererst von der durch die Erbsünde bedingten Fehlleitung seines Willens befreie.

---

[2] Mit ‚Heiligung' ist im Folgenden die prozesshafte – evtl. durch Gottes Gnadenhilfe unterstützte oder ermöglichte – ‚Besserung' des Menschen auf seinem Wege hin zu einem gottgefälligen Leben gemeint. Dagegen ist mit ‚Rechtfertigung' der bereits im diesseitigen Leben erfahrbare göttliche Akt der gnadenhaften Annahme und vor allem das abschließende Ja Gottes zum Menschen gemeint. Der Heiligungsprozess ist also zwischen der anfänglichen gnadenhaften Annahme und dem abschließenden Ja Gottes eingebettet. Folglich umfasst nach allgemeinem mittelalterlich-katholischem Verständnis das Rechtfertigungsgeschehen auch den Heiligungsprozess, sodass im Folgenden grundsätzlich zur Beschreibung des entsprechenden Gesamtgeschehens der Begriff ‚Rechtfertigung' verwendet wird. Geht es jedoch ausschließlich um die prozesshafte ‚Besserung' des Menschen aufgrund angenommener Willensfreiheit, so wird der Bezeichnung ‚Heiligung' gewählt.

Diese Befreiung verstand Augustinus allerdings nicht in einem absoluten Sinne, als wäre der Mensch nun frei, ein gottgefälliges Leben zu führen oder sich diesem zu verweigern. Vielmehr bewege sich diese Freiheit nur innerhalb dessen, was Gott zulasse bzw. vorherbestimmt habe. Dabei nahm Augustinus an, dass der Mensch sich dem Gnadenwirken Gottes nicht widersetzen könne, und sprach von einer ‚gratia irresistibilis' (‚unwiderstehlichen Gnade'). Die Menschen, denen Gott seine Gnade vorenthalte, seien dagegen aufgrund ihrer Gebundenheit an die Erbsünde der ewigen Verdammnis ausgeliefert. Letztlich habe Gott also vorherbestimmt, wer ins Paradies gelange und wer der ewigen Verdammnis anheimfalle.

Vor allem die Vorstellungen von der sogenannten Erbsünde, von einer zweifachen Prädestination und einer ‚unwiderstehlichen Gnade' stießen bei Pelagius (gest. um 422) und seinen Anhängern auf entschiedenen Widerspruch. Denn diese Vorstellungen schlossen eine Rechtfertigungslehre aus, in der der menschlichen Willensfreiheit und der damit verbundenen Eigenverantwortlichkeit des Menschen für sein Seelenheil eine zentrale Rolle zukommen solle. Denn Pelagius und seine Anhänger sahen in der Willensfreiheit eine ‚gnadenhafte Naturausstattung' des Menschen, die es diesem ermögliche, dank des offenbarten alttestamentlichen Gesetzes und des Evangeliums das ewige Heil zu erlangen. Da es bei den Auseinandersetzungen zwischen Pelagianern und Anhängern Augustins um zentrale Glaubensfragen ging, schaltete sich auch die kirchliche Hierarchie ein, und es kam zu verschiedenen Synoden sowie zur zwischenzeitlichen Exkommunikation von Pelagius und seinem frühen Mitstreiter Caelestius. Zu einem zwischenzeitlichen Abschluss der Auseinandersetzungen führte das Konzil von Karthago 418, dessen Beschlüsse jedoch einige zentrale Aussagen Augustins überhaupt nicht berücksichtigten, sodass die Auseinandersetzungen zwischen Augustinus und seinen Anhängern sowie Vertretern pelagianischer Vorstellungen bald wieder aufflammten. Insbesondere südgallische Mönche, vor allem Johannes Cassian (gestorben zwischen 430 und 435) und Vinzenz von Lerinum (gest. um 450), kritisierten weiterhin Augustins Lehre von der völligen Unfreiheit des menschlichen Willens, ein gottgefälliges Leben zu führen. Auch Augustins Vorstellung von einer ‚unwiderstehlichen Gnade' und von der ‚zweifachen Prädestination' stieß auf heftige Kritik. Dieser fast ein Jahrhundert währende Streit fand erst auf der Synode von Orange im Jahre 529 seinen Abschluss. Zuvor war auf einer Synode von Valence im Jahre 528 die augustinische Partei einer Gruppe unterlegen, die in der Tradition der südgallischen Mönche stand und in der theologiegeschichtlichen Forschung als Semipelagianer bezeichnet wird (3). Diese Gruppe akzeptierte zwar die augustinische Vorstellung von der Erbsünde, ging jedoch davon aus, dass die menschliche Willensfreiheit nicht vollkommen verloren gegangen sei. Folglich sei der Mensch noch in der Lage, sein ewiges Heil willentlich anzustreben und mit Gottes Hilfe auch zu erlangen.

2. Beschlüsse der Synode von Orange im Jahre 529 und deren Bestätigung auf der Synode von Quierzy 853 als Grundlage der westkirchlichen Prädestinationslehre

Auf Betreiben des Bischofs von Arles wurden die durch semipelagianische Vorstellungen geprägten Beschlüsse von Valence jedoch ignoriert. Darüber hinaus entwarf der Bischof von Arles eine Art Beschlussvorlage unter weitgehender Berücksichtigung augustinischer Vorstellungen und legte diese Vorlage mit einer Autorisation durch den römischen Bischof Felix III. (526–530) der 529 nach Orange einberufenen Synode zur Abstimmung vor. Auf dieser Synode wurde die Erbsündenlehre Augustins im Wesentlichen übernommen, wonach die Natur des Menschen und dessen Wille so ‚verderbt' seien, dass der Mensch zur Führung eines gottgefälligen Lebens auf die Gnade Gottes angewiesen sei. Diese Gnade werde als ‚gratia praeveniens' (‚vorausgehende Gnade') dem Menschen ohne eigenes Verlangen oder Zutun als Geschenk in Form eines Inspiriertseins durch den heiligen Geist zuteil. Bei dem so inspirierten Menschen stelle sich der rechte Glauben ein und das Verlangen nach der Taufe, in der die durch Hochmut (‚superbia') und Begierde (‚concupiscentia') verloren gegangene Freiheit des menschlichen Willens wiederhergestellt werde. Trotzdem bedürfe der Mensch um seiner Rechtfertigung willen darüber hinaus weiterhin der göttlichen Gnade in Form der ‚gratia cooperans' und der ‚gratia perseverans', so die Entscheidungen des Konzils. Allerdings verwarf das Konzil sowohl Augustins Vorstellung von einer ‚gratia irresistibilis' (‚unwiderstehliche Gnade') als auch die von einer göttlichen Prädestination zur Verdammnis. Durch die Ablehnung dieser beiden Vorstellungen Augustins wollte man wohl anders als Augustinus der willentlichen Mitwirkung des Menschen an dessen Rechtfertigung einen gedanklich nachvollziehbaren Spielraum ermöglichen. Da der damalige Papst Bonifaz II. (530–532) diese Beschlüsse bestätigte, erlangten diese für die gesamte lateinische Kirche Gültigkeit.

Durch diese Beschlüsse wurden zwei für die weitere Entwicklung der damaligen Kirche des Westens wichtige Ziele erreicht. Zum einen wurde die Kirche durch die damals der Taufe zugewiesene Funktion, von der fehlgeleiteten Willensrichtung zu befreien und eine freie Betätigung des Willens zu ermöglichen, zu einer Art Heilsanstalt. Zum anderen wurde durch die Ablehnung der Vorstellungen von einer ‚gratia irresistibilis' und von einer göttlichen Prädestination zur Verdammnis das Verhältnis zwischen göttlicher Gnadenhilfe und willentlicher Mitwirkung des Menschen an seiner Rechtfertigung zunächst einigermaßen zufriedenstellend bestimmt. Allerdings konnte hiermit nur schwerlich eine auf Dauer tragfähige Akzeptanz dieser Lehre von der Rechtfertigung als einem Zusammenwirken von verdienstlichem Handeln des Menschen und von göttlicher Gnade als Ausdruck der Allmacht und der Barmherzigkeit Gottes erreicht werden, da auf der Synode von Orange einige Fragen unbeantwortet blieben. So war zwar festgelegt worden, dass der Rechtfertigungsprozess nur von Gott durch ‚Eingießung' seiner ‚gratia praeveniens' initiiert werden könne, aber es wurde nicht geklärt, wer dieser Gnade teilhaftig wird und was mit den Menschen geschieht, die ihrer nicht teilhaftig werden. Die Frage der doppelten Prädestination, also auch die Prädestination zur ewigen Verworfenheit (‚reprobatio'), blieb weiterhin virulent. Desgleichen wurden keine Bedingungen für das Ge- bzw. Misslingen des durch die ‚gratia praeveniens' eingeleiteten Rechtfertigungsprozesses angegeben. Es wäre also im Hinblick auf diesen Prozess auch eine genauere Klärung des Verhältnisses des weiteren göttlichen Gnadenwirkens (durch die ‚gratia cooperans' und ‚gratia perseverans') und der menschlichen Willensfreiheit notwendig gewesen. Dass dies nicht geschah, hing m. E. damit zusammen, dass man im Wesentlichen die Erbsünden- und Gnadenlehre Augustins übernommen hatte, nicht aber dessen Prädestinationslehre. Deren Übernahme hätte eine willentliche Mitwirkung des Menschen an seiner Rechtfertigung wohl kaum vermittelbar gemacht. Letztlich vermochte man damals noch nicht, den Gegensatz zwischen der göttlichen Prädestination als Ausdruck der Allmacht Gottes und der menschlichen Willensfreiheit aufzulösen.

Nichtsdestoweniger scheinen diese Probleme Theologen und Klerus fast über 300 Jahre lang nicht sonderlich beschäftigt zu haben. Für uns historisch erstmals fassbar brachte Anfang des 9. Jahrhunderts der spätere Bischof Claudius von Turin wieder eine Auseinandersetzung mit diesem Problem in Gang. Anlass war seine Kritik an der Lehre von den Verdiensten, zu denen damals zum Beispiel auch die Reliquien- und Bilderverehrung sowie Wallfahrten gehörten (4). In seiner Kritik nahm der spätere Bischof Claudius Bezug auf die antipelagianische Kritik Augustins. Unter anderem auf diesem Hintergrund ist auch das Vorgehen eines sächsischen Mönches namens Gottschalk (ca. 803–869) zu sehen, das zu heftigen Auseinandersetzungen führte. Zunächst vertiefte sich Gottschalk in die Schriften Augustins und vertrat dann öffentlich dessen Lehre von der ‚doppelten Prädestination' sowie darüber hinaus die Auffassung, dass auch jede einzelne verwerfliche Tat eines Sünders von Gott vorherbestimmt sei. Dies stieß auf entschiedenen Widerstand aufseiten der damaligen kirchlichen Hierarchie, vertreten durch den Erzbischof Hrabanus Maurus von Mainz und den Erzbischof Hinkmar von Reims, die für die entsprechende kirchliche Lehre gemäß den Beschlüssen von Orange eintraten. Auf der Synode von Quierzy 853 wurde denn auch festgelegt, dass es nur eine sogenannte ‚einfache Prädestination' der Erwählten gebe. Die von diesen beiden Erzbischöfen betriebene Verurteilung und Gefangensetzung Gottschalks führte jedoch ihrerseits zu einer Mobilisierung von Anhängern Gottschalks, die das harte Vorgehen der beiden Bischöfe gegen Gottschalk ablehnten. Darüber hinaus fühlten sich die Anhänger Gottschalks wie dieser zur Verteidigung der Lehre Augustins berufen, der damals bereits wie das ganze Mittelalter hindurch als die theologische Autorität schlechthin angesehen wurde. Mit der Gefangensetzung um 850 wurde Gottschalk mehr oder weniger zum Verstummen gebracht. Trotzdem erhielt Papst Nikolaus I. (858–867) Kenntnis von den Vorgängen um Gottschalk und wollte dessen Verurteilung überprüfen lassen, was aber wohl wegen Nikolaus' Tod dann unterblieben ist. Mit der Bestätigung der entsprechenden Beschlüsse von Orange war der strukturelle Rahmen für die Rechtfertigungslehre insofern geschaffen, als das für den Rechtfertigungsprozess wichtige Verhältnis zwischen göttlicher Prädestination und Gnade einerseits und menschlicher Willensfreiheit und Mitwirkung andererseits in seiner vorangegangenen Form festgeschrieben wurde. Dieser Rahmen war damit im Großen und Ganzen fast über das gesamte Mittelalter hindurch gültig, auch wenn die erwähnten Probleme weiterhin ungelöst blieben.

3. Hochmittelalterliche Präzisierungen bzw. Modifikationen der Prädestinationslehre

Zu einer ersten theologiegeschichtlich relevanten Präzisierung in Bezug auf den durch die Synoden von Orange 529 und Quierzy 853 geschaffenen strukturellen Rahmen der Rechtfertigungslehre kam es durch Anselm von Canterbury (1033/34– 1109). Diesem ging es dabei um eine Lösung der erwähnten Probleme infolge des kontradiktischen Verhältnisses zwischen göttlicher Alleinwirksamkeit und menschlicher Mitwirkung an der je eigenen Rechtfertigung (5). Anselm von Canterbury unterschied zunächst zwischen einer ewigen und einer zeitlichen Ordnung und ging entsprechend der damaligen allgemeinen Auffassung davon aus, dass das von Gott Vorherbestimmte auch eintrete. In der zeitlichen Ordnung der geschaffenen Welt manifestiere sich nach Anselm die göttliche Allmacht sowohl in der Prädestination als auch im göttlichen Vorherwissen (,Präszienz'). So wisse Gott beispielsweise um die Willensentscheidung eines Menschen und habe dies in seinem ewigen Ratschluss hinsichtlich des einzelnen Menschen und der gesamten Schöpfung berücksichtigt, ohne jedoch die im Rahmen der zeitlichen Ordnung getroffene Willensentscheidung des jeweiligen Menschen vorherzubestimmen. Prädestination meint also nach Anselm in Bezug auf die geschaffene Welt ,lediglich', dass Gott zum Beispiel vorherweiß, welche Entscheidungen die Menschen treffen werden.

Die Präszienz Gottes schließe also auch das Wissen darüber ein, ob der einzelne Mensch die ihm zuteilwerdende ,gratia praeveniens' annehme oder ablehne und sich damit auf den rechten Weg begebe oder sich diesem verweigere. Diese Entscheidung wiederum hänge nach dem Empfangen der ,gratia praeveniens' und der Taufe von der Nutzung der dadurch wiederhergestellten Willensfreiheit (,liberum arbitrium') durch den jeweiligen Menschen ab. Dieser verfüge also nun wieder über seine ursprüngliche Willensfreiheit, die ihm durch den Sündenfall verloren gegangen war und die auch nicht durch das göttliche Vorherwissen beeinträchtigt werde. Um eine rechte Nutzung der Willensfreiheit vorstellbar zu machen, nahm Anselm von Canterbury darüber hinaus eine im Vergleich zur vorgängigen Tradition veränderte Perspektive auf das ,liberum arbitrium' ein. Er betrachtete es von dessen Zielpunkt aus und definierte es als ein Vermögen, das die ,Rechtheit des Willens' (,rectitudo voluntatis') um ihrer selbst willen anstrebe. Durch diese veränderte Blickrichtung erfuhr die Willensfreiheit bzw. das ,liberum arbitrium' eine positive Bestimmung im Gegensatz zur vorgängigen augustinischen Tradition, wonach man auf den ,verderbten Willen' als Folge des Sündenfalls fokussiert war. Anders als in der augustinischen Tradition geriet bei Anselm damit auch die leiblich begründete Konkupiszenz als Beeinträchtigung der menschlichen Willensfreiheit aus dem Blickfeld der Betrachtung des ‚liberum arbitrium'. Auf diese Weise versuchte Anselm von Canterbury die postulierte menschliche Willensfreiheit in seine Vorstellung von der Rechtfertigung des Menschen zu integrieren, aber auch die göttliche Allmacht in Form der Präszienz und des ewigen Ratschlusses zu wahren. So meinte er, den Gegensatz zwischen göttlicher Allmacht und menschlicher Willensfreiheit aufgelöst zu haben. Allerdings blieb es grundsätzlich bei dem oben erwähnten Rahmen, auch wenn er die Willensfreiheit des Menschen und dessen Mitwirkung an seiner Rechtfertigung in ihrer Bedeutung vor allem mit Hilfe der Unterscheidung von ewiger und zeitlicher Ordnung sowie des Begriffs der ‚Präszienz' klarer herausgearbeitet und zur Geltung gebracht hat.

Der erwähnte Rahmen fand auch Eingang in die Sentenzenbücher (‚Libri IV Sententiarum') des Petrus Lombardus (gest. 1160), die vom frühen 13. bis zum 16. Jahrhundert als theologisches Lehrbuch an den Universitäten dienten. Selbst für die entsprechenden Beschlüsse des Trienter Konzils (1545–1563) bildeten sie die gedankliche Folie. In den Sentenzenbüchern findet sich auch die Vorstellung, dass die dem Menschen zuteilwerdende ‚gratia praeveniens' den Glauben bewirke und dem Menschen folglich eine neue Geistigkeit verleihe, der diese Gnade empfangen habe. Diese neue Geistigkeit äußere sich in tätiger Nächstenliebe (‚caritas') und führe dank weiterer göttlicher Gnadenhilfe (‚gratia cooperans' und ‚gratia perseverans') zu ewigem Heil. Die neue Geistigkeit, die durch die göttliche Gnade erzeugt werde und sich in tätiger Liebe manifestiere, wurde auch als dem Menschen innewohnende göttliche Gnade (‚gratia inhabitans') verstanden. Dieses Verständnis der Wirkweise der Gnade führte in der weiteren Entwicklung der Gnadenlehre unter der Ägide vor allem franziskanischer und dominikanischer Theologen zu der Vorstellung, dass sich die ‚Natur' bzw. das ‚Wesen' des begnadeten Menschen grundsätzlich verändere. Dabei kam diesen Theologen der Begriff ‚habitus' zustatten, den die Aristotelesrezeption zur Verfügung gestellt hatte und der zunächst ‚nur' eine sich in besonderen Tugenden manifestierende Verhaltensweise meinte. Allerdings entwickelten franziskanische und dominikanische Theologen bei der Weiterentwicklung der Gnadenlehre samt deren Konsequenzen für die Bedeutung der Willensfreiheit unterschiedliche Vorstellungen.

Der bekannte dominikanische Theologe Thomas von Aquin (1225–1274) vertrat in weitgehender Anlehnung an Augustinus eine sehr eng gefasste Vorstellung von der menschlichen Willensfreiheit (6). Aufgrund seiner ausgeprägten Vorstellung von der Allmacht Gottes bewirke dessen Gnade nach Thomas sowohl den Glauben als auch die heilsrelevanten Werke des Menschen, sodass diesem letztlich nur eine Art begleitende Mitwirkung an seiner Rechtfertigung eingeräumt werden könne. Thomas von Aquin unterschied zunächst zwischen heilsrelevanten und heilsirrelevanten Willensentscheidungen. Die heilsrelevanten Willensentscheidungen mit einer positiven Wirkung auf die Rechtfertigung des jeweiligen Menschen seien das Resultat eines ‚Strebevermögens', das dem Menschen erst durch die vorausgehende Gnade Gottes zuteilwerde. Dieses ‚Strebevermögen' ziele auf die Verwirklichung des allgemeinen Guten (‚bonum universale') ab, das Thomas mit ‚Gott' gleichsetzte. Aufgrund dieser Ausrichtung des ‚Strebevermögens' ergebe sich eine Übereinstimmung von göttlichem Willen und menschlichem Willen. Damit entfiel in diesem Kontext für Thomas die Annahme eines Gegensatzes zwischen göttlicher Allmacht und menschlicher Willensfreiheit. Eine Entscheidung gegen das ‚bonum universale' bzw. gegen Gott qualifizierte Thomas als Sünde. Die Verantwortung für diese Sünde schrieb er dem betreffenden Menschen zu, da dessen Sünde Resultat der eigenen Entscheidung dieses Menschen gewesen sei. Allerdings sei diese Entscheidung im Horizont der übergeordneten göttlichen Providenz vollzogen und insofern von Gott ‚gewollt zugelassen' worden (7). Dies bedeutet, dass Thomas von Aquin im Sinne der strengen augustinischen Tradition die Vorstellung von einer Prädestination zur ewigen Verdammnis vertrat. Thomas sah ja auch die erfolgreiche Rechtfertigung eines jeden Menschen als von Gott vorherbestimmt an. So werde die göttliche Gnade dem Menschen zu Beginn des Rechtfertigungsprozesses ‚eingegossen' und bewirke in ihm aufgrund entsprechender göttlicher Prädestination als ‚gratia habitualis' eine Wesensveränderung und damit eine neue Seinsqualität, mit der auch eine Veränderung der Ausrichtung des menschlichen Willens einhergehe. Dieses neue Sein samt der positiven Ausrichtung des Willens ermögliche mit weiterer göttlicher Gnadenhilfe (‚gratia cooperans') ein neues, gottgefälliges Verhalten, für das sich der jeweilige Mensch nach Thomas angeblich frei entscheide. In diesem Prozess wurde jedoch der göttlichen Gnade die alles entscheidende Bedeutung zugewiesen, weil sie unabdingbar am Anfang des Rechtfertigungsprozesses stehen müsse, diesen notwendigerweise bis hin zur abschließenden rechtfertigenden Gnade begleite und in ihrer Wirkung als ‚unwiderstehlich' (‚gratia irresistibilis') anzusehen sei. Im Rahmen dieser theologischen Konzeption Thomas von Aquins blieb für den freien Willen des Menschen angesichts der postulierten ‚Unwiderstehlichkeit der göttlichen Gnade' sowie der Vorstellung von der doppelten Prädestination letztlich kein Spielraum. Einen solchen Spielraum, den Thomas ja reklamierte, kann man sich m.E. nur jenseits des entworfenen theologischen Konzepts insofern vorstellen, als der einzelne Mensch in seiner konkreten Lebenssituation nicht um die Art seiner Prädestination wisse. Demzufolge handele er in dem Bewusstsein, über einen freien Willen zu verfügen und folglich eigenverantwortlich entscheiden zu müssen, wie es die im 13. Jahrhundert übliche Bußpraxis nahelegte.

4. Spätmittelalterliche Entwürfe zum Verhältnis von göttlicher Prädestination und menschlicher Willensfreiheit

Anders als Thomas von Aquin gelang es dem bereits zu Lebzeiten hochgeschätzten franziskanischen Theologen Johannes Duns Scotus (ca. 1265/66–1308) in teilweiser Anlehnung an Anselm von Canterbury, eine Rechtfertigungslehre zu entwickeln, die der menschlichen Willensfreiheit einen nachvollziehbaren Spielraum einräumte (8). So vertrat Duns Scotus die Auffassung, dass Gott zwar prinzipiell über eine unüberbietbare Macht ('potentia absoluta') verfüge, sich aber gegenüber seiner Schöpfung Selbstbeschränkungen auferlege und sich an diese selbst gebunden habe. Die Schöpfung verstand Duns Scotus folglich als Ausdruck der ‚ordnenden Macht' Gottes, der sogenannten göttlichen ‚potentia ordinata'. Zur Schöpfungsordnung gehöre zum Beispiel, dass Gott den Menschen mit Willensfreiheit (‚liberum arbitrium') ausgestattet habe, von der Gott wisse, in welcher Weise der einzelne Mensch jeweils davon Gebrauch machen werde (‚Präszienz'). Darüber hinaus vertrat Duns Scotus die Auffassung, dass durch die Erbsünde der Mensch zwar mit Schuld belastet sei und seine ‚intuitive Gotteserkenntnis' verloren habe, seine ‚Natur' sich ansonsten aber nicht verändert habe. Aufgrund seiner Willensfreiheit als Teil seiner gnadenhaften Naturausstattung sei der Mensch also in der Lage, ein gottgefälliges Leben zu führen. Dabei wirke die beim Empfang der Sakramente ‚eingegossene' Gnade unterstützend mit.

Durch diese ‚eingegossene' Gnade Gottes werde dem Menschen vor allem auch das Streben nach der Gemeinschaft mit Gott geschenkt sowie dem entsprechenden Handeln Vollkommenheit und die ‚Würde der Verdienstlichkeit' verliehen. Ob der jeweilige Mensch diese Möglichkeiten wahrnehme oder nicht, obliege – im Horizont der von Gott geschaffenen Heilsordnung im Sinne einer zweiten Schöpfungsordnung – seiner autonomen Entscheidung. Diese Entscheidung nehme der betreffende Mensch subjektiv tatsächlich auch als seine eigene freie Entscheidung wahr. Im Horizont der aufgrund der ‚potentia absoluta' gültigen ewigen Ordnung sei das jeweilige Verhalten des Menschen von Gott jedoch vorhergewusst. Die angesprochene Entscheidung des Menschen werde nach Duns Scotus von Gott jedoch insofern beeinflusst, als Gott von ihm Erwählte mit einer Gnade ausstatte, die diesen die Sünde überwinden und den Weg zu Gott finden helfe. Nichtsdestoweniger könnten sich diese Erwählten auch der göttlichen Gnade verweigern. Nicht-Erwählten fehle dagegen diese Gnade einschließlich der damit verbundenen Möglichkeiten. Dies bedeute allerdings nicht, dass ein Nicht-Erwählter zur ewigen Verdammnis prädestiniert sei, da er ja aufgrund seiner natürlichen Ausstattung durchaus zur Führung eines gottgefälligen Lebens oder im Versagensfalle zu aufrichtiger Reue imstande sei. Wenn sich ein Mensch – ob erwählt oder nicht erwählt – für ein gottgefälliges Leben entschieden und ein solches Leben auch geführt habe, so sehe sich Gott an seine Heilszusage gebunden und werde diese durch seine rechtfertigende Annahme (‚acceptatio divina') des betreffenden Menschen einlösen. Die Souveränität Gottes bleibe davon aber unberührt, da Gott sich ja selbst vorab aufgrund eigener Machtvollkommenheit an diese Heilszusage gebunden habe. Menschen, die jedoch kein gottgefälliges Leben geführt haben, empfänden dies – so die Theorie Duns Scotus' – als eigenes Versagen und damit die entsprechende Bestrafung, nämlich die Verweigerung ewiger Seligkeit, als gerecht. So gewährleiste dieser Prozess der Rechtfertigung bzw. deren Verweigerung gemäß der durch die ‚potentia ordinata' geschaffenen Heilsordnung, dass sowohl die absolute Souveränität Gottes als auch die Eigenverantwortlichkeit des Menschen zur Geltung kämen. Darüber hinaus wäre es nach Duns Scotus im Horizont der ‚ewigen absoluten Ordnung' aufgrund der ‚potentia Dei absoluta' auch denkbar, dass Gott einen Sünder rechtfertige.

Im Anschluss an diese hypothetische Überlegung entspann sich nach dem Tode Duns Scotus' eine heftige Diskussion, in der zum Beispiel der franziskanische Mönchsbruder Petrus Aureoli Duns Scotus' Rechtfertigungslehre kritisierte und seine Position gegenüberstellte (9). Nach Aureolis Auffassung müsse Gott einen Gläubigen, der ein Leben im Sinne praktizierter Nächstenliebe (‚caritas') geführt habe, mit dem ewigen Leben belohnen. Umgekehrt war für Aureoli ewige Seligkeit ohne Caritas undenkbar, also auch nicht aufgrund einer Entscheidung des allmächtigen Gottes (‚de potentia Dei absoluta'). Diese Position stieß ihrerseits auf heftigen Widerstand bei Theologen wie Johannes de Bassolis, Durandus de S. Porciano und Petrus de Palude, die sich zum Teil als Anhänger Duns Scotus' verstanden. Diese Theologen veränderten aber dessen Position insofern, als sie eine Art ‚Willkürgott' lehrten, der auch Menschen die Rechtfertigung bzw. das ewige Heil verweigern könne, die ein von der Nächstenliebe geprägtes Leben geführt haben.

Gegen diese Position wiederum wandte sich auch der zu jener Zeit lehrende und bereits zu Lebzeiten einflussreiche Theologe und Philosoph Wilhelm von Ockham (um 1285–1347), der Duns Scotus' Rechtfertigungslehre im Wesentlichen übernahm und damit nicht unwesentlich zu deren Verbreitung beitrug. So basierte beispielsweise Ockhams Rechtfertigungslehre auf Duns Scotus' Differenzierung der göttlichen Allmacht in die ‚potentia absoluta' und die ‚potentia ordinata' und der daraus abgeleiteten Vorstellung von einem widerspruchsfreien Nebeneinander von Gottes Allmacht und der Willensfreiheit des Menschen (10). Auf dieser Grundlage war es Ockham ebenso wie Duns Scotus möglich gewesen, einerseits von einer allumfassenden göttlichen Souveränität auszugehen und andererseits dem Menschen im Rahmen der göttlichen Schöpfungsordnung Willensfreiheit einzuräumen.

Des Weiteren vertrat Ockham wie Duns Scotus die Auffassung, dass der Mensch aufgrund seiner Willensfreiheit und der ihm ‚eingegossenen' Gnade zu vollkommener Gottesliebe sowie zu einem gottgefälligen Leben in der Lage sei. Am Ende dieses Weges bedürfe der Mensch jedoch noch der göttlichen Annahme (‚acceptatio divina') seiner Gottesliebe und seiner Werke der Nächstenliebe als verdienstlich, um das ewige Seelenheil zu erlangen. Diese Annahme habe Gott allerdings in seiner offenbarten Heilsordnung zugesagt. Darüber hinaus ging Ockham – ähnlich wie Duns Scotus – davon aus, dass es auch noch einen anderen Weg zur Erlangung des ewigen Heils gebe. Dieser Weg sei nach Ockham beispielsweise vor der Menschwerdung Jesu Christi und dessen Erlösungstat für Menschen des ‚Alten Bundes' der einzig gangbare gewesen, da diesen Menschen noch nicht die göttliche Gnade habe zuteilwerden können. Dieser Weg sei aber auch noch in der Zeit des ‚Neuen Bundes' denkbar und auch möglich, wenn lediglich sogenannte ‚natürliche gute Werke' vorliegen, die ohne ‚eingegossene' Gnade zustande gekommen seien. Am Ende dieses zweiten Weges stehe aber auch – wie bei dem von Ockham für die Zeit der geltenden Heilsordnung konzipierten ersten Weg – die rechtfertigende Gnade Gottes in Form der ‚acceptatio divina'. In dieser göttlichen Annahme fand die von Ockham besonders betonte Allmacht Gottes in Form seiner absoluten Souveränität einmal mehr ihren Ausdruck. Die postulierte Absolutheit der göttlichen Souveränität sah Ockham allerdings begrenzt durch die ebenfalls postulierte Güte Gottes und die Widerspruchsfreiheit göttlichen Handelns.

Vor allem der von Ockham konzipierte zweite Weg zur Erlangung des ewigen Heils stieß auf Widerstand angesichts der auf einer freien Willensentscheidung basierenden Mitwirkung des Menschen an seiner Rechtfertigung in Form der ‚natürlichen guten Werke'. So sah sich Ockham mit dem Vorwurf des Pelagianismus konfrontiert, obwohl er auch bei dieser Art der Rechtfertigung der göttlichen ‚acceptatio divina' die alles entscheidende Funktion zugewiesen hatte. Infolge dieser Vorwürfe musste sich Ockham einer Überprüfung seiner entsprechenden Lehre vor einer päpstlichen Kommission in Avignon stellen. Einer drohenden Verurteilung entzog er sich durch die Flucht nach Pisa zum dort weilenden Kaiser Ludwig den Baiern, an dessen Hof in München er danach sein weiteres Leben verbrachte. Andererseits entsprach dieses entschiedene Plädoyer zugunsten der menschlichen Willensfreiheit im Zusammenhang der Rechtfertigungslehre in gewisser Weise dem spätmittelalterlichen Zeitgeist und fiel beispielsweise bei den Humanisten auf fruchtbaren Boden. Zudem prägte diese ockhamistische Auffassung zusammen mit der Duns Scotus' die entsprechende theologische Diskussion im 14. und 15. Jahrhundert. Thomas von Aquins Lehre war dagegen in dieser Hinsicht zu jener Zeit ohne besondere Bedeutung. Auch enthielten Duns Scotus' und Ockhams Lehren Vorstellungen, die sich an zentraler Stelle in Luthers Rechtfertigungslehre wiederfinden. So lässt sich eine große Nähe zwischen der ‚acceptatio divina' und Luthers Vorstellung von der ‚Rechtfertigung allein aufgrund göttlicher Gnade' (‚sola gratia Dei') feststellen. Auch weisen die Vorstellung von Gottes ‚potentia absoluta' und ‚potentia ordinata' sowie Luthers Vorstellung vom ‚deus absconditus' (‚verborgener, undurchschaubarer Gott') und vom ‚deus revelatus' (‚der offenbarte Gott') Ähnlichkeiten auf. Als Vermittler fungierte nach derzeitigem Kenntnisstand vor allem Gabriel Biel, der Ockhams und Duns Scotus' Theologie und die sich daran anschließende theologische Diskussion aufnahm und weiterentwickelte sowie Martin Luthers theologische Entwicklung maßgeblich beeinflusste.

5. Entwicklung des Bußsakramentes und dessen Bedeutung für die Vorstellung von der menschlichen Willensfreiheit

Neben den theologischen Diskussionen und Abhandlungen dürfte vor allem auch die Bußpraxis das allgemeine religiöse Bewusstsein und folglich auch die Vorstellungen vom Verhältnis zwischen göttlicher Allmacht und menschlicher Willensfreiheit geprägt haben. Deshalb wird im Folgenden die Entwicklung der Bußpraxis und der Lehre vom Bußsakrament kurz dargestellt (11). In der urchristlichen Gemeinde waren Buße und entsprechende Bußverfahren zunächst kein Thema. Denn nach der frühen enthusiastischen Vorstellung des Apostels Paulus sei der im Glauben an Jesu Christi Erlösungstat getaufte Christ frei von Sünden und werde es bleiben. Die frühchristlichen Gemeinden des 1. und 2. Jahrhunderts machten jedoch sehr bald gegenteilige Erfahrungen. So war auch in den frühchristlichen Gemeinden sündhaftes Verhalten anzutreffen und verlangte nach Antworten. Grundsätzlich wurde dabei das Ziel verfolgt, ‚Sünder' zur Umkehr (‚metanoia') zu bewegen und für die Gemeinde ‚zurückzugewinnen'. Dafür hatte man ein dreistufiges Verfahren (Zurechtweisung durch eine Einzelperson, dann vor Zeugen und als dritte Stufe vor der Gesamtgemeinde) entwickelt und sprach den ‚Sünder' gegebenenfalls von der Sünde frei. Dabei berief man sich auf die Binde- und Lösegewalt, die Petrus bzw. der Gemeinde gemäß Mt.16,19 und Joh.20,23 übertragen worden war. Allerdings betrachtete man dieses Verfahren im Laufe der Zeit als unzureichend und es wurden persönliche Werke der Buße wie Beten, Fasten und Almosengeben hinzugefügt, was jedoch nur für sogenannte geringere Sünden galt. Für schwere Sünden wie Götzendienst bzw. Glaubensabfall, Mord oder Ehebruch wurde gegen Ende des 2. Jahrhunderts ein offizielles kirchliches Bußverfahren entwickelt. Dieses Verfahren fand vor einem Bischof und der Gemeinde statt, begann mit dem öffentlichen Sündenbekenntnis des Sünders und endete zunächst mit der Auferlegung gravierender Bußleistungen. So konnten beispielsweise ein zeitlich befristeter oder der lebenslange Ausschluss von der Eucharistiefeier oder ein Verbot ehelichen Verkehrs für eine bestimmte Zeit als Buße auferlegt werden. Nach ordnungsgemäßer Erfüllung der Buße wurde der Büßer wieder als vollwertiges Mitglied in die Gemeinde aufgenommen. Nach damaliger Regelung war ein solches Bußverfahren nur einmal im Leben für einen Betroffenen möglich. Ziel des kirchlichen Bußverfahrens war in der Zeit der Spätantike immer die ‚Besserung des Sünders' und dessen Hinführung zu einem gottgefälligen Leben, wobei der Bischof als Helfer und Seelsorger fungierte.

Allerdings gab es des Öfteren Widerstände gegen dieses Bußverfahren und die damit intendierte Vergebung und Wiederaufnahme in die Kirche, die sich seinerzeit als eine Gemeinschaft der Heiligen verstand. So war zum Beispiel Tertullian (gest. nach 220), der zunächst dieses Busverfahren akzeptiert hatte, in seinem späteren Leben ein entschiedener Kritiker dieses Verfahrens und schloss sich der rigoristischen Gruppe der Montanisten an. Eine Verschärfung erfuhr dieser Konflikt zwischen den rigoristischen Kritikern des kirchlichen Bußverfahrens und dessen Befürwortern nach der allgemeinen Christenverfolgung in den Jahren 249–251 unter Kaiser Decius, als die damals vom Glauben abgefallenen ehemaligen Gemeindemitglieder um Wiederaufnahme in die Gemeinde baten. Während der römische Presbyter Novatian und dessen Anhänger sich entschieden gegen diese Wiederaufnahme und das damit einhergehende Bußverfahren aussprachen, trat der damalige römische Bischof Cornelius mit seiner Anhängerschaft für ein solches Wiederaufnahmeverfahren ein und setzte sich durch. Novatian und seine Anhänger verstanden sich als die ‚Reinen' (‚katharoi'), traten aus der katholischen Großkirche aus und bildeten die Sonderkirche der ‚Novatianer'.

Die Konflikte zwischen rigoristischen Gruppierungen, für die die Bewahrung der Heiligkeit der Kirche ausschlaggebend war, und konzilianteren Vertretern führten oft zu heftigen theologischen Auseinandersetzungen. Zur konzilianteren Gruppe gehörten vornehmlich die Vertreter der kirchlichen Hierarchie, die ihre Position mit der von Jesus Christus vorgelebten und geforderten Vergebungsbereitschaft begründeten. Die spätantike Großkirche trug in gewisser Weise selbst den Keim des Rigorismus in sich, der bei gegebenem Anlass immer wieder virulent werden konnte. Im Extremfall kam es sogar zur Gründung von Sonderkirchen mit entsprechenden Rückwirkungen für die katholische Großkirche. Dieser Rigorismus wurde bis zur konstantinischen Wende immer wieder durch Märtyrerschicksale und danach durch die Erinnerung an diese Märtyrer genährt, die ja gerade wegen ihres rigorosen Eintretens für den Glauben hohes Ansehen und Verehrung genossen. Unmittelbar nach den Verfolgungen wurde auch den sogenannten Bekennern (‚confessores'), die trotz ihres standhaften Bekenntnisses zum christlichen Glauben überlebt hatten, eine ähnliche Verehrung zuteil. Dies führte dazu, dass während dieser Verfolgungen vom Glauben abgefallene oder anderweitig sündig gewordene Christen sowohl Märtyrer als auch ‚Bekenner' um Fürbitte zugunsten einer Sündenvergebung baten. Nach dem Ende der Christenverfolgungen nahmen die anachoretischen Asketen wie beispielsweise der Eremit Antonius (gest. 356) aufgrund ihrer vorbildhaften Lebensweise einen ähnlichen Status wie die vormaligen ‚Bekenner' und Märtyrer ein und übernahmen ebenfalls die Funktion eines ‚Fürsprechers zugunsten einer Sündenvergebung'. Dies führte allerdings langfristig zu einer laxeren Einstellung der Mehrheit der damaligen Christen hinsichtlich der Forderung nach einem gottgefälligen Lebenswandel. Folglich trat die Geistlichkeit, die zuvor eine konziliantere Haltung eingenommen hatte, immer öfter für eine rigorosere Ahndung sündhaften Verhaltens ein. Sie berief sich dabei auf die biblische Aussage, dass Gott keine Sünde ungestraft lasse.

Ein weiterer Grund für diese Entwicklung wird in der Entstehung und Entwicklung des koinobitisch organisierten benediktinischen Mönchtums gesehen, nach dessen damaligem Selbstverständnis ein annähernd sündenfreies Leben in der Nachfolge Jesu Christi nur in einem Kloster möglich sei. Diesem Ziel sollte auch die Klosterbuße dienen, die zunächst in Anlehnung an die kirchliche Buße entwickelt und vom Abt auferlegt wurde, die aber auch geringfügigere Vergehen erfasste und Vergehen prinzipiell unmittelbarer und strenger ahndete. Darüber hinaus wurden vom Mönch strikter Gehorsam gegenüber dem Abt und bei Vergehen eine unmittelbare Gesinnungsänderung des betroffenen Mönchs verlangt. Aufgrund der Vielzahl der geahndeten Vergehen und der dadurch notwendig gewordenen differenzierten Behandlung stellte sich mit der Zeit eine gewisse Normierung der aufzuerlegenden Bußleistungen ein. Wie sich ursprünglich die Klosterbuße zunächst an der allgemeinen Kirchenbuße orientierte, so wirkte jene ihrerseits nun auf das kirchliche Bußverfahren zurück. Nun nahm auch dieses Verfahren klarere Strukturen an und wurde inhaltlich strenger ausgestaltet. Allerdings wurden die geringfügigeren Vergehen im kirchlichen Bereich nicht im Rahmen des bereits bestehenden öffentlichen

IV. Göttliche Prädestination und menschliche Willensfreiheit   181

Bußverfahrens vor dem Bischof behandelt. Vielmehr wurde hierfür im 6. Jahrhundert die Form der sogenannten Privatbeichte entwickelt, die in ihrer frühen Phase in der Wohnung des Priesters stattfand. Etwa ab dem 10. Jahrhundert wurde sie in den Kirchenraum verlagert und seit Ende des Mittelalters fand bzw. findet sie dort im Beichtstuhl statt. Die Vielzahl der Vergehen und die erwähnte Normierung der auferlegten Bußen bargen die Gefahr der Routine und Veräußerlichung des Bußverfahrens in sich. Routine und Veräußerlichung führten ihrerseits dazu, dass die Buße den Charakter einer Strafe annahm und dadurch ihr ursprünglich bestimmender Gedanke der Umkehr in den Hintergrund gedrängt wurde.

Diese Tendenz wurde im Frühmittelalter durch irische Einflüsse auf die übrige lateinische Kirche des Abendlandes verstärkt (12). So wurde die Geheimhaltung des Sündenbekenntnisses bzw. der Beichte sowie der konkret auferlegten Bußen übernommen. Auch die jeweilige Festlegung der Buße anhand von Bußbüchern (‚Pönentialien') kam immer mehr in Gebrauch, die insbesondere Listen von Sünden mit diesen zugeordneten Bußen (‚Bußwerken') enthielten. Der Übernahme dieser ‚Sühnetarife' ging einerseits die bereits erwähnte Veräußerlichung des Bußwesens voraus, andererseits wurde diese durch solche Sühnetarife noch entscheidend verstärkt. Diese Veräußerlichung drückte sich zum einen in der Reduktion der Sünde auf einen feststellbaren Tatbestand aus und zum anderen in einer entsprechenden Buße, die nachvollziehbar war und im frühen Mittelalter im Allgemeinen in der Form des Fastens verhängt wurde. So wurde das Fasten tendenziell immer stärker lediglich als körperlicher Verzicht und als Strafe empfunden und immer weniger als Möglichkeit zur Selbstbesinnung und zur geistlich-ethischen Besserung, der Metanoia im ursprünglichen Sinne. Diese Veränderungen hatten auch insofern noch weitere Folgen für das allgemeine religiöse Bewusstsein, als dieses immer stärker durch eine Art Ausgleichsdenken geprägt wurde, wonach die jeweilige Sünde durch die Erfüllung der auferlegten Buße ausgeglichen werde. Bei der Festlegung der jeweiligen Buße wurde in einigen Bußbüchern auch zwischen Taten aus Unwissenheit oder Nachlässigkeit und bewusster Missachtung geltender Normen unterschieden. Nach derzeitigem Kenntnisstand dominierte jedoch die Tathaftung, wonach allein die vollzogene Tat als solche und nicht deren nähere Umstände Gegenstand des Bußverfahrens waren. Insgesamt hing jedoch die Bewertung von dem Bußbuch ab, das dem jeweiligen Verfahren zugrunde lag. Um die unterschiedlichen Regelungen in den Bußbüchern zu beseitigen, wurden entsprechende Versuche zur Vereinheitlichung unternommen, zum Beispiel auf dem Pariser Konzil von 829. Diesem Versuch war aber offensichtlich kein großer Erfolg beschieden. Im Übrigen geht man in der theologiegeschichtlichen Forschung davon aus, dass sich die Bußverfahren unter Verwendung von Bußbüchern in der abendländischen Kirche erst im 10. Jahrhundert allgemein durchgesetzt haben.

Da seit der Spätantike auch die ‚geringfügigeren Sünden' Gegenstand der Bußverfahren geworden waren, und zwar seit dem 6. Jahrhundert in Form der sogenannten Privatbeichte, kam es des Öfteren dazu, dass Gläubigen überlange Fastenzeiten als Buße auferlegt wurden. Deshalb ließ man spätestens seit Mitte des

8. Jahrhunderts sogenannte Kommutationen (‚Tausch') zu. Damit war der Ersatz einer Bußform durch eine andere Form der Buße gemeint, zum Beispiel der Ersatz einer auferlegten Fastenzeit – Fasten war ja zuvor die Bußform schlechthin – durch Gebete oder Almosengeben. Hierfür mussten ‚Wertrelationen' zwischen den verschiedenen Formen der Buße festgelegt werden. Im Laufe der Zeit entwickelten sich aus der Zusammenstellung dieser Relationen umfängliche ‚Umrechnungstabellen'. In diesen Tabellen fanden sich auch die spätestens seit dem 6. Jahrhundert üblichen Messopfer in Form von Brot und Wein, die für das Feiern der Messe dargebracht wurden (‚oblatio'/ Pl.: ‚oblationes') und auch als Form auferlegter Buße in Frage kamen (13). Auch diese Regelung förderte eine Veräußerlichung des Bußverfahrens.

Einen weiteren Schritt in Richtung einer Veräußerlichung des Bußverfahrens zu Lasten der mit der Buße intendentierten Umkehr stellte die seit Mitte des 8. Jahrhunderts eingeräumte Möglichkeit dar, die Buße von einem Dritten, einem ‚Gerechten', übernehmen zu lassen. Eine solche Übernahme erfolgte meist gegen Geldzahlungen und führte wohl bald zum Missbrauch der Regelung. Folglich versuchte man, diese ‚Lohn-Buße' zunächst durch verschiedene Auflagen einzudämmen, schließlich verbot man sie und stellte sie unter Strafe. Auch wenn man von den ausufernden Missbräuchen der angesprochenen Regelungen absieht, so führten doch die in den Bußbüchern festgehaltenen ‚Sühnetarife', die Möglichkeit der Kommutation von Bußwerken mit den dadurch notwendig gewordenen Umrechnungstabellen sowie die Möglichkeit der stellvertretenden Buße und die Dominanz der reinen Tathaftung dazu, dass das ursprüngliche Ziel des Bußverfahrens in den Hintergrund gedrängt wurde. Die auferlegte Buße wurde also vor allem als Ausgleich für sündhaftes Verhalten verstanden, aber kaum als Möglichkeit zur ‚inneren Umkehr', zur Metanoia im ursprünglichen Sinne.

Diese Entwicklung des Bußverfahrens in der Form der Privatbeichte wurde historisch wirksam erstmals von dem Scholastiker Abaelard (gest. 1142) in Frage gestellt (14). Abaelard verwarf die in den Bußbüchern dominante Tathaftung und trat dafür ein, dass die einer Tat zugrunde liegende Intention und die seelische Verfasstheit des Täters für die Bewertung eines Vergehens bzw. einer Sünde entscheidend seien und nicht nur die Tat als solche. Aufgrund dieser Fokussierung auf die personenbezogenen Aspekte einer Tat müsse auch das Bußverfahren stärker auf die Person des Sünders abstellen. Folglich entschied für Abaelard die Reue über eine Versöhnung mit Gott, nicht aber wie zuvor die Absolution und die als Ausgleich gedachte Erfüllung einer auferlegten Buße. Das Bußwerk habe vornehmlich die Funktion, die Gesinnung des Büßers zu bessern und dadurch den Büßer vor weiteren Sünden möglichst zu bewahren. Die in der aufrechten Reue erfolgende Versöhnung Gottes mit dem Sünder führe nach Abaelard gleichzeitig zum Verzicht Gottes auf das Verhängen der ewigen Höllenstrafe, was der Priester aufgrund seiner ihm übertragenen Binde- und Lösegewalt mit seinem ‚ego te absolvo' lediglich verkünde. Dies bedeutete aber nicht den Verzicht auf eine auferlegte Buße, die nach Abaelard insbesondere eine therapeutische Funktion haben sollte und die er nur noch als zeitliche Sündenstrafe verstand, die grundsätzlich im irdischen Leben abzuleisten sei. Mit diesem Verständnis des Bußwerks als zeitliche Sündenstrafe sowie als therapeutische Maßnahme und mit der Fokussierung auf die Bedeutung der Reue versuchte Abaelard, das frühchristliche Verständnis von Buße im Sinne einer Metanoia wieder zur Geltung zu bringen.

Abaelards theologische Position hatte jedoch nur eine begrenzte Wirkung auf die Entwicklung der kirchlichen Bußpraxis. Diese Praxis wurde auf dem 4. Laterankonzil 1215 für längere Zeit verbindlich festgelegt und erfuhr durch die Regelungen des Trienter Konzils (1545–1563) im Großen und Ganzen eine Bestätigung (15). Die Festlegungen des Laterankonzils von 1215 verpflichteten den Gläubigen einmal im Jahr zur Beichte vor dem zuständigen Priester. Als Voraussetzung für eine wirkmächtige Buße wurden in diesen Beschlüssen die Bereitschaft des Sünders zur Reue, die Absolution durch den Priester sowie das An- und Auf-sich-Nehmen der auferlegten Buße gefordert. Allerdings ging man von einer Bußpraxis aus, wonach die Absolution – wofür auch Abaelard entschieden eingetreten war – bereits nach kundgetaner Reue und abgelegter Beichte, aber vor der Erfüllung der auferlegten Buße erfolgte. Anders als bei Abaelard kam nach den Beschlüssen des Laterankonzils von 1215 der Absolution durch den Beichtpriester insofern eine größere Bedeutung zu, als sie zur Reue hinzukommen müsse, damit eine Versöhnung mit Gott möglich sei. Abaelards Betonung von der besonderen Bedeutung der Reue und die daraus abgeleiteten Konsequenzen spiegelten sich in den Konzilsbeschlüssen also nicht ganz wider. Aber auch in diesen Beschlüssen wurde vom Beichtpriester eine besondere Sensibilität im Umgang mit dem Beichtenden und absolute Verschwiegenheit verlangt. So seien bei der Beurteilung des Vergehens und bei der aufzuerlegenden Buße die Lebensverhältnisse des Beichtenden zu berücksichtigen, dessen Demütigung oder Beschämung unbedingt zu vermeiden und immer dessen Besserung im Auge zu behalten. Der Beichtpriester habe sich gerade im Zusammenhang der Beichte als Seelsorger im Sinne eines Seelenarztes zu bewähren. Auch aufseiten der Beichtenden entwickelte sich infolge der Verpflichtung zu mindestens einer Beichte im Jahr eine intensivere Auseinandersetzung mit ihrem Glauben, was sich im Aufkommen und der Verbreitung von Beichtbüchlein sowie in dem damals aufkommenden Beichtunterricht für Kinder manifestierte.

Nicht nur in der kirchlichen Bußpraxis, sondern auch in der theologischen Wissenschaft wurden Abaelards Vorstellungen vom Bußsakrament nicht vollkommen übernommen. So behielt beispielsweise Thomas von Aquin ähnlich wie das Konzil von 1215 die Vorstellung vom Ausgleichscharakter der auferlegten Buße bei, da die verletzte Gerechtigkeit wiederhergestellt und Genugtuung geleistet werden müsse. Er sah wie Abaelard in der auferlegten Buße aber auch insofern eine auf die Zukunft ausgerichtete heilsame Wirkung, als sie vor Schuld bewahren helfe. Auch relativierte Thomas von Aquin die von Abaelard postulierte zentrale Bedeutung der wahrhaften (inneren) Reue. Denn Thomas sah diese Reue in der Sündenvergebung begründet, die in der Absolution zugesagt werde, was den Büßer allererst an die heilschaffende Wirkung des Kreuzesgeschehens glauben lasse. Dieser Glaube an die Sündenvergebung werde vermittels der kirchenamtlichen sakramentalen Handlung der Absolution seitens des Priesters dem Beichtenden möglich gemacht und führe bei diesem zu wahrhafter Reue und dem Wunsch, das auferlegte Bußwerk zu erfüllen. Das gesamte Geschehen habe also seinen Ursprung in der von Gott bei der Erteilung der Absolution geschenkten Gnade, die als ‚gratia cooperans' zur wahrhaften Reue und auch zur Annahme und Erfüllung des auferlegten Bußwerkes verhelfe. Diese Vorstellungen Thomas von Aquins wurden in ihren Grundzügen durch das ‚Decretum pro Armenis' von 1439 als kirchenamtliche Lehre übernommen.

Die also auch von Thomas von Aquin vertretene Vorstellung vom Ausgleichscharakter der auferlegten Buße bzw. der zeitlichen Sündenstrafen erfuhr im Spätmittelalter vor allem infolge des wachsenden Finanzbedarfes des päpstlichen Hofes eine Pervertierung durch Veränderungen der originären Form des Ablasses (16). Die originäre Form des Ablasses stellte die in der vorangegangenen Entwicklung geschaffene Möglichkeit der Kommutation und der Stellvertretung bei der Ableistung der auferlegten Buße dar. Kommutation und Stellvertretung waren seinerzeit als Erleichterung für den Büßer gedacht und setzten die Unterscheidung zwischen ewiger Strafe und zeitlichen Sündenstrafen voraus. Es ging also bei Kommutation und Stellvertretung nur um die auferlegten zeitlichen Sündenstrafen und deren Ableistung. Unberührt von dieser Form der Ableistung der auferlegten Buße blieben das Bekenntnis der Sünde(n), die zu erklärende Reue sowie die Absolution von der ewigen Strafe durch den Beichtpriester. Originäre Formen des Ablasses gab es schon seit dem 11. Jahrhundert, beispielsweise durch Nachlass eines Teils der zeitlichen Sündenstrafen durch den Beichtpriester und die Übernahme dieses nachgelassenen Teils durch ebendiesen Priester selbst. Auch gab es die Befreiung von Sündenstrafen und – als eine Art Ersatz – die Zusicherung entsprechender kirchlicher Fürbitte durch den Beichtvater zugunsten des von den zeitlichen Sündenstrafen befreiten Büßers. Im ersten Fall handelte es sich um eine Stellvertretung, deren Missbrauch mehr oder weniger ausgeschlossen war und die unbedenklich erschien, solange der Stellvertreter freiwillig die auferlegte Buße übernahm. Im zweiten Fall erfolgte die Befreiung von den Sündenstrafen und die Zusage entsprechender kirchlicher Fürbitte auf dem Hintergrund der Vorstellung, dass die Kirche über einen ‚Schatz guter Werke' verfüge. Dieser Schatz sei durch Heilige infolge ihrer ‚überschüssigen' guten Werke angehäuft worden. Nun diene er dazu, die Sündenstrafen, die dem Büßer hätten auferlegt werden müssen, abzugelten.

Im Spätmittelalter bildete sich jedoch allmählich die Gewohnheit heraus, solche Befreiungen überwiegend – später vor allem auch in großem Maßstab – gegen Geldzahlungen respektive durch den Kauf sogenannter Ablassbriefe zu erteilen. Unter theologischem Gesichtspunkt war an dieser Ablasspraxis vor allem problematisch, dass zum Beispiel der Bezug zum konkreten Vergehen und den daraus abgeleiteten Sündenstrafen verlorenging. Auch wurden später mögliche zukünftige Sündenstrafen in erteilte Ablässe einbezogen. Dies geschah zum Beispiel gegenüber Kreuzfahrern und im Spätmittelalter auch gegenüber Pilgern, die in Massen Wallfahrtsorte oder sogenannte Gnadenorte aufsuchten, um einen solchen Ablass zu empfangen. Mit dem Verlust des Bezugs zu einer begangenen konkreten Sünde

IV. Göttliche Prädestination und menschliche Willensfreiheit   185

gingen eben auch die von Abaelard und vom 4. Laterankonzil 1215 geforderte ‚therapeutische Funktion' der auferlegten Buße und damit das Bewusstsein von der Dringlichkeit einer Umkehr verloren. Profitiert haben von dieser Ablasspraxis zunächst die kirchliche Hierarchie und insonderheit die päpstliche Kurie, denen große Teile dieser Geldzahlungen zuflossen. Aber auch die Ablassnehmer profitierten insofern von dieser Praxis, als sie mit den erworbenen Ablässen ihr Gewissen beruhigten und sich von ihrer Angst vor ansonsten möglichen Fegefeuerstrafen zu befreien versuchten. Langfristig wurde durch diese pervertierte Form des Ablasses die seelsorgerliche und theologische Bedeutung des Bußsakraments sicherlich beeinträchtigt. Auch hat diese Pervertierung, die Martin Luther scharf kritisierte, der reformatorischen Bewegung wichtige Anfangserfolge beschert. Während jedoch durch das Trienter Konzil die Auswüchse dieser Ablasspraxis korrigiert wurden, konnte die Kirchenspaltung nicht aufgehalten oder gar rückgängig gemacht werden. Denn durch die erwähnten Anfangserfolge Martin Luthers hatte sich eine unter den damaligen historischen Bedingungen unaufhaltbare Eigendynamik entwickelt.

Die Bedeutung des Bußsakraments für das allgemeine Bewusstsein von den Mitwirkungsmöglichkeiten des Gläubigen an seiner Rechtfertigung dürfte von der Pervertierung dieses Sakraments durch das spätmittelalterliche Ablasswesen nicht entscheidend beeinträchtigt worden sein. Denn zum einen dürfte auch die durch den Kauf eines Ablassbriefes erworbene Befreiung von zeitlichen Sündenstrafen das Gefühl vermittelt haben, eine Leistung erbracht zu haben. Zum anderen wird man davon ausgehen können, dass die Privatbeichte und die mit ihr verbundene reguläre Form der Ableistung des auferlegten Bußwerkes weiterhin das Bewusstsein der gläubigen Christen jener Zeit entscheidend geprägt haben. Dabei dürften die vollständige Beichte der Sünden, die Reue sowie die persönliche Ableistung der auferlegten Bußwerke durch den Beichtenden von zentraler Bedeutung gewesen sein. Daran wird auch die theologische Auffassung nichts geändert haben, wonach der göttlichen Gnade im Rechtfertigungsprozess die zentrale Rolle zukam, während dem jeweils handelnden Christen lediglich eine kooperierende Rolle zufiel. Dieser Rolle inhärierte jedoch auch insofern eine Mitwirkung des gläubigen Christen, als er sich der göttlichen Gnadenhilfe hätte verweigern können. Denn die damalige offizielle Lehre der Kirche sowie die überwiegende Mehrheit der Theologen lehnten die Vorstellung von einer ‚unwiderstehlichen göttlichen Gnade' (‚gratia irresistibilis') ab. Dass folglich die vom Gläubigen im Zusammenhang des Bußsakraments zu erbringenden ‚Leistungen' das religiöse Bewusstsein der damaligen Christen entscheidend prägten, lässt sich auch an der massiven Kritik der Reformatoren an dem ‚Ausgleichsdenken' und der sogenannten Werkgerechtigkeit ablesen.

V. Entwicklung des christlichen Gottesverständnisses in Antike und Mittelalter

1. Die jesuanische Gottesvorstellung im Neuen Testament

Wie im Zusammenhang der Darstellung des Verhältnisses zwischen göttlicher Prädestination und menschlicher Willensfreiheit deutlich geworden ist, war für alle spätantiken und mittelalterlichen Versuche einer derartigen Verhältnisbestimmung Ausgangspunkt die unumstößliche Annahme, dass Gott einzig und allmächtig sei. Insofern gab es also zunächst eine Übereinstimmung zwischen christlicher und islamischer Gottesvorstellung. Um festzustellen, ob es sich dabei tatsächlich um eine inhaltliche Übereinstimmung handelte, und um weitere Gemeinsamkeiten und Unterschiede abzuklären, soll im Folgenden die Entwicklung der christlichen Gottesvorstellung in der Spätantike und im Mittelalter in ihren wesentlichen Zügen nachgezeichnet werden. Am Anfang dieser Entwicklung stand die alttestamentliche bzw. jüdische Gottesvorstellung (1). Nach dieser Vorstellung wurde Gott als Schöpfer der Welt sowie als Lenker des Naturgeschehens und der menschlichen Geschichte angesehen, der seit Ewigkeit existiere und sich gegenüber den Menschen gerecht und gleichzeitig barmherzig verhalte und also auch durchaus als Person gedacht wurde. Diese Gottesvorstellung entsprach im Großen und Ganzen der ungefähr 600 Jahre später von Mohammed begründeten islamischen Gottesvorstellung. Allerdings erfuhr diese alttestamentliche bzw. jüdische Gottesvorstellung, die ja auch von Jesus geteilt worden war, im Laufe der ersten drei nachchristlichen Jahrhunderte eine Veränderung, die ihren Abschluss in dem Trinitätsdogma von 325 respektive 381 fand. Da sich diese Veränderungen im Wesentlichen in Abhängigkeit von der Bedeutung Jesu Christi für die Christen bereits in der 2. Hälfte des ersten nachchristlichen Jahrhunderts nach und nach vollzogen, beginnt die Darstellung des christlichen Gottesverständnisses mit der Entwicklung der Christusvorstellungen im Neuen Testament als der ältesten Quelle für diese Vorstellungen.

Der Anfang dieser Entwicklung im ersten nachchristlichen Jahrhundert lässt sich einigermaßen zuverlässig anhand der neutestamentlichen Überlieferung nachzeichnen (2). So erfahren wir in der Logienquelle, die nach allgemeiner Auffassung neben den älteren Paulus-Briefen (aus der Zeit zwischen 50 und 60 n. Chr.) der älteste Teil des Neuen Testamentes ist, dass Jesus als Prophet angesehen wurde, der für sein Anliegen das Märtyrerschicksal eines Propheten erlitten habe. Bei der Logienquelle handelt es sich um eine textkritische Rekonstruktion älterer Überlieferungen aus den etwas jüngeren Evangelien des Matthäus und des Lukas. Bei der Logienquelle geht es um vermutete Worte (‚Logien') Jesu wie zum Beispiel die Seligpreisungen und die sogenannte Aussendungsrede Jesu. Nach dieser Logienquelle habe Jesus also nicht den Sühnetod für die Sünden der Menschen auf sich genommen, um deren ewiges Heil zu ermöglichen, sondern den Märtyrertod eines Propheten. Die Vorstellung vom Sühnetod ist dagegen erst in den wahrscheinlich im Vergleich zur ‚Logienquelle' etwas jüngeren Briefen des Apostels Paulus wie beispielsweise in 1.Kor.15,1 ff.

anzutreffen. Jesus wird folglich in den Paulus-Briefen als von Gott beauftragter Mittler und als mit göttlicher Autorität ausgestatteter ‚Christus' (hebr. ‚Messias': ‚Gesalbter') oder ‚Kyrios' (‚Herr') verstanden (1.Kor. 11,23 ff., 12,3 und 16,22 f.). Als Christus bzw. Kyrios habe Jesus im Gehorsam gegenüber Gott den Kreuzestod für die Sünden der Welt auf sich genommen. Er sei aber von Gott auferweckt worden und beginne bereits auf dieser Welt eine universale Herrschaft auszuüben, indem sein Geist die Menschen in ihrem Verhalten und Handeln bestimme. Am Ende der Zeit werde – nach 1.Thess.4,16 f. – er zuerst die im Glauben an ihn Verstorbenen auferwecken und dann vom Himmel herabkommen, um alle Gläubigen heimzuholen in den Himmel. Dies alles geschehe aufgrund des göttlichen Willens, den Jesus Christus als Mittler und Beauftragter Gottes ausführe.

In den drei synoptischen Evangelien von Markus, Matthäus und Lukas, die etwas später als die Paulus-Briefe verfasst wurden, dienen neben den Titeln ‚Kyrios' und ‚Christus' bzw. ‚Messias' auch die Titel ‚Menschensohn' und ‚Gottessohn' zur Charakterisierung Jesu Christi. So verwendet Lukas ähnlich wie Paulus des Öfteren auch den Titel ‚Kyrios', der nach zeitgenössischer jüdischer Auffassung jemandem zugesprochen wurde, der über richterliche oder herrschaftliche Autorität verfügte. Allerdings schloss der im Lukas-Evangelium und in der lukanischen Apostelgeschichte verwendete Titel ‚Kyrios' wie in den Paulus-Briefen religiös-geistliche Autorität und Mittlerschaft ein. Auch der Begriff ‚Messias' impliziert eine solche Autorität und Mittlerschaft. Mit diesem Begriff wird bewusst auf die damalige jüdische Vorstellung von dem erwarteten endzeitlichen Königreich unter der Herrschaft des von Gott gesandten Messias abgehoben, was sich insbesondere bei Matthäus an dessen Vorstellung von der Erfüllung entsprechender alttestamentlicher Vorhersagen ablesen lässt. Ähnlich wie der Titel ‚Messias' stammt auch der Titel ‚Menschensohn' aus der alttestamentarischen Tradition, und zwar in diesem Fall aus der jüdischen Apokalyptik (Dan.7,13 f.). Gemeint ist mit diesem Begriff ähnlich wie bei ‚Messias' eine endzeitliche Heilsgestalt. Anzutreffen ist dieser Begriff vor allem bei Markus und Matthäus, nicht aber bei dem Apostel Paulus. Bei allen Synoptikern und bei Paulus findet dagegen der Titel ‚Gottessohn' Verwendung, und zwar wie die drei anderen Hoheitstitel nur im Sinne eines ‚Beauftragten', der mit entsprechender göttlicher Autorität ausgestattet sei.

Das Verständnis Jesu als Gottessohn findet sich auch im Johannes-Evangelium und ‚Gottessohn' erweist sich als der für dieses Evangelium charakteristische Hoheitstitel (3). Allerdings erfährt das Verständnis Jesu als Gottessohn im Vergleich zu den Synoptikern insofern eine Veränderung, als von einer Präexistenz des Gottessohnes Jesu Christi im Himmel ausgegangen wird: „Und das Wort (der Logos) ist Fleisch geworden und hat unter uns gewohnt, und wir haben seine Herrlichkeit gesehen, die Herrlichkeit des einzigen (eingebornen) Sohnes vom Vater, voll Gnade und Wahrheit." (Johs.1,14). Diese Veränderung der Gottessohn-Vorstellung wird in der theologiegeschichtlichen Forschung mit dem zunehmenden Einfluss der hellenistischen Philosophie auf die christliche Glaubenslehre in Verbindung gebracht. Während in einer Übergangsphase judenchristliche Gemeinden zunächst an der spätjüdisch geprägten Gottessohn-Vorstellung festhielten, adaptierten heidenchristliche Gemeinden die hellenistisch geprägte Gottessohn-Vorstellung. Mit der veränderten Gottessohn-Vorstellung ging einher, dass die angenommene Göttlichkeit Jesu nicht mehr in dem Auftrag Gottes ihre Begründung fand, sondern in seinem ‚präexistenten göttlichen Dasein'. Demzufolge wurden auch Auferstehung und Himmelfahrt Jesu Christi als Rückkehr zur früheren Daseinsweise verstanden, was denn auch konzeptionell den Verzicht auf eine Wiederkunft Jesu Christi auf Erden (Parusie) zur Folge hatte. Die Hoffnung auf die Parusie Jesu Christi war im Übrigen im Laufe der Zeit immer mehr verblasst und um die Wende vom ersten zum zweiten nachchristlichen Jahrhundert mehr oder weniger erloschen.

Einem ähnlichen Bedeutungswandel wie der Titel ‚Gottessohn' unterlag auch der Titel ‚Kyrios', mit dem bei Paulus und Lukas religiös-geistige Führer- und Mittlerschaft assoziiert wurden und der ‚lediglich' eine funktionale Begründung der Stellung Jesu darstellte. Spätestens seit der Abfassungszeit des Johannes-Evangeliums zwischen 90 und 100 n. Chr. implizierte ‚Kyrios' auch substanzhafte Teilhabe an der Göttlichkeit Gottvaters. Der so verstandene Titel ‚Kyrios' wurde neben dem Titel ‚Gottessohn' in der damaligen hellenistischen Welt zum verbreitetsten Titel Jesu, während ‚Christus' – ursprünglich die griechische Entsprechung zum hebräischen ‚Messias' – sich zum Eigennamen entwickelte. Der Titel ‚Menschensohn' fiel nach der Abfassungszeit der neutestamentlichen Schriften der Vergessenheit anheim. Es waren also die Hoheitstitel ‚Messias' und ‚Menschensohn' mit spezifisch jüdischer Tradition, die in der nachfolgenden Diskussion über das Christusverständnis bedeutungslos geworden waren.

2. Entwicklung der Gottesvorstellung bis zum Konzil von Nizäa

Wie erwähnt hatten diese Veränderungen mit der durch die Mission im hellenistischen Kulturraum bedingten Begegnung des Christentums mit der griechisch-römischen Philosophie zu tun. Die dadurch gegen Ende des ersten nachchristlichen Jahrhunderts hinsichtlich der Bedeutung Jesu Christi zustande gekommenen Veränderungen evozierten die Frage nach dem Verhältnis des Gottessohnes zu Gottvater und damit auch Fragen nach diesem selbst. Darüber hinaus führten sowohl die alttestamentliche Vorstellung von einem in Natur und Geschichte eingreifenden Schöpfergott als auch der neutestamentliche Glaube an dessen Offenbarung in einem Menschen zu breiter Kritik. Denn diese Vorstellungen stellten neben anderen Aspekten des christlichen Glaubens für die damalige griechisch-römische Vorstellungswelt etwas Ungewöhnliches dar. So sahen sich bereits seit dem beginnenden 2. Jahrhundert christliche Theologen und Amtsträger zu Selbstreflexion, Widerrede und Verteidigung ihres Glaubens herausgefordert (4). Diese sogenannten Apologeten wie beispielsweise Aristides und Justin (gest. um 165 n. Chr.) griffen dabei, um sich verständlich zu machen, auch auf Begriffe und Vorstellungen der griechischen

V. Entwicklung des christlichen Gottesverständnisses in Antike und Mittelalter

Philosophie bzw. Metaphysik zurück. Sie beschrieben Gott als gestaltlosen und ewigen Geist, der der unveränderliche Grund allen Seins sei. Jesus Christus verstanden sie als Logos und als Mittler zwischen Gott und den Menschen, ohne sich jedoch auch entsprechend mit der Frage der Inkarnation und der Bedeutung des Kreuzesgeschehens auseinanderzusetzen. Folglich fehlte eine Zusammenführung der verschiedenen Aspekte zu einer konsistenten und der biblischen Überlieferung angemessenen Lehre. Zudem bestand immer die Gefahr, sich in der Begrifflichkeit der griechisch-römischen Philosophie zu verlieren. Auch wurde der Eindruck vermittelt, als würden das göttliche Heilshandeln und die heilsgeschichtliche Funktion Jesu Christi in ihrer Bedeutung nicht ausreichend gewürdigt. Demzufolge stieß dieser Ansatz der Apologeten sehr bald auf Vorbehalte und Kritik.

So sah sich denn auch der Bischof Irenäus von Lyon (gest. um 202 n. Chr.) veranlasst, sich mit den Apologeten auseinanderzusetzen, denen gegenüber er insbesondere das Heilshandeln Gottes hervorhob (5). Dieses Heilshandeln habe sich zum einen in der Geschichte Israels und zum anderen in der Inkarnation des Logos in Jesus Christus vollzogen. Inkarnation und damit verbundenes Kreuzesgeschehen hätten den ursprünglichen Heilsplan Gottes mit der Menschheit wieder in Kraft gesetzt, der durch Adams Sündenfall zunichte gemacht worden sei. Im Zusammenhang seiner Darstellung der Heilsgeschichte vertrat Irenäus auch die schon bei den damaligen Apologeten gängige Auffassung, dass der Logos wie die Weisheit seit Ewigkeit zu Gott gehörten. Beide habe Gott vor der Schaffung der Welt als Sohn und Heiligen Geist aus sich ‚hervorgebracht'. In dieser Vorstellung scheinen bereits Umrisse der späteren Trinitätslehre auf. Allerdings impliziert Irenäus' Auffassung insofern einen ‚Vorrang' von Gott(-vater), als er Sohn und Heiligen Geist ‚hervorbringt' und diese ‚Hypostasen' nicht in gleicher Weise ewig sind wie Gott(-vater). Irenäus schien dies aber nicht zu stören, obwohl er beispielsweise in der Auseinandersetzung mit der Gnosis die Einheit bzw. Einzigkeit Gottes besonders hervorhob.

Anders ging Tertullian, ein etwas jüngerer Zeitgenosse Irenäus' und der erste wichtige lateinisch schreibende Theologe (gest. um 220), mit diesem Problem um (6). Wie Irenäus vertrat er die Vorstellung, dass vor der Erschaffung der Welt Gott seinen Logos und seine Weisheit aus sich ‚hervorgebracht' habe, und sprach expressis verbis von einer Subordination des Gottessohnes und des Heiligen Geistes gegenüber Gott(-vater). Während ihn diese Subordination nicht sonderlich zu interessieren schien, bemühte er sich umso mehr um eine Begründung dafür, dass trotz der drei ‚göttlichen Personen' (lat. ‚personae', griech. ‚hypostaseis') und deren ungleicher Binnenbeziehung die Ein(s)heit Gottes gewahrt bleibe. Dies sah er dadurch gewährleistet, dass nach seiner Auffassung nur eine Substanz (lat. ‚substantia', griech. ‚ousia') vorliege. Diese Bestimmung des Verhältnisses zwischen Gott (-vater), Sohn und Heiligem Geist versuchte Tertullian unter anderem anhand von Vergleichen aus der Natur wie beispielsweise dem mit einem Baum zu demonstrieren. So ließen sich dessen Wurzel, Stamm und Frucht zwar unterscheiden, trotzdem bleibe die Einheit des Baumes gewahrt. Andererseits lasse sich aus diesem Vergleich – wie aus den anderen von Tertullian angeführten Vergleichen auch –

gleichzeitig ein Vorrang Gott(-vaters) gegenüber dem Sohn sowie dem Heiligen Geist ableiten, da Stamm und Frucht von der Wurzel, die Tertullian mit Gott(-vater) verglich, abhängig seien.

Das ausgeprägte Bemühen Tertullians, die Einheit Gottes zu begründen bzw. zu bewahren, mündete also in eine frühe und einfache Form einer Trinitätslehre. Tertullian war nach derzeitigem Kenntnisstand auch der erste frühchristliche Theologe, der im Zusammenhang der Gotteslehre den lateinischen Begriff ‚trinitas' verwandte. Motiviert waren Tertullians diesbezügliche Überlegungen durch sein Anliegen, die damals allgemein akzeptierte Vorstellung von der Einheit, Einzigkeit und absoluten Transzendenz Gottes mit dessen Heilshandeln, wie es in der Bibel überliefert war, in Einklang zu bringen. Dieses Heilshandeln hatte zu einer Differenzierung Gottes in Gottvater, Sohn und Heiligem Geist geführt, denen nach urchristlicher Glaubensauffassung jeweils gesonderte Funktionen in diesem Heilshandeln Gottes zugedacht worden waren. Dabei drängte sich zur Zeit Tertullians vor allem die Frage nach dem Verhältnis Jesu Christi, der ja bereits als Gottes Sohn verehrt wurde, zu Gott(-vater) auf. Für Tertullian war diese Frage besonders dringlich, weil es zu seiner Zeit schon verschiedene Antworten auf diese Frage und entsprechende Erklärungsversuche gab, die jedoch für ihn inakzeptabel waren.

So versuchte beispielsweise eine Gruppe sogenannter Monarchianer die Vorstellung von der Einheit Gottes sicherzustellen, indem sie behaupteten, dass es sich bei Gott(-vater), Sohn und Heiligem Geist lediglich um verschiedene Erscheinungsweisen (‚modi') ein und desselben Gottes (‚Monarch') handele. Dies brachte dieser Gruppe, die auch als Modalisten bezeichnet wurden, den Spottnamen ‚Patripassianer' ein, da nach einer derartigen Auffassung dann ja auch Gottvater selbst den Kreuzestod hätte erleiden müssen. Gegen Praxeas, einen Vertreter dieser Gruppe, verfasste Tertullian denn auch um 213 eine entsprechende Kritik mit dem Titel ‚Adversus Praxean'. Eine andere Gruppe der Monarchianer vertrat die Auffassung, dass in dem Menschen Jesus eine göttliche Kraft gewirkt habe und Jesus von Gott als Sohn adoptiert worden sei (‚Adoptianer'). Obwohl Tertullian diese Vorstellung ablehnte, betonte er, dass der Gottessohn Jesus Christus außer seiner Göttlichkeit auch all das besitze, was einen Menschen charakterisiere. Nach damaliger Auffassung war dieser Gedanke eine notwendige Voraussetzung, um die Vorstellung von der Auferstehung Jesu Christi auf die gläubigen Christen übertragen zu können, was für die Entwicklung der Christologie noch von besonderer Bedeutung sein sollte.

Während wir bislang in Bezug auf Tertullian über keine entsprechenden Quellen verfügen, die uns eine Begründung für dessen Auffassung von der zweifachen Natur Jesu Christi bieten oder zumindest eine solche Begründung erschließen ließen, ist uns von dem Theologen Origenes von Alexandrien (gest. 254 n. Chr.) eine derartige Begründung überliefert (7). Nach Origenes handele es sich bei Jesus Christus um die Inkarnation einer vor der Erschaffung der Welt bestehenden Verbindung zwischen dem ewigen göttlichen Logos und der präexistenten Seele des historischen Jesus. Aus diesem Verständnis Jesu Christi leitete Origenes die Vorstellung von dessen göttlicher und menschlicher Natur ab. Jesu Christi Göttlichkeit gründe also darin, dass er aus dem göttlichen Logos ‚hervorgegangen' sei wie der Heilige Geist aus der Weisheit Gottes. Folglich verfügten beide lediglich über eine abgeleitete Göttlichkeit, während Gottvater vollkommene Göttlichkeit zukomme. Origenes verstand Jesus Christus daher lediglich als Vorbild und Erzieher, nicht aber als Erlöser, der für die Sünden der Welt gestorben sei, und untersagte demzufolge auch die Anbetung Jesu Christi. Trotz der abgeleiteten Göttlichkeit Jesu Christi und des Heiligen Geistes sprach Origenes von drei ‚göttlichen Personen' (griech. ‚hypostaseis'), die eines Wesens (‚homoousios') seien, und zwar infolge ihres einheitlichen Willens und der zwischen ihnen herrschenden Harmonie. Mit dieser Auffassung und Begrifflichkeit sowie der Vorstellung von den zwei Naturen Jesu Christi waren also die wichtigen Aspekte der späteren Diskussion über die Trinität und das Christus-Verständnis angesprochen worden, wenn auch die jeweiligen Begründungen bzw. die Art der Ableitungen nicht oder nur teilweise übernommen wurden. Gott selbst verstand Origenes als transzendentes, rein geistiges und damit gestaltloses Wesen, dem wesensmäßig der Logos und die Weisheit[3] zugehören.

Origenes' Vorstellung von dem ‚Hervorgehen' Jesu Christi – wie auch des Heiligen Geistes – aus Gott(-vater) entsprach einem bereits damals breiten Strom in der theologischen Tradition, zu dem auch Irenäus' und Tertullians Vorstellungen gehörten. Aber diese Vorstellung stieß auch auf Widerspruch, zum Beispiel bei Arius (gest. 336), einem aus der antiochenischen Schule stammenden Presbyter in Alexandrien (8). Denn für Arius bedeutete die Vorstellung des ‚Hervorgehens Jesu Christi aus Gott(-vater)' eine Infragestellung der Einheit Gottes. Er ging dagegen davon aus, dass Gott(-vater) anders als der Logos und die Weisheit ohne Anfang und ‚ungeworden sei' und den Logos sowie die Weisheit geschaffen habe. Folglich könne der in Jesus Christus Fleisch gewordene Logos auch keine Wesenseinheit mit Gott(-vater) aufweisen. Da nach Arius Jesus Christus aber aufgrund göttlicher Gnade ‚Göttlichkeit' verliehen worden sei, die ihm jedoch nicht wesensmäßig zukomme, nahm auch Arius ähnlich wie Origenes eine Art ‚höchste Dreiheit' an, die in sich aber abgestuft war. Allerdings handelte sich Arius mit seiner Vorstellung von einer ‚Art abgestufter Göttlichkeit' den Vorwurf der Subordination Jesu Christi gegenüber Gott(-vater) ein, bei manchen Zeitgenossen dagegen den des Polytheismus.

---

[3] Die Wesenseigenschaft ‚Weisheit' bedürfe jedoch der Objekte, weshalb es nach Origenes bereits vor der Erschaffung der materiellen Welt durch Gott eine Welt von Geist- bzw. Vernunftwesen gegeben habe, von denen einige von Gott abgefallen seien. Nach diesem Abfall habe Gott die materielle Welt geschaffen, um den abgefallenen Geistwesen in Orientierung an dem Vorbild Jesu Christi – was denn auch nach Origenes der Sinn von dessen Inkarnation gewesen sei – die Möglichkeit der individuellen Bewährung sowie der Rückkehr zur früheren Existenzweise zu geben. Auf diese Weise würde letztlich die ursprüngliche präexistente Geistwelt wiederhergestellt werden.

3. Entscheidung der trinitarischen Frage auf den Konzilien von Nizäa (325) und Konstantinopel (381)

Die sich aus Arius' Vorstellungen und aus der Kritik an diesen Vorstellungen entwickelnden Auseinandersetzungen nahmen an Schärfe derart zu, dass sich Kaiser Konstantin sowohl um des innerkirchlichen als auch des politischen Friedens willen veranlasst sah, 325 ein Konzil nach Nizäa einzuberufen. Auf diesem Konzil einigte man sich schließlich aufgrund des Vorschlages des Kaisers, den ihm wohl dessen Berater nahegelegt hatten, auf die Formel ‚homoousios' (‚wesensgleich') zur Beschreibung des Verhältnisses zwischen Gott(-vater) und dessen Sohn Jesus Christus. Mit ‚homoousios' meinte man damals nach derzeitigem Wissensstand, dass Jesus Christus eines Wesens mit Gott(-vater) sei (9). Darauf verweisen die Formulierung ‚aus dem Vater gezeugt' im Glaubensbekenntnis und die nochmalige Wiederholung ‚gezeugt, nicht geschaffen'. Diese Konzilsentscheidung war also eindeutig gegen Arius gerichtet. Dies lässt sich aus der dem beschlossenen Glaubensbekenntnis angefügten ‚Verfluchung' derjenigen entnehmen, die für das ‚Geschaffensein' Jesu Christi eintraten und damit dessen Ewigkeit sowie Unveränderlichkeit leugneten. Da die Vorstellung von der Wesensgleichheit inhaltlich nicht präzisiert wurde und auch die Unterschiede zwischen Gott(-vater) und Gottessohn unklar blieben, eröffnete sich ein nicht unerheblicher Interpretationsspielraum, sodass die Auseinandersetzungen bald wieder aufflammten.

Im Verlaufe dieser neuen Auseinandersetzungen entstand neben den Verteidigern der Beschlüsse von Nizäa, den ‚Homoousianern', und verschiedenen anderen Gruppierungen die gemäßigte Gruppe der sogenannten ‚Homoiousianer', die für eine Wesensähnlichkeit (griech. ‚homoiousios') Jesu Christi mit Gott(-vater) eintraten (10). Diese Wesensähnlichkeit leiteten sie aus der von ihnen angenommenen Erstgeschöpflichkeit Jesu Christi und der diesem von Gott (-vater) verliehenen Göttlichkeit ab, die ihm nach Auffassung dieser Gruppe aber nicht wesensmäßig zukomme. Nachdem während eines halben Jahrhunderts ungefähr 15 verschiedene Synoden immer wieder mit ihren Einigungsversuchen gescheitert waren, nahm sich Kaiser Theodosius kurz nach Beginn seiner Regentschaft (378–395) entschlossen dieser Angelegenheit an. Die vorangegangenen Einigungsversuche waren unter anderem wegen persönlicher Animositäten unter den beteiligten Bischöfen, wegen der Gegensätze zwischen den beiden wichtigen theologischen Schulen der Alexandriner und der Antiochener sowie der mangelnden Weitsicht und Gestaltungskraft des jeweiligen Kaisers gescheitert. Bereits Anfang 380 verfügte Kaiser Theodosius I. zusammen mit seinem Mitkaiser Gratian, dass alle Untertanen sich zum christlichen Glauben in seiner nizänischen Form zu bekennen hätten. Als sich der Bischof Demophilus von Konstantinopel weigerte, das nizänische Glaubensbekenntnis anzuerkennen, wurde er kurzerhand von Theodosius abgesetzt und Gregor von Nazianz übernahm das Bischofsamt in Konstantinopel. Kurz danach berief Theodosius für das

Jahr 381 ein Konzil nach Konstantinopel ein, das sich mit abweichenden Positionen auseinandersetzen sollte.

Zuvor war jedoch von den drei kappadozischen Kirchenvätern Basilius dem Großen (gest. um 379), dem eben erwähnten Gregor von Nazianz (gest. um 390) und Gregor von Nyssa (gest. um 390) insofern für eine begriffliche Klarheit gesorgt worden, als die zuvor noch vice versa verwendeten Begriffe ‚ousia' (‚Wesen') und ‚hypostasis' (‚Wesen', ‚Dasein', ‚Existenzweise') eindeutig definiert wurden. So wollten sie ‚ousia' im Sinne von Wesen, Substanz bzw. Natur eines ‚Dinges' oder ‚Lebewesens' verstanden wissen, während ‚hypostasis' die individuelle Realisierung der ‚ousia' darstelle. Hinsichtlich des Verhältnisses zwischen Gott und dessen Sohn Jesus Christus bedeutete dies für sie, dass es sich bei Gott(-Vater), dem Gottessohn Jesus Christus und dem Heiligen Geist um drei Hypostasen bzw. Personen dessen handele, was die ‚ousia' (das Wesen) Gottes ausmache. Diese begriffliche Festlegung bildete die Entscheidungsgrundlage für einen entsprechenden Beschluss des Konzils von Konstantinopel im Jahr 381. Danach habe sich der eine Gott entsprechend der urchristlichen Taufformel als Gottvater, als Gottessohn Jesus Christus und als Heiliger Geist offenbart und tue dies immer noch. Mit diesem Beschluss war zum einen der nizänischen Entscheidung von 325 und damit den ‚Nizänern' bzw. ‚Homoousianern' Genüge getan. Denn die Wesensgleichheit von Gott(-vater) und dem Gottessohn Jesus Christus fand insofern Berücksichtigung, als auch der Gottessohn an der göttlichen ‚ousia' teilhabe. Zum anderen kam dieser Beschluss auch den ‚Homoiousianern' entgegen, da die Vorstellung von einer ‚vollkommenen Gleichheit' zwischen Gott(-vater) und dem Gottessohn Jesus Christus insofern abgewehrt wurde, als Gott(-vater) den Gottessohn Jesus Christus ‚gezeugt' und sich in ihm ‚offenbart' habe.

4. Frage nach der ‚Gott- und Menschheit Jesu Christi' als Gegenstand von Auseinandersetzungen bis zum Konzil von Konstantinopel (680/681)

Nachdem die trinitarische Frage auf der theologischen Ebene im Großen und Ganzen zumindest für die damaligen Hauptkontrahenten beantwortet bzw. gelöst worden war, drängte sich die Frage nach dem Verhältnis zwischen der ‚Göttlichkeit' und dem ‚Menschsein' Jesu Christi in den Vordergrund. Auch bei dieser Frage kam es zu der bereits bekannten Konfrontation zwischen alexandrischer und antiochenischer Theologie (11). Während die Antiochener das Menschsein Jesu Christi betonten, legten die Alexandriner den Akzent auf dessen Göttlichkeit. Für die Antiochener war es wichtig, dass Jesus Christus im wahren Sinne Mensch gewesen sei, da sie dies als Voraussetzung dafür ansahen, dass auch Menschen an der Auferstehung Jesu Christi teilhaben können. Außerdem hatte für die Antiochener die biblische Überlieferung absolute Priorität, was auch bedeutete, dass sie vor allem den historischen Jesus vor Augen hatten. Die Alexandriner betonten dagegen die Göttlichkeit Jesu Christi, weil sie – vom Neuplatonismus und dessen Emanationslehre geprägt – eher ontologisch dachten. Sie verstanden die Auferstehung Jesu Christi als Rückkehr zu Gott(-vater) und stellten sich die Erlösung des Menschen als eine Art Aufstieg desselben im Sinne einer ‚Vergöttlichung' vor. Beide Gruppierungen schlossen die jeweils andere Natur Jesu Christi nicht aus, sondern nahmen lediglich unterschiedliche Akzentuierungen vor. Dies zeigte sich beispielsweise in der gemeinsamen Ablehnung der christologischen Vorstellungen des Apollinaris von Laodicea (gest. um 390). Er vertrat die Auffassung, dass Jesus Christus über keine menschliche Seele verfüge und deren Funktionen durch den göttlichen Logos wahrgenommen würden. Deshalb sei Jesus Christus im Gegensatz zu den Menschen vor dem Bösen bewahrt worden und sündenfrei geblieben. Apollinaris' Vorstellungen wurden demzufolge auf dem Konzil von Konstantinopel 381 als Häresie verworfen.

Während sich Alexandriner und Antiochener in dieser Ablehnung also einig waren, kam es aufgrund der erwähnten unterschiedlichen Akzentuierung zu gegenseitiger Kritik. Dabei spielten die unzulängliche Rezeption der jeweils anderen Position und die grundsätzliche Rivalität zwischen diesen beiden theologischen Richtungen eine größere Rolle als die sachlichen Differenzen. So mündete die gegenseitige Kritik in heftige Auseinandersetzungen, als der Antiochener Nestorius 428 Patriarch von Konstantinopel wurde und die Auffassung vertrat, dass man wegen der ‚Menschheit' Jesu Christi Maria nicht als ‚Gottesgebärerin' (griech. ‚theotokos') bezeichnen dürfe. Er schlug dagegen vor, sie als ‚Christusgebärerin' (griech. ‚christotokos') zu bezeichnen, weil ‚Christus' für die Verbindung von göttlicher und menschlicher Natur stehe. Dies stieß bei den Alexandrinern, insbesondere bei Cyrill (gest. 444), dem damaligen Patriarchen von Alexandria, auf scharfen Protest. Dieser Protest fand auch bei den Volksmassen, die einem damals bereits ausgeprägten Marienkult huldigten, breite Unterstützung. Für Cyrill wurde an Nestorius' Auffassung deutlich, dass dieser die Einheit von göttlicher und menschlicher Natur in Jesus Christus nicht ausreichend würdige. Darüber hinaus hielt Cyrill Nestorius entgegen, dass Maria, wenn man sie nicht als ‚Gottesgebärerin' gelten lassen wolle, dann zunächst nur den Menschen Jesus von Nazareth geboren haben könne. Dies käme einer Leugnung der Menschwerdung des göttlichen Logos gleich, wie sie in Joh. 1,14 verkündet worden sei. Des Weiteren müsste Nestorius die Frage beantworten, wann und wie Jesus seine göttliche Natur erlangt bzw. empfangen habe, was Nestorius in den Augen Cyrills offensichtlich nicht geklärt hatte. Logisch mögliche Erklärungen brächten ihn nach Cyrills Überzeugung in die Nähe adoptianischer Vorstellungen, die aber bereits von der alten Kirche als häretisch verurteilt worden seien.

Um die ausufernden und zum Teil gewaltsamen Auseinandersetzungen zwischen den Anhängern der beiden Kontrahenten Nestorius und Cyrill zu beenden, berief Kaiser Theodosius II. für das Jahr 431 ein Konzil nach Ephesus ein, wo Cyrills Kritik an Nestorius erörtert und die Auseinandersetzungen beigelegt werden sollten. Dieses Konzil kam als einheitliches Konzil gar nicht zustande. Denn ehe die zum römischen und antiochenischen Patriarchat gehörenden Bischöfe überhaupt angekommen waren, erklärte Cyrill die bereits versammelten alexandrinischen und konstantinopolitanischen Bischöfe zum Konzil und eröffnete es. Das so konstituierte Konzil führte sogleich eine Verurteilung des Bischofs Nestorius herbei. Nach Ankunft der antiochenischen Partei eröffnete diese ebenfalls ein Konzil und verurteilte ihrerseits Cyrill, was zu einer weiteren Eskalation führte und letztlich den Kaiser veranlasste, beide Konzilien zu schließen. Erst zwei Jahre später kam es auf Initiative von Papst Sixtus III. (432–440) und Kaiser Theodosius II. zu einem erneuten Versuch, den Streit zwischen Antiochenern und Alexandrinern beizulegen. Die Antiochener unter der Führung Johannes' von Antiochien und die Alexandriner mit Cyrill an der Spitze trafen sich in Antiochien und einigten sich nach langwierigen Verhandlungen auf einen Kompromiss. In der Kompromissformel wurde sowohl die Einheit von göttlicher und menschlicher Natur in Jesus Christus als auch deren Unterscheidung betont. Aufgrund der festgestellten Einheit von göttlicher und menschlicher Natur schrieb man für Maria die Bezeichnung ‚Gottesgebärerin' (‚theotokos') vor.

Allerdings stieß diese Einigungs- bzw. Unionsformel von 433 bei den extremen Vertretern der antiochenischen und der alexandrinischen Ausgangsposition sehr bald wieder auf Widerstand. Der Widerstand kulminierte 447/448, als der Mönch Eutyches in Konstantinopel die zeitgenössische alexandrinische Position radikalisierte und die Auffassung vertrat, dass der Gottessohn auch nach seiner Inkarnation nur über eine göttliche Natur verfüge. Allerdings wurde Eutyches' Auffassung durch eine Synode in Konstantinopel verurteilt. Eutyches erreichte jedoch die Einberufung eines Konzils seitens des Kaisers für das Jahr 449, und zwar wiederum nach Ephesus, um dort seine Angelegenheit zu verhandeln. Das Konzil fand unter der Leitung Dioscorus', des Patriarchen von Alexandrien und eines entschiedenen Vertreters der Position des Eutyches, statt. Dioscorus manipulierte dieses Konzil derart, dass es als ‚Räubersynode' in die Geschichte einging. Die Beschlüsse des Konzils, nämlich die Absetzung wichtiger Antiochener Amtsträger und deren Diffamierung als Ketzer, stießen auf heftigsten Protest. Kaiser Theodosius II. hielt jedoch an diesen Beschlüssen fest.

Erst nach Theodosius' Tod 450 kam es am kaiserlichen Hof in Konstantinopel zu einem anderen Kurs und zur Einberufung eines Konzils nach Chalcedon im Jahre 451, um vor allem im oströmischen Teil des Reiches die kirchliche Einheit wiederherzustellen. Zunächst wurden die Beschlüsse der ‚Räubersynode' aufgehoben und Eutyches sowie Dioscorus wurden samt ihrer Anhänger verurteilt. Danach wandte man sich der eigentlichen Aufgabe zu und formulierte in Orientierung an der Kompromissformel von 433 und an einem christologischen Traktat Papst Leos I. (440–461) ein Glaubensbekenntnis, das die wichtigen strittigen Punkte der vorangegangenen Auseinandersetzungen zu harmonisieren versuchte. So einigte man sich auf ein Verständnis von Jesus Christus, wonach dieser wesensgleich mit Gottvater hinsichtlich seiner Göttlichkeit und wesensgleich mit den Menschen hinsichtlich seines Menschseins sei. Jesus Christus verfüge folglich über zwei Naturen, die ‚unvermischt und unverwandelt', aber auch ‚ungetrennt und ungeteilt' ihre Eigentümlichkeit wahren. Mit diesem Glaubensbekenntnis waren die extremen Positionen der alexandrinisch geprägten Christologie (Eutyches und seine Anhänger) sowie die entgegengesetzten Extrempositionen der antiochenisch geprägten Christologie (Nestorianer) zurückgewiesen worden. In dem Beschluss über die ‚Zwei-Naturen-Lehre' kam zum Ausdruck, dass sich vor allem der römische Bischof bzw. Papst und damit die westliche lateinische Kirche in den Diskussionen zu Chalcedon durchgesetzt hatten. Dass die Alexandriner dieses Glaubensbekenntnis abgelehnt hatten, obwohl mit diesem der Ausschluss der Nestorianer festgeschrieben worden war, lag wohl auch in der Furcht der Alexandriner begründet, dass ihnen und der ägyptischen Kirche ein ähnliches Schicksal drohen könnte.

Folglich formierte sich sehr bald Widerstand gegen die Beschlüsse des Konzils von Chalcedon in Ägypten, teilweise auch in Syrien und etwas später auch in Armenien (12). In der Folgezeit versuchten denn auch die oströmischen Kaiser, denen ja an der Einheit der Kirche in ihrem Reichsteil besonders gelegen war, immer wieder, eine Verständigung zwischen Befürwortern und Gegnern der Konzilsbeschlüsse von Chalcedon herbeizuführen. Selbst sehr weit entgegenkommenden Kompromissvorschlägen seitens des Kaisers Justinian im Jahre 532 war kein Erfolg beschieden. Er hatte zum Beispiel den Vorschlag gemacht, sowohl die chalcedonische Aussage (,zwei Naturen in einer Person') als auch die antichalcedonische alexandrinische Aussage (,eine Natur des Fleisch gewordenen Gott-Logos'[4]) als rechtgläubig anzuerkennen. Letztendlich berief er 536 eine Synode nach Konstantinopel ein, die die Beschlüsse des Konzils von Chalcedon bestätigte und für die Reichskirche verbindlich machte. Es folgte die Absetzung einiger antichalcedonischer Bischöfe mit der Folge, dass sich im Untergrund in Ägypten, Syrien und Armenien allmählich eigenständige Kirchen entwickelten. Trotz der Entscheidungen von 536 waren die Auseinandersetzungen um die Beschlüsse des Konzils von Chalcedon nicht vollends zur Ruhe gekommen, sondern fanden unter dem Deckmantel der Neuinterpretation dieser Beschlüsse und als innerchalcedonische Diskussion ihre Fortsetzung. Unter Kaiser Heraclios (610–641) schien es noch einmal eine Möglichkeit zu geben, zu einem Ausgleich zwischen den unterschiedlichen Lehrmeinungen zu kommen und die Einheit der Kirche wiederherzustellen. Als dies abermals scheiterte und in der Zwischenzeit Syrien, Palästina und Ägypten, wo sich die Hauptgegner der Konzilsbeschlüsse von Chalcedon befanden, unter islamische Herrschaft geraten waren, kam es 680/81 in Konstantinopel zu einem erneuten Konzil.

Auf diesem Konzil, auf dem vornehmlich Vertreter der lateinischen Kirche des Westens und Vertreter des Kerngebietes des oströmischen Reiches versammelt waren, wurden die Beschlüsse von Chalcedon abermals bestätigt und für die gesamte Reichskirche als verbindlich erklärt. Allerdings erfuhren die chalcedonensischen Beschlüsse insofern noch eine Präzisierung, als die während der innerchalcedoni-

---

[4] Diese Richtung wird in der entsprechenden jüngeren Forschung als ‚miaphysitisch' und nicht als monophysitisch bezeichnet, da diese Gegner des Konzils zwar von einer einzigen Natur (griech. ,mia physis') Jesu Christi bzw. ‚des Fleisch gewordenen Gott-Logos' sprachen, die sich aber aus einem vollständigen ‚göttlichen Wesen' und einem vollständigen ‚menschlichen Wesen' ergebe bzw. zusammensetze.

schen Diskussion aufgeworfenen Fragen Berücksichtigung fanden. Bei diesen Fragen ging es darum, ob Jesus Christus als ‚Fleisch gewordener göttlicher Logos' eine oder zwei Wirkweisen (griechisch ‚energeia') und einen oder zwei Willen (griech. ‚thelema') besitze. Bei der Diskussion dieser Fragen hat sich am Ende die Auffassung durchgesetzt, dass entsprechend der beiden Naturen Jesu Christi dieser auch über zwei natürliche Wirkweisen und zwei Willen verfüge. Beide seien aber infolge der Unterordnung des menschlichen Willens unter den göttlichen Willen (Joh.6,38) als eine Wirkweise und als ein Wille ‚ungetrennt, unteilbar und unvermischt' und träten auch so (als ‚hypostatische Einheit') in Erscheinung. Mit dem Konzilsbeschluss von 680/81 hatte sowohl die trinitarische als auch die christologische Diskussion ihren dogmatischen Abschluss gefunden, der für die (weströmisch-)katholische sowie die (oströmisch-)orthodoxe Kirche und deren autokephale Teilkirchen bis heute Bestand hat, ohne jedoch alle in der trinitarischen Gottesvorstellung begründeten Probleme überzeugend gelöst zu haben.

5. Scheitern der neuplatonischen Kritik des Johannes Scotus Eriugena (gest. 877) an der dogmatisierten Gotteslehre

Dieser Abschluss der trinitarischen und christologischen Auseinandersetzungen hatte zur Folge, dass es – in theologiegeschichtlich bedeutsamer Weise – erst ungefähr 200 Jahre später wieder zu einer Aufnahme dieser Thematik kam, und zwar durch Johannes Scotus Eriugena (um 810–877). Dieser beschäftigte sich in umfänglicher und systematischer Form mit der Gotteslehre, ohne dass es damals eine entsprechende Diskussion gegeben hätte. Anlass für seine Beschäftigung war vielmehr seine Übersetzung und Kommentierung von Schriften eines in der Spätantike bzw. im frühen Mittelalter hochangesehenen neuplatonisch geprägten Theologen, der unter dem Pseudonym Dionysios Areopagita geschrieben hatte. Eriugena entwickelte in der Auseinandersetzung mit diesem Autor dessen neuplatonische Gottesvorstellung in eigenwilliger Weise weiter (13). Allerdings stieß er in seiner Zeit mit dieser neuplatonisch geprägten Gottesvorstellung und den sich daraus ergebenden Konsequenzen für die Vorstellung von der Entstehung der Welt und von der Erlösung des Menschen auf erheblichen Widerstand. Auf Ablehnung stießen auch seine – durch die neuplatonische Grundierung seiner Vorstellungen notwendig gewordene – metaphorische Interpretation biblischer Aussagen sowie sein methodisches Vorgehen, wonach der rationalen Überprüfung von Glaubensaussagen eine zentrale Bedeutung zukomme. Seine metaphorische Interpretation hatte beispielsweise zum Ergebnis, dass ‚Erlösung' lediglich Gotteserkenntnis meine und ‚Hölle' nicht physisches Leid nach dem Tod bedeute, sondern seelische Qualen im Diesseits. Diese Qualen ergäben sich aus der Unerreichbarkeit irdischen Glücks, um das man zwar wisse, das man aber aufgrund der Unfähigkeit zu einer entsprechenden sittlichen Lebensführung verfehle. Das methodische Vorgehen, nämlich die bildliche

Verschlüsselung biblischer Aussagen rational aufzulösen, sowie einzelne Inhalte seiner Vorstellungen wurden folglich auf zwei Synoden im Jahre 855 und 859 verurteilt. Bei der Art des methodischen Vorgehens handelte es sich eigentlich um eine partielle Vorwegnahme der scholastischen Methode. Letztlich traf Eriugena erst bei den Mystikern des Spätmittelalters auf Wohlwollen und wurde dadurch verstärkt rezipiert.

Exkurs: Christliche Bibelexegese in Antike und Mittelalter

Die christliche Bibelexegese war bereits im Neuen Testament selbst so angelegt, dass es nicht nur darum ging, sich des wörtlichen Sinns (‚sensus litteralis') mit Hilfe der sogenannten grammatischen Interpretation zu vergewissern, sondern auch nach einer übertragenen Bedeutung (‚sensus spiritualis') des Textes zu fragen (14). Die Notwendigkeit dieser Frage ergab sich aus dem Umstand, dass die urchristliche Gemeinde sich von Anfang an in der Tradition des Alten Testamentes stehend sah und somit ihr Verhältnis zum jüdischen Glauben bzw. zum Alten Testament bestimmen musste. Wie beispielsweise das Jesuswort in Mt.5,17 („Meinet nicht, ich sei gekommen, um das Gesetz oder die Propheten aufzulösen. Ich bin nicht gekommen aufzulösen, sondern zu erfüllen.") und auch Rö.15,8 sowie Apg.2,16 zeigen, wurde die Botschaft Jesu als Erfüllung der alttestamentlichen Verheißungen verstanden. Diese Verhältnisbestimmung von Verheißung und Erfüllung machte es notwendig, alttestamentliche Aussagen und Geschehnisse nicht nur im wörtlichen Sinne zu verstehen, sondern in ihnen auch eine übertragene Bedeutung zu sehen. Um diese übertragene Bedeutung zu eruieren, bediente man sich in urchristlicher Zeit der typologischen Methode (griech. ‚typos': Vorbild). So wurde beispielsweise Abraham in Rö.4,18–24 als Vorbild für den rechten Glauben angesehen, Adam dagegen in Rö.5,12–19 als ‚negatives Beispiel' für menschliches Verhalten dargestellt. In Gal.4,21–31 wird die ‚freie' Sara als ‚Mutter' der Christen und die Sklavin Hagar als ‚Mutter' der Juden verstanden. Darüber hinaus wird gleichzeitig der Unterschied zwischen der ‚Gesetzesreligion' der Juden und der den Menschen Freiheit ermöglichenden ‚Erlösungsreligion' der Christen als übertragene Bedeutung der alttestamentlichen Erzählung verdeutlicht.

Die Unterscheidung zwischen dem Literalsinn und dem spirituellen bzw. übertragenen Sinn, wie sie in den Paulus-Briefen als dem ältesten Teil des Neuen Testamentes bereits anzutreffen ist, prägte durchgängig die neutestamentlichen Bezugnahmen auf das Alte Testament. So verstand man das Alte Testament in weiten Teilen als Hinweis auf das Christusgeschehen. Auch sah man in alttestamentlichen Aussagen und Erzählungen wie zum Beispiel der vom Sündenfall die gedanklichen Voraussetzungen für das Erlösungsgeschehen dargestellt. Andererseits meinte man, dass das Wissen um den Verweis- und Erklärungscharakter des Alten Testaments die Möglichkeit eröffne, dessen Bedeutung besser zu erfassen. Auf diese Weise kam man später zu der Überzeugung von der Zusammengehörigkeit von Altem und Neuem Testament und zu der Vorstellung von einer die ganze Menschheit angehenden Heilsgeschichte. Infolge dieser Zusammenhänge, insbesondere des Verweischarakters des Alten Testamentes und der in ihm enthaltenen Weissagungen, kam die urchristliche Gemeinde entsprechend der jüdischen Tradition zu der Überzeugung, dass die alttestamentlichen Texte auf einer göttlichen Inspiration beruhen würden, was man später auch auf die neutestamentlichen Texte übertrug. Die angenommene göttliche Inspiration legte es dann auch nahe, über den Literalsinn hinaus nach einer spirituellen und damit nach einer übertragenen Bedeutung der biblischen Texte insgesamt zu fragen.

Hierbei kam zustatten, dass eine derartige Fragestellung und eine ‚geistliche Interpretation' bereits im Judentum, insbesondere durch Philo von Alexandrien (gest. zwischen 45 und 50 n. Chr.), hinsichtlich Schriften Anwendung gefunden hatten, die später Aufnahme ins Alte Testament fanden (15). Hintergrund für Philos Anwendung der ‚geistlichen Interpretation' war dessen Anliegen, allzu große Widersprüche zwischen den Aussagen der heiligen Schriften des damaligen Judentums und dem ihm vertrauten philosophischen Denken griechischer Provenienz zu vermeiden. Dabei präferierte Philo entsprechend der jüdischen Tradition den Literalsinn, sodass zunächst dieser zu gelten habe. Nach einer übertragenen Bedeutung sei nur zu fragen, wenn der Literalsinn einer Aussage unergiebig bleibe, widersprüchlich sei oder zu vernunftwidrigen Erklärungen führe. Dieser Vorgehensweise lag die Vorstellung zugrunde, dass nach damaliger jüdischer Auffassung heilige Schriften von Gott inspiriert worden seien und folglich göttliche Wahrheiten beinhalteten, die vom Menschen im Wortsinne zu beobachten seien. Lasse sich jedoch unter dem Gesichtspunkt der erwähnten Ausschlusskriterien kein akzeptabler Literalsinn einer heiligen Schrift ermitteln, so sei deren vorausgesetzte übertragene Bedeutung mittels ‚geistlicher Interpretation' zu erschließen. Im jüdischen Umfeld der urchristlichen Gemeinde waren also die Vorstellungen von der Inspiriertheit heiliger Schriften sowie von deren übertragener Bedeutung und von den entsprechenden Interpretationsmethoden bekannt.

Die Unterscheidung zwischen diesen beiden Bedeutungsebenen der biblischen Texte prägte auch die christliche bzw. kirchliche Bibelexegese in der Antike und im Mittelalter. Bereits in der Mitte des zweiten nachchristlichen Jahrhunderts war diese Unterscheidung sowie die erwähnte Bestimmung des Verhältnisses zwischen Altem Testament und der Botschaft Jesu Christi in den frühchristlichen Gemeinden geläufig. So unterschied auch der Apologet Justin der Märtyrer (gest. um 165 n.Chr.) zwischen einem Literalsinn und einer übertragenen Bedeutung, sah das Verhältnis zwischen Altem Testament und der christlichen Botschaft als eines zwischen Weissagung und Erfüllung sowie zwischen Altem und Neuem Bund. Ungefähr ein Jahrhundert später um die Mitte des 3. Jahrhunderts erfuhr die Vorstellung von einer übertragenen Bedeutung biblischer Aussagen eine wissenschaftliche Fundierung (16) sowie eine entsprechende Differenzierung durch den in Alexandria lehrenden Origenes (gest. 254). Angesichts problematischer Aussagen in der Bibel, falls man derartige Aussagen in ihrer Konkretheit wörtlich verstehe, hielt es Origenes für geboten, nach einem übertragenen Sinn dieser Aussagen zu fragen. Dies war nach Origenes auch deshalb notwendig, weil die durch Gottes Geist inspirierten Aussagen nur angemessen verstanden werden könnten, wenn man nach einem entsprechenden übertragenen geistigen Sinn ('sensus spiritualis') frage. So unterschied Origenes in Analogie zu Körper, Seele und Geist als den drei Ebenen menschlicher Existenz drei verschiedene Sinnebenen der biblischen Überlieferung: in Analogie zum Körper das buchstäblich-historische Verständnis sowie das 'seelisch-moralische' und das 'geistig-mystische' Verständnis als die beiden Formen der übertragenen Bedeutung. Dabei ging Origenes davon aus, dass selbst dem 'geistig-mystischen' Verständnis als der höchsten Verstehensebene das Geheimnis der ein oder anderen biblischen Aussage verschlossen bleibe.

Allerdings stieß Origenes' Vorstellung von einer übertragenen Bedeutung der biblischen Texte auch auf Widerspruch, zum Beispiel bei Theologen der 'Antiochenischen Schule', für die die wörtlich-historische Bedeutung biblischer Aussagen entscheidend war und die im 'sensus spiritualis' die Gefahr der Häresie sahen. Nichtsdestoweniger prägte Origenes' Schriftverständnis die abendländische Bibelexegese, insbesondere in der Westkirche. So wurde sein Verständnis vom 3-fachen Schriftsinn bis in die hochmittelalterliche Zeit hinein rezipiert. Allerdings findet sich bei Johannes Cassian, einem Zeitgenossen Augustins, eine Weiterentwicklung dieses Verständnisses zu einem 4-fachen Schriftsinn (17). Cassian unterschied zunächst wie Origenes den Literalsinn bzw. die 'historische Interpretation' von einer übertragenen Bedeutung, die der 'geistlichen Interpretation' bedürfe. Die 'geistliche Interpretation' ermögliche nicht nur eine zweifach, sondern dreifach abgestufte Erkenntnis: die des moralischen ('tropologischen') Sinns sowie die des 'allegorischen' und die des 'anagogischen' Sinns. Der allegorische Sinn beziehe sich auf die diesseitigen Aspekte des Glaubens und der anagogische Sinn auf die jenseitigen Aspekte des Glaubens. Diese Konzeption vom 4-fachen Schriftsinn blieb bis ins Spätmittelalter hinein in Geltung, drängte die Vorstellung vom 3-fachen Schriftsinn in den Hintergrund und wurde auf vielfältige Weise auf die unterschiedlichsten Bibelstellen angewandt. Zur Verdeutlichung der vier Sinnebenen war seit dem Hochmittelalter folgender Merkvers in Umlauf gebracht worden: „Littera gesta docet, quid credas allegoria, moralis quid agas, quo tendas anagogia" (18). (Der Buchstabe lehrt, was geschehen ist, was du glauben sollst, die Allegorie, was du tun sollst, lehrt die Moral, und was du hoffen mögest, die Anagogie.) Verdeutlicht wurden die drei Ebenen des 'geistlichen Sinns' unter Berufung auf Augustinus damals auch mit den von Paulus stammenden zentralen Begriffen christlicher Existenz: Glaube, Liebe, Hoffnung[5].

Die sich in dem Merkvers manifestierende allgemeine Akzeptanz der Lehre vom vierfachen Schriftsinn stieß allerdings nicht erst bei Martin Luther auf Widerspruch.

---

[5] Dass mit dem 'mystisch-anagogischen Sinn' bzw. mit der Hoffnung der Glaube an eine 'wunderbare Auferstehung' in Verbindung gebracht wurde, ist nach derzeitigem Kenntnisstand bei Richard von St. Viktor (gest. 1173) erstmals historisch fassbar.

Bereits in der Zeit der Hochscholastik im 12. und 13. Jahrhundert traf diese Lehre beispielsweise bei Hugo von St. Victor (gest. 1141) und bei Thomas von Aquin (gest. 1274) auf Vorbehalte und führte zu einer entsprechenden Korrektur (19). Für diese Vorbehalte dürfte ausschlaggebend gewesen sein, dass nach Thomas der bei der ‚geistlichen Interpretation' vorausgesetzten übertragenen Bedeutung die Gefahr innewohne, in gewagte Spekulationen abzugleiten und dabei zu unterschiedlichsten Interpretationen zu gelangen. Da die Ergebnisse der so praktizierten ‚geistlichen Interpretation' auf das Glaubensverständnis zurückwirkten, würden sie zudem die Gefahr des Glaubensstreites in sich bergen. Andreas von St. Victor (gest. 1175) schloss wegen mangelnder Rationalität eine ‚geistliche Interpretation' sogar grundsätzlich aus. Thomas von Aquin lehnte diese Art der Interpretation im Zusammenhang des theologischen Diskurses ebenfalls ab, da dieser sich nur auf den durch die ‚philologisch-historische Interpretation' gewonnenen Literalsinn stützen dürfe. Diese Forderung leitete auch den Franziskaner Nikolaus von Lyra (gest. 1347) bei der Abfassung des wichtigsten spätmittelalterlichen exegetischen Kommentars zur Bibel, der ‚Postilla litteralis super Biblia' (20). Bei diesem Kommentar handelte es sich wie damals üblich um eine Erklärung entlang der einzelnen Bibelverse, die aber fast ausschließlich philologisch-historisch erklärt wurden. Deshalb verwandte wohl auch Martin Luther diesen Kommentar ausgiebig in seinen Vorlesungen, der ja auch nur den Wortsinn biblischer Aussagen gelten lassen wollte und die allegorische Interpretation ablehnte. Zur Zeit der Hochscholastik wurde auch die Frage nach der Art der Inspiration der biblischen Autoren aufgeworfen. Thomas von Aquin postulierte beispielsweise, dass man deren göttliche Inspiration nicht als eine Art ‚göttliches Diktat' verstehen dürfe, sondern als vom jeweiligen Autor mit eigenen Worten wiedergegebene ‚Eingebung des Heiligen Geistes' anzusehen habe (21). Sowohl dieses Verständnis von Inspiration als auch der Rekurs auf den Literalsinn waren Ausdruck einer Tendenz zu einem rationaleren Bibelverständnis, die sich seit der Hochscholastik erkennen lässt.

Ende des Exkurses

6. Hochmittelalterliche Beiträge zur Trinitätslehre und Christologie

Infolge der Verurteilung des Johannes Scotus Eriugena unterblieb dann offensichtlich eine eingehendere Auseinandersetzung mit seiner Lehre und Methode. Nichtsdestoweniger blieb die trinitarische und christologische Fragestellung als solche angesichts der offengebliebenen Fragen und der Kompliziertheit einer überzeugenden Antwort virulent (22) und führte im 12. Jahrhundert zu Versuchen, das Verhältnis zwischen den drei ‚Personen' genauer zu bestimmen. Bis zu Beginn des 12. Jahrhunderts hatte man sich auf dem Hintergrund der Vorstellung von der Ein(s)heit Gottes, der sich heilsgeschichtlich in drei ‚Personen' offenbart habe, damit im Großen und Ganzen zufrieden gegeben, dass sich diese hinsichtlich ihres Wesens voneinander unterscheiden. So galt Gottvater als ‚ungezeugt' und damit als seit Ewigkeit existierend, der Gottessohn als ‚gezeugt, aber nicht (als) geschaffen' und der Heilige Geist als von diesen beiden ‚hervorgebracht'. Mit Beginn des 12. Jahrhunderts versuchte man verstärkt, diese drei ‚Personen' auch funktional voneinander zu unterscheiden.

In dieser Zeit kam auch die von Johannes Scotus Eriugena angewandte Methode, Glaubensaussagen einer rationalen Überprüfung zu unterwerfen, theologiegeschichtlich relevant zur Geltung, und zwar bei Anselm von Canterbury (1033/34 – 1109), der diese Methode insbesondere im Zusammenhang seines Gottesbeweises anwandte (23). Allerdings wollte er damit Glaubensaussagen nicht verändern, wie dies Eriugena tat, oder gar widerlegen, sondern zeigen, dass Glaubensaussagen sich rational absichern ließen. Dieser Ansatz lässt sich bereits an seiner Maxime ‚fides quaerens intellectum' (‚der Glaube verlangt nach Einsicht') sowie an der Struktur seines ‚Proslogion' ablesen, in dem er seinen sogenannten ‚ontologischen Gottesbeweis' entfaltet hat. In dieser dialogisch aufgebauten Schrift wollte er einen ‚insipiens' (‚Unwissenden') auf rationale Weise von der Notwendigkeit der Existenz Gottes überzeugen. Ausgehend von der Voraussetzung, dass als höchstes Sein nur Gott in Frage komme, versuchte Anselm die Existenz eines solchen höchsten Seins begriffslogisch zu begründen. Nach Anselm lasse sich in der Wirklichkeit eine Vielzahl von Dingen feststellen, die sich in einer (ab-)gestuften Ordnung befänden, an deren sich nach oben verjüngender Spitze sich immer höhere Dinge oder Güter bis hin zu einem höchsten Gut ausmachen lassen. Damit diesem Gut das Attribut ‚höchstes' zu Recht zugesprochen werden könne, müsse dieses Gut auch tatsächlich existieren. Denn würde man sich dieses Gut ‚nur' vorstellen können, dann gäbe es ein noch höheres Gut, nämlich das (entsprechende) real existierende Gut. Dieses real existierende höchste Gut, im Vergleich zu dem man sich also kein höheres vorstellen könne, sei – aufgrund der erwähnten Voraussetzung – ‚Gott'. Auf diese Weise meinte Anselm die Notwendigkeit einer ‚realen Existenz' Gottes rational und damit also auch für Nicht-Gläubige nachvollziehbar bewiesen zu haben.

Allerdings weist Anselms Gottesbeweis einige Schwachstellen auf. Sie liegen vor allem in der Missachtung des Unterschieds zwischen materieller und immaterieller Wirklichkeit an entscheidenden Schnittstellen seiner Argumentation begründet, zum Beispiel bei der Gleichsetzung von höchstem Gut und Gott sowie im Zusammenhang der angenommenen Stufenordnung innerhalb des Seienden. Auf die Einwände und Vorbehalte gegenüber Anselms Gottesbeweis, die bereits zu seinen Lebzeiten und in der Folgezeit oft diskutiert und erörtert wurden, kann an dieser Stelle nicht eingegangen werden. Verwiesen sei jedoch noch einmal auf die Intention Anselms, Glaubensaussagen mit Hilfe rationaler Argumentation verständlich zu machen und so nicht nur seiner bereits erwähnten Maxime ‚fides quaerens intellectum', sondern auch der des ‚credo, ut intelligam' (Ich glaube, damit ich verstehe.) gerecht zu werden. Insofern trage die rationale Begründung einerseits zur Vertiefung und Festigung des Glaubens bei; andererseits gewährleiste sie in Verbindung mit den vorausgesetzten Glaubensaussagen bzw. Offenbarungswahrheiten ein Gesamtverständnis der den Menschen umgebenden Wirklichkeit.

Diesen Ansatz, Glaubensaussagen auf rationale Weise verständlich zu machen, wandte Anselm von Canterbury auch in seiner Schrift ‚Cur deus homo' (1098) an, in der er auch die Notwendigkeit der Menschwerdung des Gottessohnes rational zu begründen versuchte. Nach Anselm wurde die Menschwerdung Christi durch die Zerstörung der ursprünglichen göttlichen Heilsordnung infolge des von den Stammeltern Adam und Eva vollzogenen Sündenfalls notwendig. Denn diese Zerstörung des ursprünglichen göttlichen Heilsplans sei so gravierend gewesen, dass allein die freiwillige Hingabe des Mensch gewordenen Gottessohnes die zerstörte Heilsordnung habe wiederherstellen und Genugtuung („satisfactio') leisten können. Die Zerstörung der ursprünglichen Heilsordnung aufgrund des Sündenfalls bedeutete nämlich nach Anselm infolge der von ihm übernommenen traditionellen Erbsündenlehre, dass nicht nur die Stammeltern der Menschen ihre ewige Seligkeit verwirkt haben, weil sie Gott die diesem zustehende Ehre und Liebe vorenthalten haben. Vielmehr wiederhole sich dies bei jedem nachgeborenen Menschen. Dieser selbst sei also aufgrund seiner durch die Erbsünde auf ihn übergegangenen Sündhaftigkeit nicht zur Wiederherstellung der zerstörten Heilsordnung in der Lage, da dies bei ihm eine Art Selbstrechtfertigung eines Sünders wäre, was nach Anselms Auffassung widersinnig sei. Darüber hinaus wäre es immer eine geschuldete und folglich keine freiwillige Wiederherstellung der Heilsordnung gewesen. Die Freiwilligkeit der Gott entgegengebrachten Ehre und Liebe sei aber nach Anselm wesentlicher Bestandteil der ursprünglichen Heilsordnung, weshalb ja auch der Mensch mit einer entsprechenden Willensfreiheit ausgestattet worden sei. Da Gott aber aufgrund seiner Güte seinen ursprünglichen Heilsplan nicht habe aufgeben wollen, konnte nur die freie Selbsthingabe des Mensch gewordenen Gottessohnes die ursprüngliche Heilsordnung wiederherstellen bzw. eine adäquate ‚Satisfaktion' leisten. An Anselms Argumentation und deren Voraussetzungen wird deutlich, dass er hinsichtlich Jesus Christus die Zwei-Naturen-Lehre vertrat, wie er auch hinsichtlich der Gotteslehre grundsätzlich die seinerzeitigen kirchlichen Vorstellungen teilte. In Bezug auf sein methodisches Vorgehen, zentrale Glaubensaussagen rational zu begründen, betrat er jedoch in gewisser Weise Neuland, ohne dass er aus diesen Gründen auf historisch relevanten Widerstand gestoßen wäre.

Anders stellte sich dies bei seinem ungefähr 45 Jahre jüngeren Zeitgenossen Petrus Abaelard (1079–1142) dar, der ähnlich wie Anselm von Canterbury für die Anwendung rationaler Methoden und Überlegungen in Glaubensfragen eintrat (24). Während Anselm die logische Notwendigkeit bestimmter Glaubensaussagen, zum Beispiel die Menschwerdung des Gottessohnes, aufzeigen wollte, war Abaelards Ansatz jedoch umfassender. Ihm ging es nicht ‚nur' darum, diffizile Glaubensfragen mit Hilfe rationaler Überlegungen nachvollziehbar zu machen, sondern er wollte kontroverse Auffassungen auf rationale Weise entschärfen oder auch neue Lösungsmöglichkeiten eröffnen. Abaelards Anliegen schloss also auch die Möglichkeit ein, vorhandene theologische Positionen zu korrigieren oder gar in Frage zu stellen.

So listete er in seinem bekanntesten Werk ‚Sic et non' viele Beispiele auf, die von Kirchenvätern unterschiedlich interpretiert und bewertet worden waren und die Abaelard einer rationalen Überprüfung anhand vorab aufgestellter Beurteilungskriterien unterzog. Hinsichtlich divergierender oder widersprüchlicher biblischer Aussagen, die er ja auch in ‚Sic et non' aufgenommen hatte, blieb Abaelard zurückhaltend, deutete jedoch auch in Bezug auf diese Aussagen Möglichkeiten einer kritischen Hinterfragung an. Dieses methodische Vorgehen, aber auch inhaltliche Aussagen wie die über die Trinität stießen auf zum Teil heftigen Widerspruch, insbesondere bei Bernhard von Clairvaux, wobei einige inhaltliche Aussagen – möglicherweise bewusst – ungenau rezipiert worden waren. So wurde Abaelards Verständnis der trinitarischen Gottesvorstellung 1121 auf dem Konzil von Soissons verdammt und 20 Jahre später wurde er infolge der anhaltenden Auseinandersetzungen 1141 auf dem Konzil von Sens wegen Häresie verurteilt. Wohl auch deshalb entfalteten seine inhaltlichen Vorstellungen keine nachhaltige Wirkung, während sein methodisches Vorgehen zur Methode der Scholastik schlechthin avancierte. Allerdings räumte auch Abaelard ein, dass die rationale Methode und philosophisches Denken im Zusammenhang der Trinitätslehre, zum Beispiel der Frage nach der Ein(s)heit Gottes und der Verschiedenheit der ‚drei göttlichen Personen', möglicherweise an ihre Grenzen stoßen, und sprach sich letztlich für die Akzeptanz der damaligen Trinitätslehre aus.

Die systematische Anwendung der rationalen Methode und rationaler Überlegungen im Kontext theologischer Fragen war spätestens seit Abaelard wesentlicher Bestandteil der Scholastik geworden und erfuhr durch Thomas von Aquin (1225–1274) eine besondere Ausprägung (25). Denn dieser rationale Zugang basierte bei Thomas auf der Überzeugung, dass die ‚ratio' nicht nur eine selbständige und hinreichende Quelle für die Erkenntnis der natürlichen Umwelt sei, sondern auch einen begrenzten Beitrag zur Gotteserkenntnis zu leisten vermöge. Allerdings ermögliche diese ‚natürliche' Gotteserkenntnis nur Aussagen darüber, was Gott nicht sei, sodass auf dieser Erkenntnisgrundlage nur eine Art ‚negative Theologie' möglich sei. Zu diesen Aussagen gelange der Mensch aufgrund der Diskrepanz zwischen seiner Selbstwahrnehmung und seiner Vorstellungskraft. So erlebe sich der Mensch beispielsweise als geschaffen, veränderlich und endlich, könne aber daraus die Vorstellung von Ungeschaffenheit, Unveränderlichkeit und Unvergänglichkeit entwickeln und weise diese Eigenschaften Gott zu. Positive Aussagen über Gott sowie wesentliche Inhalte des Glaubens seien dem Menschen allerdings nur durch göttliche Offenbarung zugänglich. Sie könnten lediglich im Nachhinein mit Hilfe der ‚ratio' als widerspruchsfrei und plausibel erwiesen werden, was denn auch die Aufgabe der Theologie sei. Auf diese Weise käme zum Vorschein, dass Vernunft und biblische Offenbarung und deren Interpretation durch die Kirchenväter keinen Gegensatz darstellten, sondern sich in Einklang befänden.

So versuchte Thomas von Aquin, die Existenz Gottes mit Hilfe rationaler Überlegungen als notwendig zu erweisen, und demonstrierte dies anhand seiner ‚fünf Wege zur Gotteserkenntnis'. Dabei ging er von der menschlichen Erfahrung aus, dass beispielsweise alle Dinge in Bewegung seien und Veränderungen durchmachten, dazu aber eines Impulses bedürften, der seinerseits auf einen solchen Bewegungsimpuls angewiesen sei. Spinne man diesen Gedanken weiter, so gelange man, da man diesen Zusammenhang nach Thomas nicht als sich unendlich fortsetzend annehmen könne, zu einem ‚Ur-Impuls' bzw. ‚ersten Beweger', und diesen ‚ersten Beweger' nennen die Menschen ‚Gott'. Auf ähnliche Weise ordnete Thomas die Wahrnehmung des Zusammenhanges von Ursache und Wirkung ein, der zur Annahme einer ‚Erst-Ursache' führe, die man auch ‚Gott' nenne. Des Weiteren werden die Dinge dieser Welt als kontingent und damit von etwas anderem abhängig wahrgenommen. Am Anfang dieser ‚Abhängigkeiten' müsse es aber etwas Unabhängiges und ‚aus sich selbst heraus Notwendiges' geben, und das sähen die Menschen bei ‚Gott' gegeben. Auch nähmen die Menschen nach Thomas die Eigenschaften der Dinge in ihrer unterschiedlichen Ausprägung wahr und bewerteten sie als vollkommen oder als vollkommener usw. Also müsse es letztendlich ‚ein Vollkommenstes' geben, und das bezeichne man als ‚Gott'. Als fünften Weg zur Gotteserkenntnis führte Thomas die allgemeine Erfahrung an, dass alles – auch Lebewesen und Seiendes ohne Bewusstsein – auf ein Ziel ausgerichtet sei und dass es dazu eines ‚Lenkers' bedürfe, den man in Gott sehe.

Wie aus Thomas von Aquins Vorstellung von den fünf Wegen zur Gotteserkenntnis deutlich wird, basiert die jeweilige Argumentation auf bestimmten theoretischen Voraussetzungen. Eine zentrale Voraussetzung stellt die Vorstellung dar, dass die geschaffene Welt als eine sinnvolle Stufenordnung angesehen wird, die durch das Kausalitätsprinzip bestimmt werde. Eine weitere wichtige Voraussetzung ist die angenommene Einheit des Seienden in der diesseitigen Welt mit dem Grund dieses Seienden in einer jenseitigen Wirklichkeit. Diese angenommene Einheit war die gedankliche Voraussetzung für die Vergleichbarkeit beider Bereiche. Dadurch war es überhaupt erst möglich, ‚per analogiam' Aussagen über den Grund des Seienden bzw. Gott zu machen. Allerdings handelt es sich nach Thomas von Aquin bei diesen Aussagen nicht um eine zutreffende Beschreibung, sondern infolge der begrifflichen Unzulänglichkeiten lediglich um eine ‚Repräsentation' des Gemeinten. Die angenommene Einheit von Seiendem und von dessen Urgrund ‚Gott' und die dadurch möglich gewordene Vergleichbarkeit beider Bereiche ist philosophischer Provenienz. Die angenommene Einheit stellte einen Bruch mit dem damaligen christlichen Gottesverständnis dar, wonach Gott als der ganz Andere verstanden wurde und in Bezug auf sein Wesen für den Menschen rational unbegreiflich bleibe. In Thomas' Argumentation im Zusammenhang der sogenannten Gottesbeweise nahm der thomasische Gottesbegriff zuweilen Züge eines unpersönlichen Prinzips an. So wurde Gott im Zusammenhang dieser Beweise – immer ‚per analogiam' gesprochen – als Ursprung (‚principium') des Seidenden, als ‚einzig Notwendiges' und als das ‚höchste Gute' (‚summum bonum'), aber auch als ‚Erhalter' der Welt und deren ‚Lenker' verstanden. In den diesen sogenannten Gottesbeweisen nachfolgenden Teilen seiner ‚Summa theologiae' setzte sich Thomas von Aquin mit weiteren ‚Eigenschaften' Gottes, zum Beispiel mit dessen Wollen einschließlich der unfehlbaren Vorsehung (26), und insbesondere auch mit der Trinitätslehre auseinander. Allerdings entwickelte er in diesem Bereich kaum inhaltlich Neues.

Dies gilt auch hinsichtlich seiner Christologie, wonach durch den Kreuzestod Jesu Christi dem Menschen der Weg zum Heil eröffnet werde. Denn diese Erlösung biete dem gefallenen Menschen die Möglichkeit der Befreiung sowohl von der Erbsünde als auch von den jeweils eigenen Tatsünden. Die hierfür notwendige Menschwerdung Jesu Christi und dessen Erlösungstat seien als Ausdruck des Heilswillens und der Gnade Gottes zu betrachten. Hierbei folgte Thomas von Aquin also den damals allgemein akzeptierten Vorstellungen, insbesondere auch denen Anselms von Canterbury. Er legte folglich besonderen Wert auf die Vorstellung von den zwei Naturen Jesu Christi, besonders auf dessen Menschwerdung und dessen ‚vollständiges Menschsein'. Um die durch die Erlösungstat Jesu Christi eröffnete Möglichkeit, das eigene Seelenheil zu erlangen, zu ergreifen und für sich zu realisieren, bedürfe es eines sittlichen Lebenswandels in Orientierung am Vorbild Jesu Christi sowie vor allem des Empfangs der als heilsnotwendig angesehenen Sakramente. Bei deren Empfang komme es wesentlich auf den Glauben an die bei der Spendung der Sakramente verkündete Zusage Gottes an. Insgesamt lässt sich also in Bezug auf die Christologie wie in Bezug auf die allgemeine Gotteslehre feststellen, dass inhaltlich keine wesentlich neuen Vorstellungen von Thomas von Aquin entwickelt wurden. Dies mag auch in seinem methodischen Ansatz begründet liegen. Denn dieser Ansatz zeichnete sich dadurch aus, dass die sogenannten Offenbarungswahrheiten prinzipiell nicht in Frage gestellt wurden, sondern es sollten ‚lediglich' ihr innerer Zusammenhang nachvollziehbar aufgezeigt und aus ihnen eventuell weitere Schlussfolgerungen theologischer und ethischer Art gezogen werden.

7. Neue Ansätze in Bezug auf die Gottesvorstellung bei Duns Scotus und Wilhelm von Ockham

Die von Thomas von Aquin postulierte Harmonie von Vernunft und Offenbarung spiegelte nach allgemeiner Auffassung in den entsprechenden Wissenschaften den Höhepunkt der mittelalterlichen Vorstellung von der Einheit des ‚ordo christianus' wider. Sollte diese Einheit je bestanden haben, so wurde sie bereits zur Zeit der Abfassung der ‚Summa theologiae' wieder brüchig. Aufseiten der Theologie wurde Thomas' Konzept durch seinen ungefähr 40 Jahre jüngeren Zeitgenossen Johannes Duns Scotus (1265/66–1308) in Frage gestellt (27). Der Franziskaner Duns Scotus rückte die Heilsgeschichte in das Zentrum seiner Theologie und ging von einem radikalen Verständnis der Allmacht Gottes aus. Die Existenz Gottes versuchte er zunächst ähnlich wie Thomas von Aquin philosophisch nachzuweisen, und zwar mit Hilfe von vergleichbaren Überlegungen zur Wirk- und Zielursächlichkeit sowie zur hierarchischen Ordnung des Seienden. Wie Thomas kam er jeweils zu dem Ergebnis eines ‚primum principium', das aus sich selbst heraus notwendig sei (‚necessitas essendi ex se'). Das ‚primum principium' sei, wie die angenommenen ‚Ketten' von

Wirk- und Zielursachen nahelegen, auf ein Ziel hin ausgerichtet. Es verfüge über ein entsprechendes ‚Strebevermögen', das nach Duns Scotus unter anderem als Liebe erfahrbar werde. Liebe erfordere ein Gegenüber und begründe damit eine personale Beziehung, deren eine Seite das ‚primum principium' repräsentiere, mit dem deshalb nach Duns Scotus nur der biblische Gott gemeint sein könne.

Dieser biblische Gott zeichne sich nach Duns Scotus vor allem durch seine Allmacht, seinen Willen und seine Güte aus. Alle drei Begriffe insinuieren, dass man sich Gott als personales Wesen vorzustellen habe. Für Duns Scotus' theologisches Gesamtkonzept war zunächst wichtig, dass die angenommene Allmacht Gottes eine absolute göttliche Willensfreiheit und eine grenzenlose Güte impliziere. Die besondere Bedeutung des absolut freien göttlichen Willens für die scotistische Theologie lag darin begründet, dass er nicht nur der Gott zugeschriebenen Allmacht Geltung verschaffen, sondern auch sich selbst Beschränkungen auferlegen könne. Die absolute göttliche Willensfreiheit sei zunächst also Ausdruck der durch nichts eingeschränkten göttlichen Allmacht (‚potentia absoluta'). Sie trete nur deshalb nicht als Willkür in Erscheinung, weil die Gott gleichermaßen zugeschriebene Güte dies ausschließe. Aufgrund seiner Güte wolle Gott das Heil des Menschen und habe aufgrund seiner ‚potentia ordinata' eine Heilsordnung geschaffen, die sich durch Selbstbeschränkungen und Selbstverpflichtungen Gottes gegenüber den Menschen auszeichne. So begebe sich Gott beispielsweise seiner Allmacht und der damit einhergehenden absoluten Willensfreiheit zugunsten der Willensfreiheit der Menschen. Auf diese Weise versuchte Duns Scotus, die Allmacht Gottes mit der Willensfreiheit des Menschen sowie dessen Mitwirkung an seiner Rechtfertigung in Einklang zu bringen. Der Heilsordnung stehe nach Duns Scotus die durch die Allmacht Gottes geprägte alles umfassende ewige Ordnung Gottes gegenüber. Diese Ordnung sei folglich durch das völlig unabhängige und dynamische Handeln Gottes (‚potentia absoluta') bestimmt, das rational nicht erfassbar sei, sodass letztlich nur der Glaube an diesbezügliche biblische Offenbarungen bleibe. Hierin zeigte sich denn auch das partielle Aufbrechen der von Thomas von Aquin vertretenen Harmonie von Glaube und Vernunft. Ausgangspunkt dieser Veränderungen war im Vergleich zu Thomas von Aquin eine besondere Betonung der Allmacht Gottes und damit einhergehend der göttlichen Willensfreiheit. Die so verstandene Willensfreiheit Gottes begründete ihrerseits die Vorstellung von einem dynamischen Gott und Weltgeschehen. In Bezug auf Thomas von Aquin stellt sich dagegen gerade aufgrund seiner philosophisch-rationalen Argumentation und Begrifflichkeit im Zusammenhang seines Gottesverständnisses der Eindruck einer eher statischen Gottesvorstellung ein.

Ähnlich wie die Vorstellung von Gott, zum Beispiel hinsichtlich seiner Güte, durch Duns Scotus' Fokussierung auf das göttliche Heilshandeln bedingt war, so galt dies auch für die Christologie. Dies manifestierte sich insbesondere in der Bedeutung, die Duns Scotus dem Menschsein Jesu Christi zuwies. Denn dessen Menschsein war für Duns Scotus – in Übereinstimmung mit der allgemeinen Auffassung seiner Zeit – die Voraussetzung dafür, dass sich bei dem einzelnen Menschen

Auferstehungshoffnung überhaupt entwickeln könne. Um Jesu Christi Menschsein hervorzuheben, scheute Duns Scotus auch nicht vor Spekulationen zurück, die für die damalige Zeit höchst problematisch waren. So schloss er nicht aus, dass auch Jesus Christus hätte eine Sünde begehen können. Auch in Bezug auf die Inkarnation Jesu Christi vertrat Duns Scotus eine eigenwillige Auffassung. So ging er davon aus, dass es zur Inkarnation des Gottessohnes auch gekommen wäre, wenn es den Sündenfall der Stammeltern Adam und Eva nicht gegeben hätte. Denn für ihn waren die ‚trinitarische' Person Jesus Christus und damit der Sinn des trinitarischen Gottesverständnisses zu wichtig, als dass er hätte annehmen können, dass diese Vorstellungen vom kontingenten Sündenfall der Stammeltern abhängig sein sollten. Vielmehr sah er den eigentlichen Grund für die Inkarnation des Gottessohnes darin, dass Gott aufs Höchste geliebt werden wollte, was nur ein Gottessohn habe erfüllen können. Dies sei dann insofern geschehen, als Jesus Christus aus Liebe zu Gott – und nicht aus Gehorsam – den Kreuzestod auf sich genommen habe, damit der Heilsplan Gottes in Erfüllung habe gehen können. Es handelt sich dabei nicht um einen völlig neuen Gedanken. Er wurde aber dadurch für die kirchliche Glaubenslehre problematisch, weil Duns Scotus diese Begründung für die Inkarnation des Gottessohnes der gängigen Begründung überordnete. Allgemeine Lehre war damals, dass die Erlöserfunktion des Gottessohnes dessen Inkarnation notwendig gemacht habe. Obwohl diese soteriologische Begründung der Inkarnation weiterhin von der Mehrheit der damaligen Theologen vertreten wurde, fand auch Duns Scotus' sogenannte ‚christozentrische Position' eine größere Anhängerschaft. Da die von Duns Scotus angenommene primäre Bedeutung der Inkarnation Jesu Christi von Anfang an aufgrund des göttlichen Plans vorgesehen gewesen sei, wurde dieser gedankliche Zusammenhang in der mittelalterlichen Theologie unter der Vorstellung von der ‚absoluten Prädestination Jesu Christi' diskutiert. Es waren jedoch nicht diese christologischen Vorstellungen, die in der Folgezeit besondere Bedeutung erlangten, sondern Duns Scotus' allgemeine Gottesvorstellung mit ihren Begründungen und die damit einhergehende partielle Trennung von Vernunft und Offenbarung.

So adaptierte beispielsweise Wilhelm von Ockham (um 1285–1347) Duns Scotus' Vorstellung von der Allmacht Gottes (28). Es handelte sich insofern nicht um eine Übernahme, sondern um eine Adaption, als sich Ockhams Begründungen im Zusammenhang der Gottesvorstellung teilweise von denen Duns Scotus' unterschieden. So lasse sich die Existenz Gottes nach Ockham im Gegensatz zu Thomas von Aquins und Duns Scotus' Auffassung nicht philosophisch beweisen, sondern könne nur im Glauben an die Offenbarung dieser entnommen werden. Auch seien keine auf rationaler Erkenntnis basierende adäquate Aussagen über das Wesen Gottes möglich, sodass man auch in dieser Hinsicht ebenfalls allein auf die Offenbarung verwiesen sei. Denn die Transzendenz Gottes lasse nur eine Annäherung an Gottes Wesen insoweit zu, als man jeweils die vollkommenste Erscheinungsform der jeweiligen Eigenschaft annehmen und diese mit entsprechenden anderen Eigenschaften zusammendenken könne. Daraus ergebe sich die Vorstellung, dass Gott sich durch Ein(s)heit auszeichne und über eine allumfassende Macht und damit einher-

V. Entwicklung des christlichen Gottesverständnisses in Antike und Mittelalter

gehend über einen absolut freien Willen verfüge. Ansonsten bleibe in Bezug auf das Gottesverständnis im Wesentlichen ‚nur' der Glaube an die Selbstoffenbarung Gottes. Aus ihr lasse sich vor allem Gottes Güte als Grund seines Heilshandelns entnehmen. Hier zeigt sich, dass aufgrund dieser entschiedenen Orientierung an der Offenbarung Ockham der damals vertretenen Gottesvorstellung verhaftet blieb.

Allerdings nahm auch Wilhelm von Ockham wie Duns Scotus andere Akzentuierungen vor. So waren für beider Gottesvorstellung der Wille und die Güte Gottes von herausragender Bedeutung. In der absoluten Freiheit des göttlichen Willens sah auch Ockham eine Ausdrucksform der Allmacht Gottes (‚potentia absoluta'). Diese Freiheit erfuhr aber auch nach ihm in der Güte ihre Begrenzung. So sorge Gottes Güte nach Ockham einerseits dafür, dass sich Gottes Allmacht und absolute Willensfreiheit nicht als willkürliches Handeln erweisen. Andererseits sei die Güte das Motiv für die Heilsordnung, die Gott aufgrund seiner ‚potentia ordinata' geschaffen habe. Zu dieser Heilsordnung seien vor allem die Menschwerdung des Gottessohnes sowie die damit verbundene Erlösungstat Jesu Christi zu zählen. Diese Vorstellungen dürften – wegen der von Ockham angenommenen Erkenntnisprobleme – jedoch nicht als Ergebnis menschlicher Reflexion angesehen werden, sondern seien einzig und allein Ergebnis des Glaubens an die Offenbarung. Ockham ging also wie Duns Scotus von einer alles dominierenden Bedeutung der göttlichen Güte aus, die die göttliche Allmacht und die damit einhergehende absolute Willensfreiheit Gottes nicht nur ‚neutralisierte', sondern überragte. Mit der Unterscheidung von ewiger göttlicher Ordnung sowie göttlicher Schöpfungs- und Heilsordnung schuf Ockham wie Duns Scotus darüber hinaus die Voraussetzung für die Vorstellung, dass trotz göttlicher Allmacht dem Menschen aufgrund der Selbstbeschränkung Gottes Willensfreiheit zugeschrieben werden konnte. Der menschlichen Willensfreiheit kam daher neben der Vorstellung von der göttlichen Akzeptation im Zusammenhang von Ockhams Rechtfertigungslehre eine zentrale Bedeutung zu (29). Hiermit waren zugleich wichtige theologische Voraussetzungen für Martin Luthers Gottes- und Rechtfertigungslehre geschaffen.

C. Vergleichende Analyse
der dargestellten Entwicklungen im mittelalterlichen Islam
sowie im abendländischen Christentum und Auswertung
der Ergebnisse dieser Analyse

Nach der Darstellung wichtiger Aspekte hinsichtlich der Entwicklung des mittelalterlichen sunnitischen Islam und des abendländischen Christentums in Antike und Mittelalter soll nun nach den Gründen dieser doch relativ divergenten Entwicklung gefragt werden. Es werden zunächst nacheinander lediglich die sich thematisch entsprechenden Teile miteinander verglichen, indem insbesondere auf die strukturellen Veränderungen bzw. neuralgischen Punkte abgehoben und nach den Gründen dieser Veränderungen gefragt wird. Dabei geht es vor allem auch um die Motive und leitenden Interessen der handelnden Personen und sozialen Gruppen. In einem zweiten Schritt wird – ausgehend von den Ergebnissen der vergleichenden Analyse der fünf Themenbereiche – nach den tieferliegenden Ursachen für die divergente Entwicklung der beiden Religionen gefragt. Dabei wird entsprechend des Ansatzes der Untersuchung vor allem die ‚mentale Verfasstheit' der handelnden Personen und der Gesellschaft insgesamt in den Blick genommen. Diese Verfasstheit wird mit Hilfe der Parameter ‚Traditionsgebundenheit' und ‚Offenheit' (gegenüber neuen gesellschaftlichen Entwicklungen und Herausforderungen) beschrieben und zu den wichtigen Veränderungen in der Entwicklung der beiden Religionen in Beziehung gesetzt, um so zu einem abschließenden Ergebnis der Untersuchung zu gelangen.

I. Vergleichende Analyse der Entwicklungen
in den fünf Themenfeldern

1. Vergleichende Analyse der Entwicklung des Kalifenamtes
und des Verhältnisses von weltlicher und geistlicher Obrigkeit
im westkirchlichen Christentum

a) Wahrung sowohl der Trennung von weltlicher und geistlicher Gewalt im westkirchlichen Christentum als auch der Einheit beider Gewalten im Amt des Kalifen

Bei der Darstellung des Verhältnisses von weltlicher und geistlicher Obrigkeit im abendländischen Christentum hat sich gezeigt, dass die mittelalterliche Entwicklung

I. Vergleichende Analyse der Entwicklungen in den fünf Themenfeldern   211

im Hinblick auf das grundsätzliche Verhältnis dieser beiden Obrigkeiten keine wesentlichen Veränderungen mit sich brachte. So blieb es in dem betrachteten Zeitraum im Bereich des abendländischen Christentums bei der bereits vom Urchristentum vertretenen Trennung von geistlicher und weltlicher Obrigkeit. Allerdings kam es im Verlauf der ungefähr eineinhalb Jahrtausende zeitweise zur partiellen Aufhebung dieser Trennung zugunsten der einen als auch der anderen Seite. So wurde das christliche Trennungsgebot in der Antike seitens der (ost-)römischen Kaiser und im Mittelalter von germanisch geprägten Regenten in Frage gestellt. Im Hoch- und Spätmittelalter versuchte dagegen das Papsttum die Trennung der beiden Gewalten zu seinen Gunsten aufzuheben. Ähnlich verlief die diesbezügliche Entwicklung im Kerngebiet des Islam. So blieb die in Anlehnung an den Propheten Mohammed übernommene und zum Ideal erhobene Doppelfunktion des Kalifen bis zur Zerstörung des Bagdader Kalifates im Jahre 1258 trotz zweier Einschränkungen im Großen und Ganzen erhalten. Eine Einschränkung ergab sich daraus, dass seit der Niederlage des Kalifen al-Mamun und seiner beiden Nachfolger das Recht der autoritativen Interpretation der heiligen Schriften und damit die inhaltliche Bestimmung von islamischem Glauben und religiösem Gesetz grundsätzlich den Religions- und Rechtsgelehrten (den ‚ulama') zukam. Die zweite Einschränkung war vorübergehender Natur. Sie bestand darin, dass die politische Funktion des Kalifen während der buyidischen und seldschukischen Fremdherrschaft phasenweise nur noch legitimatorischen Charakter hatte. Nach dem Niedergang der seldschukischen Herrschaft erlebte das Kalifenamt hinsichtlich seiner politischen Funktion noch einmal eine gewisse Restauration und insbesondere unter dem Kalifen an-Nasir (1180–1225) eine Art ‚Nachblüte' (1).

b) Gründe für die Veränderungen in Bezug auf das Amt des Kalifen

Wie die Darstellung der Entwicklung des Kalifenamtes gezeigt hat, war für diese Entwicklung die jeweilige vorgängige Tradition, die sich in der Mentalität der Mehrheit der Muslime spiegelte, von besonderer Bedeutung (2). So bestimmte letztlich das traditionelle genealogisch-familiendynastische Denken die Nachfolgeregelung für das Kalifenamt. Dies führte zu einem Wechsel von der Wahl- zur Erbtheokratie und zu konfessionellen Spaltungen. Das genealogisch-familiendynastische Nachfolgeprinzip verstärkte seinerseits die machtpolitische Ausrichtung kalifaler Politik, was sich unter anderem an der Politik der umaiyadischen Kalifen und an den drei Bürgerkriegen zu Beginn bzw. während des Damaszener Kalifats ablesen lässt. Neben der Ausrichtung an dem genealogisch-familiendynastischen Denken hatte eine Ausrichtung an der Ratio kaum eine Realisierungschance. Dies zeigte sich beispielsweise, als die charidschitische Vorstellung von der Nachfolgeregelung für das Kalifenamt, wonach der jeweils geeignetste Kandidat gewählt werden sollte, weit davon entfernt war, eine Mehrheit zu finden. Das von den Charidschiten vertretene Nachfolgeprinzip kam folglich nicht zur Geltung und die Charidschiten selbst wurden in die Randgebiete des damaligen Islam abgedrängt.

Das familien-dynastische Nachfolgeprinzip ist nicht nur als Ursache der späteren Spaltung in Sunniten und Schiiten anzusehen. Vielmehr hatte dieses Nachfolgeprinzip auch zur Folge, dass Fragen des islamischen Glaubens aufgrund der Doppelfunktion des Kalifen tendenziell in Gefahr standen, den machtpolitischen und familialen Interessen des Kalifen untergeordnet zu werden. So verwiesen beispielsweise der umaiyadische Kalif Muawiya (661–680) und seine Nachfolger im Zusammenhang der Frage nach ihrer Verantwortlichkeit für ihr Handeln auf die göttliche Prädestination desselben. Sie lösten damit eine heftige theologische Diskussion über die Frage nach dem Verhältnis zwischen menschlicher Willensfreiheit und göttlicher Prädestination aus (3). In dieser Auseinandersetzung der Relgions- und Rechtsgelehrten wurde mit Hilfe theologischer Argumente zugunsten des Kalifen im Sinne einer göttlichen Prädestination jeglichen menschlichen Handelns entschieden und somit auch einem Widerstandsrecht jedwede theoretische Begründung entzogen. Durch die von Muawiya angeführte theologische Rechtfertigung verschob sich die ursprünglich machtpolitisch motivierte Kritik und Auseinandersetzung immer stärker auf die theologische Ebene. Folglich mussten die bereits bestehenden primär politisch ausgerichteten Gruppierungen, die zum Teil in der Übergangsphase von 656 bis 661 entstanden waren, sich theologisch positionieren. Die ursprünglich politisch ausgerichteten Gruppen wandelten sich also in umaiyadischer Zeit allmählich zu religiösen Gruppierungen mit eigener Identität, die sich an bestimmten theologischen Positionen festmachen ließ. Im Falle des genealogisch-familiendynastischen Nachfolgeprinzips und der Prädestination kam also die jeweilige Entscheidung den amtierenden Kalifen zugute.

Anders sah es jedoch bei der Entscheidung der Frage nach dem Status des Korans und der damit einhergehenden Frage aus, ob dem Kalifen oder den Religions- und Rechtsgelehrten (den ‚ulama') die autoritative Interpretation der heiligen Schriften zukomme. Denn das Ergebnis dieser Auseinandersetzungen, dass der Koran als Wort Gottes ‚ungeschaffen' und ‚ewig sei', war für den Kalifen von Nachteil. Mit dieser Entscheidung war nämlich auch geklärt, dass den ‚ulama' und nicht dem Kalifen die autoritative Interpretation des Korans und der Hadithe obliege. Diese Klärung barg durchaus fortschrittliches Potential in sich. Denn einer Interpretation der heiligen Schriften in Form eines von unabhängigen Gelehrten erarbeiteten Konsenses (‚idschma') kann prinzipiell ein höherer Grad an Rationalität zugeschrieben werden als der Entscheidung eines einzelnen Kalifen. Dies gilt auch dann, wenn dieser – wie damals üblich – ebenfalls von Gelehrten beraten wurde, da dieser Kreis von Gelehrten im Allgemeinen aus einer kleinen Gruppe bestand und sich in unmittelbarer Abhängigkeit vom jeweiligen Kalifen befand. Diese potentiell fortschrittliche Lösung war das Resultat des damaligen Verhältnisses zwischen Kalif, ‚ulama' und der Bagdader Bevölkerung, deren Mehrheit die ‚Traditionarier' unter den Gelehrten unterstützte und diesen zum Erfolg verhalf (4). Die Entscheidung zugunsten der ‚Traditionarier' um Ibn Hanbal war möglich, weil deren Vorstellung vom Status des Korans und von dessen wörtlichem Verständnis einfacher und klarer begründet wurde als die diesbezüglichen Vorstellungen der Mutaziliten. Das wörtliche Verständnis des Korans und das damit verbundene realistische Offenbarungsverständnis entsprachen auch eher dem religiösen Bewusstsein der Mehrheit der damaligen Muslime als die von den Mutaziliten vorgetragenen Einwände und Modifizierungen. Dass aus dem Verständnis des Korans als ‚ungeschaffene' und ‚ewige Rede Gottes' das Interpretationsmonopol der ‚ulama' abgeleitet wurde, war zunächst nicht Gegenstand der damaligen Diskussionen. Vielmehr wurde dieses Interpretationsmonopol erst später als logische Konsequenz des durchgesetzten Koranverständnisses von den ‚ulama' eingefordert. Spätestens seit dieser Zeit spielten das religiöse Bewusstsein und die Mentalität der Mehrheit der Bagdader Bevölkerung für die Entwicklung der islamischen Religion eine wichtige Rolle (5). Diese Entwicklung wurde immer stärker von den ‚Traditionariern' unter den Religions- und Rechtsgelehrten bestimmt, während die Ansätze einer rationalen Theologie seit deren Scheitern in der Auseinandersetzung um den Status des Korans immer weiter zurückgedrängt wurden.

Allerdings büßten die seit Ende des damaligen Konflikts relativ unabhängigen Gelehrten bei ihrer Suche nach einer konsensualen Interpretation der heiligen Schriften im Laufe der Zeit ihre Unabhängigkeit nach und nach ein. Denn bei dem Ringen um die richtige Interpretation kam es immer wieder zu Streit und Konflikten. Folglich versuchten die verschiedenen Gruppen der Gelehrten, ihre jeweilige Auffassung mit Hilfe der Mehrheit der Muslime, insbesondere der in Bagdad, durchzusetzen. Dabei scheute man auch nicht vor Aufwiegelung und Anstachelung zur Gewalt zurück, begab sich dadurch aber auch in Abhängigkeit von der jeweiligen Mehrheit der Bagdader Muslime. Schließlich prägte deren relativ einfache Religiosität die Entscheidungen der Gelehrten und der potentiell rationale Charakter einer Konsenslösung unter den Gelehrten kam immer seltener zur Geltung. An der Mehrheit der Bagdader Muslime scheiterten im 11. Jahrhundert auch der Kalif al-Qadir und dessen Nachfolger al-Qaim mit ihrem Glaubensdekret (s. Anhang I). Mit diesem wollten sie auch den Konflikt zwischen den Anhängern der ascharitischen Theologie und den Hanbaliten lösen und damit einen einheitlichen sunnitischen Glauben begründen. Für das Scheitern ihres Versuchs war ausschlaggebend, dass in den nachfolgenden Auseinandersetzungen die Hanbaliten auf ihrer Position beharrten und sich gegen die Ascharitan dank der Unterstützung durch die Mehrheit der Bagdader Muslime durchsetzten. Es blieb demzufolge auch bei der vorgängigen Verteilung der religiös-geistlichen Kompetenzen zwischen Kalif und Gelehrten, was vor allem auch auf das durch ihre Funktion bestimmte Eigeninteresse der Religions- und Rechtsgelehrten zurückzuführen war.

Infolge der Abhängigkeit von der Mehrheit der Muslime tendierten islamische Theologie und Jurisprudenz immer stärker zu konservativen oder gar rückwärtsgewandten Lösungen anstehender Probleme. Diese Tendenz wurde noch dadurch unterstützt, dass die von Nizam al-Mulk ins Leben gerufenen Madrasen aufgrund ihrer neuen Organisationsstruktur seit Ende des 11. Jahrhunderts eine immer größere Bedeutung erlangten. Wegen dieser neuen Organisationsstruktur gerieten jedoch die künftigen Gelehrten sehr früh und nachhaltig in Abhängigkeit von der Herrschaftselite (6). Dadurch und durch die herrscherliche Vergabepraxis bei öffentlichen Stellen wurde dem Kalifen und auch zwischenzeitlich dem seldschukischen Sultan indirekt eine umfassende Kontrolle über die weitere Entwicklung des islamischen Rechts im Bagdader Kalifat möglich. Dies gelang vor allem, weil die Gelehrten zum überwiegenden Teil mit Anpassung und Unterwürfigkeit reagierten. Die Gelehrten waren also seit Ende des 11. Jahrhunderts zu einem wirksamen und verlässlichen Instrument in den Händen der Herrschaftselite geworden. Die mit dem Sieg über al-Mamun und seine beiden Nachfolger errungene Unabhängigkeit der Religions- und Rechtsgelehrten war also mehr oder weniger wieder verlorengegangen. Beide Abhängigkeiten, die von den religösen Vorstellungen der Mehrheit der Muslime sowie die vom Kalifen und der Herrschaftselite, bewirkten im theologischen und rechtlichen Bereich eine Stagnation. Denn ein progressives, auf eine breite Basis von unabhängigen Gelehrten sich stützendes theologisches und juristisches Denken war seit Ende des 11. Jahrhunderts infolge der von al-Mulk eingeführten Institution der Madrasa noch weniger möglich als zuvor. So konnte nach dem Niedergang der seldschukischen Oberherrschaft der Kalif an-Nasir um die Wende vom 12. zum 13. Jahrhundert relativ selbstbewusst im Rahmen seiner Zuständigkeit für die ‚äußeren Angelegenheiten der Religion' auf diese Einfluss nehmen und aktiv die Entwicklung des Islam im verbliebenen Bagdader ‚Restkalifat' in seinem Sinne gestalten.

c) Gründe für die Veränderungen in Bezug auf das Verhältnis von weltlicher und geistlicher Obrigkeit im westkirchlichen Christentum

Anders als im Islam zur Zeit des Damaszener und Bagdader Kalifats verlief die Entwicklung des Verhältnisses von weltlicher und geistlicher Obrigkeit im westkirchlichen Christentum. Nicht Rückwärtsgewandtheit und Stagnation kennzeichneten die Entwicklung dieses Verhältnisses, sondern letztlich eine vorwärtsdrängende Bewegung, die vor allem durch das jesuanische Gebot der Trennung von weltlicher und geistlicher Gewalt sowie durch das Gebot der Nachfolge Jesu Christi ausgelöst wurde (7). So verteidigten die römischen Bischöfe bzw. Päpste im Großen und Ganzen erfolgreich das Gebot der Trennung von weltlicher und geistlicher Gewalt gegenüber entsprechenden gegenläufigen Versuchen (ost-)römischer Kaiser. Die Kraft dieses Widerstandes beruhte darauf, dass sich bereits vor der ‚Konstantinischen Wende' eine stabile Bischofsverfassung ausgebildet hatte mit selbstbewussten und zuweilen streitbaren Bischöfen an der Spitze der Diözesen. Dieses Selbstbewusstsein basierte auf einer entsprechenden Achtung der Bischöfe vonseiten der Gläubigen. Die Achtung ihrerseits lag in dem engen Verhältnis zwischen Bischöfen und Gläubigen begründet, das im Allgemeinen in der sich seit Beginn des 2. Jahrhunderts entwickelnden Bischofsverfassung seine Wurzeln hatte (8). Die Bischöfe des frühen Christentums verfügten spätestens seit Beginn des 2. Jahrhunderts über die Lehrautorität vor Ort und wachten über die Kirchendisziplin. Sie

I. Vergleichende Analyse der Entwicklungen in den fünf Themenfeldern   215

leiteten Gemeinden von einer Größe, die eine persönliche Beziehung zu den Gemeindemitgliedern möglich machte. Da die Bischöfe der näheren Umgebung seit jener Zeit auch regelmäßig zusammenkamen, sich über Glaubensfragen austauschten und sich darüber zu verständigen versuchten, trugen sie auch wesentlich zur Einheit der Kirche bei. So agierte der einzelne Bischof auch als Repräsentant kollegialer Autorität, was sein Ansehen in seiner Gemeinde zusätzlich stärkte und ein ausgeprägtes Selbstbewusstsein begründete. Solche Bischöfe traten darüber hinaus während der Christenverfolgungen des Öfteren als mutige Verteidiger der christlichen Lehre in Erscheinung und blieben als vorbildhafte Glaubenszeugen sowie hie und da als Märtyrer in Erinnerung.

Auch nach der ‚Konstantinischen Wende' profilierten sich solche selbstbewussten und standhaften Bischöfe durch entsprechendes Verhalten, und zwar vor allem in den theologischen Auseinandersetzungen um die Trinität und das Christusverständnis, indem sie auch Amtsenthebung und Verbannung in Kauf nahmen. Wohl deshalb konnten römische Bischöfe bzw. Päpste in den Konflikten mit dem (ost-)römischen Kaiser auch auf die Unterstützung durch ihre Gläubigen bauen. Zuweilen wurden sie sogar durch die römische Bevölkerung vor dem Zugriff des oströmischen Kaisers bewahrt. Darüber hinaus profitierten sie bei ihrem Widerstand phasenweise auch von der räumlichen Distanz zum oströmischen Kaiser, auch wenn dieser nach dem Untergang des weströmischen Reiches 476 n. Chr. zwischendurch wieder Herrschaftsansprüche über italienische Gebiete geltend gemacht und durchgesetzt hatte. Tragendes Motiv des Widerstandes gegen eine Aufhebung der Trennung von weltlicher und geistlicher Obrigkeit war und blieb das jesuanische Gebot einer solchen Trennung. Dieses Trennungsgebot, die durch die frühchristliche Bischofsverfassung geprägte Autorität engagierter Bischöfe sowie deren Unterstützung durch ihre Gemeinden waren die Gründe für den letztlich nicht zu brechenden Widerstand der lateinischen Kirche gegen das gegenläufige Ansinnen der (ost-)römischen Kaiser. In jener Zeit des Widerstandes erfuhr auch das jesuanische Gebot der Trennung beider Gewalten eine zusätzliche theoretische Begründung durch die im Jahre 494 formulierte gelasianische Zwei-Gewalten-Lehre. Letztlich gelang es also den römischen Bischöfen bzw. Päpsten, die eigenen Kompetenzen im Großen und Ganzen zu behaupten und eine Entwicklung wie im oströmischen Teil der Kirche zu verhindern. Der Patriarch von Konstantinopel befand sich dagegen räumlich in unmittelbarer Nähe zum oströmischen Kaiser und verdankte diesem darüber hinaus Amt und Status. Folglich fügte er sich der vom oströmischen Kaiser reklamierten religiös-geistlichen Oberhoheit, die in der Geschichtswissenschaft zuweilen mit dem Begriff ‚Caesaropapismus' umschrieben wird.

Mit der Ausbreitung des christlichen Glaubens in den germanischen Kulturkreis ließ sich die Trenung der Funktionen von weltlicher und kirchlicher Obrigkeit nur schwerlich aufrechterhalten. So stellte die germanische Vorstellung vom Sakralkönigtum eine permanente Bedrohung für diese Trennung dar. Insbesondere das Verständnis Karls des Großen als ‚rex et sacerdos' (‚König und Priester') sowie ähnliche Vorstellungen der Ottonen und Salier hoben diese Trennung auf. Darüber hinaus stellte das auf germanischen Rechtsvorstellungen basierende und im 9. Jahrhundert allgemein akzeptierte Eigenkirchenwesen die angesprochene Trennung in Frage. Denn nach germanischer Rechtsvorstellung kam dem Eigentümer des Grund und Bodens, auf dem eine Kirche errichtet wurde, auch eine umfassende Verfügungsgewalt über die errichtete Kirche zu. So hatte der Eigentümer als Eigenkirchenherr unter anderem auch das Recht, zu bestimmen, wer an ‚seiner' Kirche den Pfarrdienst verrichtete. Diese Vorstellung galt auch bei der Gründung einer Bischofskirche, sodass nicht nur im niederkirchlichen Bereich, sondern auch im hochkirchlichen Bereich die Autonomie der Kirche stark eingeschränkt war. Dies galt insbesondere seit Karl dem Großen und noch stärker seit Otto dem Großen infolge des von diesem eingeführten Reichskirchensystems. Lediglich auf der obersten Ebene zwischen Papst und unabhängigen Landesherren konnten die Päpste bis einschließlich des Pontifikats Johannes' VIII. (872–882) im Großen und Ganzen ihre Autonomie und damit die Trennung von weltlicher und geistlicher Gewalt auf der obersten Ebene wahren. Die nachfolgende Zeit des sogenannten ‚dunklen Jahrhunderts' (9) war überschattet von inneren Auseinandersetzungen in Rom sowie vom Desinteresse der west- und ostfränkischen Könige gegenüber diesen Vorgängen. Angesichts eines abermaligen Höhepunktes der stadtrömischen Auseinandersetzungen um den Stuhl Petri griff der salische Kaiser Heinrich III. (1039–1056) ein, der von den Vorstellungen der cluniazensischen Reformbewegung ergriffen war. Er schuf mit seiner Personalpolitik die personellen Voraussetzungen für eine Reform des Papsttums. Die Reformbewegung, die vom Kloster Cluny ausgegangen war, hatte also das Papsttum erfasst und mündete im weiteren Verlauf in den Investiturstreit, an dessen Ende das Papsttum und die Hochkirche erfolgreich waren. Es waren also christliche Grundüberzeugungen, die sich durchgesetzt hatten.

Dass sich das Papsttum Ende des 11. Jahrhunderts bzw. Anfang des 12. Jahrhunderts im Gegensatz zum 9. Jahrhundert, als vergleichbare Versuche unternommen worden waren, weitgehend durchsetzen konnte, hatte mehrere Gründe. Anders als im 9. Jahrhundert fand das Papsttum im Mönchtum des 11. Jahrhunderts, von dem die kirchliche Reformbewegung ja ausgegangen war, eine starke und zuverlässige Unterstützung. Dass sich diese mönchische Reformbewegung selbst weitgehend durchsetzen konnte, hatte mit der religiös-geistigen Kraft der cluniazensischen Reformbewegung und nicht zuletzt auch mit der damaligen ökonomischen Bedeutung der Klöster zu tun (10). Die Unterstützung durch die mönchische Reformbewegung war für das Papsttum von besonderer Bedeutung. Denn die Cluniazenser – wie später die Zisterzienser auch – hatten die Exemtion von weltlicher Verfügungsgewalt und damit verbunden die direkte Unterstellung unter den Papst gefordert und durchgesetzt. Dem Papst war auf diese Weise ein erhebliches ökonomisches, geistiges und damit auch politisches Machtpotential zugewachsen. Die Mönche aus Cluny sahen sich auch zur Unterstützung einer Reform der Kirche und insbesondere zu Reformen an deren Spitze veranlasst, weil für die cluniazensische Reformbewegung sehr bald klar geworden war, dass eine Reform des Mönchs- bzw. Klosterwesens auch eine Reform der gesamten Kirche notwendig machte. Folglich wurden auch cluniazensische Mönche – unter anderem auf Initiative Kaiser Heinrichs III. – zu den Trägern der Reformen des Papsttums in Rom. Den ersten Reformschritt stellte das Papstwahldekret von 1059 dar, das ein Verfahren für die Wahl des Papstes festlegte, das als Versuch einer rationalen Lösung der durch das vorangegangene Verfahren ausgelösten Probleme angesehen werden kann. Denn die Wahl des Papstes wurde sachfremden Erwägungen der deutschen Könige bzw. Kaiser sowie des stadtrömischen Adels entzogen und in die Hände betroffener und idealiter sachlich kompetenter Bischöfe gelegt.

Auch bei der Einsetzung der Bischöfe im Heiligen Römischen Reich wurde wie in anderen wichtigen abendländischen Königreichen der Einfluss der jeweiligen Regenten und damit deren machtpolitisches Kalkül zurückgedrängt (11). Die Ergebnisse des Investiturstreites, der in Deutschland mit dem Wormser Konkordat von 1122 seinen vorläufigen Abschluss gefunden hatte, lassen sich als eine Überwindung des germanisch geprägten Eigenkirchenwesens und Herrschaftsverständnisses verstehen (12). Dies eröffnete der Kirche eine wesentlich größere Unabhängigkeit als zuvor und verhalf dem jesuanischen Gebot der Trennung von weltlicher und geistlicher Obrigkeit teilweise wieder zu seiner ursprünglichen Bedeutung. Motiv der mönchischen Reformbewegung war ja letztlich der Wille zur wahren Nachfolge Jesu Christi und die Wiederherstellung der ‚Heiligkeit der Kirche'.

Die Wiederherstellung der ‚Heiligkeit der Kirche' wurde allerdings nicht in der ursprünglich beabsichtigten Form erreicht. Dies lag darin begründet, dass die hohe Geistlichkeit selbst sehr oft Inhaber weltlicher Herrschaft war und diese nicht aufgeben wollte. So stand der Papst selbst an der Spitze eines Staates, sah sich in damit verbundene Konflikte verwickelt und ließ sich bei der Wahrnehmung seiner geistlichen Funktion als Leiter der abendländischen Kirche nicht selten von seinen eigenen weltlichen Interessen leiten. Auch Bischöfe und Äbte großer Klöster waren als Lehnsnehmer Inhaber weltlicher Herrschaft, profitierten von dieser und waren deshalb selten geneigt, auf diese weltliche Herrschaft zu verzichten. Ein besonders eindrucksvolles Zeugnis für diese Einstellung stellte die Ablehnung der deutschen Reichsbischöfe und –äbte gegenüber dem zwischen Kaiser Heinrich V. und Papst Paschalis II. ausgehandelten Abkommen von Sutri aus dem Jahre 1111 dar. Nach diesem Abkommen sollten die geistlichen Reichsfürsten auf ihre weltlichen Lehnsgüter und Herrschaftsrechte verzichten, während Heinrich V. im Gegenzug bereit sein sollte, auf die Investitur mit Ring und Stab zu verzichten (13). Der von den geistlichen Reichsfürsten geforderte Verzicht stieß auf deren entschiedenen Widerstand, weil sie ihre weltliche Position und Macht nicht aufgeben wollten. Das Festhalten sowohl des Papsttums als auch der Bischöfe an ihrer weltlichen Machtposition muss also als Ursache dafür angesehen werden, dass sich im weiteren Verlauf des Hoch- und Spätmittelalters das ursprüngliche Ziel der cluniazensischen Reformbewegung in sein Gegenteil verkehrte: Die angestrebte Wiederherstellung der ‚Heiligkeit der Kirche' wurde nicht erreicht, sondern die Tendenzen zu deren Verweltlichung verstärkten sich.

Zunächst wuchsen dem Papsttum durch die Selbstorganisation der Klöster in Ordensgemeinschaften und deren Unterstellung unter den Papst als auch durch die päpstlichen Vereinbarungen mit den Regenten wichtiger Länder Macht und Einfluss zu. Auf dieser Basis baute das Papsttum in den folgenden zwei Jahrhunderten seine Macht auf vielfältige Weise weiter aus. Es entwickelte zum Beispiel mit Hilfe der Zwei-Schwerter-Lehre die Vorstellung von einer Oberhoheit des Papsttums gegenüber allen christlichen Herrschern (,Suprematie'). Bei der Umsetzung dieser Vorstellung stieß das Papsttum jedoch im Laufe der Zeit auf immer stärkeren Widerstand aufseiten weltlicher Herrscher und auch auf eine massive innerkirchliche Kritik. Diese Kritik wurde vor allem durch das päpstliche Finanzgebaren und den damit verbundenen Autoritätsverlust des Papsttums hervorgerufen und mündete in die konziliare Reformbewegung. Die innerkirchliche Kritik berief sich auf das jesuanische Gebot der Trennung von weltlicher und geistlicher Gewalt, auf das die Nachfolge Jesu Christi prägende Armutsideal sowie auf die konziliare Idee. Die konziliare Idee leitete man ihrerseits aus dem überlieferten ,Apostelkonvent', den frühchristlichen Versammlungen der Bischöfe und den spätantiken Konzilien ab. Diese innerkirchliche Kritik wurde vornehmlich vom franziskanischen Mönchtum getragen und bezog sich auf eine entsprechende theoretische Literatur. Sie erstreckte sich insofern auch auf die geistliche Oberhoheit des Papstes, als einige Vertreter dieser Kritik in einem allgemeinen Konzil die oberste Lehrautorität der Kirche sahen.

Um die immer stärker werdende und zwischenzeitlich auf den Reformkonzilien des 15. Jahrhunderts erfolgreiche konziliare Bewegung zurückzudrängen, gab das Papsttum faktisch seinen umfassenden weltlichen Herrschaftsanspruch auf und machte weitgehende Konzessionen gegenüber wichtigen abendländischen Regenten. Im Gegenzug nahmen diese seit Mitte der 1440er Jahre zugunsten der römischen Päpste Eugen IV. (1431–1447) und Nikolaus V. (1447–1455) Partei. Denn durch die päpstlichen Konzessionen vergrößerte sich die Souveränität dieser Regenten in ihren Territorien. So wurde hinsichtlich des Verhältnisses zwischen Papst und weltlicher Obrigkeit die Trennung von geistlicher und weltlicher Gewalt faktisch wiederhergestellt. Aufgrund dieser Konzessionen erhielten einige Regenten so weitgehende Kompetenzen in ihrer Kirche, dass die Kirchengeschichtsschreibung bereits für jene Zeit von ,Nationalkirchen' bzw. ,landesherrlichem Kirchenregiment' spricht. Das Papsttum seinerseits wurde in die Lage versetzt, seine Position in der Kirche zu stabilisieren und in gewissem Maße wieder zu erneuern. Dies manifestierte sich insbesondere darin, dass Papst Pius II. (1458–1464) das auf dem Konzil von Konstanz 1415 beschlossene und 1439 erneuerte Dekret ,Haec sancta', in dem einem allgemeinen Konzil anstelle des Papstes die höchste Lehrautorität zugewiesen worden war, 1459 verdammte. In den Auseinandersetzungen um den Anspruch des Papsttums auf die indirekte weltliche Oberhoheit (,Suprematie') waren also aufseiten des Papsttums und der weltlichen Obrigkeit machtpolitische Interessen wirksam, während die Träger der innerkirchlichen Kritik am Papsttum sich von der jesuanischen Botschaft und von ur- bzw. frühchristlicher gemeindlicher Praxis leiten ließen.

d) Vergleich der Gründe für die Entwicklung des Kalifenamtes und des Verhältnisses von weltlicher und geistlicher Obrigkeit im westkirchlichen Christentum

Wie in der Analyse der wichtigsten Wendepunkte in der Entwicklung des Kalifenamtes und des Verhältnisses von oberster weltlicher und geistlicher Gewalt im Christentum deutlich wurde, weisen die beiden Entwicklungen wesentliche Unterschiede auf. Im Islam wurde die angesprochene Entwicklung von der Dreiecksbeziehung zwischen Kalif, den Gelehrten (den ‚ulama') und der Mehrheit der Muslime, insbesondere der in Bagdad, bestimmt. Der Kalif seinerseits wurde in seinem für die angesprochene Entwicklung relevanten Handeln durch das genealogisch-familiendynastische Denken und eine vom Machterhalt geprägte Zweckrationalität geleitet. Denken und Handeln der Religions- und Rechtsgelehrten waren außer durch theologische Überlegungen vor allem auch durch das Streben nach einer gut dotierten öffentlichen Tätigkeit und der damit verbundenen öffentlichen Anerkennung geprägt. Die Mehrheit der Muslime wurde dagegen in ihrem Verhalten, soweit dieses für die Entwicklung der angesprochenen Dreiecksbeziehung von Bedeutung war, besonders von Traditionen und damit auch von naiven religiösen Vorstellungen sowie von Rücksichtnahmen auf Abhängigkeitsverhältnisse geleitet. Folge des so zustande gekommenen Zusammenwirkens von Kalif, Gelehrten und der an der Tradition ausgerichteten Mehrheit der Muslime war ein Verlust an Dynamik in der theologischen Auseinandersetzung unter den Gelehrten und die Dominanz der hanbalitischen Form des Sunnismus. Diese Form des Sunnismus zeichnete sich denn auch in ihrer Theologie vor allem durch Einfachheit und Eindeutigkeit aus.

Im abendländischen Christentum verweisen die wichtigsten Wendepunkte in der Entwicklung des Verhältnisses von weltlicher und geistlicher Obrigkeit darauf, dass wichtige Impulse für Veränderungen von der ursprünglichen christlichen Botschaft ausgingen. Diese Botschaft sah sich während des Untersuchungszeitraumes mit drei strukturellen Herausforderungen konfrontiert, und zwar mit der Vorstellungswelt des griechisch-römischen und des germanischen Kulturkreises sowie mit dem päpstlichen Anspruch auf indirekte Suprematie. In der Auseinandersetzung mit der griechisch-römischen Vorstellungswelt gelang es dem lateinisch-westkirchlichen Christentum unter Berufung auf das jesuanische Trennungsgebot und die daraus abgeleitete Zwei-Gewalten-Lehre, Angriffe auf die Autonomie der Kirche seitens der (ost-)römischen Kaiser letztendlich erfolgreich abzuwehren. Auch im Verhältnis zwischen Papsttum und den karolingischen Königen bzw. Kaisern wurde – sieht man von Karl dem Großen ab – die gebotene Trennung von weltlicher und geistlicher Gewalt im Wesentlichen gewahrt. Diese Balance verschob sich dagegen im 10. Jahrhundert seit Otto dem Großen zugunsten der im ostfränkisch-deutschen Reich regierenden Ottonen und Salier vor allem wegen der Schwächung des Papsttums infolge stadtrömischer Konflikte. Parallel dazu entwickelten sich seit germanischer Zeit im nieder- und hochkirchlichen sowie im klösterlichen Bereich Strukturen, die durch das germanische Eigenkirchenrecht geprägt waren. Diese

Strukturen wurden immer stärker als eine Beeinträchtigung des kirchlichen und auch des klösterlichen Lebens wahrgenommen und führten zur Entstehung der cluniazensischen Reformbewegung.

Diese Reformbewegung erfasste im Laufe der Zeit auch die Hochkirche und das Papsttum. Sie forderte um der Heiligkeit der Kirche willen unter Berufung auf das jesuanische Gebot der Trennung von weltlicher und geistlicher Gewalt die Autonomie der Kirche (‚libertas ecclesiae') auf allen Ebenen. Der Erfolg dieser Reformbewegung manifestierte sich unter anderem in der Bildung von Ordensgemeinschaften, die nur dem Papst untergeben waren, sowie in den päpstlichen Vereinbarungen mit wichtigen Herrschern des Abendlandes über das Prozedere bei der Investitur von Bischöfen. Die cluniazensische Reformbewegung war die treibende Kraft dieses Prozesses und der damit verbundenen Überwindung oder zumindest Zurückdrängung des germanisch geprägten Herrschaftsverständnisses und des germanischen Eigenkirchenwesens. Dass dies gelang, lag im Wesentlichen in der geistigen Kraft dieser ursprünglich klösterlichen Reformbewegung begründet, die mit ihren Klöstern auch über eine starke ökonomische Basis verfügte. Ursprung dieser Basis waren entsprechend zahlreiche Klostergründungen und umfängliche Schenkungen. Auch in Bezug auf die erfolgreiche Zurückweisung des päpstlichen Anspruchs auf indirekte Suprematie leistete seit Beginn des 14. Jahrhunderts die innerkirchliche Kritik einen entscheidenden Beitrag. Diese Kritik stützte sich auf das Gebot der Trennung von weltlicher und geistlicher Gewalt sowie auf die konziliare Theorie. Dass die Ziele der innerkirchlichen Kritik, insbesondere die Umsetzung der konziliaren Theorie, letztendlich nicht erreicht werden konnten, hing mit der ‚Kchrtwende' der weltlichen Obrigkeiten zugunsten des Papsttums gegen Ende des Baseler Konzils zusammen. Diese ‚Kehrtwende' ergab sich für die weltlichen Obrigkeiten aus den ihnen vonseiten des Papsttums gemachten Konzessionen und wohl auch aus ihren Vorbehalten gegenüber den radikalen Vorstellungen von einem allgemeinen Konzil (14). Dauerhafte und bedeutsame Folge der Konzessionen war, dass in den großen abendländischen Königreichen National- bzw. Landeskirchen etabliert wurden, was einer erheblichen Stärkung der weltlichen Obrigkeit zu Lasten des Papsttums gleichkam.

2. Vergleichende Analyse der mittelalterlichen Entwicklung des Rechtswesens im sunnitischen Islam und im westkirchlichen Christentum

a) Wichtige Ergebnisse der mittelalterlichen Entwicklung des Rechtswesens im sunnitischen Islam und Gründe für die Stagnation in diesem Bereich

Der dargestellten Entwicklung des Kalifenamtes und des Verhältnisses zwischen der weltlichen und geistlichen Obrigkeit im vorreformatorischen Abendland korrespondierte im Großen und Ganzen die jeweilige Entwicklung des Rechtswesens in den beiden untersuchten Regionen. Wie die Darstellung der Rechtsentwicklung während des Untersuchungszeitraums zeigt, weisen die Entwicklungen im islamischen Orient und im christlichen Abendland eine gegenläufige Tendenz auf. Während der Rechtsentwicklung im sunnitisch geprägten Orient bereits in der frühen Phase Tendenzen der Stagnation innewohnten, zeichnete sich die Rechtsentwicklung im abendländischen Christentum durch eine relative Offenheit aus.

Unmittelbarer Ausdruck der Stagnation in der Entwicklung des islamischen Rechts war der Rückgriff auf Aussagen des Propheten und seiner Gefährten und die damit verbundene Entwicklung der Hadith-Literatur (1). Vor allem die Kanonisierung der Hadithe spätestens Anfang des 10. Jahrhunderts verfestigte die Stagnation. So blieb es – sieht man von der neu hinzugekommenen Funktion des Muftis bei der Urteilsfindung ab – während des gesamten Untersuchungszeitraumes bei der seit Beginn des 8. Jahrhunderts ausgebildeten äußeren und inneren Struktur der Gerichtsverfassung. Obwohl in der schariatischen Gerichtsbarkeit seit ihren Anfängen bereits eine Art Untersuchungsverfahren Anwendung fand, wurde das Offizialprinzip bei schariatischen Angelegenheiten nicht eingeführt. Es blieb beim Akkusationsprozess. Auch hinsichtlich des Beweisverfahrens kam es in der schariatischen Gerichtsbarkeit zu keinerlei Veränderungen, sodass die archaisch anmutenden Beweismittel während des Untersuchungszeitraumes durchweg in Geltung blieben. Eine vergleichbare Stagnation lässt sich auch in Bezug auf das materielle Recht feststellen, wie am Beispiel des Eherechts samt seiner Folgen für die gesellschaftliche Stellung der Frau und am Rechtsstatus der Sklaven deutlich wurde. Allerdings wurde im Zusammenhang konkreter Rechtsprechung immer deutlicher, dass die Aussagen in Koran und Hadithen sich des Öfteren nicht ohne weiteres auf konkrete Rechtsfälle anwenden ließen. In der Auseinandersetzung mit dieser Frage entwickelten sich verschiedene sunnitische Rechtsschulen, die sich insbesondere durch unterschiedliche rechtsmethodische Verfahren auszeichneten. Kontrovers wurde vor allem die Frage diskutiert, inwieweit Analogieschlüsse (,qiyas') sowie das eigenständige, auf juristischem Sachverstand basierende Urteil (,ray') des jeweiligen Richters und dessen Gutdünken (,istihsan') als Mittel der Urteilsfindung akzeptabel seien. Im Laufe des 11. Jahrhunderts kam es in dieser Frage zu Annäherungs- und Angleichungsprozessen, bei denen sich die konservativeren Rechtsschulen mit ihrer Ablehnung von Analogieschlüssen und des eigenständigen Urteils als Mittel der Urteilsfindung mehr oder weniger durchsetzten. Konsequenterweise kam dann auch die Vorstellung von der sogenannten ,Schließung der Pforte' auf, eine Vorstellung, die dann bereits im 12. Jahrhundert offensichtlich auf allgemeine Zustimmung traf. Nach dieser Vorstellung habe sich Rechtsprechung auf die ,Nachahmung' (,taqlid') bzw. die Übernahme früherer Urteile zu beschränken. Folge dieser Entwicklung war seit dem 12. Jahrhundert eine fast absolute Stagnation der schariatischen Rechtsprechung.

Es stellt sich nun die Frage, warum nach der Gründungsphase des Islam die konservativen Kräfte die Rechtsentwicklung im Wesentlichen bestimmten. Einen wichtigen Grund für diese Entwicklung sieht die historische Islamwissenschaft in der bereits seit Mitte des 8. Jahrhunderts fassbaren Rückwärtsgewandtheit der geistigen Elite jener Zeit (2). Diese Rückwärtsgewandtheit mit ihrer Sehnsucht nach der Frühzeit des Islam unter der Führung des Propheten und der ersten drei rechtgeleiteten Kalifen habe nach Auffassung vieler Vertreter der historischen Islamwissenschaft ihren Ursprung in den negativen Erfahrungen, die die Muslime in dem Jahrhundert nach diesen rechtgeleiteten Kalifen in drei Bürgerkriegen (656–661, 683–692, 744–747) sowie in der abbasidischen Revolution (747/9–750) machten. Diese Erfahrungen hätten zu einer Verklärung der Frühphase des Islam geführt, was sich rechtsgeschichtlich beispielsweise darin manifestiert habe, dass Überlieferungen der Glaubensgefährten des Propheten auch als Hadithe Eingang in das sunnitische Recht fanden. Mit dieser Rückwärtsgewandtheit lassen sich auch die Ablehnung des Analogieschlusses und des eigenständigen Urteils des jeweiligen Richters sowie die Vorstellung von der ‚Schließung der Pforte' erklären. Mit der Vorstellung von der ‚Schließung der Pforte' ging eine weitere Vorstellung einher, wonach neue Phänomene, die noch nicht juristisch erfasst worden waren, als unislamisch angesehen wurden. Der Begriff ‚Neuerung' (‚bida') wurde zum Schimpfwort. Nicht nur die Rückwärtsgewandtheit der Elite, sondern auch die von der Tradition geprägte Mentalität der Mehrheit der Muslime war verantwortlich für die konservative Prägung der Rechtsentwicklung. Denn der Unterstützung oder zumindest der ‚stillschweigenden Akzeptanz' dieser Mehrheit bedurfte es, damit die ‚Traditionarier' unter den Religions- und Rechtsgelehrten ihre konservativen Auffassungen in der Theologie und in der Rechtswissenschaft durchsetzen konnten.

b) Wichtige Ergebnisse der Entwicklung des Rechtswesens im westkirchlichen Christentum und Gründe für die relative Dynamik des Rechtswesens im westkirchlichen Bereich

Anders als im sunnitischen Islam kam es im abendländischen Christentum während des gesamten Untersuchungszeitraums zu einer kontinuierlichen Weiterentwicklung des Rechtswesens (3). Das Christentum kam allerdings erst im Jahre 380, als es im römischen Reich Staatsreligion wurde, in eine mit dem Islam vergleichbare Situation und konnte erst seit dieser Zeit auf die gesamtgesellschaftliche Rechtsentwicklung Einfluss nehmen. Der erste Schritt auf diesem Weg war die Einrichtung einer geistlichen Gerichtsbarkeit des jeweiligen Ortsbischofs, die sich auf die untergebene Geistlichkeit aufgrund des ‚privilegium fori' und auf die sogenannten ‚gemischten Angelegenheiten' (‚causae mixtae') erstreckte. In dieser ‚Aufbauphase' der geistlichen Gerichtsbarkeit griff man oft in verfahrensrechtlicher Hinsicht auf das damals geltende römische Reichsrecht zurück. Mit dem Eintritt in den germanischen Kulturraum sah sich das Christentum mit einem andersgearteten Rechtswesen konfrontiert, das es Schritt für Schritt veränderte. Eine zentrale Rolle kam dabei dem von Karl dem Großen eingerichteten bischöflichen Sendgericht zu, das im Laufe des 12. und 13. Jahrhunderts wichtige Veränderungen erfuhr, die für die weltliche Gerichtsbarkeit als Vorbild wirkten. So wurden das Inquisitionsverfahren sowie das Offizialprinzip eingeführt und das bisherige Beweisverfahren wurde von archaisch anmutenden Beweismitteln wie zum Beispiel dem sogenannten Gottesurteil zugunsten rationaler Beweise ‚gereinigt'. Bei derartigen Verfahren ging es auch um die Erforschung der Motive und der Gesinnung. Folglich wurde die bislang vorherrschende Orientierung der Rechtsprechung an der äußeren Tat als dem alleinigen Kriterium der richterlichen Bewertung ergänzt durch die Einbeziehung der emotionalen und mentalen Verfasstheit der vor Gericht stehenden Personen. Auch die Ablösung der Schöffen durch einen einzelnen Berufsrichter hatte ihren Ursprung in der bischöflichen Rechtsprechung und wurde etwas später in Orientierung an der kirchlichen Praxis im weltlichen Rechtsraum nachvollzogen. Die Veränderungen hinsichtlich des Eherechts und des damit verbundenen Rechtsstatus der Frau, die sich in einem langwierigen Prozess ergaben, gingen ebenfalls von der Kirche aus und wurden von dieser aufgrund biblischer Aussagen eingefordert. Ähnliches galt auch in Bezug auf die Entwicklung des Rechtsstatus der Sklaven, wobei im 9. Jahrhundert auch ökonomisch motivierte Veränderungen diese Entwicklung im Sinne einer Verbesserung ihres Status entscheidend beschleunigten.

Die Rechtsentwicklung im abendländischen Christentum zeichnete sich also während des gesamten Untersuchungszeitraums durch eine relative Offenheit aus. Diese Offenheit resultierte insbesondere aus der in diesem Zeitraum existierenden Trennung von weltlicher und geistlicher Gewalt und der damit einhergehenden Trennung von weltlicher und geistlicher Gerichtsbarkeit. So gab es durchgängig ein Nebeneinander von weltlicher und geistlicher Gerichtsbarkeit, die sich gegenseitig hinsichtlich der äußeren und inneren Struktur der Gerichtsverfassung und des prozessualen Rechts beeinflussten und durchdrangen. Darüber hinaus implizierte diese Zweiteilung der Gerichtsbarkeit, dass die weltliche Gerichtsbarkeit im abendländischen Christentum – anders als die herrscherliche bzw. governementale Gerichtsbarkeit im Damaszener und Bagdader Kalifat – nicht an irgendwelche konkreten religiösen Vorgaben gebunden war, sondern in dieser Hinsicht über eine relativ große Offenheit verfügte. Auch die geistliche Gerichtsbarkeit konnte aufgrund der von Kaiser Theodosius I. 380 gemachten Konzessionen und aufgrund ihres Charakters einer neuen Institution eine relativ unabhängige und autonome Entwicklung nehmen. Die erwähnten Aspekte eröffneten dem abendländischen Rechtswesen die Möglichkeit, sich in Orientierung an der gesellschaftlichen und kirchlich-religiösen Realität kontinuierlich weiterzuentwickeln, um auf diese sich verändernde Realität entsprechend zu reagieren.

3. Vergleichende Analyse der Entwicklung des Bildungswesens im Damaszener und Bagdader Kalifat mit der im westkirchlichen Christentum

a) ‚Studentenuniversität' in Bologna und ‚Professorenuniversität' in Paris als Beispiele für das Zurückdrängen der Kirche im hochmittelalterlichen Hochschulwesen

Die gegenläufige Entwicklung im Rechtswesen von Islam und abendländischem Christentum lässt sich mutatis mutandis auch in dem wichtigen Bereich der universitären Ausbildung feststellen. So waren die Universitäten von Bologna und Paris, die im Mittelalter für die nachfolgenden Universitätsgründungen im abendländischen Christentum als Vorbild fungierten, genossenschaftlich organisiert und wiesen eine in Teilen demokratisch organisierte Selbstverwaltung auf (1). An der Universität von Bologna wählten beispielsweise die Studenten, die sich in zwei Gruppen als italienische (‚citramontane') und als nicht-italienische (‚ultramontane') Studentenschaft organisiert hatten, die beiden Rektoren der Universität. Diese leiteten während des Übergangs vom Hoch- zum Spätmittelalter zusammen mit einem studentischen Rat die Universität. Die Studenten in Bologna stellten in dieser Zeit auch die Hochschullehrer (‚magistri et doctores') für jeweils ein Jahr ein und nahmen auch noch andere Selbstverwaltungsrechte wahr, die sie jedoch seit dem beginnenden Spätmittelalter teilweise wieder verloren haben. In Bologna gehörten die Hochschullehrer juristisch gesehen in dieser Übergangsphase gar nicht zur Universität und hatten sich folglich in Kollegien (‚collegia doctorum') organisiert. Diese Kollegien stellten auch eine Art Prüfungskommission dar und ergänzten sich durch Kooptation selbst. Aufgrund dieser Struktur wird die Universität von Bologna in der Mediävistik als ‚Studentenuniversität' bezeichnet, der man die Pariser Universität als ‚Professorenuniversität' gegenüberstellt. Denn an ihr wählten die Studenten, die sich ursprünglich zusammen mit ihren Lehrern als Pariser Universität organisiert hatten, lediglich den jeweiligen Vorsteher (‚Prokurator') der vier landsmannschaftlichen Vereinigungen (‚nationes'). Den Rektor als Leiter der gesamten Universität wählte dagegen die Gesamtheit der Hochschullehrer. Auch lagen das Satzungs- und Selbstverwaltungsrecht fast ausschließlich in den Händen des Lehrpersonals, das darüber hinaus ein Selbstergänzungsrecht besaß.

An beiden Universitäten waren folglich die personelle Zusammensetzung und die inhaltliche Gestaltung der Lehrpläne sowie der Prüfungen dem Einfluss der kirchlichen Hierarchie im Großen und Ganzen entzogen. Verblieben war ihr eine allgemeine Rechtsaufsicht, die Gerichtsbarkeit und die Vergabe der Lehrberechtigung (‚licentia docendi'). Die allgemeine Rechtsaufsicht und die Gerichtsbarkeit wurden an der Universität von Paris vom Kanzler und an der Universität von Bologna vom Archidiakon wahrgenommen, der wie der Kanzler als Vertreter des jeweiligen Ortsbischofs fungierte. Kanzler bzw. Archidiakone waren es auch, die nach bestandener Prüfung einem Studenten eventuell die für diesen so wichtige Lehrberechtigung für die Universität erteilten oder verweigerten. Über die Prüfungsergebnisse und über die Inhalte des Studiums entschieden dagegen die Hochschullehrer. Eine noch weitgehendere Beeinträchtigung musste die Kirche seit dem Übergang vom Hoch- zum Spätmittelalter auch im schulischen Bereich hinnehmen, als die städtischen Schulen aufkamen. Sowohl im schulischen als auch im universitären Bereich waren diese Veränderungen der Trennung von weltlicher und geistlicher Gewalt geschuldet. Denn in beiden Fällen schuf die jeweils höchste weltliche Gewalt aufgrund ihrer Gebiets- und Rechtshoheit die rechtlichen Voraussetzungen für die erwähnten Veränderungen. In Bezug auf die städtischen Schulen geschah dies durch die Verleihung des Stadtrechtes und durch parallele oder nachfolgende Privilegien, die der jeweiligen Stadt eine entsprechende Autonomie in schulischen Fragen gewährten. Hinsichtlich der Universitäten ging es dagegen um Privilegien, die eine Exemtion der genossenschaftlichen Vereinigungen von Scholaren und Universitätslehrern von der städtischen Gerichtsbarkeit gewährten. In Bezug auf Fragen der Ausbildung versuchte dagegen die Kirche auf dem Wege reklamierter Aufsichtsrechte und der Verteidigung ihres Anspruchs auf Erteilung der ‚licentia docendi' ihren Einfluss im universitären Bereich zu wahren.

b) Formen der islamischen Hochschulausbildung mit ihren ausgeprägten Abhängigkeitsverhältnissen und ihrer fehlenden Offenheit

Ganz anders stellte sich dagegen die Organisation des Hochschulwesens im Islam während des Untersuchungszeitraumes dar. Das mittelalterliche islamische Hochschulwesen hatte strukturell mit der Gründung des von Nizam al-Mulk initiierten neuen Typs der Madrasa seinen Abschluss gefunden und verfügte über vier Möglichkeiten, um über eine hochschulähnliche Ausbildung den Status eines Gelehrten zu erreichen (2). Die beiden ursprünglichen Formen der Ausbildung bestanden darin, dass man von einem Gelehrten privat unterrichtet wurde oder in der Moschee am Unterricht eines solchen Privatgelehrten teilnahm. Dieser Moschee-Unterricht war wohl in seiner Anfangsphase des Öfteren eine spontane und informelle Veranstaltung an großen städtischen Moscheen, die die Struktur von Lehrzirkeln hellenistischer Provenienz annahm. Diese Lehrzirkel wurden jedoch von Gelehrten geleitet, die auf das Wohlwollen des Imams der jeweiligen Moschee und damit indirekt des Kalifen angewiesen waren. Da regelmäßig teilnehmende auswärtige Schüler wohl oft Schwierigkeiten mit der Unterbringung hatten, ging man dazu über, für diese auswärtigen Teilnehmer in der Nähe der betreffenden Moschee Wohngebäude zu errichten und deren Bewohner auch zu verköstigen. Am Ende dieser Entwicklung wurden in diesen Gebäuden auch Räume geschaffen, in denen der zuvor in der Moschee stattgefundene Unterricht seinen Platz fand. Es handelte sich also in dieser Entwicklungsphase um regelrechte Internatsschulen. Als dann im 11. Jahrhundert insbesondere der Bedarf an Rechtsgelehrten immer größer geworden war und ein entsprechendes governementales Interesse der herrschenden seldschukischen Sultane hinzukam, gründete der seldschukische Wesir Nizam al-Mulk Madrasen mit der von ihm konzipierten Organisationsstruktur, was eine rege Nachahmung auslöste. Im Hochmittelalter bzw. gegen Ende des Untersuchungszeitraumes dominierten bei der Ausbildung der zukünftigen Gelehrten wohl eindeutig die einer Moschee angegliederten Hochschulen und die Madrasen mit der neuen Organisationsstruktur.

Allen vier Formen hochschulähnlicher Ausbildung war gemeinsam, dass die Studenten bei der Organisation und der Gestaltung des Unterrichts grundsätzlich keinerlei relevanten Mitwirkungsrechte besaßen, weder beim ‚reinen' Privatunterricht oder bei den Lehrzirkeln in der Moschee noch in den Hochschulen, die Moscheen angegliedert oder als Madrase organisiert waren. Darüber hinaus befanden sich die Schüler in einer ausgeprägten Abhängigkeit von ihren Lehrern, die sich vor allem darin manifestierte, dass sie bei allen vier Formen der Ausbildung meist von nur einem Lehrer unterrichtet wurden. Dieser entschied im Allgemeinen auch als einzelner – und nicht als Mitglied einer Prüfungskommission, wie dies teil- bzw. phasenweise an den mittelalterlichen abendländischen Universitäten üblich war – über den Erfolg der Ausbildung, den er dann auch in Form eines entsprechenden Zertifikats (‚idschaza') zu bestätigen hatte. Allerdings befanden sich die Gelehrten, die an den drei öffentlichen Einrichtungen lehrten, auch in einer Position der Abhängigkeit. Denn die an einer Moschee unterrichtenden Gelehrten waren letztlich vom Wohlwollen des Kalifen bzw. seines Vertreters abhängig, während die Gelehrten an den Madrasen von deren Stifter abhängig waren. Sowohl diese Abhängigkeit der islamischen Lehrer als auch die fehlenden Mitwirkungsrechte der Schüler sowie deren Abhängigkeit von einem einzelnen Lehrer stellten wichtige Unterschiede zwischen dem mittelalterlichen islamischen Hochschulwesen und den hochmittelalterlichen Universitäten im christlichen Abendland dar. Hinzu kam noch die geringere Offenheit des islamischen Hochschulwesens im Vergleich zum abendländisch-christlichen. So waren beispielsweise die Madrasen anfangs durchgängig und später immer noch mehrheitlich auf die Vermittlung der Lehre nur einer Rechtsschule (‚madhhab') festgelegt. Auch durften etwa die Lehren des griechischen Philosophen Aristoteles nicht unterrichtet werden. Spätestens Ende des 11. Jahrhunderts hatten sich die konservativen Rechtsschulen mit ihrer Vorstellung durchgesetzt, dass der Analogieschluss (‚qiyas') und das selbständige Urteil eines Richters (‚ray') aufgrund seines juristischen Sachverstandes oder aufgrund seines Gutdünkens als Mittel der Urteilsfindung nicht mehr zur Anwendung kommen sollten. Folglich wurden diese beiden Methoden auch als Gegenstand des Unterrichts immer stärker in den Hintergrund gedrängt.

c) Trennung und Einheit der beiden obersten Gewalten als Grund für die unterschiedlichen Strukturen im westkirchlichen und islamischen Hochschulwesen des Mittelalters

Die angesprochenen Nachteile der Ausbildung islamischer Gelehrter, nämlich die ausgeprägten Abhängigkeitsverhältnisse und die fehlende Offenheit in Bezug auf die

Lerninhalte, stehen m.E. in einem engen Zusammenhang mit der damals im Bagdader Kalifat dominierenden Glaubenslehre und der damit eng verwobenen Entwicklung der Jurisprudenz. So hatten sich gegen Ende des 11. Jahrhunderts sowohl in der Theologie als auch hinsichtlich der Jurisprudenz die ‚Traditionarier' bzw. Hanbaliten unter den Gelehrten durchgesetzt. In der Theologie war ihnen dies im 9. Jahrhundert in der erfolgreichen Auseinandersetzung mit den von al-Mamun und seinen beiden unmittelbaren Nachfolgern unterstützten Mutaziliten sowie im 11. Jahrhundert in der Auseinandersetzung mit den Aschariten gelungen. Im 11. Jahrhundert gelang ihnen dies auch im Bereich des Rechts, als es zu einer Angleichung der fortschrittlichen sunnitischen Rechtsschulen an die Positionen der konservativen Rechtsschulen kam. Infolge des ‚Sieges' der konservativen Kräfte in Theologie und Jurisprudenz gab es denn auch aufseiten der ‚siegreichen' Traditionarier kein Interesse an einer Änderung der Lerninhalte. So blieb es beispielsweise bei der Beschränkung auf bestimmte Rechtsmethoden und oft auch auf die Lehre nur einer Rechtsschule. Anders als die fehlende Offenheit in Bezug auf die Lerninhalte sind die ausgeprägten Abhängigkeitsverhältnisse in der Ausbildung zukünftiger Gelehrter zunächst mit den Organisationsstrukturen dieser Ausbildung, letztlich aber mit dem dezidiert hierarchischen Denken im damaligen Islam zu erklären.

Ein solches Denken war natürlich auch für das hochmittelalterliche christliche Abendland charakteristisch, aber im christlichen Abendland war auch die genossenschaftliche Organisationsform weit verbreitet, zum Beispiel auch bei den Domkapitel und Kollegiatstiften (3). Dass diese Organisationsform sich auch im damaligen Bildungsbereich etablieren konnte, war der damaligen konkreten Situation geschuldet. Denn zwischen den Schülern (‚scolares') in Bologna und Paris einerseits und den Bürgern dieser Städte sowie deren Obrigkeiten andererseits kam es in der zweiten Hälfte des 12. Jahrhunderts infolge der starken Zunahme der ‚scolares' vermehrt zu gravierenden Konflikten. Auf diese Konflikte reagierten die Scholaren mit der genossenschaftlichen Selbstorganisation, die durch entsprechende Privilegien vonseiten des deutschen Kaisers respektive des französischen Königs und des Papsttums rechtlich abgesichert wurden. Dabei profitierten die Scholaren auch von der damaligen Konkurrenz zwischen weltlicher und geistlicher Gewalt und damit von der dieser Konkurrenz zugrunde liegenden prinzipiellen Trennung dieser beiden Gewalten. Bezeichnenderweise ergriff in den erwähnten Konflikten die jeweilige oberste weltliche Gewalt, der deutsche Kaiser Friedrich Barbarossa 1158 bzw. der französische König Philipp II. August im Jahre 1200, die Initiative und schuf die rechtliche Grundlage für die Selbstorganisation der Scholaren in Bologna sowie der ‚universitas' der Scholaren und Magister in Paris. Dadurch sah sich die kirchliche Hierarchie in ihrem Selbstverständnis als Träger der Bildungseinrichtungen herausgefordert. So griff auch das Papsttum mit der Gewährung von Privilegien in diesen Prozess ein, sodass sowohl die Universität von Bologna als auch die von Paris im Laufe des 13. Jahrhunderts über eine gesicherte Rechtsgrundlage sowie eine weitgehende Autonomie einschließlich eines eigenen Satzungsrechtes verfügten. Dass die Selbstorganisation der Scholaren in Bologna und der ‚universitas' in Paris gelang, lag also in der Trennung von weltlicher und geistlicher Gewalt und der daraus resultierenden Konkurrenz zwischen diesen beiden Gewalten begründet.

Im mittelalterlichen Islam fehlte dagegen von Anfang an eine solche Trennung, sodass die gewachsenen Strukturen des Bildungswesens während unseres Untersuchungszeitraumes – sieht man von den ‚Madrasen neuen Typs' ab – nicht in Frage gestellt wurden und im Großen und Ganzen erhalten blieben. Zu den für die Gestaltung des damaligen Bildungswesens relevanten Strukturen gehörten die Zuständigkeit des Kalifen für die Organisation des Bildungssystems und die damit verbundene Abhängigkeit des Lehrpersonals vom jeweiligen Kalifen als dem verantwortlichen Träger der öffentlichen Bildungseinrichtungen. Der Kalif hatte also aus machtpolitischen Gründen kein Interesse an einer Veränderung dieser Strukturen, da gerade diese Strukturen, insbesondere die Vergabe der entsprechenden Lehrerstellen durch den Kalifen, einen wesentlichen Faktor seiner Machtbasis darstellten. Bezeichnenderweise wurde eine der wichtigsten Veränderungen im islamischen Hochschulwesen während des Untersuchungszeitraumes, nämlich die Einrichtung des neuen Organisationstyps von Madrasen durch Nizam al-Mulk, in einer Zeit vorgenommen, in der faktisch weltliche und geistliche Führerschaft zwischen seldschukischem Sultan und abbasidischem Kalifen aufgeteilt waren. Allerdings wussten auch die Kalifen diese neue Organisationsform von Hochschulen für sich zu nutzen, was den innovativen Charakter der ‚Madrasen neuen Typs', unter anderem die Unabhängigkeit vom Inhaber des Kalifenamtes, relativierte. Im Übrigen hatten auch die Stifter dieser Madrasen kein Interesse an einer Veränderung, die eine Einschränkung ihrer Entscheidungsgewalt mit sich gebracht hätte. Diese strukturellen Gegebenheiten implizierten also die ausgeprägten Abhängigkeitsverhältnisse in der islamischen Hochschulausbildung und führten zu deren fehlender Offenheit. Fehlende Offenheit war darüber hinaus – wie bereits erwähnt – auch das Resultat der seit dem Ende des 11. Jahrhunderts eingetretenen konservativen oder gar rückwärtsgewandten Ausrichtung von Theologie und Jurisprudenz.

4. Vergleichende Analyse der Entwicklung des Verhältnisses von göttlicher Prädestination und menschlicher Willensfreiheit im sunnitischen Islam und im abendländischen Christentum

a) Entwicklung der sunnitischen Vorstellung von der göttlichen Prädestination und die Gründe für den Erfolg der ‚Prädestinatianer'

Ähnlich wie im Rechts- und Bildungswesen obsiegten die an der Tradition ausgerichteten sunnitischen Gelehrten auch im Hinblick auf die Bestimmung des Verhältnisses zwischen menschlicher Willensfreiheit und göttlicher Allmacht. Ihren Ursprung hatten die Auseinandersetzungen um die Bestimmung dieses Verhältnisses

I. Vergleichende Analyse der Entwicklungen in den fünf Themenfeldern 229

in der Kritik an der Herrschaft des Umaiyaden Muawiya I. (661–680). Sie waren also ursprünglich politisch motiviert und speisten sich aus dem Konflikt zwischen Trägern der umaiyadischen Herrschaft und der oppositionellen Bewegung, die vor allem von den Aliden und Charidschiten getragen wurde (1). Die Transformation dieses zunächst politischen Konfliktes zu einem religiösen Konflikt ergab sich aus dem Selbstverständnis der umaiyadischen Kalifen. Denn sie verstanden sich nicht nur als Nachfolger des Propheten Mohammed, sondern als Gottes Stellvertreter, dessen Handeln von Gott vorherbestimmt sei und folglich nicht dem Kalifen angelastet werden könne. Dieses Verständnis schloss folglich ein Widerstandsrecht gegenüber einem amtierenden Kalifen aus, was natürlich zum Widerspruch aufseiten der politischen Opposition führte. Diese bemühte sich ihrerseits um eine theologische Begründung ihrer Gegenposition. Ansatzpunkt für die Opposition war die von den umaiyadischen Kalifen reklamierte Vorstellung von der Vorherbestimmung ihres Handelns. Diese Vorstellung wurde mit dem Gegenkonzept von der Willensfreiheit des Menschen und dessen daraus resultierender Selbstverantwortlichkeit zurückgewiesen. Dadurch erfuhr die Thematik eine Verallgemeinerung, zumal der Gehorsam gegenüber dem Kalifen von der Herrschaftselite als heilsnotwendig dargestellt wurde (2). Demzufolge ging es nicht mehr nur um den Kalifen, sondern um die Lebensführung des gläubigen Muslim schlechthin.

Es standen sich in der Folge die sogenannten ‚Prädestinatianer' und die Befürworter der Willensfreiheit sowie der Selbstverantwortlichkeit des Menschen, die sogenannten ‚Qadariten', gegenüber. Die Selbstverantwortlichkeit umfasste auch die Verantwortlichkeit des einzelnen Menschen für sein jenseitiges Schicksal. Die Prädestinatianer rekrutierten sich aus der umaiyadischen Herrschaftselite und aus ihr nahestehenden Gelehrten. Die Qadariten kamen dagegen vornehmlich aus dem Umfeld der Charidschiten, der radikalen Schiiten sowie der Sunniten, die zu den ‚mawali' (Sg. ‚maula': nicht-arabischer Klient) gehörten und unter ihrem gesellschaftlichen Status litten (3). An der jeweiligen Rekrutierungsbasis lässt sich ablesen, dass bei den Beteiligten auf beiden Seiten die politischen Motive nicht nur zu Beginn, sondern auch im weiteren Verlauf der in Rede stehenden Auseinandersetzungen eine erhebliche Bedeutung besaßen.

Die Auseinandersetzungen um diese Fragen zogen sich letztlich hin bis zum Sieg der Hanbaliten über die Aschariten gegen Ende des 11. Jahrhunderts, auch wenn ihr Höhepunkt bereits zu Beginn des 9. Jahrhunderts überschritten war, als sich die Qadariten mit den abbasidischen Kalifen arrangierten bzw. viele von ihnen aufgaben. Einige von ihnen schlossen sich jedoch den Mutaziliten an, die den Kampf gegen die Prädestinatianer zunächst fortführten. Zum Erfolg der Prädestinatianer war es wohl vor allem gekommen, weil deren Vorstellungen eher dem religiösen Bewusstsein der Mehrheit der damaligen Muslime entsprachen als die Vorstellungen der Qadariten bzw. Mutaziliten. Dazu haben auch die vielen – allerdings oft auch fragwürdigen – Hadithe prädestinatianischen Inhalts beigetragen, die eigens hierfür in Umlauf gebracht worden waren (4). Denn die Prädestinatianer stützten sich in ihrer Argumentation eher auf Hadithe als auf den Koran, der auch viele Belege aufweist, die für die Willensfreiheit des Menschen sprechen oder diese voraussetzen. Die Qadariten stützten sich dagegen vornehmlich auf den Koran. Den von den Prädestinatianern verwendeten Hadithen mit ihrer Referenz auf Mohammed, ihrer Einbettung in konkrete Erzählsituationen und ihrem oft anekdotischen Charakter kann wohl in Bezug auf mehrheitlich illiterate Gläubige eine größere Strahl- und damit Überzeugungskraft als manch einem Koranvers zugeschrieben werden (5).

b) Entwicklung der christlichen Vorstellung vom Verhältnis zwischen göttlicher Allmacht und menschlicher Willensfreiheit und die Gründe für den Erfolg des synergistischen Modells

Die ungefähr ein Jahrtausend erfassende Darstellung der abendländischen Diskussion des Verhältnisses zwischen göttlicher Prädestination und menschlicher Willensfreiheit hat gezeigt, dass diese Diskussion nicht immer geradlinig verlief (6). Die vorgebrachten theologischen und religiösen Argumente bewegten sich im Spannungsfeld zwischen der Vorstellung von einer absolut gesetzten und konsequent zu Ende gedachten Allmacht Gottes und der Vorstellung von einer vollkommenen Willensfreiheit des Menschen. Die christliche Vorstellung von einem allmächtigen Gott hatte bzw. hat ihre Wurzeln im jüdischen Monotheismus. In dessen Entstehungszeit schien es in Abgrenzung zu polytheistischen Vorstellungen geboten, dem verehrten Gott ‚Jahwe' das Attribut ‚allmächtig' zuzuweisen. Infolge dieser Tradition galt auch im Christentum die Vorstellung vom allmächtigen Gott als unumstößlich. Hinsichtlich der Frage nach der Willensfreiheit des Menschen gab es keine derartig eindeutige und bewusstseinsprägende vorgängige Tradition. Folglich musste aus verschiedenen biblischen Aussagen eine christliche Auffassung von der Freiheit oder Unfreiheit des menschlichen Willens im Gegenüber zur Vorstellung von einem allmächtigen Gott erst entwickelt werden.

Im abendländischen Christentum begann diese Entwicklung historisch wirkmächtig mit dem Streit zwischen Augustinus und den Pelagianern. Dieser Streit begann, als gegen Ende des 4. Jahrhunderts die zunehmende Betonung eines gottgefälligen Lebenswandels als Voraussetzung für die Erlangung des ewigen Heils bei Augustinus auf Ablehnung stieß, weil er darin die Souveränität Gottes und die Bedeutung des Erlösungswerkes Jesu Christi beeinträchtigt sah. So entwickelte er in einer Schrift aus dem Jahre 396 seine Erbsünden- und Gnadenlehre, wonach der Mensch letztlich unfähig sei, ohne göttliche Gnadenhilfe das ewige Heil zu erlangen. Diese Lehre stieß jedoch ihrerseits auf heftigen Widerspruch und führte zu langen Auseinandersetzungen, die erst auf der Synode von Orange im Jahre 529 beigelegt werden konnten. Auf dieser Synode wurde die augustinische Vorstellung von einer ‚zweifachen Prädestination' (‚gemina praedestinatio') und einer ‚unwiderstehlichen Gnade' Gottes (‚gratia irresistibilis') verworfen zugunsten einer synergistischen Lösung. Seit diesem Synodenbeschluss galt als offizielle kirchliche Lehre, dass es zur Erlangung des ewigen Lebens des Zusammenwirkens von göttlicher Gnade und menschlichem Handeln im Sinne einer gottgefälligen Lebensführung bedürfe, wobei die göttliche Gnade notwendigerweise am Anfang dieses Prozesses stehe. Dieses synergistische Modell bildete die Grundlage für die nachfolgenden Diskussionen über das Verhältnis von göttlicher Prädestination und menschlicher Willensfreiheit. Zuweilen wurde dieses Modell jedoch wieder durch Vertreter der augustinischen Lehre von der ‚zweifachen Prädestination' und von der ‚unwiderstehlichen Gnade' Gottes in Frage gestellt, zum Beispiel durch die Mönche Gottschalk und Ratramnus im 9. Jahrhundert, ohne dass diese Vorstellungen sich hätten durchsetzen können.

In den entsprechenden hochmittelalterlichen theologischen Diskussionen handelte es sich dagegen im Allgemeinen ‚lediglich' um eine weitere argumentative Fundierung des synergistischen Modells. Dieses Modell fand auch in dem wichtigsten hochmittelalterlichen Lehrbuch ‚Libri IV Sententiarum' von Petrus Lombardus seinen Niederschlag. Um eine argumentative Fundierung dieses Modells handelte es sich zum Beispiel auch bei Anselm von Canterbury und Thomas von Aquin. Beide versuchten, eine positive Ausrichtung des menschlichen Willens nach dem Empfang der ‚gratia praeveniens' (‚vorausgehenden Gnade') zu begründen. Im Spätmittelalter erfuhr das synergistische Modell zunächst durch Duns Scotus und dann durch Wilhelm von Ockham aber auch noch eine wichtige Weiterentwicklung. Beide Theologen schufen mit ihrer Unterscheidung zwischen der seit Ewigkeit existierenden ‚absoluten Ordnung' und der durch den göttlichen Schöpfungsakt geschaffenen ‚zeitlichen Ordnung' die theoretische Voraussetzung für die Ermöglichung wirklicher Willensfreiheit des Menschen, ohne die göttliche Allmacht zu beeinträchtigen. Denn Gott habe aufgrund seiner ‚potentia absoluta' dem Menschen diese Freiheit geschenkt und damit auf einen Teil seiner absoluten Souveränität verzichtet. Auch habe Gott im Rahmen seiner Heilsordnung dem Menschen gnadenhafte Hilfe zugesagt, um diesen auf seinem Weg zum ewigen Heil zu unterstützen. Darüber hinaus gebe es neben dem ‚heilsgeschichtlichen Weg' der Rechtfertigung nach Auffassung beider Theologen aufgrund der Selbstbeschränkung Gottes auch einen ‚natürlichen Weg', für den sich ohne aktuelle göttliche Gnadenhilfe der jeweilige Mensch aufgrund seiner ‚gnadenhaften Naturausstattung' respektive ‚natürlichen Vernunft' entscheiden könne.

Wie an der dargestellten Entwicklung der christlichen Vorstellung vom Verhältnis zwischen göttlicher Prädestination und menschlicher Willensfreiheit deutlich wurde, prägten vor allem Mönche die entsprechenden Auseinandersetzungen. Dabei kamen natürlich deren Lebenssituation und Erfahrungswelt zum Tragen, die vornehmlich dadurch bestimmt waren, dass die Mönche sich für die radikale Form der Nachfolge Jesu Christi entschieden hatten. Diese Entscheidung und das daraus resultierende Leben in einer Kloster- bzw. Ordensgemeinschaft legten nahe, dass man im Allgemeinen der Vorstellung von der Willensfreiheit des Menschen zuneigte. Als zweiter wichtiger Akteur fungierte in diesen Auseinandersetzungen die kirchliche Hierarchie – repräsentiert durch wichtige Funktionsträger und Synoden –, die im Allgemeinen für eine sogenannte synergistische Lösung eintrat, zum Beispiel die Synode von Orange 529 oder die Synode von Quierzy 853 mit Erzbischof Hinkmar von Reims als Hauptakteur. Motiv synergistischer Lösungen aufseiten der kirchlichen Hierarchie war vor allem die Rücksichtnahme auf das allgemeine religiöse Bewusstsein, gemäß dem eine Rechtfertigung des Menschen ohne dessen Mitwirkung in Form verdienstlicher Werke für die Christen der damaligen Zeit im Allgemeinen nicht vorstellbar war. Prägend für dieses Bewusstsein waren insbesondere die jesuanische Botschaft und im Gottesdienst vollzogene Rituale wie zum Beispiel die Taufe sowie das kirchliche Bußverfahren. Die Taufe erfuhr über ihre ursprüngliche Bedeutung hinaus infolge der augustinischen Erbsünden- und Gnadenlehre insofern eine Aufwertung, als durch sie die durch die Erbsünde verloren gegangene Willensfreiheit des Menschen wiederhergestellt werde. Auch setze die in der Taufe vermittelte ‚gratia praeveniens' (‚vorausgehende Gnade') die Rechtfertigung der Gläubigen als ein Zusammenwirken von göttlicher Gnade und menschlicher Willensfreiheit in Gang. Durch diese Sakramentalisierung der Gnade entwickelte sich die Kirche zur Heilsanstalt. Damit erhöhte sich auch die Bedeutung der Geistlichkeit, die sich mit der Zeit als Verwalter der göttlichen Gnade begriffen hat. Diese Sakramentalisierung der Gnade setzte bereits vor Augustinus ein (7), gewann aber durch die zunehmende Ausgestaltung der Sakramentenlehre und die Zunahme der Zahl der Sakramente an Bedeutung. Die Sakramentalisierung der Gnade und die damit verbundene Aufwertung der Geistlichkeit wurden insbesondere auch durch das Bußsakrament gefördert, dessen konzeptionelle Entwicklung mit den Entscheidungen auf dem 4. Laterankonzil 1215 einen vorläufigen Abschluss gefunden hatte (8). Durch das Bußsakrament wurden vor allem auch das Bewusstsein der Gläubigen für die Bedeutung ihrer Mitwirkung an ihrem Heil und die dabei vorausgesetzte Willensfreiheit gestärkt. Sowohl die Ausgestaltung des Tauf- und Bußsakraments als auch die Rücksichtnahme auf das allgemeine religiöse Bewusstsein der damaligen Menschen stellten die strukturellen Voraussetzungen dafür dar, dass sich die kirchliche Hierarchie im Allgemeinen für eine synergistische Lösung im Zusammenhang des Rechtfertigungsprozesses einsetzte. Folglich setzte sich diese synergistische Konzeption – zumal diese im Allgemeinen vom Mönchtum mitgetragen wurde – als offizielle Lehre durch und hatte über die Reformation hinaus in der katholischen Kirche Bestand. Denn die entsprechenden Beschlüsse des Trienter Konzils (1545–1563) behielten den strukturellen Rahmen dieser Konzeption bei. Allerdings wurde in Abgrenzung gegenüber den protestantischen Vorstellungen von der Rechtfertigung die Bedeutung der Willensfreiheit und der willentlichen Mitwirkung des gläubigen Christen an seiner Rechtfertigung besonders betont (9).

c) Vergleich der Gründe für die unterschiedliche Antwort auf die Frage nach dem Verhältnis von göttlicher Prädestination und menschlicher Willensfreiheit im sunnitischen Islam und im westkirchlichen Christentum

Wie die Darstellung des Verhältnisses von göttlicher Prädestination und menschlicher Willensfreiheit im Islam und Christentum des Mittelalters gezeigt hat, gab es viele Parallelen sowohl hinsichtlich der für dieses Verhältnis relevanten religiösen Vorstellungen als auch im Hinblick auf die jeweilige theologische Argumentation. So galt in beiden Religionen die Vorstellung von einem allmächtigen und souveränen Gott als unverbrüchlicher und nicht hinterfragbarer Ausgangspunkt. Desgleichen teilten beide Religionen die Vorstellung von einem jenseitigen Leben im positiven wie im negativen Sinne einschließlich der Vorstellung von einem Endgericht bzw. Gericht am Jüngsten Tag. Folglich bestimmte in beiden Religionen die Angst vor einer Relativierung der göttlichen Allmacht die theologischen Auseinandersetzungen. Aufgrund dieser Übereinstimmungen und Parallelen drängt sich die Frage auf, warum und wie es letztendlich doch zu den unterschiedlichen Ergebnissen in der Entwicklung des in Rede stehenden Verhältnisses während des untersuchten Zeitraums kam. Im Islam blieb es bei der bereits im 8. Jahrhundert von den Prädestinatianern vertretenen Auffassung von der allumfassenden göttlichen Prädestination menschlichen Handelns und auch des Weltgeschehens insgesamt. Selbst die von al-Aschari (gest. 935) entwickelte Position war spätestens gegen Ende des 11. Jahrhunderts als orthodoxe Lehre verworfen worden.

Der Erfolg der Prädestinatianer lag aber vor allem darin begründet, dass die Einfachheit und Klarheit der prädestinatianischen Lehre sowie deren innere Konsistenz überzeugender wirkten als die Argumentation ihrer Kontrahenten (10). Des Weiteren entsprach ihre Auffassung inhaltlich durchaus dem vorgängigen religiösen Empfinden der Mehrheit der Muslime, das durch den altarabischen Schicksalsglauben geprägt war, der sich in vorislamischer Zeit in dem Glauben an die Schicksalsgöttin ‚Manat' manifestierte (11). Einfachheit, Klarheit und innere Konsistenz der Lehre von der Prädestination waren vor allem auch Folge der Vorstellung von Gott, wonach dessen Allmacht und Souveränität als so weitgehend gedacht wurden, dass man glaubte, ihm auch das Böse zuschreiben zu müssen. Folglich verfügten die Menschen über keinerlei eigenen Handlungsspielraum. Darüber hinaus vertraten die Prädestinatianer die Auffassung, dass Gott in seiner Transzendenz und vollkommenen Andersartigkeit für den Menschen nicht erfassbar sei und sich menschlicher Logik entziehe. Auf diese Weise war denn auch ihre Argumentation insofern unangreifbar geworden, als sie das Böse und die Ungerechtigkeiten im diesseitigen Leben mit dem ‚unergründlichen Ratschluss' Gottes erklären konnten. Dieser Gedanke kam auch der kalifalen Herrschaftselite zustatten. Erlaubte er es doch in Verbindung mit dem kalifalen Selbstverständnis als Stellvertreter Gottes, jegliches kalifales Handeln zu legitimieren. Gleichzeitig schloss diese Argumentation auch jedwedes Widerstandsrecht gegenüber dem Kalifen aus. Die Religions- und Rechtsgelehrten, die im Dienst des Kalifen standen oder auf irgendeine Weise von ihm abhängig waren, haben wohl oft auch infolge dieser Abhängigkeit die Position des Kalifen vertreten. Orientierung an traditionalen religiösen Vorstellungen, kalifale Machtinteressen und häufig auch die Abhängigkeit vieler Gelehrter vom Kalifen haben also der Vorstellung von einer allumfassenden göttlichen Prädestination zum Durchbruch verholfen. Dazu verhalf auch, dass die theologische Problematik der prädestinatianischen Position, nämlich die fehlende Mitwirkung des einzelnen Gläubigen an seinem Heil, auf verschiedene Weise relativiert bzw. ‚verdrängt' wurde (12). So dürften die Vorstellung von der Fürsprache des Propheten und die Erfüllung der auferlegten ‚fünf Pflichten' sowie der übrigen Schariavorschriften dem Gläubigen das Gefühl vermittelt haben, an seinem Heil mitzuwirken, obwohl über die Fürsprache Mohammeds und die angemessene Erfüllung der göttlichen Vorgaben nach der Lehre der Prädestinatianer letztendlich allein Gott entscheide.

Dass die Diskussion des Verhältnisses von göttlicher Prädestination und menschlicher Willensfreiheit im abendländischen Christentum während des Untersuchungszeitraumes anders verlief als im Islam, hat vor allem mit dem andersgearteten Rahmen dieser Diskussion zu tun. So war der zentrale Bestimmungsfaktor der Diskussion Augustins Erbsünden- und Gnadenlehre. Seine Vorstellung von der ‚doppelten Prädestination' und von der ‚unwiderstehlichen Gnade' Gottes stieß jedoch bei den wichtigsten Trägern dieser Diskussion von Anfang an auf Widerspruch. So lehnten das Mönchtum und auch die kirchliche Hierarchie mehrheitlich diese Lehre ab. Denn beiden war es wichtig, dass zumindest eine Mitverantwortlichkeit der Gläubigen für ihre Lebensführung und das eigene Seelenheil gewahrt blieb. Dieser Ansatz prägte bereits die Bußverfahren der frühchristlichen Gemeinden und führte in der Spätantike zur sogenannten ‚synergistischen Lösung'. Diese Bedeutung der frühchristlichen Bußverfahren macht deutlich, dass die Rücksichtnahme auf die jeweils vorgängige Glaubenspraxis neben der Rücksichtnahme auf das allgemeine religiöse Bewusstsein der Gläubigen insbesondere für die kirchliche Hierarchie bestimmend war. Im Großen und Ganzen bestimmten also vor allem theologische Erwägungen die christliche Diskussion des Verhältnisses von göttlicher Prädestination und menschlicher Willensfreiheit. Im Islam war dagegen zumindest in der Anfangsphase die Diskussion entscheidend von den machtpolitischen Interessen der amtierenden Kalifen geprägt, was in deren Doppelfunktion begründet lag.

5. Vergleichende Analyse der Entwicklung der Gottesvorstellung im sunnitischen Islam und im abendländischen Christentum

a) Entwicklung des sunnitischen Gottesverständnisses und ihre Bestimmungsfaktoren

Ähnlich wie in Bezug auf die Frage nach dem Verhältnis von göttlicher Prädestination und menschlicher Willensfreiheit hatte sich um die Wende vom 11. zum 12. Jahrhundert die hanbalitische Auffassung auch hinsichtlich des Gottes- und Koranverständnisses gegen die entsprechenden ascharitischen Vorstellungen im Bagdader Kalifat durchgesetzt. Denn durch die 1068 von Scharif Abu-Dschafar initiierte anti-ascharitische Volkserhebung in Bagdad wurde der ascharitische Sunnismus entscheidend geschwächt. Zuvor war bereits durch die Proklamation und die Durchsetzung der gegen die Mutaziliten und Schiiten gerichteten ‚Qadirija' (1) die mutazilitische Theologie für den Sunnismus bedeutungslos geworden. Ergebnis dieser Entwicklung war folglich, dass sich eine Gottesvorstellung mit ausgeprägt anthropomorphen Zügen etabliert hatte. Jegliche Tendenz zu einer abstrakten Gottesvorstellung war zurückgedrängt worden, sodass eine abstrakte Gottesvorstellung ebenso wie rationale Methoden innerhalb der damaligen sunnitischen Theologie keine Bedeutung mehr hatten. Zu dieser Entwicklung war es gekommen, weil an zwei neuralgischen Punkten Vertreter rationaler Ansätze in der islamischen Theologie um die Mitte des 9. Jahrhunderts und in der zweiten Hälfte des 11. Jahrhunderts am Widerstand der Traditionarier bzw. der Hanbaliten gescheitert waren.

Zu den entscheidenden Auseinandersetzungen um das Gottes- und Koranverständnis in der Mitte des 9. Jahrhunderts kam es durch das Eingreifen des Kalifen al-Mamun (813–833) in die entsprechenden Dispute zwischen Traditionariern und Mutaziliten (2). Berechtigt zu diesem Eingreifen sah sich al-Mamun aufgrund seines Selbstverständnisses als Imam-Kalif (3), das in dieser Entschiedenheit seit Beginn des abbasidischen Kalifats erstmals von ihm vertreten und zur Grundlage seiner Religionspolitik gemacht wurde. Dabei fand er offensichtlich die Unterstützung durch einen Großteil seines Regierungs- und Verwaltungsapparates. So verfügte er in seinem letzten Regierungsjahr 833, dass alle Religions- und Rechtsgelehrten (‚ulama') auf die Lehre von der ‚Geschaffenheit des Korans' eidlich verpflichtet werden sollten. Allerdings war der Widerstand gegen diese Anordnung und die Verweigerung gegenüber der geforderten eidlichen Verpflichtung unter den Traditionariern so groß, dass der Kalif al-Mutawakkil (847–861) die erwähnte Anordnung wieder zurücknahm und sich zur ‚Ungeschaffenheit des Korans' bekannte. In dieser Entscheidung manifestierte sich der Sieg der Traditionarier, insbesondere der Ibn Hanbals, und der Beginn des Niedergangs der Mutaziliten und der rationalen Theologie. Allerdings gab es immer wieder Versuche, zwischen der rationalen Theologie und der traditionalen Theologie, die in der Folgezeit vornehmlich von den Hanbaliten vertreten wurde, zu vermitteln.

Der historisch bedeutsamste Vermittelungsversuch wurde von al-Aschari (gest. 935) und seiner Anhängerschaft, den Aschariten, unternommen (4). So richtete sich al-Aschari gegen die naive anthropomorphistische Gottesvorstellung der Hanbaliten und lehnte die argumentative Verwendung der Hadithe im Zusammenhang der Gottesvorstellung ab. Auch hinsichtlich des Koranverständnisses grenzten sich al-Aschari und seine Anhänger von den Hanbaliten insofern ab, als sie nur dem Inhalt der koranischen Botschaft den Charakter der Göttlichkeit und Ewigkeit zusprachen. Die Abgrenzungen gegenüber den Hanbaliten basierten darauf, dass sich die Aschariten in begrenztem Maße rationaler Methoden bedienten. Folge – oder auch Ursache – dieser Selbstbeschränkung war, dass al-Aschari es ablehnte, allzu konkrete und von der diesseitigen Erfahrung bestimmte Schlüsse in Bezug auf Wesen und Eigenschaften Gottes zu ziehen. Vielmehr plädierte er dafür, sich bei Analogieschlüssen ‚vom Offenkundigen auf das Verborgene' zurückzuhalten, und schlug vor, bestimmte koranische Aussagen lediglich als Hinweise auf nicht näher bestimmbare ‚jenseitige Realitäten' anzusehen. Auf diese Weise versuchte er, anthropomorphistische Aussagen über Gott zu vermeiden. Die ascharitischen Vorstellungen fanden teilweise auch in dem Glaubensdekret des Kalifen al-Qadir von 1017 Berücksichtigung (5). Dieses Glaubensdekret und dessen Erneuerung durch den nachfolgenden Kalifen al-Qaim führten jedoch zu Kritik vonseiten hanbalitisch gesinnter Sunniten und unter dem Wesir al-Kunduri zur Unterdrückung und Schwächung der Aschariten. Im Jahre 1068 kam es dann in Bagdad zu einer von einem Hanbaliten inszenierten Volkserhebung gegen die Aschariten, in der diese unterlagen. Diese Niederlage infolge der vorangegangenen Schwächung in der ersten Hälfte des 11. Jahrhunderts stellte den zweiten neuralgischen Punkt in der Entwicklung des Gottes- und Koranverständnisses dar. Denn Ergebnis dieser gewaltsamen Auseinandersetzungen war, dass die ascharitischen Vorstellungen so stark zurückgedrängt wurden, dass seit Ende des 11. Jahrhunderts von einem hanbalitisch geprägten Sunnismus gesprochen werden kann. Begleitet wurde dieses Ergebnis von einer sich einstellenden Resignation aufseiten ehemaliger Vertreter rationaler Ansätze in der Theologie wie al-Dschuwaini (gest. 1085) und auch al-Ghazali (gest. 1111), der am Ende seines Lebens glaubte, dass sich Gott letztlich nur intuitiv erfassen lasse.

Theologischer Hintergrund der Auseinandersetzungen zwischen Mutaziliten und Traditionariern seit der zweiten Hälfte des 8. Jahrhunderts war nach derzeitigem Kenntnisstand wahrscheinlich das anthropomorph(-istisch-)e Gottesbild der Traditionarier, zu dem diese durch das wörtliche Verständnis einzelner Koranaussagen gelangt waren (6). Gegen diese Gottesvorstellung formierte sich bereits in der 1. Hälfte des 8. Jahrhunderts eine Gruppe, die in der islamischen Theologiegeschichte in Anlehnung an ihren geistigen Vater Dschahm b. Safwan (746 hingerichtet) unter der Bezeichnung ‚Dschahmiten' bekannt wurde. Dschahm b. Safwan vertrat die Auffassung, dass es sich bei Gott um ein ‚Nicht-Etwas' handele, das „allem Seienden fern(-steht), aber als einziges Agens (alle Dinge) durchdringt" (7). Hätte Dschahm für Gott nicht auch das Personalpronomen ‚Er' verwandt, dann käme diese Charakterisierung den damals kursierenden neuplatonischen Gottesvorstellungen sehr nahe. Mit seiner Charakterisierung Gottes handelte er sich jedoch vonseiten der Traditionarier den Vorwurf der ‚Entleerung des Gottesbegriffs' und des Pantheismus ein. Es kam zur Verfolgung der Dschahmiten, die in der Hinrichtung wichtiger Vertreter dieser Bewegung in der ersten Hälfte des 8. Jahrhunderts kulminierte.

Nach der Zurückdrängung der dschahmitischen Bewegung übernahmen die moderateren Mutaziliten die Funktion einer Opposition gegen das anthropomorph(-istisch-)e Gottesbild der Traditionarier. So stellten die Mutaziliten ihr dezidiert monotheistisches und personales Gottesverständnis den Traditionariern entgegen und kritisierten das wörtliche Verständnis einzelner koranischer Aussagen, mit denen die Traditionarier ihre anthropomorph(-istisch-)e Gottesvorstellung begründeten. Daraufhin entwickelten die Traditionarier ihre Vorstellung vom Koran als ‚ungeschaffene, ewige göttliche Rede'. Diese habe bereits vor den übrigen Schöpfungen Gottes vorgelegen und im ‚Urkoran' ihren Niederschlag gefunden, der seitdem bis zur Offenbarung gegenüber Mohammed als Tafel bei Gott aufbewahrt worden sei. Da nach Auffassung der Traditionarier der Urkoran durch den Engel Gabriel ohne irgendwelche Veränderungen an Mohammed weitergegeben worden sei, enthalte der Koran die wahre göttliche Rede (8). Ein so verstandener Koran sei also ‚ungeschaffen', existiere seit Ewigkeit und gebiete es, wörtlich verstanden zu werden, weil eine metaphorische, d.h. uneigentliche Ausdrucksweise Gottes dessen Vollkommenheit zuwiderliefe. Aufgrund dieser Vorstellungen hatten sich die Traditonarier und Ibn Hanbal also eine nachvollziehbare Begründung für ihre anthropomorph(-istisch-)e Gottesvorstellung geschaffen. Die Mutaziliten sahen in einem derartigen Verständnis des Korans jedoch eine Beeinträchtigung der ‚Ein(s)heit Gottes', weil ein so verstandener Koran eine Hypostase Gottes bzw. eine weitere selbständige Gottheit darstelle. Sie plädierten demzufolge dafür, den Koran als ‚geschaffene göttliche Rede' zu verstehen, und traten für die Möglichkeit einer metaphorischen Interpretation des Korans ein, um eine allzu anthropomorphe Gottesvorstellung zu umgehen. Allerdings stießen sie damit bei ihren Gegnern, den Traditionariern, auf Widerspruch und provozierten deren Vorwurf von der ‚Entleerung der Gottesvorstellung', mit dem sich zuvor schon die Dschahmiten konfrontiert sahen. Folglich entwickelten die Mutaziliten eine komplizierte Attributenlehre, mit der man den angesprochenen Vorwurf zu entkräften versuchte. Gleichzeitig kam es darauf an, die Gott zugeschriebenen Eigenschaften respektive Attribute Gott so zuzuordnen, dass jeglicher Eindruck einer Hypostasierung dieser Attribute vermieden wurde, was zuweilen zu einer komplizierten Argumentation führte.

Die Argumentation der Traditionarier erwies sich dagegen infolge ihres wörtlichen Verständnisses des Korans und dem damit verbundenen anthropomorph(-istisch-)en Gottesbild als wesentlich einfacher, da die Traditionarier die Gott zugeschriebenen Eigenschaften aufgrund ihrer Vorstellung von der ‚Vielheit in dem einen Gott' (9) als zu ihm gehörend verstanden (10). Von Bedeutung für das wörtliche Verständnis des Korans wurde auch das von Ibn Hanbal formulierte Postulat, dass nicht ohne weiteres verständliche Aussagen des Korans hinzunehmen seien, ohne die Frage zu stellen, wie die Aussage eigentlich gemeint sein könnte. Diese als ‚Amodalismus' bezeichnete Auffassung lief faktisch auf ein ausschließlich wörtliches Verständnis des Korans hinaus, das ja – wie erwähnt – auch dadurch geboten war, dass eine metaphorische, d.h. uneigentliche Ausdrucksweise Gottes dessen Vollkommenheit zuwiderliefe. Wörtlich verstandene Aussagen lieferten so eine breite Grundlage für ein anthropomorphistisches Gottesverständnis.

Das wörtliche Koranverständnis ermöglichte jedoch nicht nur eine anthropomorphistische Gottesvorstellung, sondern trug auch zur Wahrung des realistischen Verständnisses des im Koran dargestellten Offenbarungsereignisses bei. Dieses realistische Verständnis des Offenbarungsereignisses basierte ebenso wie die anthropomorphistische Gottesvorstellung auf wörtlich verstandenen Aussagen des Korans. Danach sei der Engel Gabriel von Gott zu Mohammed hinabgesandt worden und habe ‚Mohammeds Herz' den Koran offenbart (Sure 2,91) sowie Mohammed zur Verkündigung der koranischen Botschaft aufgefordert (u.a. in Sure 74,1 f.). Notwendig war dieses Verständnis des Offenbarungsereignisses, um den göttlichen Ursprung des Korans und darüber hinaus die besondere Stellung Mohammeds als eines von Gott eingesetzten Propheten zu begründen. Das so verstandene Offenbarungsereignis einschließlich des göttlichen Ursprungs des Korans basierte demnach auf dem wörtlichen Verständnis des Korans, das man seinerseits aus dessen göttlichem Charakter ableitete, was also einen Zirkelschluss darstellt. In diesem Zusammenhang ging es nun aber nicht nur um das Verständnis einzelner Aussagen des Korans auf textimmanenter Ebene, sondern um dessen Status als göttliche Offenbarung.

Getragen wurde die skizzierte Entwicklung vor allem von den Religions- und Rechtsgelehrten (den ‚ulama'), aber auch von den jeweiligen Kalifen und deren Regierungs- und Verwaltungsapparat. Vor allem in Bezug auf den Inhalt der getroffenen Entscheidungen kam darüber hinaus der Mehrheit der muslimischen Bevölkerung, zuvörderst der in Bagdad, eine besondere Bedeutung zu. So unterstützte die Bagdader Bevölkerung um die Mitte des 9. Jahrhunderts die Traditionarier um Ibn Hanbal in ihrem Kampf gegen Kalif und Mutaziliten sowie in der 2. Hälfte des 11. Jahrhunderts die Hanbaliten in ihrem anti-ascharitischen Aufstand. Dass diese Unterstützung in beiden Fällen in stärkerem Maße den Traditionariern bzw. Hanbaliten zugutekam, hatte vor allem zwei Gründe. Zum einen entsprach deren anthropomorphistische Gottesvorstellung und das damit verbundene Koranverständnis eher dem religiösen Bewusstsein und der geistigen Verfasstheit der Mehrheit der damaligen Muslime als die Vorstellungen der jeweiligen Gegenpartei der Mutaziliten bzw. der Aschariten. Der inhaltlichen Einfachheit korrespondierte die Einfachheit und Klarheit der Argumentation der Vertreter der traditionellen Theologie. Dagegen mussten die Mutaziliten und die Aschariten aufgrund ihrer theologischen Voraussetzungen jeweils komplizierte Lehren entwickeln, um ihr jeweiliges Gottes- und Koranverständnis zu begründen. Auch für viele Religions- und Rechtsgelehrte dürften die angesprochene Einfachheit und Klarheit ein Kriterium für ihre jeweilige Entscheidung zugunsten der konservativen Form des Sunnismus gewesen sein. Insbesondere im 11. Jahrhundert ging es darüber hinaus für die Gelehrten immer öfter um Rücksichtnahmen und Abhängigkeiten, die sich aus der Bekleidung öffentlicher Ämter oder aus der Hoffnung auf ein solches Amt ergaben. Abhängig waren die Religions- und Rechtsgelehrten auch von der Mehrheit der muslimischen Bevölkerung, insbesondere der Bagdads, die sich im 11. Jahrhundert offensichtlich relativ leicht zu gewaltsamen Aktionen aufwiegeln ließ.

Eine solche Abhängigkeit traf in gewisser Weise auch auf die Kalifen zu. Im Jahr 836 verließen sie folglich ungefähr für ein halbes Jahrhundert Bagdad und zogen mit ihrem gesamten Hofstaat in ihre zuvor neu errichtete Residenz in Samarra, um sich den häufigen religiösen Auseinandersetzungen in Bagdad zu entziehen. Diese Auseinandersetzungen waren allerdings auch durch den kalifalen Anspruch al-Mamuns und seiner beiden unmittelbaren Nachfolger entscheidend verschärft worden, die sich als Imam-Kalif und damit als höchste religiöse Autorität im Islam verstanden. Ihr Versuch, alle Gelehrten auf das Dogma von der ‚Geschaffenheit des Korans' zu verpflichten, fand bei den Mutaziliten und in weiten Teilen ihres Herrschafts- und Verwaltungsapparates Unterstützung, sodass es zu der erwähnten

Verschärfung der Auseinandersetzungen kam. Die Unterstützung al-Mamuns und seiner beiden Nachfolger durch ihren Herrschafts- und Verwaltungsapparat reichte bis hinunter auf die Ebene der ‚katib' (Sg. ‚kuttab': Sekretär bzw. Schreiber). Deren Unterstützung speiste sich nach Auffassung des britischen Islamwissenschaftlers Watt zum einen aus dem prinzipiellen Konkurrenzverhältnis zur Gruppe der Religionsgelehrten und zum anderen aus dem Umstand, dass die ‚Sekretäre' meist iranischer Abstammung waren und Anstoß nahmen am ‚Stil der arabischen Gelehrten' (11). Angesichts des kalifalen Anspruchs auf die höchste religiöse Autorität ging es bei diesen Auseinandersetzungen folglich nicht nur um die Frage des Koranverständnisses, sondern auch um das vom Kalifen beanspruchte Interpretationsmonopol in Bezug auf den Koran. Mit dem erfolgreichen Widerstand der Traditionarier gegen diesen kalifalen Anspruch war auch entschieden worden, dass den Religions- und Rechtsgelehrten seit der zweiten Hälfte des 9. Jahrhunderts die authentische Interpretation der heiligen Schriften zukam. Spätere Versuche amtierender Kalifen wie die al-Qadirs und al-Qaims im 11. Jahrhundert, sich als höchste Glaubensinstanz zu verstehen und entsprechend zu agieren, waren folglich ebenso zum Scheitern verurteilt.

b) Entwicklung des christlichen Gottesverständnisses und ihre Bestimmungsfaktoren

Anders als im Islam wurde im abendländischen Christentum während des Untersuchungszeitraumes die Entwicklung des Gottes- bzw. Christusverständnisses vornehmlich durch die weltliche Geistlichkeit, das Mönchtum und seit der Scholastik durch gelehrte Theologen geprägt. Der Ausgangspunkt dieser Entwicklung wird bereits dort im Neuen Testament greifbar, wo es um den Status des Religionsstifters Jesus Christus geht (12). So spiegelt sich in den synoptischen Evangelien und in den Paulus-Briefen die Auseinandersetzung um die Person Jesu Christi und die damit verbundene Auseinandersetzung mit dem Judentum wider. Am Anfang dieser Auseinandersetzung stand die Auffassung, dass Jesus, wie sich aus der Logienquelle schließen lässt, ‚nur' als ein Prophet angesehen wurde. Etwas später in den synoptischen Evangelien – sieht man von den jesuanischen Logien ab – verstand man ihn als ‚Messias', der im spätjüdischen Sinne von Gott mit der Errichtung eines Friedensreiches auf Erden beauftragt worden sei und in Erfüllung dieses Auftrages den Tod auf sich genommen habe. Erst in dem Prolog des zwischen 90 und 100 n. Chr. entstandenen Johannes-Evangeliums wird Jesus Christus als Inkarnation des präexistenten Logos verstanden. In dieser Vorstellung wurden verschiedene Aspekte der damaligen griechisch-hellenistischen Philosophie aufgegriffen, um die ‚Gottheit' Jesu Christi für Menschen des griechisch-römischen Kulturraumes verständlich zu machen.

Diese Vorgehensweise fand bei den sogenannten Apologeten im 2. nachchristlichen Jahrhundert ihre Fortsetzung (13), führte aber auch dazu, dass sich die so konzipierten Lehren von den urchristlichen bzw. neutestamentlichen Glaubensvorstellungen entfernten. So wurde Gott als ‚gestaltloser Geist' oder als ‚Grund des Seins', nicht aber als dessen Schöpfer beschrieben und die Inkarnation sowie das Kreuzesgeschehen samt seiner heilsgeschichtlichen Bedeutung wurden ausgeblendet. Die Zurückweisung dieser Lehren erfolgte durch Theologen wie Irenäus von Lyon und Tertullian, die folglich die Bedeutung des göttlichen Heilshandelns und damit der Inkarnation sowie des Kreuzesgeschehens betonten. Gleichzeitig achteten sie aber auch auf die Wahrung der Ein(s)heit Gottes, die sie mit der Entwicklung einer trinitarischen Gottesvorstellung zu gewährleisten suchten. Während mit dieser Vorstellung die Gottheit Jesu Christi begründet wurde, bestand die Funktion der Inkarnationslehre darin, die Verbindung von ‚Gottheit' und ‚Menschheit' in Jesus Christus zu begründen. Den Vorgang der Inkarnation stellte man sich damals im Allgemeinen als ‚Hervorbringung Gottvaters' bzw. als ein ‚Hervorgehen aus Gottvater' vor, was allerdings bei dem alexandrinischen Presbyter Arius insofern auf Widerspruch stieß, als dieser darin die Ein(s)heit Gottes gefährdet sah. Die aus diesem Widerspruch resultierenden Auseinandersetzungen wurden zunächst durch die Konzilsbeschlüsse von Nizäa (325) und Konstantinopel (381) zur Trinität beendet. Die sich wiederum aus diesen Beschlüssen ergebenden christologischen Fragen wurden danach durch die Beschlüsse zur ‚Zwei-Naturen-Lehre' auf dem Konzil von Chalcedon (451) sowie die Bestätigung dieser Beschlüsse im Jahre 680/ 681 durch das Konzil von Konstantinopel entschieden. Diese Entscheidungen legten also die Vorstellungen von der Einzigkeit und der inneren Einheit Gottes sowie von der Wesensgleichheit des Gottessohnes mit Gottvater und die ‚vollkommene Menschheit' Jesu Christi dogmatisch fest und hatten das gesamte Mittelalter hindurch Bestand. Daran änderten auch zwischenzeitlich auftretende abweichende Gottesvorstellungen wie beispielsweise die des Johannes Scotus Eriugena nichts (14).

Zu einer intensiveren theologischen Auseinandersetzung mit der trinitarischen Gottesvorstellung kam es erst wieder in der Frühscholastik. Damals bemühte man sich angesichts des Vordringens des rationalen Denkens in der Theologie verstärkt darum, die trinitarische Gottesvorstellung und die christologische Aussage zu den beiden Naturen Jesu Christi rational zu durchdringen und nachvollziehbar zu machen (15). So versuchte Anselm von Canterbury in seiner Schrift ‚Proslogion' einem ‚insipiens' (‚Unwissenden') gegenüber logisch argumentierend die Existenz Gottes zu beweisen, ohne inhaltlich Neues vorzubringen. Etwas anders verhält es sich hinsichtlich seiner Schrift ‚Cur deus homo', in der Anselm seine sogenannte Satisfaktionslehre vorgetragen hat. Danach könne die durch die Ursünde Adams und Evas ‚verletzte Ehre Gottes' nur durch den Gottessohn Jesus Christus wiederhergestellt werden. Auch im Kontext seiner Satisfaktionslehre war es Anselms Anliegen, rational zu argumentieren. Während Anselm von Canterbury von seinem Ansatz her inhaltlich den Rahmen der damaligen kirchlichen Lehre nicht verändern wollte, hatte sein jüngerer Zeitgenosse Abaelard durchaus damit gerechnet, dass seine Anwendung rationaler Methoden in Glaubensfragen zu inhaltlichen Korrekturen der Glaubenslehre führen könnte (16). Dies war dann auch in Bezug auf die trinitarischen

Vorstellungen Abaelards der Fall und führte letztendlich zu seiner Verurteilung wegen Häresie und zu lebenslanger Klosterhaft sowie zu lebenslangem Schweigen.

Anders als die trinitarische Gottesvorstellung Abaelards setzte sich die von ihm und von Anselm von Canterbury angewandte rationale ‚scholastische Methode' letztlich durch, auch wenn sie zunächst ebenfalls auf Widerstand stieß. Vor allem Thomas von Aquin nutzte sie und entwickelte sie weiter in der Annahme, dass ‚Ratio' und ‚Glaube' keinen Gegensatz darstellen, sondern sich vielmehr ergänzen würden (17). So hielt er es auch für möglich, mit Hilfe der Ratio die Existenz Gottes zu beweisen. Allerdings evoziert die Art seiner Gottesbeweise zuweilen eine Vorstellung von Gott, mit der man eher ein unpersönliches Prinzip assoziiert als einen als Person agierenden Gott, der die Welt erschaffen habe und in die Geschichte eingreife. Duns Scotus betonte demgegenüber wieder stärker die Vorstellung von Gott als einem allmächtigen Schöpfer, ‚Erhalter' und Erlöser der Welt, der absolut frei und souverän agiere und dabei von Güte und Liebe geleitet werde. Dieses Gottesverständnis war vor allem durch die Vorstellung vom göttlichen Heilshandeln geprägt, das für die franziskanische Theologie von zentraler Bedeutung innerhalb ihrer Glaubenslehre war. Die also soteriologisch motivierte und entsprechend geprägte Gottesvorstellung, die von Wilhelm von Ockham im Großen und Ganzen übernommen wurde, bestimmte im 14. und 15. Jahrhundert die theologische Diskussion. Dies zeigt, dass sich die Vorstellung vom Heilshandeln Gottes, das sich im Kreuzestod Jesu Christi am nachdrücklichsten manifestiert, und die damit verbundene Vorstellung von der ‚Gottheit und Menschheit Jesu Christi' seit spätantiker Zeit bis zum Vorabend der Reformation gegen alle Einflüsse und Widerstände vor allem vonseiten des neuplatonischen und aristotelischen Denkens durchgesetzt haben.

Wie bereits erwähnt, wurde die Entwicklung der christlichen Gottesvorstellung bzw. der Christologie durch die kirchliche Hierarchie, das Mönchtum und ‚Schultheologen' sowie deren Versammlungen im Rahmen von Synoden und Konzilien bestimmt. Dabei dienten ihnen die Bibel, die vorgängige Glaubenspraxis, die Kirchenväter und die Beschlüsse vorangegangener Konzilien und Synoden als Orientierung. Allerdings war das Neue Testament seinerseits schon das Ergebnis vorgängiger Auseinandersetzungen um die Bedeutung Jesu Christi. Mit der Ausbreitung über den jüdisch-palästinensischen Raum hinaus und mit dem Schwinden der Vorstellung von einer baldigen Wiederkunft des auferstandenen Christus erfuhr das Christusverständnis weitere Veränderungen, die sich an den neutestamentlichen Titeln Jesu Christi ablesen lassen. Die jüngste neutestamentliche Veränderung stellt die im Johannes-Evangelium vertretene Logoschristologie dar, die die nachfolgenden Diskussionen über das Verständnis Jesu Christi bestimmte. Getragen wurden diese Diskussionen seit dem zweiten nachchristlichen Jahrhundert von hohen Repräsentanten des damaligen Weltklerus. Nach dem Beschluss des Trinitätsdogmas im Jahre 325 bzw. 381, das zunächst die ‚Gottheit' Jesu Christi geklärt zu haben schien, drängte sich die Frage nach der ‚Menschheit' Jesu Christi auf. Denn die Auferstehung Jesu Christi kam nach allgemeiner Auffassung als ‚hoffnungsvolles Vorbild' für den einzelnen Christen nur in Frage, wenn Jesus Christus auch an dessen ‚Menschheit' teilhabe. Im Verlauf dieser neuen Diskussionen kam es wie im Zusammenhang der trinitarischen Frage zu heftigen Auseinandersetzungen, die 451 in Chalcedon zur Dogmatisierung der ‚Zwei-Naturen-Lehre' führten. Trotzdem dauerten die Auseinandersetzungen an und konnten erst nach 230 Jahren durch ein erneutes Konzil 680/681 in Konstantinopel mit der Bestätigung der ‚Zwei-Naturen-Lehre' abgeschlossen werden.

Sowohl in die trinitarischen als auch in die nachfolgenden christologischen Auseinandersetzungen griffen auch die (ost-)römischen Kaiser ein, denen es dabei aber primär um die Einheit des Reiches und nicht so sehr um eine bestimmte theologische Entscheidung ging (18). Dies wird beispielsweise besonders deutlich an dem Vorschlag Kaiser Justinians I. (527–565) aus dem Jahre 532, wonach sowohl die chalcedonische Regelung (‚eine Person, aber zwei Naturen') als auch die zeitgenössische anti-chalcedonische Vorstellung der Alexandriner (‚eine Natur des Fleisch gewordenen Gott-Logos') als rechtgläubig anerkannt werden sollten. An diesem Vorschlag Justinians wird allerdings auch deutlich, dass er die jeweilige Entscheidung einem Konzil anheimstellte. Vergleichbare Interventionen vonseiten der obersten weltlichen Herrscher gab es auch weiterhin. Nichtsdestoweniger galt auch für sie, dass bei ‚reinen' Glaubensfragen die letztendliche Entscheidung im Allgemeinen einer kirchlichen Versammlung oblag. Seit dem Sieg des Papsttums im Investiturstreit wurden prinzipiell sogenannte ‚reine' Glaubensangelegenheiten, insbesondere dogmatische Fragen, bis in die Zeit der konziliaren Bewegung Anfang des 15. Jahrhunderts im Zusammenwirken des Papstes mit den von ihm einberufenen Konzilien entschieden. Die Konzilien waren also durchgängig an der Entwicklung des Gottes- und Christusverständnisses entscheidend beteiligt.

c) Ausprägung anthropomorph(-istisch-)er Züge in der sunnitischen und christlichen Gottesvorstellung

Wenn man die dargestellte Entwicklung der Gottesvorstellung im abendländischen Christentum und im Kerngebiet des sunnitischen Islam während des Untersuchungszeitraumes miteinander vergleicht, so lassen sich wichtige Gemeinsamkeiten, aber auch wichtige Unterschiede feststellen. So war in den angesprochenen geschichtlichen Ausprägungen der beiden Religionen die Vorstellung von Gott als personalem Gegenüber von besonderer Bedeutung. Dieser personalen Gottesvorstellung inhärierte grundsätzlich die Gefahr eines anthropomorphen oder gar anthropomorphistischen Bildes von Gott. In beiden Religionen waren es philosophische Vorstellungen, aus denen sich die Argumentation der Gegner eines derartigen Gottesbildes speiste. Im mittelalterlichen Islam waren dies die Dschahmiten und die Mutaziliten und im Christentum beispielsweise Philosophen bzw. Theologen wie Johannes Scotus Eriugena und Abaelard. In der Auseinandersetzung mit den Dschahmiten und späterhin mit den Mutaziliten beriefen sich die Vertreter der orthodoxen Lehre auf den Koran und dessen wörtliches Verständnis und waren erfolgreich, weil ihre Auffassung sich im Einklang mit dem religiösen Bewusstsein der

Mehrheit der damaligen Muslime befand. Das religiöse Bewusstsein der Mehrheit der damaligen Muslime war vor allem geprägt durch altarabische Vorstellungen, was die Ablehnung abstrakt-philosophischer Gottesvorstellungen implizierte. Folglich ließen sich diese Vorstellungen in der damaligen theologischen Diskussion unschwer mit dem Vorwurf einer ‚Entleerung der Gottesvorstellung' diskreditieren. Auch die christlichen Vertreter einer anthropomorphen Gottesvorstellung beriefen sich auf ihre heilige Schrift und konnten sich der Zustimmung der Mehrheit der damaligen Christen sicher sein. Diese christliche Gottesvorstellung speiste sich aus dem jüdischen Umfeld, in dem das Christentum entstanden war, und aus dem Glauben, dass der historische Jesus von Nazareth zum Gottessohn erhöht worden sei und gemäß dem christologischen Dogma als ‚wahrer Gott und wahrer Mensch' zu verehren sei. Diese dogmatische Festlegung auf die Doppelnatur trug zusammen mit der Erinnerung an das überlieferte Erdenleben Jesu Christi dazu bei, dass gläubige Christen Gott(-vater) als ein personales Gegenüber mit anthropomorphen Zügen begriffen haben. Dies manifestierte sich insbesondere in den Glaubensbekenntnissen, dem Nicäno-Konstantinopolitanum und dem spätestens seit dem 8. Jahrhundert bezeugten Apostolikum, und hatte letztlich das gesamte Mittelalter hindurch Bestand.

d) Bedeutung der ‚Ein(s)heit Gottes' in der christlichen und islamischen Theologiegeschichte sowie des damit verbundenen unterschiedlichen Verständnisses von Bibel und Koran

Anders als in Bezug auf die personale Gottesvorstellung mit den vielen Parallelen stellt sich ein Vergleich hinsichtlich der Frage nach der ‚Ein(s)heit Gottes' dar. Im Christentum wurde diese Frage durch den Glauben an die Gottessohnschaft Jesu Christi evoziert und beschäftigte folglich schon die frühen Christen. Es ging um die Integration ihrer Vorstellung von Jesus Christus in ihren bisherigen monotheistischen Glauben jüdischer Provenienz. Beides, sowohl dieser monotheistische Gottesglaube als auch die Vorstellung von der Gottessohnschaft Jesu Christi, gehörte zur fest verankerten religiösen Vorstellungswelt der frühen Christen. Die christliche Theologie stellte sich historisch fassbar spätestens seit dem 3. Jahrhundert der Aufgabe, das Verhältnis von Gottvater, dem Gottessohn Jesus Christus und dem Heiligen Geist unter Wahrung des biblischen Monotheismus zu klären. Letztlich wurde diese Frage mit der dogmatischen Festlegung der Wesensgleichheit der drei göttlichen Personen beantwortet, was jedoch von Zeit zu Zeit neue Diskussionen entfachte. Nichtsdestoweniger besaß das Trinitätsdogma das gesamte Mittelalter hindurch Gültigkeit. Das Besondere der trinitarischen Antwort auf die Frage nach der ‚Ein(s)heit Gottes' bestand darin, dass das Gottesverständnis jüdischer Provenienz und die christliche Vorstellung von der Gottessohnschaft Jesu Christi mit Hilfe neuplatonischer Gedanken und philosophischer Begrifflichkeit ‚zusammengeführt' wurden und damit Gedanken dreier wichtiger Kulturen im damaligen römischen Reich zur Geltung kamen. Diese Verschmelzung mag zur Akzeptanz der trinitarischen Lösung ebenso beigetragen haben wie der Umstand, dass Konzilien, die sich aus der damaligen hohen Geistlichkeit unterschiedlicher Prägung zusammensetzten, diese Lösung herbeiführten. Es dürften also primär rein religiös-geistliche Überlegungen die Entscheidung geprägt haben, auch wenn die Beratungen unter der Ägide des römischen Kaisers stattfanden, dem im Allgemeinen ‚aber nur' an einer einheitlichen und allgemein akzeptierten Lösung gelegen war.

Während das entscheidende Ereignis in der Entwicklung der Vorstellung von der Ein(s)heit Gottes im Christentum die Festlegung des Trinitätsdogmas auf den Konzilien von Nizäa 325 und Konstantinopel 381 war, fanden im Islam die ausschlaggebenden Auseinandersetzungen um die ‚Ein(s)heit Gottes' in der ersten Hälfte des 9. Jahrhunderts statt. Diese ‚Ein(s)heit Gottes' sahen die Mutaziliten durch die Vorstellung der Traditionarier gefährdet, dass es sich beim Koran um eine ‚ungeschaffene, ewige göttliche Rede' handele, die ‚seit Ewigkeit Teil Gottes gewesen sei' (19). Ihren Vorwurf begründeten die Mutaziliten damit, dass es sich bei einem so verstandenen Koran um eine Hypostase Gottes handele. Eine derartige Hypostasierung des Korans könne nur vermieden werden, wenn man den Koran ‚lediglich' als ‚geschaffene göttliche Rede' verstehe. Das Ringen um die Wahrung des monotheistischen Anspruchs des Islam vollzog sich also auf dem Wege der Durchsetzung eines bestimmten Verständnisses des Korans als Gesamttext. Zu ihrem Verständnis des Korans als Gesamttext im Sinne einer ‚ungeschaffenen, ewigen göttlichen Rede' sowie zu dem Grundsatz seiner wörtlichen Interpretation gelangten die Traditionarier und Hanbaliten in Form eines Zirkelschlusses. Das damit verbundene realistische Verständnis des im Koran dargestellten Offenbarungsereignisses begründete zugleich die Prophetenschaft Mohammeds, die neben dem angesprochenen Koranverständnis als die zweite identitätsstiftende ‚Säule des Islam' galt bzw. gilt.

Zwar betrachteten die Mutaziliten die koranische Botschaft inhaltlich auch als göttliche Botschaft, aber sie sahen diese Botschaft als eine ‚geschaffene göttliche Rede' an. Deren Geschaffenheit setzte allerdings auch voraus, dass man Gott entsprechende Fähigkeiten und Eigenschaften zuschrieb. Folglich mussten die Mutaziliten eine komplizierte Attributenlehre entwickeln, um sich nicht ihrerseits dem Vorwurf auszusetzen, bei den Gott zugeschriebenen Attributen, zum Beispiel dem Sprechen als Voraussetzung für seine Selbstoffenbarung im Koran, handele es sich um eine Hypostase Gottes. Bei ihren entsprechenden Versuchen ging es darum, die Attribute so zu definieren und Gott zuzuordnen, dass jeglicher Eindruck von Selbständigkeit bzw. Hypostasierung dieser Attribute vermieden wurde. In Bezug auf den Koran bedeutete dies, dass nach mutazilitischer Vorstellung im Koran eine Mohammed offenbarte Rede Gottes vorliege, die von Gott ‚geschaffen' worden sei. Mit diesem Verständnis des Korans wurde für die Mutaziliten auch die Begründung der Traditionarier und Hanbaliten für das ausschließlich wörtliche Verständnis des Korans hinfällig. Stattdessen ließen die Mutaziliten auch eine metaphorische Interpretation der koranischen Aussagen zu und vermieden auf diese Weise ein allzu anthropomorphes Gottesbild. Allerdings konnten sich die Mutaziliten mit dieser Auffassung nicht durchsetzen, weil die Gegenposition der Traditionarier um Ibn

Hanbal eher dem allgemeinen Bewusstsein und den religiösen Vorstellungen der damaligen Muslime entsprach.

Dem als ‚göttliche Rede' verstandenen Koran kam im Islam also eine vergleichbare Bedeutung zu wie Jesus Christus in der christlichen Glaubenslehre. Wie die Inkarnationslehre sowie die sich anschließende Trinitäts- und Zwei-Naturen-Lehre die ‚Gottheit Jesu Christi' begründeten, so wurde durch das Verständnis des Korans als ‚göttliche Rede' dessen ‚Göttlichkeit' begründet. Nach orthodoxer sunnitischer Auffassung offenbare sich bis zum heutigen Tag im Koran Gottes Wille, während sich nach christlicher Lehre Gott in Jesus Christus offenbart habe. In beiden Religionen wurde in besonderer Weise um des jeweils vertretenen Monotheismus willen darauf geachtet, dass Jesus Christus bzw. der Koran nicht als eigenständige Hypostase oder ‚zweite Gottheit' verstanden werden konnten. Parallelen gab es im Zusammenhang der Entwicklung des Gottesverständnisses auch insofern, als es jeweils um Abgrenzungen gegenüber dem jeweiligen religiösen Umfeld ging, in dem die beiden Religionen entstanden waren oder in das sie hineinwuchsen. So stellte das vehemente Eintreten sowohl der Mutaziliten als auch der Traditionarier und Hanbaliten für einen eindeutigen und konsequenten Monotheismus eine Reaktion auf die vorgängige altarabische Religion als auch auf die trinitarische Gottesvorstellung der Christen dar. Die Christen hingegen grenzten sich mit ihrer Vorstellung von Jesus Christus als Gottessohn und dem damit verbundenen Trinitätsdogma von den Juden ab.

Das orthodoxe Verständnis des Korans als unmittelbare Offenbarung des göttlichen Willens wies also wesentliche Unterschiede im Vergleich zum christlichen Verständnis der Bibel auf, die nach damaliger Auffassung eben nicht als unmittelbare Offenbarung des göttlichen Willens galt. Vielmehr bezeuge sie ‚lediglich' die in Jesus Christus erfolgte Offenbarung Gottes. Dies hatte erhebliche Konsequenzen für die jeweilige Interpretation der beiden grundlegenden heiligen Schriften. So vertraten die Traditionarier und die Hanbaliten infolge ihres Koranverständnisses das Prinzip der wörtlichen Auslegung des Korans, das sich mit dem Sieg des hanbalitisch geprägten Sunnismus in der zweiten Hälfte des 11. Jahrhunderts als zentraler Baustein der orthodoxen Lehre durchgesetzt hatte. Im Christentum wurde es dagegen spätestens seit Origenes (gest. 254), der eigens eine Lehre vom ‚dreifachen Schriftsinn' der Bibel entwickelt hatte (20), allgemein akzeptiert, die Bibel nicht nur wörtlich, sondern auch im metaphorischen Sinne zu verstehen. Diese ‚Lehre vom dreifachen Schriftsinn' wurde bereits in der Spätantike durch die ‚Lehre vom vierfachen Schriftsinn' in den Hintergrund gedrängt. Es war der Mönch Johannes Cassian, ein Zeitgenosse Augustins, der diese Lehre entwickelt hatte, die bis zum Ende des Spätmittelalters allgemein anerkannt wurde. Diese beiden Interpretationsmethoden waren somit offen, um auf neue Zeitumstände reagieren zu können. Allerdings kamen im Spätmittelalter angesichts von ‚Auswüchsen' bei der Anwendung der metaphorischen Interpretation Vorbehalte gegenüber dieser Interpretationsmethode auf und der Ruf nach stärkerer Orientierung am ‚Wortsinn' wurde immer lauter. Im Islam mangelte es dagegen seit dem Sieg des hanbalitisch geprägten

Sunnismus Ende des 11. Jahrhunderts angesichts der ausschließlich wörtlichen Interpretation an Offenheit, was zu einer Stagnation in der Entwicklung der Theologie seit dem beginnenden 12. Jahrhundert führte.

II. Zusammenführung der Teilergebnisse des Vergleichs und deren abschließende Auswertung

In der vergleichenden Analyse der ausgewählen Themenbereiche wurde deutlich, dass die Entwicklung im abendländischen Christentum wesentlich dynamischer verlief als im sunnitischen Islam. Nachdem in dieser Analyse die Gründe für die wesentlichen Unterschiede in der Entwicklung der ausgewählten Themenbereiche herausgearbeitet, verglichen und erklärt wurden, wird im Folgenden nach möglichen tieferliegenden Ursachen bzw. ‚Wirkmächten' gefragt. Da ein wesentlicher Grund für die divergente Entwicklung den bisherigen Ergebnissen zufolge in der unterschiedlichen Ausgangssituation der beiden Religionen zu sehen ist, wird zunächst nochmals kurz auf die jeweilige Ausgangssituation eingegangen. Dabei wird insbesondere die Bedeutung der zentralen gründungszeitlichen Glaubensaussagen für die Entwicklung der beiden Religionen bedacht. Als zentrale Glaubensaussagen begründen sie einerseits eine neue Tradition, können ihrerseits aber auch einer vorgängigen Tradition geschuldet sein. Vom mentalitätsgeschichtlichen Ansatz geleitet, werden diese Glaubensaussagen mit Hilfe der Parameter ‚Traditionsgebundenheit' und ‚Offenheit' entsprechend eingeordnet und bewertet. Danach wird in vergleichbarer Weise nach den tieferliegenden Ursachen für vollzogene oder unterbliebene Veränderungen in der nachfolgenden Entwicklung der beiden Religionen gefragt, um so zu einem abschließenden Ergebnis des Vergleichs zu kommen.

1. Bedeutung der unterschiedlichen Ausgangssituation von Christentum und Islam

Wie erwähnt stellte die unterschiedliche Ausgangssituation einen wesentlichen Grund für die divergente Entwicklung der beiden Religionen dar. Das Christentum entstand in dem unter römischer Herrschaft stehenden Palästina, das von der jüdischen Kultur geprägt war. Es entwickelte sich aus einer Gruppe, die zunächst lediglich in Opposition zur damaligen jüdischen Glaubenspraxis und späterhin zum jüdischen Glauben insgesamt stand (1). Zur dauerhaften Opposition kam es, als sich unter den Anhängern Jesu der Glaube an dessen Auferstehung ausbildete und dies von ihnen auch verkündet wurde. Der Glaube an die Auferstehung Jesu Christi und dessen Erhöhung durch Gott, die im Neuen Testament als Himmelfahrt geschildert wird, wird im Allgemeinen als der Ursprung des Christentums angesehen. Aus diesem Glauben leitete man in apostolischer Zeit die Vorstellung von der Gottes-

II. Zusammenführung der Teilergebnisse und deren abschließende Auswertung 247

sohnschaft Jesu Christi im Sinne eines ‚von Gott Beauftragten' bzw. eines ‚Messias' im spätjüdischen Sinne ab. Die Vorstellung vom Gottessohn im Sinne ‚einer substanzhaften Teilhabe an der Göttlichkeit Gottvaters' wird dagegen erst später in neutestamentlichen Texten erwähnt, die in nachapostolischer Zeit gegen Ende des ersten nachchristlichen Jahrhunderts verfasst wurden. Zur Ausgangssituation des Christentums gehört auch die Opposition gegenüber dem römischen Staat und dessen Kaiserkult, woraus sich für Jesus und seine frühen Anhänger das Gebot der Trennung von Staat und Religion ergab. Die Opposition gegenüber der damaligen jüdischen Glaubenspraxis implizierte dagegen die Verpflichtung auf eine davon abweichende neue religiöse Ethik, wie sie beispielsweise im Zusammenhang der Bergpredigt (Mt.5,1–7,29) von Jesus formuliert und gefordert wurde. Das Urchristentum der apostolischen Zeit einte also in Sonderheit der Glaube an den auferstandenen und von Gott erhöhten Jesus Christus, der als ‚Messias' im spätjüdischen Sinne verehrt wurde und von dem man annahm, dass er in naher Zukunft wiederkehren würde, um Gottes Friedensreich zu errichten. Derweil hatte man die Verpflichtung, sein eigenes Leben an der neuen jesuanischen Ethik auszurichten.

Anders stellte sich die Ausgangssituation in Bezug auf den Islam dar. Während das Christentum in dem Glauben der Jünger an die Auferstehung Jesu Christi seinen Ursprung hatte, war es im Islam der Glaube der ersten Anhänger Mohammeds an die Offenbarungen Gottes gegenüber Mohammed. Das Offenbarungsgeschehen wurde als reales Ereignis rezipiert und begründete nach islamischem Glauben den Status Mohammeds als Propheten und des Korans als göttliche Botschaft. Die von Mohammed verkündeten Offenbarungen stießen jedoch zunehmend auf heftigen Widerstand aufseiten vieler einflussreicher Mekkaner, sodass sich Mohammed 622 zur Auswanderung (‚hidschra') nach Medina entschloss. Dort wurde er sehr bald zum religiösen und politischen Führer, dem als Prophet auch die autoritative Interpretation der göttlichen Botschaft, also des (späteren) Korans, zukam. Mohammed als dem Führer des medinensischen Gemeinwesens oblag also auch die autoritative Interpretation der heiligen Texte, was jedoch nicht der im damaligen vorderasiatischen Umfeld üblichen Praxis entsprach (2). Die Vereinigung beider Funktionen wurde zum Vorbild für das nach dem Tode Mohammeds weiterbestehende islamische Staatswesen und prägte so die Wahrnehmung des Kalifenamtes während des Untersuchungszeitraums. Die Einheit von religiös-geistlicher und weltlich-politischer Führerschaft ihrerseits basierte auf der Vorstellung von der Einheit von religiöser und profaner Sphäre, was denn auch im Koran deutlich wird. Die Vorstellung von der Einheit beider Sphären sowie die damit assoziierte Doppelfunktion des Führers im islamischen Gemeinwesen und das realistische Verständnis des Offenbarungsgeschehens, aus dem die Prophetenschaft Mohammeds sowie der göttliche Charakter des Korans abgeleitet wurden, stellten also die zentralen gründungszeitlichen Glaubensaussagen dar.

In der Ausgangssituation beider Religionen wurden also die jeweils zentralen Glaubensaussagen formuliert, und zwar vor allem um der Abgrenzung gegenüber dem religiösen Umfeld und damit um der Stiftung einer eigenen Identität willen.

Aufgrund dieser identitätsstiftenden Funktion nahmen einige dieser Glaubensaussagen dogmatischen Charakter an. Im Islam unterlagen sie während des Untersuchungszeitraums keinen wesentlichen Veränderungen. Anders stellten sich dagegen die Ausgangssituation und deren Folgen für die Entwicklung des Christentums dar. So kam es hinsichtlich des Christusverständnisses zu wesentlichen Veränderungen, die zur trinitarischen Gottesvorstellung und zur Zwei-Naturen-Lehre führten. Infolge des oppositionellen Charakters der Jesus-Bewegung zeichnete sich die jesuanische Ethik eher durch allgemein gehaltene Vorstellungen aus und bedurfte der Konkretisierungen. Das Gebot der Trennung von weltlich-politischer und religiös-geistlicher Gewalt blieb zwar grundsätzlich gewahrt, hatte aber während des Untersuchungszeitraums viele Bewährungsproben zu bestehen. Die urchristlichen Glaubensvorstellungen erwiesen sich also als relativ offen, was sich im Wesentlichen aus dem oppositionellen Charakter der Jesusbewegung und des frühen Christentums ergab. Mohammeds Verkündigung hatte mit der Hidschra aus Mekka und der Gründung des medinensischen Gemeinwesens dagegen seinen anfänglichen oppositionellen Charakter eingebüßt. In Medina ging es für Mohammed darum, das religiöse und weltlich-profane Leben zu organisieren, was in hohem Maße in Orientierung an der vorgängigen Tradition geschah, auch wenn es zu einigen Veränderungen im Sinne von Verbesserungen zum Beispiel im rechtlichen Bereich kam (3). Die zentralen gründungszeitlichen Vorstellungen wie die Einheit von Religiösem und Weltlich-Profanem sowie die damit assoziierte Doppelfunktion (4) und die Prophetenschaft Mohammeds, der im Koran explizit in die Tradition der biblischen Propheten gestellt wird, hatten Entsprechungen in Tradition und Umfeld und stellten folglich keine Neuerung dar.

2. Unterschiedliche Entwicklung als Resultat einer ausgeprägten Traditionsgebundenheit im Islam und einer relativen Offenheit im Christentum

Wie die gründungszeitlichen zentralen islamischen Glaubensvorstellungen, insbesondere das Verständnis des Offenbarungsgeschehens als reales Ereignis, durch ein traditionales religiöses Bewusstsein geprägt waren, so bestimmte die Traditionsgebundenheit der frühen Muslime auch die weitere Entwicklung des mittelalterlichen sunnitischen Islam. Diese Traditionsgebundenheit drückte sich beispielsweise auch darin aus, dass die nach dem Tode Mohammeds notwendig gewordene Legitimation für die Führung des islamischen Gemeinwesens in dem genealogisch-familiendynastischen Nachfolgeprinzip und nicht in der Wahl des geeignetsten Kandidaten gesehen wurde (5). Weitere wichtige Entscheidungen in der sogenannten ‚formativen Periode' ergaben sich meist aus der Notwendigkeit, in der Gründungsphase offengebliebene Fragen zu klären und zu beantworten. Die Antworten bzw. Entscheidungen zeigen, dass sie sich eng an die altarabische, vorislamische Tradition anlehnten. Dies galt beispielsweise für die Entscheidung der Frage nach dem Verhältnis von menschlicher Willensfreiheit und göttlicher Prädestination. Ausgelöst wurde die entsprechende Auseinandersetzung durch den umaiyadischen Kalifen Muawiya (661–680), der seine Herrschaft und Politik mit dem Hinweis auf deren Vorherbestimmtsein durch Gott legitimierte. Die dadurch ausgelösten Auseinandersetzungen führten zu der Vorstellung von einer allumfassenden göttlichen Prädestination, also auch einer ‚negativen Prädestination'. Diese Entscheidung darf durchaus auch auf das entsprechende allgemeine religiöse Bewusstsein jener Zeit zurückgeführt werden, das im altarabischen Schicksalsglauben wurzelte.

Ungefähr 200 Jahre nach der Gründungsphase sahen sich die Traditionarier unter den Religionsgelehrten im Zusammenhang der Kritik an ihrer anthropomorph(-istisch-)en Gottesvorstellung veranlasst, ihre Begründung für diese Vorstellung möglichst unangreifbar zu machen. Folglich vertraten sie in den nachfolgenden Auseinandersetzungen die Auffassung, dass es sich beim Koran nicht ‚nur' um eine göttliche Botschaft, sondern um eine ‚ewige und ungeschaffene göttliche Rede' handele, die als unantastbar angesehen wurde und wörtlich zu verstehen sei. Da vom wörtlichen Verständnis des Korans das realistische Verständnis des Offenbarungsereignisses und damit auch der Status des Propheten Mohammed sowie die anthropomorph(-istisch-)e Gottesvorstellung abhingen, erlangten die Traditionarier unter der Führung Ibn Hanbals die Unterstützung der Mehrheit der Muslime und setzten sich gegen die Mutaziliten durch. Diese Entscheidungen waren also Ausdruck eines eher naiven religiösen Bewusstseins und richteten sich gleichzeitig auch gegen fortschrittliche Ansätze in der damaligen islamischen Theologie. Aufgrund der durchgesetzten Vorstellung vom Koran als ‚ewige und ungeschaffene göttliche Rede' war auch die – zuvor wohl noch nicht geklärte – Frage nach der Kompetenz für die autoritative Interpretation der heiligen Schriften zugunsten der Religionsgelehrten und zu Lasten des Kalifen entschieden worden. Denn der Charakter des Korans als ‚ewige und ungeschaffene göttliche Rede' gebot, dass dessen Interpretation nur durch entsprechend ausgebildete Gelehrte erfolge.

Im Bereich des Rechtswesens wurde die Bedeutung der Traditionsgebundenheit vor allem seit dem 10. Jahrhundert in Form der Idealisierung der frühislamischen Zeit und einer entsprechenden Rückwärtsgewandtheit insbesondere der Rechtsgelehrten evident. Diese Rückwärtsgewandtheit manifestierte sich zunächst in der Einengung der Rechtsquellen auf den Koran und die Hadithe, die Anfang des 10. Jahrhunderts in bestimmte Rechtssammlungen aufgenommen worden waren und seitdem als kanonisch galten. Im Laufe des 11. Jahrhunderts kam es dann auch zu einer Einschränkung der Methoden der Rechts- bzw. Urteilsfindung. So wurden zunächst das selbständige Urteil des jeweiligen Richters und anschließend der Analogieschluss als Mittel der Urteilsbildung in ihrer Bedeutung zurückgedrängt bzw. ganz ausgeschlossen. Den Abschluss dieser Entwicklung bildete die sogenannte ‚Schließung der Pforte' gegen Ende des 11. Jahrhunderts. Auch im damaligen islamischen Bildungswesen war die Traditionsgebundenheit für dessen Entwicklung prägend. So bestimmte die Vorstellung von der Einheit von politischer und religiöser Führung die äußere Struktur des Bildungswesens. Folglich waren beispielsweise die einer Moschee angegliederten Hochschulen dem Machtinteresse und der Religionspolitik der Kalifen ausgeliefert. Denn die Kalifen übten alleine die Kontrolle über die Hochschulen aus und entschieden letztlich alle wichtigen Angelegenheiten dieser Hochschulen. Im Falle der Madrasen fiel dem Stifter aufgrund des Rechtsinstituts der Stiftung (‚waqf') diese Rolle zu. Der Stifter gehörte meist zur Herrschaftselite und nahm seine entsprechenden Kontrollfunktionen im Allgemeinen äußerst konsequent wahr, sodass beispielsweise der Eigenständigkeit der Hochschullehrer enge Grenzen gesetzt waren.

Die Entwicklung im christlichen Abendland wies dagegen eine geringere Traditionsgebundenheit auf und zeichnete sich von Anfang an eher durch eine dynamische Tendenz aus. Dies ergab sich zunächst aus dem ursprünglichen oppositionellen Charakter der Jesusbewegung. So entfaltete das jesuanische Gebot der Trennung von weltlich-politischer und religiös-geistlicher Gewalt an neuralgischen Punkten der Entwicklung dieses Verhältnisses immer wieder seine Kraft und sorgte während des Untersuchungszeitraumes im Großen und Ganzen erfolgreich für die Wahrung der Trennung dieser beiden Gewalten. Das Trennungsgebot stellte darüber hinaus die Begründung für die Etablierung der geistlichen Gerichtsbarkeit zur Zeit der Regentschaft des Kaisers Theodosius I. (379–395 n.Chr.) dar. Diese Gerichtsbarkeit erstreckte sich auf materielles Recht, das für den christlichen Glauben von besonderer ethischer Relevanz war, und auf Fälle, die sich aus dem ‚privilegium fori' ergaben. Die so zustande gekommene Dualität im abendländischen Rechtswesen wirkte sich positiv auf die Entwicklung der beiden Rechtsbereiche aus und generierte eine relative Offenheit der beiden Rechtssysteme. Dabei gelang es, zunächst das spätantike materielle Recht in Ansätzen zu verändern als auch später im Mittelalter das germanische Rechtswesen umzugestalten. Die Dualität von weltlicher und geistlicher Gewalt ermöglichte im Hochmittelalter auch die Entstehung und die genossenschaftliche Struktur der ältesten Universitäten Europas in Bologna und Paris. Denn vor allem die Städte hatten seit dieser Zeit ein zunehmendes Interesse an der Einrichtung von Universitäten und Schulen und konnten dieses Interesse mit Hilfe des jeweiligen Landesherren auch oft durchsetzen. Forciert wurde dieses Interesse im Bereich des Hochschulwesens auch durch das genossenschaftliche Denken, das neben germanischen auch christliche Wurzeln hatte und das das herrschaftlich-hierarchische Prinzip im mittelalterlichen abendländischen Hochschulwesen zurückdrängte und dieses produktiv umgestaltete. Seit dem späten Hochmittelalter verlor die Kirche nach und nach ihr Bildungsmonopol.

Während sich die Vorstellung von der Trennung von weltlich-politischer und religiös-geistlicher Gewalt aus der Opposition der jesuanischen Bewegung gegen die kulturelle Tradition des damaligen Umfeldes ergab, behielt die jesuanische Bewegung jedoch zunächst die zeitgenössische jüdische Gottesvorstellung bei. Mit der Ausbreitung dieser Bewegung über den jüdisch-palästinensischen Bereich hinaus in den griechisch-römischen Kulturraum und mit der zunehmenden Distanz zum jüdischen Glauben veränderte sich allerdings seit Ende des ersten nachchristlichen Jahrhunderts die Vorstellung vom auferstandenen Christus. Insofern lässt sich in

II. Zusammenführung der Teilergebnisse und deren abschließende Auswertung

Bezug auf das Christusverständnis eine relativ offene Entwicklung bis hin zu den spätantiken Konzilien feststellen, auf denen man sich nach heftigen Auseinandersetzungen auf das trinitarische und das christologische Dogma verständigte. Die auf verschiedenen Konzilien getroffenen Entscheidungen beendeten damit die jeweils vorgängige Offenheit und erlangten eine identitätsstiftende Bedeutung. Nach dieser Zeit wurden davon abweichende Auffassungen als häretisch verfolgt. Das damals dogmatisierte christliche Verständnis von der Selbstoffenbarung Gottes in Jesus Christus hatte einerseits die rational nicht fassbaren ‚Mysterien' der Inkarnation, der Trinität und der Zwei-Naturen-Lehre zur Folge. Andererseits veränderte die bereits im Neuen Testament fassbare und in der Spätantike dogmatisierte Vorstellung von der Menschwerdung des Gottessohnes das Verhältnis des gläubigen Christen zu Gott. Denn im Neuen Testament wurde der jüdische Gott ‚Jahwe' als ‚Vater' angeredet und Jesus Christus als Gottessohn und gleichzeitig als Mensch verstanden. Dessen zweifache Natur und das Verständnis Gottes als ‚Vater' vermittelten dem gläubigen Christen ein Gefühl der Nähe zu Gott. Dieses Gefühl schuf die psychologische Voraussetzung für die Idee, Jesus Christus nachzufolgen und das eigene Leben im Sinne der jesuanischen Ethik zu gestalten. Eine besondere Form der Ausgestaltung dieser Idee wurde zur Grundlage des christlichen Mönchtums und entfaltete eine Dynamik, die der theologischen und auch der gesellschaftlichen Entwicklung im abendländischen Christentum entscheidende Impulse gab.

Ähnlich wie die Entwicklung des Christus- bzw. Gottesverständnisses verlief die Entwicklung der Vorstellung vom Verhältnis zwischen göttlicher Prädestination und menschlicher Willensfreiheit. Bis gegen Ende des 4. Jahrhunderts wurde dieses Verhältnis nicht historisch relevant thematisiert, sondern man ging lange Zeit unausgesprochenermaßen von einem unproblematischen Nebeneinander von göttlicher Prädestination und menschlicher Willensfreiheit aus. Seit der Wende vom 4. zum 5. Jahrhundert kam es jedoch zu heftigen Auseinandersetzungen, die durch Augustins Prädestinationslehre ausgelöst wurden und erst mit den Beschlüssen der Synode von Orange im Jahre 529 ihr Ende fanden. Auf dieser Synode entschied man sich für die synergistische Lösung, wonach der Gläubige dank der ihm zugeschriebenen bedingten Willensfreiheit aktiv an seiner Rechtfertigung mitwirke. Diese Auseinandersetzungen waren anders als die entsprechenden Auseinandersetzungen im Islam des 7. und 8. Jahrhunderts von rein theologischen Motiven und Argumenten bestimmt. Seit den Beschlüssen von Orange galt die synergistische Lösung als offizielle kirchliche Lehre. Abweichungen von der synergistischen Lösung galten fortan wie die Ablehnung des trinitarischen und des christologischen Dogmas als häretisch. Die Entwicklung der christlichen Prädestinationslehre wies also nur eine kurze Phase auf, in der eine offene Diskussion wesentlicher Fragen zum Verhältnis von göttlicher Prädestination und menschlicher Willensfreiheit möglich war.

Die Gegenüberstellung wichtiger vorgenommener oder unterbliebener Veränderungen im mittelalterlichen Islam und im vorreformatorischen Christentum macht deutlich, dass die Traditionsgebundenheit die damalige Entwicklung des Islam stärker bestimmte als die des vorreformatorischen Christentums. Die stärkere Traditionsgebundenheit des mittelalterlichen Islam zeigte sich bereits in den zentralen Glaubensaussagen der Gründungszeit. Natürlich entstand und entwickelte sich auch das Christentum in einem von Traditionen geprägten Umfeld. Allerdings opponierte Jesus von Nazareth gegen bestimmte Traditionen, wie es Mohammed in Mekka offensichtlich auch getan hatte. Während Mohammed auswanderte und in Medina zum weltlichen und geistlichen Führer des dortigen Gemeinwesens wurde, blieb Jesus in Judäa bzw. Jerusalem und geriet in eine immer schärfere Konfrontation mit den geistlichen Führern des zeitgenössischen Judentums. Aus dieser Opposition ergaben sich das Gebot der Trennung der beiden Gewalten sowie die Radikalität seiner Ethik. Dieses Trennungsgebot und die radikale jesuanische Ethik erwiesen sich denn auch während des Untersuchungszeitraumes als kraftvolle ‚Wirkmächte'. So hatte das Trennungsgebot trotz aller Angriffe vonseiten der weltlichen Gewalt und auch des Papsttums bis zum Vorabend der Reformation Bestand und war von zentraler Bedeutung für die positive Entwicklung des Rechts- und Bildungswesens. Desgleichen trug auch die jesuanische Ethik zu einer positiven gesellschaftlichen Entwicklung bei und entfaltete ihre Kraft insbesondere in den kulturellen Leistungen des Mönchtums, aber auch in der Aufwertung der Frau durch entsprechende eherechtliche Bestimmungen (Monogamie und Konsensehe). Das Gebot Jesu, seine Ethik umzusetzen und ihm nachzufolgen, war darüber hinaus ausschlaggebend für die Entscheidung der Frage nach dem Verhältnis von göttlicher Prädestination und menschlicher Willensfreiheit zugunsten des synergistischen Modells. Dem jesuanischen Nachfolgegebot kam auch die christliche Gottesvorstellung zustatten. Denn durch die Vorstellung von der Menschwerdung des Gottessohnes wurde dem Menschen ein Gefühl der Nähe zu Gott vermittelt, das die psychologische Voraussetzung für die Erfüllung des Nachfolgegebotes schuf.

Eine der Entwicklung des abendländischen Christentums vergleichbare Offenheit und positive Weiterentwicklung lässt sich im mittelalterlichen Islam nicht feststellen. So zeichneten sich bereits die in der Ausgangssituation akzeptierten Vorstellungen von einem realen Offenbarungsgeschehen und der Einheit von profaner und religiöser Welt einschließlich der Doppelfunktion des Propheten durch eine auffällige Nähe zur vorgängigen Tradition und Religiosität aus und bestimmten die nachfolgende Entwicklung. Die Gründungszeit wurde sehr bald zum unverrückbaren Bezugspunkt für die Entscheidung theologischer und rechtlicher Fragen und damit zur neuen islamischen Tradition, was sich insbesondere in dem Aufkommen und der Bedeutung der Hadithe manifestierte. Angesichts der Erfahrungen dreier Bürgerkriege und der abbasidischen Revolution innerhalb von nicht einmal einem Jahrhundert (656–750) kam es aufseiten der Traditionarier zu einer Idealisierung des medinensischen Gemeinwesens unter der Führung des Propheten. Eine ausgeprägte Rückwärtsgewandtheit war die Folge und bestimmte die Entwicklung des Rechtswesens bis hin zur sogenannten ‚Schließung der Pforte'. Die Bezugnahme auf das medinensische Gemeinwesen implizierte auch eine Stärkung der Doppelfunktion des Kalifen. Dessen Doppelfunktion schloss auch ein, dass ihm die Organisation des

II. Zusammenführung der Teilergebnisse und deren abschließende Auswertung

Bildungswesens oblag und ihm dadurch mit der Stellenvergabe ein wichtiges Steuerungsinstrument vor allem im Bereich des Hochschulwesens zur Verfügung stand. Dieses Steuerungsinstrument wurde oft auch religions- und damit machtpolitisch genutzt, wie beispielsweise die Praxis der Stellenvergabe des Kalifen an-Nasir gegen Ende des Bagdader Kalifats eindrucksvoll zeigt. Kalifale Machtpolitik gebot auch das genealogisch-familiendynastische Nachfolgeprinzip, das Umaiyaden und Abbasiden vor allem dank einer entsprechenden vorislamischen Tradition durchsetzen konnten. Des Weiteren wurde das Nachfolgeprinzip durch die islamische Prädestinationslehre gestärkt, die ein Widerstandsrecht gegen einen amtierenden Kalifen ausschloss und damit einen politischen Wandel erschwerte. Darüber hinaus beeinträchtigte die islamische Prädestinationslehre mit der ihr zugrunde liegenden Vorstellung von der göttlilichen ‚creatio continua' auch die Entwicklung der Wissenschaften. Setzt man die angesprochenen theologiegeschichtlichen Entscheidungen und die nachfolgende Stagnation im spätmittelalterlichen Islam in Beziehung mit den entgegengesetzten theologischen Entscheidungen im damaligen abendländischen Christentum und dessen relativ positive Entwicklung, so scheint es in diesen beiden Kulturen einen klaren Zusammenhang zwischen theologiegeschichtlichen Entscheidungen und realgeschichtlicher Entwicklung gegeben zu haben.

Schlussteil: Ausblick auf die negativen Folgen der spätmittelalterlichen Verfasstheit des sunnitischen Islam für die neuzeitliche Entwicklung in dessen damaligem Verbreitungsgebiet

Die relative Offenheit des Christentums in Antike und Mittelalter ermöglichte nicht nur die im abendländischen Christentum seit dem späten Hochmittelalter konstatierbare fortschrittliche Entwicklung, sondern schuf auch die Voraussetzungen für eine Fortsetzung dieser Entwicklung in der Neuzeit. Umgekehrt blieb die Stagnation, die sich seit dem beginnenden 12. Jahrhundert im Bagdader Kalifat infolge seiner Traditionsgebundenheit abzeichnete, über dessen Ende hinaus bestehen. Diese Stagnation trug dazu bei, dass die gesamtgesellschaftliche Entwicklung im Bereich der ehemaligen Kernländer des sunnitischen Islam im Vergleich zu der Entwicklung im Bereich des abendländischen Christentums immer weiter zurückblieb.

Zum Abschluss der vorliegenden Untersuchung soll in Form eines kurzen Ausblicks auf einige Folgen eingegangen werden, die die aufgezeigte spätmittelalterliche Verfasstheit des sunnitischen Islam für die zukünftige Entwicklung der Gebiete besaß, in denen der sunnitische Islam prägend war (1). Die augenfälligste Divergenz im Vergleich zur Entwicklung im abendländischen Christentum ist in der unterschiedlichen mittelalterlichen Rechtsentwicklung zu sehen. Im abendländischen Christentum ließen sich seit dem Hochmittelalter viele fortschrittliche Veränderungen im Rechtswesen konstatieren, die durch eine relative Offenheit gegenüber den damaligen gesellschaftlichen Erfordernissen möglich geworden waren. Im sunnitischen Islam kam es dagegen aufgrund der damals relevanten Theorien der dominierenden Rechtsschulen gegen Ende des 11. Jahrhunderts infolge der Rückwärtsgewandtheit zu einem fast vollkommenen Stillstand in der Rechtsentwicklung. Die einzige Möglichkeit der Weiterentwicklung bestand zunächst darin, dass neue gesellschaftliche Erfordernisse durch die herrscherliche Rechtsetzung (‚qanun') aufgenommen wurden. Dies betraf jedoch fast ausschließlich Rechtsmaterien, die für die weltliche Herrschaft relevant waren. Daraus entwickelte sich allmählich auch im Osmanischen Reich ein paralleles öffentliches Recht. Allerdings musste sich auch diese herrscherliche Rechtsetzung am schariatischen Recht orientieren und war nur rechtsgültig, wenn ein entsprechendes Gutachten (türk. ‚fetva') vonseiten eines Muftis vorlag (2). Konkrete schariatische privatrechtliche Regelungen waren also lange Zeit nicht Gegenstand solcher Veränderungen. Es gab mit der Zeit folglich zwei sich ergänzende Rechtssysteme. Zu allgemeinen grundlegenden Reformen kam es erst im 19. Jahrhundert, nachdem der osmanischen Herrschaftselite infolge verschiedener militärischer Niederlagen die Rückständigkeit ihres Reiches bewusst geworden war (3). Während der sogenannten ‚Tanzimat-Reformen' wurden unter anderem die Regelungen der alten religiösen und der osmanischen Gesetzeskodices harmonisiert und in einem einheitlichen Gesetzbuch, der ‚Megelle', zusammengeführt. Gleichzeitig wurden die dafür zuständigen ‚Nizamiyya-Gerichtshöfe' geschaffen, sodass in der Folge die Scharia-Gerichte nur noch für wenige Bereiche zuständig waren, zum Beispiel für das Personenstandsrecht, wozu auch das Ehe- und Scheidungsrecht gehörten, und für das Erbrecht.

Ähnlich unterschiedlich wie das damalige Rechtssystem wirkte sich die spätmittelalterliche Verfasstheit des sunnitischen und abendländischen Bildungswesens auf die weitere Entwicklung im jeweiligen Verbreitungsgebiet der beiden ausgewählten Religionen aus. Im abendländischen Christentum zeichnete sich das Bildungswesen seit dem 12. Jahrhundert durch eine besondere Dynamik aus, die im Großen und Ganzen auch in der Neuzeit erhalten blieb (4). Im neuzeitlichen Islam blieb es dagegen bei den Ende des 11. Jahrhunderts etablierten Strukturen: bei den Koranschulen, den einer Moschee angegliederten Hochschulen und den von Nizam al-Mulk konzipierten Madrasen. Zu strukturellen Veränderungen dieses Schul- und Hochschulsystems kam es wie im Rechtswesen erst im 19. Jahrhundert, als im Osmanischen Reich im Rahmen der erwähnten ‚Tanzimat-Reformen' ein paralleles öffentliches Schul- und Hochschulsystem eingerichtet wurde (5). Allerdings stießen diese Reformen der politischen Führung zunächst auch damals noch auf erheblichen Widerstand aufseiten der im Bildungsbereich tätigen Gelehrten (türk. ‚ulema'), die sich seit der Gründung des Osmanischen Reiches als eine einflussreiche und stabile gesellschaftliche Größe im Gefüge dieses Reiches etabliert hatten.

Auch die islamische Vorstellung von einer allumfassenden Prädestination zeitigte anders als die synergistische Lösung des abendländischen Christentums negative Folgen für die gesellschaftliche Entwicklung im Bereich des sunnitischen Islam. Denn die Vorstellung von einer allumfassenden Prädestination implizierte nach islamischer Auffassung die Vorstellung von einer ‚creatio continua', wonach alles aktuelle Geschehen von dem als allmächtig gedachten Gott bestimmt und veranlasst werde. Sich ständig wiederholendes Geschehen im Bereich der Natur, das im abendländischen Kulturraum als Naturgesetz verstanden wurde, verstand man in der damaligen orthodoxen islamischen Theologie als ‚Gewohnheit Gottes', die sich aber stets ändern könne. Ein solches Verständnis musste natürlich die Entwicklung der Naturwissenschaften und damit des technischen Wissens beeinträchtigen. Beider Entwicklung litt wohl auch darunter, dass die den Moscheen angeschlossenen Hochschulen und auch die Madrasen sich seit dem 12. Jahrhundert vor allem auf die Ausbildung in Theologie und Rechtswissenschaft fokussierten (6), weil daran sowohl die Angehörigen der Herrschaftselite als auch die überwiegende Mehrheit der Studenten interessiert waren. Denn für die Herrschaftselite wurde durch eine solche Ausbildung sichergestellt, dass sie über ein ausreichendes Reservoir an potentiellen Funktionsträgern verfügte. Für die islamischen Studenten garantierte eine solche

Ausbildung dagegen am ehesten eine lukrative Anstellung im öffentlichen Sektor. Wie der Gedanke von Naturgesetzen durch die Vorstellung von einer ‚creatio continua' ausgeschlossen war, so auch der Gedanke vom Naturrecht, der für die abendländische Entwicklung hin zur Aufklärung von zentraler Bedeutung war. Auch ließ die islamische Vorstellung von einer allumfassenden Prädestination kein Widerstandsrecht gegenüber der Obrigkeit zu, während beispielsweise christliche Theologen wie John of Salisbury (gest. 1180) und Thomas von Aquin (gest. 1274) den Tyrannenmord unter bestimmten Bedingungen als legitim erachteten (7).

Negativ wirkte sich auch die Vorstellung aus, dass sich Gott im Koran offenbart habe. Dieses Verständnis hatte unter anderem zur Folge, dass der Koran als sakrosankt angesehen und ausschließlich ein wörtliches Verständnis desselben akzeptiert wurde. Angesichts der vielen konkreten Aussagen im Koran bedeutete dies, dass das Koranverständnis als zentrale Ursache für die mangelnde Anpassungsfähigkeit des Islam an die gesellschaftliche Entwicklung angesehen werden muss. Denn aufgrund der weiterhin vertretenen Vorstellung von der Einheit von religiöser und weltlich-profaner Sphäre galten die aus dem 7. Jahrhundert stammenden koranischen Aussagen nicht nur für die Gestaltung des religiösen Lebens, sondern regelten prinzipiell das gesamte gesellschaftliche Leben. Das christliche Verständnis von der Selbstoffenbarung Gottes in Jesus Christus führte dagegen zu einem Gottesverhältnis der Christen, das ein Gefühl der Nähe zu Gott vermittelte und sich positiv auf die gesellschaftliche Entwicklung im abendländischen Christentum des Mittelalters auswirkte (8). Denn dieses Gefühl schuf die psychologische Voraussetzung für die Idee, Jesus Christus nachzufolgen und sein Leben im Sinne der jesuanischen Ethik zu gestalten. Die bedeutsamste Wirkung entfaltete diese Idee im abendländischen Mönchtum. Zu der so begründeten Gestaltung der sozialen Umwelt kam aufgrund des biblischen Schöpfungsauftrages noch die aktive Gestaltung der natürlichen Umwelt hinzu. Ein derartiger an den Menschen ergangener göttlicher Schöpfungsauftrag war dem Islam dagegen fremd (9). Diese unterschiedlichen Vorstellungen prägten auch die neuzeitliche Mentalität und Kultur des westlichen Christentums auf der einen und des sunnitischen Islam im Orient und Nordafrika auf der anderen Seite, wie auch die in der Einleitung erwähnten Ergebnisse Dan Diners in seiner Untersuchung ‚Versiegelte Zeit' zeigen.

Nachwort:
Geltungsanspruch und aktuelle Bedeutung
der Untersuchung

Außer den ausgewählten fünf Themenbereichen hätte man auch noch andere Aspekte in die vorliegende Untersuchung aufnehmen können, wie der im Schlussteil erwähnte Hinweis auf den Schöpfungsauftrag deutlich macht. Die Beschränkung auf die ausgewählten fünf Themenbereiche wurde bereits im Vorwort erläutert und lässt sich darüber hinaus damit begründen, dass diesen Themenbereichen im Allgemeinen eine zentrale Bedeutung für die Entwicklung traditionaler Gesellschaften zukommt. Deshalb kann den Ergebnissen meiner Untersuchung ein hoher Erklärungswert beigemessen werden. Begründen lässt sich dieser Geltungsanspruch auch noch damit, dass diese Ergebnisse in einem unmittelbaren Vergleich mit den entsprechenden Entwicklungen im abendländischen Christentum gewonnen wurden, wo andersgeartete und zum Teil entgegengesetzte theologische Entscheidungen ein und derselben Frage anders als im sunnitischen Islam zu einer dynamischen Entwicklung führten. So spricht vieles dafür, dass den unterschiedlichen theologischen Entscheidungen samt ihren Folgen eine zentrale Bedeutung für die Erklärung der Divergenz in der Entwicklung des sunnitischen Orients und des christlichen Okzidents zukommt. Denn die realen historischen Gegebenheiten, nämlich die Produktionsweise und die sozioökonomische Struktur, in den beiden Regionen unterschieden sich während des Untersuchungszeitraumes nicht wesentlich voneinander (10).

Wie gezeigt werden konnte, waren die unterschiedlichen theologischen Entscheidungen vor allem durch die unterschiedliche Entstehungssituation der beiden Religionen bedingt. So war die Entstehung des Islam eine Folge bestimmter religiöser Traditionen, aber auch der damit einhergehenden ökonomischen Strukturen und Interessen. Deren Wahrnehmung führte dazu, dass die übergroße Mehrheit der führenden Schicht Mekkas die frühe Botschaft Mohammeds ablehnte, weil sie einen Bedeutungsverlust des vorislamischen Kaaba-Kultes und dadurch finanzielle Einbußen befürchtete (11). Diese Ablehnung nahm so bedrohliche Formen an, dass sich Mohammed zur Auswanderung (,hidschra') nach Medina und dort aufgrund seines prophetischen Selbstverständnisses zur Wahrnehmung der religiös-geistlichen als auch der weltlich-politischen Führerschaft genötigt sah. Folglich handelte es sich beim Islam nicht nur um die Stiftung einer Religion, sondern auch um die Gründung eines Staates. Dies implizierte die Vorstellung von der Einheit von religiös-geistlicher und weltlich-politischer Führerschaft einschließlich der sich daraus ergebenden konkreten Regelungen für das medinensische Gemeinwesen, die überwiegend in den sogenannten medinensischen Suren (12) zu finden sind. Sowohl die Vorstellung von der Einheit von religiöser und profaner Welt als auch die damit assoziierte Doppelfunktion Mohammeds hatten ihre ‚Vorbilder' in der vorgelagerten Realität der vorislamischen Gesellschaften des Orients (13).

Zur Stiftung der islamischen Religion und der damit einhergehenden Gründung des medinensischen Gemeinwesens kam es also durch die Auswanderung Mohammeds nach Medina wegen des ökonomisch motivierten Widerstandes der mekkanischen Oberschicht gegen seine frühe Botschaft. Man stelle sich vor, zu dieser Auswanderung wäre es nicht gekommen und Mohammed hätte in Mekka insoweit seine Botschaft erfolgreich verkünden können, als er und seine Anhänger sich ähnlich wie die jesuanische Bewegung als oppositionelle religiöse Bewegung hätten etablieren und allmählich über die Stadt Mekka hinaus verbreiten können. Die Entwicklung dieser auf der Basis der sogenannten mekkanischen Suren gestifteten Religion wäre sicherlich anders verlaufen als die des historischen Islam und hätte möglicherweise ein Gemeinwesen hervorgebracht, in dem es wie im christlichen Abendland eine Trennung von weltlicher und religiös-geistlicher Gewalt gegeben hätte. Daran wird zum einen deutlich, welch großes Potential die unterschiedliche Entstehungssituation für die Entwicklung des sunnitischen Islam und des abendländischen Christentums in sich barg. Zum anderen zeigt sich, dass die Entstehungssituation des Islam auch durch ökonomische Interessen bestimmt wurde. Dies könnte zunächst als Einwand gegen den mentalitätsgeschichtlichen Erklärungsansatz vorgebracht werden, der der vorliegenden Untersuchung zugrunde liegt. Allerdings konnten im Falle der konkreten Entscheidung der Mehrheit der mekkanischen Führungsschicht die erwähnten ökonomischen Interessen nur diese historische Bedeutung erlangen, weil es die religiöse Tradition des vorislamischen Kaaba-Kultes gab, die ihrerseits sich nur aufgrund einer entsprechenden Religiosität entwickeln konnte. Da auch im weiteren Verlauf der Entwicklung des Islam im Damaszener und Bagdader Kalifat gesellschaftlich relevante theologische Entscheidungen durch die vorgängige Mentalität und Religiosität bestimmt wurden, kommt also dem mentalitätsgeschichtlichen – in Sonderheit dem theologiegeschichtlichen – Ansatz ein besonders hoher Erklärungswert zu.

Zum Schluss soll noch der Frage nachgegangen werden, welche Bedeutung die Ergebnisse der vorliegenden Untersuchung in Bezug auf die Lösung des immer noch aktuellen Problems der relativen Rückständigkeit der ehemaligen Kernländer des sunnitischen Islam gegenüber dem christlich geprägten Westen haben könnten. Nach der vorliegenden Untersuchung waren für die sich gegen Ende des Untersuchungszeitraumes einstellende Stagnation im damaligen Kerngebiet des Islam folgende dogmatische Festlegungen verantwortlich: die Vorstellung von der Einheit von religiöser und profaner Sphäre und die damit assoziierte Doppelfunktion des Kalifen sowie das Verständnis des Korans als ‚ewige und ungeschaffene göttliche Rede'. Aus diesem Verständnis des Korans wurden dessen wörtliches Verständnis und damit auch das realistische Verständnis des in ihm dargestellten Offenbarungsgeschehens abgeleitet. Diese dogmatischen Festlegungen erwiesen sich ihrerseits als die wesentlichen Ursachen für die Stagnation im Bereich des Bildungs- und Rechtswesens.

Die fehlende Trennung von Religion und Gesellschaft sowie der Status des Korans als ‚(ewige und ungeschaffene) göttliche Rede' werden auch in der aktuellen Diskussion immer wieder als Ursache für die gegenwärtige Rückständigkeit der ehemaligen islamischen Kernländer gegenüber dem Westen angeführt. Mit dieser Einschätzung ist im aktuellen gesellschaftlichen Diskurs natürlich auch gemeint, dass diese Trennung vorgenommen und das Koranverständnis korrigiert werden müssten, um Anschluss an den christlich geprägten Westen zu finden.

Helfen könnte bei der Umsetzung dieser Forderung das Zur-Kenntnis-Nehmen des in der vorliegenden Untersuchung gelungenen Nachweises, dass zentrale Vorstellungen des sunnitischen Islam erst das Ergebnis eines längeren Entwicklungsprozesses waren. So konnte die Vorstellung von der Unantastbarkeit des Korans endgültig erst ungefähr 200 Jahre nach dessen Zusammenstellung zur Zeit des Kalifen Uthman (644–656) etabliert werden. Aufgrund der ihm damals zugesprochenen Aura als ‚ewige und ungeschaffene göttliche Rede' hatte man sich gleichzeitig auch eine Begründung für das ausschließlich wörtliche Verständnis des Korans verschafft. Auch die Entwicklung der schariatischen Quellengrundlage fand erst um die Wende vom 9. zum 10. Jahrhundert mit der Kanonisierung von gesammelten Hadithen ihren Abschluss. Ähnlich wie die Scharia und das Koranverständnis war auch die Vorstellung von der allumfassenden Prädestination Gottes Ergebnis längerer Auseinandersetzungen zwischen verschiedenen Gruppierungen. Diese Auseinandersetzungen zeichneten sich nicht immer nur durch hehre theologische Motive aus, sondern durch das Verwobensein derselben mit machtpolitischen Interessen der Kalifen sowie gruppenspezifischen Interessen der Gelehrten.

Ziel der vorliegenden Untersuchung war es, diesen theologiegeschichtlichen Entwicklungsprozess darzustellen, um die historische Bedingtheit zentraler theologischer Aussagen zu verdeutlichen und damit die Möglichkeit ihrer Veränderbarkeit ins Bewusstsein zu heben. Die theologiegeschichtliche Betrachtung scheint mir in der gegenwärtigen Situation auch deshalb geboten, weil im aktuellen Diskurs fast durchweg nur der Korantext – oft auch noch in selektiver Weise – als Referenzgrundlage dient, nicht aber die theologiegeschichtlichen Entscheidungen. Denn diese Entscheidungen haben vor allem die Glaubensvorstellungen und -praxis der Muslime in der Vergangenheit und damit die noch heute anzutreffende Mentalität und Religiosität der Muslime geprägt. Die gegenwärtigen öffentlich wirksamen Diskussionen erschöpfen sich dagegen im Austausch unterschiedlicher Interpretationen des Korantextes, ohne die erst im 9. Jahrhundert getroffene theologisch relevantere Entscheidung über den Status des Korans als ‚(ewige und ungeschaffene) göttliche Rede' einzubeziehen. Dieses Wissen um die Historizität wichtiger islamischer Glaubenslehren schüfe allererst die Voraussetzungen für einen Wandel des religiösen Bewusstseins bzw. der Mentalität heutiger Muslime als notwendige Bedingung für eine Überwindung der im islamischen Orient immer noch anzutreffenden soziokulturellen Rückständigkeit gegenüber modernen Gesellschaften.

Anhang

Anhang 1:
Dekret des Kalifen al-Qadir aus dem Jahre 1017

(Zitiert nach: A. Mez, Die Renaissance des Islams, prograf. Nachdruck. der Ausgabe von 1922, Hildesheim 1968, S.198 ff.)

„Es tut dem Menschen not zu wissen: Gott ist ein einiger Gott, hat keinen Genossen, hat nicht gezeugt, noch ist er gezeugt, keiner ist ihm ebenbürtig, er hat niemand als Genossen oder Kind angenommen und hat keinen Mitregenten im Reich. Er ist ein Erstes, das immer da war, und ein Letztes, das nie aufhört. Aller Dinge mächtig, keines Dinges bedürftig. Will er etwas, so sagt er zu ihm: Werde! und es wird. Kein Gott ist außer ihm, dem Lebendigen, kein Schlaf faßt ihn noch Schlummer, er gibt Speise und wird nicht gespeist, er ist allein, fühlt sich aber nicht allein und ist mit nichts befreundet. Die Jahre und Zeiten machen ihn nicht alt. Wie könnten sie ihn verändern, da er doch die Jahre und Zeiten geschaffen hat, und Tag und Nacht, Licht und Finsternis, die Himmel und die Erde und was darin ist von aller Art Geschöpfen, Land und Wasser und was darinnen ist und alles Ding, lebendiges, totes und festes! Er ist einziger Art, nichts ist bei ihm, kein Raum faßt ihn, er hat alles durch seine Kraft geschaffen, hat den Thron geschaffen, obwohl er ihn nicht brauchte, und ist auf ihm, wie er will, nicht um zu ruhen wie die Geschöpfe. Er ist der Lenker des Himmels und der Erde und der Lenker dessen, was in ihnen ist und was zu Lande und zu Wasser ist, es gibt keinen Lenker außer ihm und keinen anderen Schützer als ihn. Er erhält die Menschen, macht sie krank und heilt sie, läßt sie sterben und macht sie lebendig. Die Geschöpfe aber sind schwach, die Engel, die Gesandten, Propheten und alle Kreatur. Er ist der Mächtige durch seine Macht und der Wissende durch sein Wissen. Ewig und unerfaßlich. Er ist der Hörende, der hört, und der Sehende, der sieht; von seinen Eigenschaften erkennt man nur diese beiden, und keines seiner Geschöpfe erreicht sie beide. Er redet mit Rede, nicht mit einem erschaffenen Werkzeuge wie das Redewerkzeug der Geschaffenen. Ihm werden nur die Eigenschaften zugeschrieben, die er sich selbst zugeschrieben oder die ihm sein Prophet zugeschrieben, und jede Eigenschaft, die er sich selbst zugeschrieben, ist eine Eigenschaft seines Wesens, die man nicht übergehen darf.

Man soll auch wissen: Das Wort Gottes ist nicht geschaffen. Er hat es gesprochen und seinem Gesandten geoffenbart durch die Zunge Gabriels, nachdem Gabriel es von ihm gehört, Gabriel hat es Muhammed wiederholt, Muhammed seinen Gefährten, seine Gefährten der Gemeinde. Und die Wiederholung durch Geschöpfe ist nichts Erschaffenes, denn sie ist das Wort selbst, welches Gott geredet hatte, und dieses war nicht erschaffen. Und so bleibt es in jedem Falle, ob wiederholt oder im Gedächtnis bewahrt, oder geschrieben oder gehört. Wer behauptet, es sei in irgendeinem Zustande erschaffen, der ist ein Ungläubiger, dessen Blut vergossen werden darf, nachdem man ihn zur Buße aufgefordert. Man soll auch wissen: Der Glaube ist Rede, Tat und Sinn. Rede mit der Zunge, Tat mit den arkan und den Gliedern (dschawarih). Der Glaube kann größer und kleiner werden; größer durch Gehorsam, kleiner durch Widerspenstigkeit. Er hat verschiedene Stufen und Abteilungen. Die höchste Stufe ist das

Bekenntnis: Kein Gott außer Allah! Die Zurückhaltung ist eine Abteilung des Glaubens, die Geduld aber ist am Glauben, was das Haupt am Körper. Der Mensch weiß nicht, wie es bei Gott aufgeschrieben und was ihm dort versiegelt liegt; deshalb sagen wir: Er ist gläubig, so Gott will, und: Ich hoffe, daß ich gläubig bin. Es gibt keinen Ausweg als Hoffnung; er zweifle nicht daran und sei nicht mißtrauisch, weil er damit erstrebt, was ihm verborgen ist an Zukunft und Geschick und allem, was zu Gott führt. Er soll mit reiner Absicht im Gehorsam Gesetz und Pflichten erfüllen und überschüssige gute Werke tun, das gehört alles zum Glauben. Und der Glaube ist nie am Ende, weil die überschüssigen guten Werke niemals am Ziel sind.

Man muß alle Gefährten des Propheten lieben; sie sind die besten der Kreatur nach dem Gesandten Gottes. Der Beste von ihnen allen und der Edelste nach dem Gesandten Gottes ist Abu-bekr es-Siddiq, dann Omar ibn al-Chattab, dann Othman ibn Affan, dann Ali ibn Abi Talib; Gott habe sie selig, verkehre mit ihnen im Paradiese und erbarme sich der Seelen der Gefährten des Gesandten Gottes. Wer die Aischa schmäht, der hat keinen Teil am Islam, über Muawija soll man nur Gutes sagen und sich nicht auf einen Streit um sie einlassen; man soll für alle Gottes Erbarmen anflehen. Gott hat gesagt: „Die da nach ihnen kamen, sprachen: Herr vergib uns und unseren Brüdern, die uns im Glauben zuvorgekommen sind, und lege in unsere Herzen nicht Übelwollen gegen die, welche glauben; du bist gnädig und barmherzig[1]", und er sagte von ihnen: „Wir haben das Übelwollen aus ihrer Brust herausgerissen; Brüder sind sie, die auf Thronen einander gegenübersitzen[2]." Man soll keinen für ungläubig erklären, weil er eine der gesetzlichen Bestimmungen unterläßt, ausgenommen allein das vorgeschriebene Gebet. Denn wer es ohne Grund unterläßt, der ist ein Ungläubiger auch wenn er die Pflicht zum Gebete nicht leugnet, nach dem Worte des Propheten: Zum Unglauben gehört das Unterlassen des Gebetes; wer es unterläßt, ist ungläubig und bleibt ungläubig, bis er bereut und betet. Und wenn er stirbt, bevor er bereut hat, und (Gott) auch um Hilfe anfleht, mit Worten oder im Stillen, so wird er nicht angenommen, sondern mit Pharao, Haman und Qarun auferweckt. Die Unterlassung der übrigen Werke macht nicht ungläubig, selbst wenn man so frevelhaft ist, die Pflicht dazu nicht anzuerkennen. Das ist die Lehre der Altgläubigen (ahl es-sunnah) und der Gemeinde. Wer sich daran hält, steht bei der klaren Wahrheit, unter richtiger Führung und auf rechtem Wege. Man darf für ihn Rettung vor der Hölle hoffen und Eingang in das Paradies, so Gott will. Man fragte den Propheten: Gegen wen muß man guten Willens sein? Er antwortete: Gegen Gott und sein Wort, gegen seinen Gesandten, gegen alle Gläubigen, hoch und niedrig. Und er sagte: Wenn dem Menschen eine Warnung Gottes zukommt durch seine Religion, so ist es eine Wohltat Gottes. Nimmt er sie an, so ist er dankbar, wenn nicht, so ist sie ein Zeugnis wider ihn. Er vermehrt dadurch seine Schuld und zieht sich Gottes Zorn zu. Gott mache uns dankbar für seine Güte und seiner Wohltaten eingedenk, lasse uns Verteidiger der frommen Sitte sein und vergebe uns und allen Gläubigen[1]."

Anhang 2:
‚Dictatus Papae' Papst Gregors VII. (1073–1085)

(Zitiert nach: Das Mittelalter, hsg. von Herbert Krieger, 4. Aufl., Frankfurt am Main 1972, S. 131)

1. Einzig und allein von Gott ist die römische Kirche gegründet.
2. Nur der römische Papst trägt zu Recht den Titel des universalen Papstes.

3. Er ganz allein kann Bischöfe absetzen und auch wieder einsetzen.
4. Sein Legat, auch wenn er einen geringeren Grad bekleidet, führt auf jedem Konzil Vorsitz vor den Bischöfen; er kann diese absetzen.
5. Auch Abwesende kann der Papst absetzen.
6. Von anderer Gemeinschaft ganz abgesehen, darf man mit Exkommunizierten sich nicht einmal in demselben Hause aufhalten.
7. Nur er darf, wenn es die zeitliche Notwendigkeit verlangt, neue Gesetze erlassen, neue Gemeinden gründen, aus einer Kanonie eine Abtei machen und umgekehrt, ein reiches Bistum teilen und arme zu einem einzigen zusammenlegen.
8. Nur er verfügt über die kaiserlichen Insignien.
9. Alle Fürsten haben die Füße einzig und allein des Papstes zu küssen.
10. Nur sein Name darf in der Kirche genannt werden.
11. In der ganzen Welt gilt nur dieser Papsttitel.
12. Der Papst kann Kaiser absetzen.
13. Er kann im Falle der Not Bischöfe von einem zum anderen Bistum versetzen.
14. Er kann in der ganzen Kirche, wie er will, Kleriker ordinieren...
15. Keine Synode darf ohne seine Weisung eine allgemeine genannt werden.
16. Gegen seine Autorität kann kein Kapitel und kein Buch als kanonisch gelten.
17. Sein Entscheid kann von niemandem aufgehoben werden, er selbst aber kann Urteile aller anderen Instanzen aufheben.
18. Über ihn besitzt niemand richterliche Gewalt ...
19. Die römische Kirche hat nie geirrt und wird nach dem Zeugnis der heiligen Schrift auch in Ewigkeit nicht irren.
20. Wenn der römische Papst in kanonischer Wahl erhoben ist, dann wird er ohne Zweifel nach dem Zeugnis des heiligen Ennodius von Pavia heilig durch die Verdienste des heiligen Petrus, wie auch viele Kirchenväter bestätigen und wie es auch in den Dekreten des heiligen Symmachus enthalten ist.
21. Auf seinen Befehl hin und mit seiner Erlaubnis dürfen Untergebene {gegen ihre Vorgesetzten] Klage erheben.
22. Auch ohne Beschluß einer Synode kann er Bischöfe ein- und absetzen.
23. Wer nicht mit der römischen Kirche übereinstimmt, kann nicht als katholisch [rechtgläubig] gelten.
24. Er kann Untertanen vom Treueid gegen unbillige (Herrscher) entbinden.

Anhang 3:
Stammtafel zu Mohammed sowie zu wichtigen Clans und Familien in der Zeit des Damaszener und Bagdader Kalifats

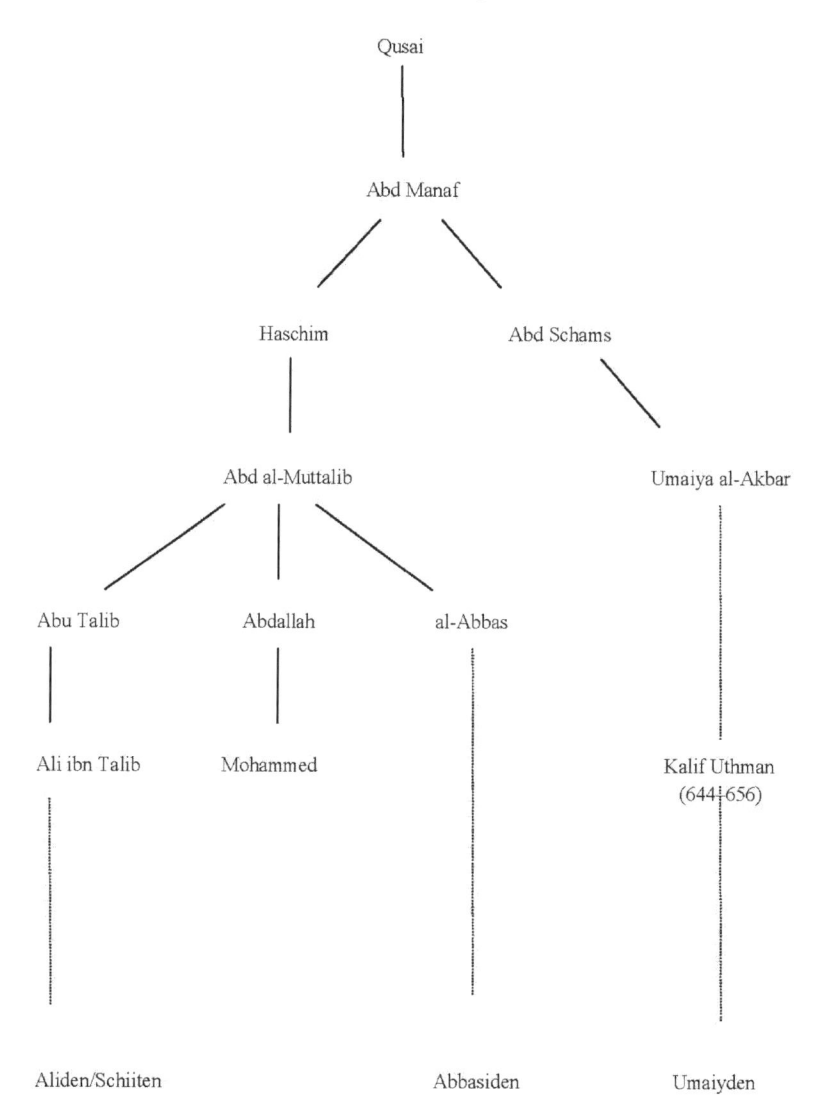

```
                         Qusai
                           |
                       Abd Manaf
                        /      \
                   Haschim    Abd Schams
                      |              \
                Abd al-Muttalib    Umaiya al-Akbar
                /     |     \              ⋮
           Abu Talib Abdallah al-Abbas     ⋮
              |       |       ⋮            ⋮
          Ali ibn Talib Mohammed ⋮      Kalif Uthman
              ⋮                ⋮          (644–656)
              ⋮                ⋮            ⋮
              ⋮                ⋮            ⋮
         Aliden/Schiiten    Abbasiden    Umaiyden
```

(Zusammenstellung in Orientierung an: Nagel, Die Islamische Welt bis 1500, S. 296 f., Endreß, Der Islam, S. 52 f. und Hourani, Die Geschichte der arabischen Völker, S. 561)

Anmerkungen

Anmerkungen zum Vorwort

(1) Vgl. hierzu beispielsweise Traub, S. 145 f. und Lombard, S. 235 ff.

(2) Vgl. hierzu die in der Einleitung angeführten Erklärungsansätze, S. 17 ff.

(3) Vgl. hierzu beispielsweise Diner, S. 109 ff.

Anmerkungen zur Einleitung

(1) Vgl. hierzu beispielsweise Lewis, Die Araber, S. 187 ff., ders., Der Untergang, S. 9 ff., Grunebaum, in: FWG 15, S. 16 ff., Lüders, S. 77 ff., Abdel-Samad, Der Untergang, S. 21 ff. und S. 55 ff. sowie Traub, S. 145 ff.

(2) Vgl. hierzu beispielsweise Nagel, Die islamische Welt, S. 76 f.

(3) Vgl. hierzu und zum Folgenden Cahen, S. 203 f., S. 249 f. und S. 296 f., Endreß, S. 77 f., Nagel, Die islamische Welt, S. 75 ff. sowie Nagel, in: Haarmann/Halm (Hsg.), Geschichte der arabischen Welt, S. 120 und S. 130 ff.

(4) Vgl. hierzu und zum Folgenden Cahen, S. 197 ff. und auch Hourani, S. 57 f. und S. 63.

(5) Vgl. hierzu und zum Folgenden Cahen, S. 202 ff., S. 249 f. u. S. 293 sowie Endreß, S. 145 ff.

(6) Vgl. hierzu und zum Folg. Serauky, S. 151 ff. und Abdel-Samad, Der Untergang, S. 59 ff.

(7) Vgl. hierzu und zum Folgenden Serauky, S. 160 f.

(8) Vgl. hierzu Serauky, S. 153 ff.

(9) Vgl. hierzu und zum Folgenden Abdel-Samad, Der Untergang, S. 60 ff.

(10) Vgl. hierzu und zum Folgenden Lewis, Der Untergang, S. 65 und Traub, S. 147 f. sowie von Grunebaum, in: FWG 15, S. 16, insbesondere Anm. 5.

(11) Vgl. hierzu und zum Folgenden Diner, S. 107 ff.

(12) Vgl. hierzu Diner, S. 115.

(13) Vgl. hierzu und zum Folgenden ebd., S. 110 ff.

(14) Vgl. hierzu und zum Folgenden ebd. S. 121 ff.

(15) Vgl. hierzu und zum Folgenden ebd., S. 145 ff. und S. 187 ff.

Anmerkungen zu Teil A. I.

(1) Vgl. hierzu und zum Folgenden Cahen, S. 9 ff., Endreß, S. 33 ff. und S. 94 ff., Ohlig, S. 19 ff., Krämer, S. 12 ff., Hourani, S. 27 ff., Noth, in: Haarmann/Halm (Hsg.), Geschichte der arabischen Welt, S. 11 ff., Dostal, in: Noth/Paul (Hsg.), Der islamische Orient, S. 25 ff. und Falaturi, in: Noth/Paul (Hsg.), Der islamische Orient, S. 45 ff.

(2) Vgl. hierzu Jaros, S. 17.

(3) Vgl. hierzu und zum Folgenden Dostal, in: Noth/Paul (Hsg.), Der islamische Orient, S. 33 f.

(4) Vgl. hierzu und zum Folgenden Kellerhals, S. 32 ff., Cahen, S. 15 ff., Endreß, S. 39 ff., Krämer, S. 22 ff., Hourani, S. 35 ff., Noth, in: Haarmann/Halm (Hsg.), Geschichte der arabischen Welt, S. 28 ff., Nagel, Die islamische Welt, S. 5 ff., Albayrak, in: Heinzmann/Selcuk (Hsg.), Das Verhältnis von Religion und Staat, S. 33 ff. und Akbulut, ebd., S. 53 ff.

(5) Vgl. hierzu und zum Folgenden Kellerhals, S. 41 ff., Cahen, S. 21 ff., Krämer, S. 29 ff., Endreß, S. 44 ff. Hourani, S. 44 ff., Nagel, Die islamische Welt, S. 12 ff. und Akbulut, in: Heinzmann/Selcuk (Hsg.), Das Verhältnis von Religion und Staat, S. 57 ff.

(6) Vgl. hierzu und zum Folgenden Nagel, Die islamische Welt, S. 34 ff. und Akbulut, in: Heinzmann/Selcuk (Hsg.), Das Verhältnis von Religion und Staat, S. 59 ff.

(7) Vgl. hierzu und zum Folgenden Cahen, S. 28 ff. und Krämer, S. 37 ff.

(8) Vgl. hierzu und zum Folgenden Cahen, S. 36 ff. und Krämer, S. 50 ff.

(9) Vgl. hierzu Cahen, S. 31 und S. 59, Krämer, S. 67 f., Watt/Marmura, Der Islam II, S. 233 f. sowie Nagel, Geschichte der islamischen Theologie, S. 76 f.

(10) Vgl. hierzu beispielsweise Cahen, S. 31.

(11) Vgl. hierzu beispielsweise Watt/Marmura, Der Islam II, S. 71 und S. 268.

(12) Vgl. hierzu und zum Folgenden Kellerhals, S. 49 f., Cahen, S. 52 ff., Krämer, S. 67 ff. und Hourani, S. 54 ff.

(13) Vgl. hierzu beispielsweise Krämer, S. 48 f.

(14) Vgl. hierzu und zum Folgenden beispielsweise Krämer, S. 77.

(15) Vgl. hierzu und zum Folgenden beispielsweise Nagel, Die islamische Welt, S. 58 ff.

(16) Vgl. hierzu und zum Folgenden oben, I. 2.

(17) Vgl. hierzu und zum Folgenden Endreß, S. 87 ff., Nagel, Staat, S. 340 f. sowie Berger, S. 191 ff., insbesondere S. 193.

(18) Vgl. hierzu beispielsweise Nagel, Die islamische Welt, S. 43.

(19) Vgl. hierzu und zum Folgenden oben I. 3.

(20) Vgl. hierzu oben I. 1. und Dostal, in: Noth/Paul (Hsg.), Der islamische Orient, S. 34.

(21) Vgl. hierzu und zum Folgenden Cahen, S. 91 ff., Krämer, S. 100 ff., Watt/Marmura, Der Islam II, S. 179 f. und Nagel, Die islamischen Theologie, S. 100 f.

(22) Vgl. hierzu und zum Folgenden unten Teil A. V., 5–7.

(23) Vgl. hierzu und zum Folgenden Cahen, S. 204 ff. und S. 241 ff., Krämer, S. 128 ff. sowie Watt/Marmura, Der Islam II, S. 433 ff. und Nagel, in: Haarmann/Halm (Hsg.), Geschichte der arabischen Welt, S. 141 ff.

(24) Vgl. hierzu und zum Folgenden Watt/Marmura, Der Islam II, S. 435 f., Nagel, in: Haarmann/ Halm (Hsg.), Geschichte der arabischen Welt, S. 146 ff., Nagel, Die Festung, S. 54 ff. und S. 120 und ders., Geschichte der islamischen Theologie, S. 228 ff. sowie Anhang I.

(25) Vgl. hierzu Nagel, Die Festung, S. 120.

(26) Vgl. hierzu Nagel, Die Festung, S. 110 und S. 177 sowie ders., Geschichte der islamischen Theologie, S. 226 und van Ess, Theologie und Gesellschaft, Bd. 4, S. 616 f.

(27) Vgl. hierzu Nagel, Die Festung, S. 57.

(28) Vgl. hierzu und zum Folgenden Cahen, S. 288 ff., Watt/Marmura, Der Islam II, S. 437 ff., Nagel, Die Festung, S. 66 ff. und Krämer, S. 132 ff.

(29) Vgl. hierzu auch Nagel, Die Festung, S. 292 f. zur Imamatstheorie von al-Qaims Vertrauten al-Mawardi sowie unten I. 8. zu den Kalifatstheorien al-Mawardis und al-Ghazalis.

(30) Vgl. hierzu von Grunebaum, in: Propyläen Weltgeschichte, Bd. 5, S. 142.

(31) Vgl. hierzu und zum Folgenden Grunebaum, ebd., S.142, Cahen, S.294 f., Watt/Marmura, Der Islam II, S.405, Nagel, Die Festung, S. 272 ff. und ders., Geschichte der islamischen Theologie, S. 125, S. 171 f. und S. 230 f. sowie Krämer, S. 135 f.

(32) Vgl. hierzu und zum Folgenden unten Teil A. III. 2.

(33) Vgl. hierzu und zum Folgenden Cahen, S. 296 f., Angelika Hartmann, S. 109 ff. und Krämer, S. 157 f.

(34) Vgl. hierzu und zum Folgenden Endreß, S. 87 ff., Nagel, in: Haarmann/Halm (Hsg.), Geschichte der arabischen Welt, S. 153 ff., Nagel, Die islamische Welt, S. 162 ff., Ottmann, S. 142 f., Hourani, S. 186 ff. und Berger, S. 191 ff.

(35) Vgl. hierzu und zum Folgenden Nagel, Die Geschichte der islamischen Theologie, S. 231 ff. und Hourani, S. 188 f.

(36) Vgl. hierzu und zum Folgenden Nagel, in: Haarmann/Halm (Hsg.), Geschichte der arabischen Welt, S. 165 und Heidemann, Das Aleppiner Kalifat, S. 197 ff.

Anmerkungen zu Teil A. II.

(1) Vgl. hierzu und zum Folgenden Cahen, S. 76 ff., Watt/Welch, Der Islam I, S. 233 ff. und Endreß, S. 76 ff.

(2) Vgl. hierzu und zum Folg. auch R. Hartmann, S. 51 ff., Lohlker, S. 67 ff. und Rohe, S. 9 ff.

(3) Vgl. hierzu unten Teil A. III. 2. und III. 3.

(4) Vgl. zu den hadd-Delikten unten II. 5.

(5) Vgl. hierzu und zum Folgenden Bergsträsser, S. 113 ff., R. Hartmann, S. 98 f. und Schöller, S. 674 ff.

(6) Vgl. hierzu und zum Folgenden Rohe, S. 39.

(7) Vgl. hierzu und zum Folgenden Bergsträsser, S. 101 ff., R. Hartmann, S. 96 f., Noth, in: Haarmann/Halm (Hsg.), Geschichte der arabischen Welt, S. 49 f., Dilger, in: Ende/Steinbach (Hsg.), Der Islam in der Gegenwart, S. 189 f. und Rohe, S. 38 f.

(8) Vgl. hierzu und zum Folgenden Bergsträsser, S. 42 ff., Nagel, Das islamische Recht, S. 93 ff. und Rohe, S. 44 ff.

(9) Vgl. hierzu und zum Folgenden Bergsträsser, S. 38 ff. und R. Hartmann, S. 78 ff.

(10) Vgl. hierzu und zum Folgenden R. Hartmann, S. 51 ff., Watt/Welch, Der Islam I, S. 233 ff., Endreß, S. 72 ff., Radtke, in: Ende/Steinbach (Hsg.), Der Islam in der Gegenwart, S. 63 ff., Hourani, S. 96 ff. und S. 206 ff., Nagel, Die islamische Welt, S. 193 ff, Halm, Der Islam, S. 38 ff., Lohlker, S. 67 ff. und S. 184 ff. sowie Rohe, S. 9 ff.

(11) Vgl. hierzu Nagel, Die Festung, S. 207.

(12) Vgl. hierzu beispielsweise Lohlker, S. 222 ff.

(13) Vgl. hierzu und zum Folgenden Cahen, S. 77 ff. und Krämer, S. 96 ff.

(14) Vgl. hierzu und zum Folgenden Cahen, S. 80 ff., Watt/Welch, Der Islam I, S. 239 ff., Endreß, S. 79 ff. und Nagel, Die Festung, S. 179 ff. sowie S. 363 ff.

(15) Vgl. hierzu Nagel, Die Festung, S. 204.

(16) Vgl. hierzu ebd., S. 198.

(17) Vgl. hierzu und zum Folgenden ebd., S. 188 f. und S. 364 ff.

(18) Vgl. hierzu und zum Folgenden R. Hartmann, S. 65 ff., Nagel, Recht, S. 39 ff. und Hourani, S. 208 f.

(19) Vgl. hierzu und zum Folgenden Bergsträsser, S. 81 ff., R. Hartmann, S. 80 ff., Dilger, in: Ende/ Steinbach (Hsg.), Der Islam in der Gegenwart, S. 171 ff., Nagel, Recht, S. 63 ff., Pollmann, S. 149 ff. und Rohe, S. 23 ff.

(20) Vgl. hierzu und zum Folgenden R. Hartmann, S. 94 f. und Rohe, S. 36.

(21) Vgl. hierzu und zum Folgenden R. Hartmann, S. 95 f., Khoury, S. 188 ff. u. Rohe, S. 33 f.

(22) Vgl. hierzu beispielsweise Lohlker, S. 157 ff.

(23) Vgl. hierzu und zum Folgenden Bergsträsser, S. 96 ff., Hartmann, S. 97 f. und Nagel, Recht, S. 84 ff.

(24) Vgl. hierzu und zum Folgenden Khoury, S. 176 ff., Dilger, in: Ende/Steinbach (Hsg.), Der Islam in der Gegenwart, S. 188 ff. und Rohe, S. 36 ff.

Anmerkungen zu Teil A. III.

(1) Vgl. hierzu und zum Folgenden J. Pedersen, Art. ‚Masdjid' (Moschee), in: Enzyklopaedie des Islam, Bd. 3, S. 372 ff., Störig, Kleine Weltgeschichte der Wissenschaft, S. 124 ff., Endreß, S. 86 f., Krämer, S. 159 ff., Hourani, S. 211 ff., Josef van Ess, Theologie und Gesellschaft, Bd.4, S. 718 ff., George Makdisi, Art. ‚Muslim Institutions of Learning', in: BSOAS, Bd. 24, S. 1 ff., J.M. Landau, Art. ‚Kuttab' (Koranschule) in: EI, Bd. 5, S. 567 ff. und J. Pedersen, Art. ‚Madrasa', in: EI, Bd. 7, S. 1123 ff.

(2) Vgl. hierzu Josef van Ess, Theologie und Gesellschaft, Bd. 4, S. 722 f.

(3) Vgl. hierzu Halm, in: ZDMG, Suppl. III,1, 1977, S. 438 ff.

(4) Vgl. hierzu und zum Folgenden oben Teil A. I. 6.

(5) Vgl. hierzu Endreß, S. 86.

(6) Vgl. hierzu beispielsweise Nagel, Recht, S. 149, wonach dies im Allgemeinen auch noch für das frühneuzeitliche Osmanische Reich galt.

(7) Vgl. hierzu auch Nagel, Recht, S. 147.

(8) Vgl. hierzu oben Teil A. I. 5.

Anmerkungen zu Teil A. IV.

(1) Vgl. hierzu und zum Folgenden oben Teil A. I. 3.

(2) Vgl. hierzu auch Watt/Marmura, Der Islam II, S. 87.

(3) Vgl. hierzu und zum Folgenden Kellerhals, S. 56 f., Watt/Marmura, Der Islam II, S. 72 ff. und Nagel, Geschichte der islamischen Theologie, S. 64 ff. und S. 110 ff.

(4) Vgl. hierzu Watt/Marmura, Der Islam II, S. 80.

(5) Vgl. hierzu ebd., S. 75 ff.

(6) Vgl. hierzu ebd., S. 102 f. und Nagel, Geschichte der islamischen Theologie, S. 112.

(7) Vgl. hierzu Watt/Marmura, Der Islam II, S. 95, S. 98 ff. und S. 108 ff.

(8) Vgl. hierzu ebd., S. 85 ff.

(9) Vgl. hierzu und zum Folgenden Watt/Marmura, Der Islam II, S. 67 ff., S. 92 ff. und S. 111 sowie Nagel, Geschichte der islamischen Theologie, S. 46 f. und S. 66 f.

(10) Vgl. hierzu und zum Folgenden Watt/Marmura, Der Islam II, S. 121 ff. und Nagel, Geschichte der islamischen Theologie, S. 64 ff.

(11) Vgl. hierzu Nagel, Geschichte der islamischen Theologie, S. 65.

(12) Vgl. hierzu und zum Folgenden Watt/Marmura, Der Islam II, S. 144 ff. und Nagel, Geschichte der islamischen Theologie, S. 110 f.

(13) Vgl. hierzu Kellerhals, S. 56 f. und Watt/Marmura, Der Islam II, S. 115.

(14) Vgl. hierzu Watt/Marmura, Der Islam II, S. 101 f. und S. 112.

(15) Vgl. hierzu oben Teil A. I. 5.

(16) Vgl. hierzu Nagel, Geschichte der islamischen Theologie, S. 106.

(17) Vgl. hierzu auch Watt/Marmura, Der Islam II, S. 137 und S. 139 f.

(18) Vgl. hierzu und zum Folgenden Watt/Marmura, Der Islam II, S. 191 ff., Nagel, Geschichte der islamischen Theologie, S. 112 f. und van Ess, Bd. 4, S. 503 ff.

(19) Vgl. hierzu und zum Folgenden Watt/Marmura, Der Islam II, S. 220 f. und S. 229 f. sowie Nagel, Geschichte der islamischen Theologie, S. 113 f.

(20) Vgl. hierzu und zum Folgenden Watt/Marmura, Der Islam II, S. 211 ff. und S. 235 ff. sowie Nagel, Geschichte der islamischen Theologie, S. 110 ff.

(21) Vgl. hierzu und zum Folgenden Watt/Marmura, Der Islam II, S. 243 ff. und Nagel, Geschichte der islamischen Theologie, S. 114 f.

(22) Vgl. hierzu und zum Folgenden Watt/Marmura, Der Islam II, S. 290 ff. und Nagel, Geschichte der islamischen Theologie, S. 126 ff.

(23) Vgl. hierzu und zum Folgenden Watt/Marmura, Der Islam II, S. 294 ff. und Nagel, Geschichte der islamischen Theologie, S. 131 f.

(24) Vgl. hierzu und zum Folgenden, Cahen, S. 217 f., Watt/Marmura, Der Islam II, S. 303 ff. und Nagel, Geschichte der islamischen Theologie, S. 143 ff.

(25) Vgl. hierzu Kellerhals, S. 62 und Hourani, S. 96.

(26) Vgl. hierzu und zum Folgenden Watt/Marmura, Der Islam II, S. 316 und van Ess, Theologie und Gesellschaft, Bd. 4, S. 503 ff.

(27) Vgl. hierzu Watt/Marmura, Der Islam II, S. 138 f. und S. 292 sowie Nagel, Geschichte der islamischen Theologie, S. 146 f.

(28) Vgl. hierzu auch Nagel, Geschichte der islamischen Theologie, S. 145.

(29) Siehe A. Mez, S. 199, wo das Dekret zitiert wird, das auch als Anhang I beigefügt ist.

(30) Vgl. hierzu und zum Folgenden oben Teil A. IV. 3.

(31) Vgl. hierzu Watt/Marmura, Der Islam II, S. 82 ff. und S. 98 ff.

(32) Vgl. hierzu und zum Folgenden ebd., S. 139, S. 292 und S. 317.

(33) Vgl. hierzu ebd., S. 85.

(34) Vgl. hierzu und zum Folgenden Kellerhals, S. 55, Watt/Marmura, Der Islam II, S. 127 ff., Nagel, Die Festung, S. 17 und ders., Die Geschichte der islamischen Theologie, S. 32 ff.

(35) Vgl. hierzu oben Teil A. I. 5.

(36) Vgl. hierzu beispielsweise Watt/Marmura, Der Islam II, S. 127 ff. und Nagel, Geschichte der islamischen Theologie, S. 227 und S. 229.

(37) Vgl. hierzu Watt/Marmura, Der Islam II, S. 85 f. und S. 131 ff. sowie Nagel, Geschichte der islamischen Theologie, S. 31 ff.

Anmerkungen zu Teil A. V.

(1) Vgl. hierzu und zum Folgenden Nagel, Geschichte der islamischen Theologie, S. 101 f.

(2) Vgl. hierzu und zum Folgenden Paret, S. 63 ff., Khoury, S. 95 ff., Endreß, S. 37 ff., Watt/ Welch, Der Islam I, S. 60 ff. und Nagel, Geschichte der islamischen Theologie, S. 24 ff.

(3) Vgl. hierzu Khoury, S. 98 ff., insbes. S. 102 ff.

(4) Vgl. hierzu beispielsweise Halm, Der Islam, S. 7.

(5) Vgl. hierzu und zum Folgenden insbesondere Paret, S. 75 ff.

(6) Vgl. hierzu und zum Folgenden Watt/Marmura, Der Islam II, S. 144 ff., Nagel, Geschichte der islamischen Theologie, S. 102 ff. und van Ess, Theologie und Gesellschaft, Bd. 2, S. 493 ff.

(7) Vgl. hierzu und zum Folgenden Watt/Marmura, Der Islam II, S. 248, Nagel, Geschichte der islamischen Theologie, S. 102 und van Ess, Theologie und Gesellschaft, Bd. 2, S. 449 ff.

(8) Vgl. hierzu und zum Folgenden Watt/Marmura, Der Islam II, S. 191 ff., Nagel, Geschichte der islamischen Theologie, S. 106 ff. und van Ess, Theologie und Gesellschaft, Bd. 3, S. 32 ff.

(9) Vgl. hierzu auch oben Teil A. IV. 3.

(10) Vgl. hierzu auch van Ess, Theologie und Gesellschaft, Bd. 4, S. 617, Anm. 39.

(11) Vgl. hierzu van Ess, Theologie und Gesellschaft, Bd. 4, S. 628 f.

(12) Vgl. hierzu und zum Folgenden Watt/Marmura, Der Islam II, S. 220 f. sowie S. 250 ff., Nagel, Geschichte der islamischen Theologie, S. 105 ff. und van Ess, Theologie und Gesellschaft, Bd. 3, S. 270 ff. und S. 283 ff. sowie Bd. 4, S. 425 ff.

(13) Siehe van Ess, Theologie und Gesellschaft, Bd. 3, S. 284.

(14) Siehe Watt/Marmura, Der Islam II, S. 251.

(15) Siehe van Ess, Theologie und Gesellschaft, Bd.4, S. 442.

(16) Vgl. hierzu Watt/Marmura, Der Islam II, S. 285 und van Ess, Theologie und Gesellschaft, Bd. 4, S. 435 ff.

(17) Vgl. hierzu und zum Folgenden Watt/Marmura, Der Islam II, S. 285 sowie van Ess, Theologie und Gesellschaft, Bd. 4, S. 435.

(18) Vgl. hierzu beispielsweise Watt/Marmura, Der Islam II, S. 285 ff.

(19) Vgl. hierzu Endreß, S. 64 und Nagel, Geschichte der islamischen Theologie, S. 226.

(20) Vgl. hierzu und zum Folgenden Watt/Marmura, Der Islam II, S. 145 ff., S. 279 ff., S. 290 ff. und auch S. 432 f. sowie Nagel, Geschichte der islamischen Theologie, S. 126 ff. sowie van Ess, Theologie und Gesellschaft, Bd.4, S. 214 ff. und S. 604 ff.

(21) Vgl. hierzu van Ess, Theologie und Gesellschaft, Bd. 4, S. 616 f.

(22) Vgl. hierzu ebd., S. 629.

(23) Vgl. hierzu Nagel, Geschichte der islamischen Theologie, S. 109.

(24) Siehe van Ess, Theologie und Gesellschaft, Bd. 4, S. 626.

(25) Vgl. hierzu van Ess, Theologie und Gesellschaft, Bd. 4, S. 626.

(26) Vgl. hierzu und zum Folgenden oben Teil A. I. 5.

(27) Vgl. hierzu und zum Folgenden Watt/Marmura, Der Islam II, S. 147 und van Ess, Theologie und Gesellschaft, Bd. 3, S. 176 ff. sowie ebd., Bd. 4, S. 419 und S. 630.

(28) Vgl. hierzu oben Teil A. V. 5.

(29) Vgl. hierzu und zum Folgenden van Ess, Theologie und Gesellschaft, Bd. 3, S. 408 ff.

(30) Vgl. hierzu Watt/Marmura, Der Islam II, S. 279 f. und van Ess, Theologie und Gesellschaft, Bd. 4, S. 210 ff.

(31) Vgl. hierzu und zum Folgenden Watt/Marmura, Der Islam II, S. 279 ff und S. 285 ff. sowie van Ess, Theologie und Gesellschaft, Bd. 4, S. 180 ff., S. 443 f. und S. 615 ff.

(32) Vgl. hierzu van Ess, Theologie und Gesellschaft, Bd. 4, S. 187 ff. und S. 443 f.

(33) Siehe ebd., S. 444.

(34) Vgl. hierzu und zum Folgenden Watt/Marmura, Der Islam II, S. 294 ff. und Nagel, Geschichte der islamischen Theologie, S. 130 ff.

(35) Vgl. hierzu van Ess, Theologie und Gesellschaft, Bd. 4, S. 217 f.

(36) Vgl. hierzu und zum Folgenden Nagel, Geschichte der islamischen Theologie, S. 128 f.

(37) Vgl. hierzu und zum Folgenden Watt/Marmura, Der Islam II, S. 297 ff., Nagel, Geschichte der islamischen Theologie, S. 148 ff. und van Ess, Theologie und Gesellschaft, Bd. 3, S. 272.

(38) Vgl. hierzu und zum Folgenden Watt/Marmura, Der Islam II, S. 303 ff. und Nagel, Geschichte der islamischen Theologie, S. 143 ff.

Anmerkungen 271

(39) Vgl. hierzu und zum Folgenden Watt/Marmura, Der Islam II, S. 303 ff., Nagel, Die Festung, S.120 ff. und ders., Geschichte der islamischen Theologie, S. 148 ff.

(40) Vgl. hierzu Watt/Marmura, Der Islam II, S. 317.

(41) Vgl. hierzu und zum Folgenden oben Teil A. V. 7.

(42) Vgl. hierzu Watt/Marmura, Der Islam II, S. 317 und van Ess, Theologie und Gesellschaft, Bd. 4, S. 190.

(43) Vgl. hierzu Watt/Marmura, Der Islam II, S. 317.

(44) Siehe Nagel, Geschichte der islamischen Theologie, S. 131.

(45) Vgl. hierzu und zum Folgenden Watt/Marmura, Der Islam II, S. 395 ff., Nagel, Die Festung, S. 137 f. und S. 158 f. sowie ders., Geschichte der islamischen Theologie, S. 154 ff. und S. 165 ff.

(46) Vgl. hierzu oben Teil A. I. 6.

(47) Vgl. hierzu und zum Folgenden Watt/Marmura, Der Islam II, S. 404 ff., Nagel, Die Festung, S. 120 ff., S. 176 f. und S. 234 ff. sowie ders., Geschichte der islamischen Theologie, S. 159 ff.

(48) Vgl. hierzu oben Teil A. V. 7.

(49) Siehe Watt/Marmura, Der Islam II, S. 406.

(50) Vgl. hierzu und zum Folgenden Watt/Marmura, Der Islam II, S. 364 ff. und S. 407 ff. sowie Nagel, Geschichte der islamischen Theologie, S. 185 ff. und S. 200 ff.

Anmerkungen zu Teil B. I.

(1) Vgl. hierzu und zum Folgenden Moeller, S. 13 ff., Frank, Alte Kirche, S. 1 ff., Brox, S. 9 ff., Häfner, S. 83 ff. und Lange, Geschichte, S. 4 ff.

(2) Vgl. hierzu und zum Folgenden auch Bringmann, S. 199 ff.

(3) Vgl. hierzu und zum Folgenden Feine, S. 57 ff., Moeller, S. 79 ff., Frank, Alte Kirche, S. 72 ff., Brox, S. 59 ff., Link, S. 15 ff., Hill, S. 168 ff. sowie S. 188 ff., Brandt, S. 38 ff. sowie 108 ff., Herbers, S. 27 ff. und Lange, Geschichte, S. 40 ff.

(4) Vgl. hierzu und zum Folgenden insbesondere Frank, Alte Kirche, S. 83 f.

(5) Vgl. hierzu unten Teil B. V. 3.

(6) Vgl. hierzu Frank, Alte Kirche, S. 85.

(7) Vgl. hierzu und zum Folgenden Frank, Alte Kirche, S. 85 f. und Brox, S. 75 f.

(8) Vgl. hierzu auch Feine, S. 68 f.

(9) Vgl. hierzu unten Teil B. V. 4.

(10) Vgl. hierzu und zum Folgenden Moeller, S. 101 ff., Lange, Konzilien, S. 31 ff., Frank, Alte Kirche, S. 102 ff., Brox, S.184 ff. und Lange, Geschichte, S. 67 ff.

(11) Vgl. hierzu und zum Folgenden Dempf, S. 141 f., Frank, Alte Kirche, S. 137 f., Ottmann, S. 45 f. und Herbers, S. 43 f.

(12) Vgl. hierzu und zum Folgenden Moeller, S. 117 ff., Frank, Alte Kirche, S. 139, Lange, Geschichte, S. 75 ff., Brox, S. 64 f. und Herbers, S. 47 f.

(13) Vgl. hierzu Frank, Alte Kirche, S. 139, Herbers, S. 41 f. und S. 59 ff., Lange, Konzilien, S. 50 ff., Grünbart, Das Byzantinische Reich, S. 39 und S. 43 ff. und Hoping, Christologie, S. 118 ff.

(14) Vgl. hierzu insbesondere Feine, S. 100 und 101 f.

(15) Vgl. hierzu Feine, S. 98 ff., Link, S. 23 und auch Herbers, S. 25 sowie S. 34 ff.

(16) Vgl. hierzu und zum Folgenden Feine, S. 117 ff. Moeller, S. 128 f., Dhondt, in: FWG 10, S. 37 ff. und S. 73 ff., Link, S. 26 ff. sowie Herbers, S. 62 ff.

(17) Vgl. hierzu auch Feine, S. 97 ff.

(18) Vgl. hierzu Link, S. 31 f.

(19) Vgl. hierzu und zum Folgenden Feine, S. 201 ff., Moeller, S. 152 f., Dhondt, in: FWG 10, S. 198 ff., Link, S. 30 und Herbers, S. 97 ff.

(19a) Vgl. hierzu und zum Folgenden Feine, S. 131 ff. und S. 172 ff., Link, S. 27 ff. sowie Angenendt, S. 327 f. und S. 343.

(20) Vgl. hierzu und zum Folgenden Feine, S. 205 ff., Mitteis/Lieberich, S. 113 f., Link, S. 30 und Herbers, S. 104 ff.

(21) Vgl. hierzu Angenendt, S. 321.

(22) Vgl. hierzu Herbers, S. 105.

(23) Vgl. hierzu Feine, S. 210.

(24) Vgl. hierzu beispielsweise Bizer, S. 39 ff.

(25) Vgl. hierzu und zum Folgenden Feine, S. 212 ff., Moeller, S. 156 ff., Frank, Mönchtum, S. 51 ff., Brooke, S. 53 ff., Link, S. 30 ff. und Herbers, S. 115 ff.

(26) Vgl. hierzu und zum Folgenden Frank, Mönchtum, S. 71 ff. und Brooke, S. 158 ff.

(27) Vgl. hierzu und zum Folgenden Feine, S. 212 ff., Moeller, S. 154 ff., Link, S. 31 ff. und Herbers, S. 115 ff.

(28) Vgl. hierzu Link, S. 34.

(29) Vgl. hierzu und zum Folgenden Feine, S. 243 ff., Moeller, S. 181 ff., Link, S. 44 ff. und Herbers, S. 172 ff.

(30) Vgl. hierzu Herbers, S. 161 f.

(31) Vgl. hierzu und zum Folgenden Feine, S. 246, Moeller, S. 200 ff., Link, S. 44 ff. und Herbers, S. 217 ff.

(32) Vgl. hierzu und zum Folgenden Feine, S. 374 ff., Bizer, S. 108 sowie S. 118 f., Moeller, S. 200 ff., Link, S. 46 f. und Herbers, S. 237 ff.

(33) Vgl. hierzu und zum Folgenden Feine, S. 382, Dempf, S. 430 ff., insbes. S. 439, sowie S. 504 ff., insbes. S. 518, Bizer, S. 123, Leppin, Wilhelm von Ockham, S. 198 ff. und Herbers, S. 238 ff.

(34) Vgl. hierzu und zum Folgenden Feine, S. 382 f., Dempf, S. 539 ff., Link, S. 47 f. und Herbers, S. 254 ff. sowie zu Johannes Quidort von Paris Dempf, S. 422 ff., insbes. S. 427 ff.

(35) Vgl. hierzu und zum Folgenden Dempf, S. 511 f., Frank, Mönchtum, S. 93 ff. sowie S. 120 ff., Leppin, Wilhelm von Ockham, S. 172 ff. und Herbers, S. 242.

Anmerkungen

(36) Vgl. hierzu und zum Folgenden Bizer, S. 124 f., S. 128 f. und auch S. 132 ff., Moeller, S. 219 f. und Herbers, S. 254 ff.

(37) Vgl. hierzu und zum Folgenden Feine, S. 384 ff., Bizer, S. 125 ff., Moeller, S. 217 f., Link, S. 48 ff., Herbers, S. 258 ff. und Lange, Konzilien, S. 77 ff.

(38) Vgl. hierzu und zum Folgenden Feine, S. 394 ff., Bizer, S. 134 ff., Link, S. 50 f., Herbers, S. 267 ff. und Lange, Konzilien, S. 84 ff.

(39) Vgl. hierzu und zum Folgenden Feine, S. 398 ff. sowie S. 407 ff. und Link, S. 51 ff.

(40) Vgl. hierzu unten Teil B. II. 3.

Anmerkungen zu Teil B. II.

(1) Vgl. hierzu und zum Folgenden Mitteis/Lieberich, S. 236 f., Schild, S. 10 ff. und S. 125 ff., Kroeschell, Bd. 1, S. 128 ff. und S. 196 ff. sowie Link, S. 12 f., S. 18, S. 21 f., S. 23 f. u. S. 26 ff.

(2) Vgl. hierzu und zum Folgenden Mitteis/Lieberich, S. 237 und S. 355.

(3) Vgl. hierzu und zum Folgenden Feine, S. 269 f., S. 277 f. und S. 360 ff., Link, S. 23 f., S. 32 f. und S. 35 ff. sowie Herbers, S. 135 ff., 155 ff. und S. 193 ff.

(4) Vgl. hierzu oben Teil B. II. 2.

(5) Vgl. hierzu oben Teil B. I. 5.

(6) Vgl. hierzu und zum Folgenden Feine, S. 407 ff. und Link, S. 51 ff.

(7) Vgl. hierzu Link, S. 21 und auch Frank, Grundzüge, S.139 sowie Brox, S. 64 f.

(8) Vgl. hierzu oben Teil B. II. 2.

(9) Vgl. hierzu und zum Folgenden Conrad, S. 23, S. 26 und S.61 ff., Mitteis/Lieberich, S. 71 ff., S.82 ff., S. 91 ff., S. 103 f., S. 177 ff., S. 231 ff. und S. 268 ff., Kroeschell, Bd.1, S. 69 ff. und S. 83 ff.

(10) Vgl. hierzu und zum Folgenden Feine, S. 208 f., Mitteis/Lieberich, S. 80 ff. und Kroeschell, Bd. 1, S. 128 ff.

(11) Vgl. hierzu und zum Folgenden Mitteis/Lieberich, S. 81 f.

(12 Vgl. hierzu und zum Folgenden auch Köbler, S. 273 ff.

(13) Vgl. hierzu und zum Folgenden oben Teil B. II. 2.

(14) Vgl. hierzu Mitteis/Lieberich, S. 95 und Schild, S. 156.

(15) Vgl. hierzu und zum Folgenden auch Feine, S. 364 ff., Angenendt, S. 196 ff. und Herbers, S. 193 f.

(15a) Vgl. hierzu Herbers, S. 194.

(16) Vgl. hierzu und zum Folgenden Mitteis/Lieberich, S. 26 f. und S. 56 f., Kölmel, S. 389 ff., Angenendt, S. 300 f. und S. 347 ff., H.-D. Wendland, in: RGG, 3. Aufl., Bd. 6, Sp. 101 ff., Erler, in: HRG, Bd. 4, Sp. 1682 ff. sowie R. Klein, in: TRE, Bd. 31, S. 379 ff.

(17) Vgl. hierzu Angenendt, S. 713 f.

(18) Vgl. hierzu ebd., S. 630 f.

(19) Vgl. hierzu und zum Folgenden Bosl, in: Hdb. der deutschen Geschichte, Bd. 7, S. 62 ff. und S. 108 ff. sowie Dhondt, in: FWG, Bd. 10, S. 31 ff.

(20) Vgl. hierzu Mitteis/Lieberich, S. 56.

(21) Vgl. hierzu Kölmel, S. 393 und Angenendt, S. 347.

(22) Vgl. hierzu und zum Folgenden Piepenbrink, S. 29 ff. und Angenendt, S. 261 ff.

(23) Vgl. hierzu beispielsweise Landesmann, S. 92 ff., Veyne, in: Geschichte des privaten Lebens, hsg. von Philippe Ariès und Georges Duby, Bd.1, S. 45 ff. und S. 79 ff. sowie Blanck, S. 88 ff. und S. 101 ff.

(24) Vgl. hierzu Angenendt, S. 274, Piepenbrink, S. 37 und Mikat, in: HRG, Bd.1, Sp. 826.

(25) Vgl. hierzu Crouzel, in: TRE, Bd. 9, S. 327.

(26) Vgl. hierzu und zum Folgenden Ennen, S. 32 ff. und Angenendt, S. 269 ff.

(27) Vgl. hierzu Ennen, S. 46 f. und Angenendt, S. 274.

(28) Vgl. hierzu Merzbacher, in: HRG, Bd. 1, Sp. 835.

(29) Vgl. hierzu und zum Folgenden Feine, S. 358 und Mikat, in: HRG, Bd. 1, Sp. 826.

Anmerkungen zu Teil B III.

(1) Vgl. hierzu und zum Folgenden Scheuerl, S. 33 ff., Riché, in: TRE, Bd. 6, S. 595 ff. und Nonn, S. 57 ff.

(2) Vgl. hierzu Nonn, S. 58.

(3) Vgl. hierzu Riché, in: TRE, Bd. 6, S. 601.

(4) Vgl. hierzu Riché, in: TRE, Bd. 6, S. 604 und Nonn, S. 61.

(5) Vgl. hierzu Riché, in: TRE, Bd. 6, S. 604.

(6) Vgl. hierzu Weimer/Weimer, S. 34 ff. und Rudolf Endres, S. 144 ff.

(7) Vgl. hierzu und zum Folgenden Schelsky, S. 14 ff., Störig, S. 152, Prahl, S. 41 ff., Scheuerl, S. 46 ff., Mazal, S. 44 ff., Koch, S. 17 ff., Nonn, S. 96 ff. und Fisch, S. 7 ff.

(8) Vgl. hierzu Nonn, S. 103 und Koch, S. 39.

(9) Vgl. hierzu Koch, S. 41.

(10) Vgl. hierzu Koch, S. 34.

(11) Vgl. hierzu Nonn, S. 104.

(12) Vgl. hierzu Nonn, S. 103 und Koch, S. 39.

(13) Vgl. hierzu Prahl, S. 63.

(14) Vgl. hierzu Prahl, S. 60.

(15) Vgl. hierzu und zum Folgenden Schelsky, S. 17.

(16) Vgl. hierzu oben Teil A. III. 3.

Anmerkungen zu Teil B. IV.

(1) Vgl. hierzu und zum Folgenden Moeller, S. 111 ff., Lohse, S. 105 f., Heldt, in: Pauly, S. 62 f., Evans, in: TRE, Bd. 27, S. 110 f. und Pesch, in TRE, Bd. 36, S. 79 ff.

(2) Vgl. hierzu und zum Folgenden auch Faber, S. 85 f.

(3) Vgl. hierzu und zum Folgenden insbesondere Pesch, in: TRE, Bd. 36, S. 81.

(4) Vgl. hierzu und zum Folgenden Bizer, S. 33 f., Moeller, S. 153, Schäferdiek, in: TRE, Bd. 14, S. 108 ff., Evans, in: TRE, Bd. 27, S. 111 f., und Pesch, in: TRE, Bd. 36, S. 81.

(5) Vgl. hierzu und zum Folgenden Goetz, S. 214 ff., Angenendt, S. 97 f., Hödl, in: TRE, Bd. 2, S. 773 ff., Evans, in: TRE, Bd. 27, S. 112 ff. und Pesch, in: TRE, Bd. 36, S. 82 f.

(6) Vgl. hierzu und zum Folgenden Moeller, S. 191, Barth, S. 46 f. und Pesch, in: TRE, Bd. 36, S. 83 ff.

(7) Vgl. hierzu auch Evans, in: TRE, Bd. 27, S. 115.

(8) Vgl. hierzu und zum Folgenden Moeller, S. 206 f., W. Dettloff, in: Klassiker, S. 226 ff., Martin Anton Schmidt, S. 696 ff., W. Dettloff, in: TRE, Bd. 9, S. 227 f., W.-D. Hauschild, in: TRE, Bd. 13, S. 488 f., Evans, in: TRE, Bd. 27, S. 116 und Pesch, in: TRE, Bd. 36, S. 86.

(9) Vgl. hierzu und zum Folgenden insbesondere auch W. Dettloff, in: TRE, Bd. 28, S. 310 ff. und Martin Anton Schmidt, S. 698 ff.

(10) Vgl. hierzu und zum Folgenden Leppin, S. 84 ff. und S. 149 ff., Dettloff, Akzeptationslehre, S. 253 ff., Evans, in: TRE, Bd. 27, S. 116 f. und Pesch, in: TRE, Bd. 36, S. 86 f.

(11) Vgl. hierzu und zum Folgenden Brox, S. 124 ff., Frank, Grundzüge, S. 53 ff., Angenendt, S. 626 ff. und Becker, in: TRE, Bd. 7, S. 447 ff.

(12) Vgl. hierzu und zum Folgenden Moeller, S. 134 f., Angenendt, S. 631 ff., Faber, S. 128 f. und Benrath, in: TRE, Bd. 7, S. 459 f.

(13) Vgl. hierzu insbesondere Angenendt, S. 637 f.

(14) Vgl. hierzu und zum Folgenden Angenendt, S. 644 ff., Faber, S. 130 f. und Benrath, in: TRE, Bd. 7, S. 460 ff.

(15) Vgl. hierzu Lange, Konzilien, S. 102 f.

(16) Vgl. hierzu und zum Folgenden Moeller, S. 215 f. und Angenendt, S. 652 ff.

Anmerkungen zu Teil B. V.

(1) Vgl. hierzu und zum Folgenden Moeller, S. 18 ff., Barth, S. 13 ff., Brox, S. 12 ff., Cebulj, in: Pauly (Hsg.), Geschichte der christlichen Theologie, S. 18 f., Angenendt, S. 89 ff. sowie Armstrong, S. 141 ff.

(2) Vgl. hierzu und zum Folgenden Cebulj, in: Pauly (Hsg.), Geschichte der christlichen Theologie, S. 19 ff., Angenendt, S. 121 ff. und Hoping, S. 75 ff. und S. 85 ff.

(3) Vgl. zum johanneischen Christus-Verständnis Lohse, S. 81 f., Cebulj, in: Pauly (Hsg.), Geschichte der christlichen Theologie, S. 31 ff. und Hoping, S. 82 ff.

(4) Vgl. hierzu und zum Folgenden Moeller, S. 35 ff., Lohse, S. 49 ff., Frank, S. 15 ff. sowie Heldt, in: Pauly (Hsg.), Geschichte der christlichen Theologie, S. 35 ff.

(5) Vgl. hierzu und zum Folgenden Moeller, S. 53 ff., Brox, in: Fries/Kretschmar (Hsg.), Klassiker der Theologie, Bd. 1, S. 11 ff., Heldt, in: Pauly (Hsg.), Geschichte der christlichen Theologie, S. 40 ff. und Leeb, in: Danz (Hsg.), Kanon der Theologie, S. 11 ff.

(6) Vgl. hierzu und zum Folgenden auch Wischmeyer, in: Danz (Hsg.), Kanon der Theologie, S. 18 ff.

(7) Vgl. hierzu und zum Folgenden Kretschmar, in: Fries/Kretschmar (Hsg.), Klassiker der Theologie, Bd. 1, S. 26 ff. und Strutwolf, in: Danz (Hsg.), Kanon der Theologie, S. 22 ff.

(8) Vgl. hierzu und zum Folgenden Moeller, S. 95 ff., Lohse, S. 55 ff., Barth, S. 26 ff., Brox, S. 174 ff., Frank, S. 94 ff., Heldt, in: Pauly (Hsg.), Geschichte der christlichen Theologie, S. 51 ff. und Lange, Konzilien, S.22 ff.

(9) Vgl. hierzu Lange, Konzilien, S. 23 f.

(10) Vgl. hierzu und zum Folgenden Moeller, S. 97 ff., Lohse, S. 63 ff., Barth, S. 28 f. Brox, S. 179 ff., Frank, S. 95 ff., Heldt, in: Pauly (Hsg.), Geschichte der christlichen Theologie, S. 55 f. und Lange, Konzilien, S. 25 ff.

(11) Vgl. hierzu und zum Folgenden Moeller, S. 101 ff., Lohse, S. 86 ff., Brox, S. 184 ff., Frank, S. 102 ff., Heldt, in: Pauly (Hsg.), Geschichte der christlichen Theologie, S. 56 f. und Lange, Konzilien, S. 31 ff.

(12) Vgl. hierzu und zum Folgenden Moeller, S. 125 f., Lohse, S. 100 ff., Brox, S. 195 ff., Frank, S. 108 f. und Lange, Konzilien, S. 43 ff.

(13) Vgl. hierzu und zum Folgenden Schrimpf, in: TRE, Bd.17, S. 156 ff., Braun, in: Pauly (Hsg.), Geschichte der christlichen Theologie, S. 70 f. und Goetz, S. 160 ff.

(14) Vgl. hierzu und zum Folgenden Ohly, S. 1 ff., Mühlenberg, in: TRE, Bd. 30, S. 473 ff., Angenendt, S. 169 ff., Körtner, S. 98 ff., Mazal, Bd. 1, S. 211 ff. und Wilken, S. 51 ff.

(15) Vgl. hierzu und zum Folgenden Störig, S. 229 f., Landesmann, S. 15 ff., Reventlow, S. 61 f. und Mazal, Bd. 1, S. 425.

(16) Vgl. hierzu und zum Folgenden Moeller, S. 59 f., Mühlenberg, in: TRE, Bd. 30, S. 475 f., Kretschmar, in: Fries/Kretschmar (Hsg.), Klassiker der Theologie, Bd. 1, S. 30 ff., Strutwolf, in: Danz (Hsg.), Kanon der Theologie, S. 27.

(17) Vgl. hierzu auch Mühlenberg, in: TRE, Bd. 30, S. 479 und Reventlow, S. 77 ff.

(18) Siehe Angenendt, S. 171 und auch Mazal, Bd. 1, S. 212.

(19) Vgl. hierzu und zum Folgenden Mühlenberg, in: TRE, Bd. 30, S. 479 f., Angenendt, S. 178 ff., sowie Reventlow, S. 174 ff. und S. 195 ff.

(20) Vgl. hierzu und zum Folgenden Reventlow, S. 259 ff.

(21) Vgl. hierzu Angenendt, S. 179 und Mazal, Bd. 1, S. 212.

(22) Vgl. hierzu Goetz, S. 187 und S. 192.

(23) Vgl. hierzu und zum Folgenden Moeller, S. 172 ff., Barth, S. 34 ff., Heinzmann, in: Fries/Kretschmar (Hsg.), Klassiker, Bd. 1, S. 165 ff., Rieger, in: Danz (Hsg.), Kanon, S. 59 ff. und Goetz, S. 213 ff.

Anmerkungen 277

(24) Vgl. hierzu und zum Folgenden Moeller, S. 174 f., Braun, in: Pauly (Hsg.), Geschichte der christlichen Theologie, S. 82 ff., Klitzsch, in: Danz (Hsg.), Kanon, S. 66 ff. u. Goetz, S. 202 ff.

(25) Vgl. hierzu und zum Folgenden Moeller, S. 189 ff., Barth, S. 37 ff., Braun, in: Pauly (Hsg.), Geschichte der christlichen Theologie, S. 87 ff., Kühn, in: Fries/Kretschmar (Hsg.), Klassiker, Bd.1, S. 212 ff. und Rose, in: Danz (Hsg.), Kanon, S. 85 ff.

(26) Vgl. hierzu oben Teil B. IV. 3.

(27) Vgl. hierzu und zum Folgenden Moeller, S. 206 f., Barth, S. 39 ff., Braun, in: Pauly (Hsg.), Geschichte der christlichen Theologie, S. 90 f., Dettloff, in: Fries/ Kretschmar (Hsg.), Klassiker, Bd. 1, S. 226 ff. und Leppin, in: Danz (Hsg.), Kanon, S. 91 ff.

(28) Vgl. hierzu und zum Folgenden Moeller, S. 207 f., Schlageter, in: Fries/Kretschmar (Hsg.), Klassiker, Bd. 1, S. 238 ff. und Leppin, Wilhelm von Ockham, S. 73 ff. und S. 144 ff.

(29) Vgl. hierzu oben Teil B. IV. 4.

Anmerkungen zu Teil C. I. 1.

(1) Vgl. hierzu beispielsweise Nagel, Staat und Glaubensgemeinschaft, S. 426 ff. und Berger, in: WBG-Weltschichte III, S. 253.

(2) Vgl. hierzu und zum Folgenden oben Teil A. I.

(3) Vgl. hierzu oben Teil A. IV. 1.

(4) Vgl. hierzu Endreß, S. 115.

(5) Vgl. hierzu beispielsweise Angelika Hartmann, An-Nasir, S. 173.

(6) Vgl. hierzu unten Teil C. I. 3. b).

(7) Vgl. hierzu und zum Folgenden oben Teil B. I.

(8) Vgl. hierzu und zum Folgenden beispielsweise Brox, S. 97 ff.

(9) Vgl. hierzu und zum Folgenden beispielsweise Herbers, S. 97 ff., insbes. S. 109 f.

(10) Vgl. hierzu beispielsweise Brooke, S. 56 ff.

(11) Vgl. hierzu beispielsweise Link, S. 35.

(12) Vgl. hierzu beispielsweise Bosl, Europa im Mittelalter, S. 183 und Feine, S. 222 f.

(13) Vgl. hierzu und zum Folgenden beispielsweise E. Goez, Papsttum und Kaisertum im Mittelalter, S. 63 f. und Link, S. 35.

(14) Vgl. hierzu Baethgen, in: Hdb. der deutschen Geschichte, Band 6, S. 115.

Anmerkungen zu Teil C. I. 2.

(1) Vgl. hierzu und zum Folgenden oben Teil A. II.

(2) Vgl. hierzu und zum Folgenden beispielsweise Lüders, Allahs langer Schatten, S. 80 und Nagel, Festung, S. 14.

(3) Vgl. hierzu und zum Folgenden oben Teil B. II.

Anmerkungen zu Teil C. I. 3.

(1) Vgl. hierzu und zum Folgenden oben Teil B. III.

(2) Vgl. hierzu und zum Folgenden oben Teil A. III.

(3) Vgl. hierzu beispielsweise Feine, S. 166 f. und S. 313 ff.

Anmerkungen zu Teil C. I. 4.

(1) Vgl. hierzu und zum Folgenden oben Teil A. IV.

(2) Vgl. hierzu beispielsweise van Ess, Zwischen Hadit und Theologie, S. 183.

(3) Vgl. hierzu ebd., S. 70 und S. 191.

(4) Vgl. hierzu van Ess, Zwischen Hadit und Theologie, insbesondere S. 56 ff.

(5) Vgl. hierzu beispielsweise ebd., S. 80 und S. 155 ff.

(6) Vgl. hierzu und zum Folgenden oben Teil B. IV.

(7) Vgl. hierzu W.-D. Hauschild, in: TRE, Bd. 13, S. 480.

(8) Vgl. hierzu und zum Folgenden oben Teil B. IV. 5.

(9) Vgl. hierzu Lange, Konzilien, S. 95 ff.

(10) Vgl. hierzu und zum Folgenden oben Teil A. IV. 5.

(11) Vgl. hierzu Jaros, S.16 und Ohlig, S. 105.

(12) Vgl. hierzu und zum Folgenden oben Teil A IV. 6.

Anmerkungen zu Teil C. I. 5.

(1) Vgl. hierzu oben Teil A. I. 6. sowie Anhang I.

(2) Vgl. hierzu und zum Folgenden oben Teil A. I. 5. und Teil A. V. 6. und 7.

(3) Vgl. hierzu auch A. Noth, in: Noth/Paul (Hsg.), Der islamische Orient, S. 124 f.

(4) Vgl. hierzu und zum Folgenden oben Teil A. V. 8. und 9.

(5) Vgl. hierzu oben Teil A. I. 6.

(6) Vgl. hierzu und zum Folgenden oben Teil A. V. 3. und 4.

(7) Siehe van Ess, Theologie und Gesellschaft, Bd. 2, S. 501.

(8) Vgl. hierzu van Ess, Theologie und Gesellschaft, Bd. 4, S. 612 ff., insbesondere S. 616 und S. 626.

(9) Vgl. hierzu Watt/Marmura, Bd. II, S. 251.

(10) Vgl. hierzu und zum Folgenden oben Teil A. V. 6.

(11) Vgl. hierzu Watt/Marmura, Bd. II, S. 177 ff.

(12) Vgl. hierzu und zum Folgenden oben Teil B. V. 1.

(13) Vgl. hierzu und zum Folgenden oben Teil B. V. 2., 3. und 4.

(14) Vgl. hierzu oben Teil B. V. 5.

(15) Vgl. hierzu und zum Folgenden oben Teil B. V. 6. und auch Goetz, S. 202.

(16) Vgl. hierzu und zum Folgenden beispielsweise auch Precht, S. 441 f.

(17) Vgl. hierzu und zum Folgenden oben Teil B. V. 6.

(18) Vgl. hierzu und zum Folgenden oben Teil B. I. 2.

(19) Vgl. hierzu und zum Folgenden oben Teil A. V. 6. und 7.

(20) Vgl. hierzu und zum Folgenden oben Teil B. V., Exkurs.

Anmerkungen zu Teil C. II.

(1) Vgl. hierzu und zum Folgenden oben Teil B. I. 1. und B. V. 1.

(2) Vgl. hierzu und zum Folgenden oben Teil A. I. 1.

(3) Vgl. hierzu und zum Folgenden oben Teil A. II. 1. und II. 5. sowie Noth, in: Haarmann/Halm (Hsg.), Geschichte der arabischen Welt, S. 41 ff.

(4) Vgl. hierzu oben Teil A. I. 1.

(5) Vgl. zu den im Folgenden jeweils angesprochenen Themen gegebenenfalls die entsprechenden Kapitel in Teil A. und B. sowie im Vergleichsteil C. I.

Anmerkungen zum Schlussteil und zum Nachwort

(1) Vgl. hierzu in Bezug auf den Islam auch die in der Einleitung bereits erwähnte Untersuchung ‚Versiegelte Zeit' von Dan Diner.

(2) Vgl. hierzu und zum Folgenden beispielsweise Stanford J. Shaw, in: G. E. von Grunebaum (Hsg.), Der Islam, Bd. 2 (FWG), S. 96 f.

(3) Vgl. hierzu und zum Folgenden ebd., S. 125 f. sowie Matuz, S. 224 ff. u. Pohanka, S. 191 ff.

(4) Vgl. hierzu beispielsweise Ernst Walter Zeeden, S. 186 ff.

(5) Vgl. hierzu und zum Folgenden beispielsweise Stanford J. Shaw, in: G. E. von Grunebaum (Hsg.), Der Islam, Bd. 2 (FWG), S. 128 f.

(6) Vgl. hierzu beispielsweise auch Nagel, Recht, S. 149.

(7) Vgl. hierzu beispielsweise Henning Ottmann, S. 112 f. und S. 208 f.

(8) Vgl. hierzu und zum Folgenden oben Teil C. II. 2.

(9) Vgl. hierzu beispielsweise Hans Zirker, S. 163 f.

(10) Vgl. hierzu zum Beispiel G. E. von Grunebaum (Hsg.), Der Islam, Bd. 2, S. 15 f. (Einleitung).

(11) Lutz Berger, Religion, Politik und die Geburt des Islam, in: WBG-Weltgeschichte, Bd. 3, S. 121 f.

(12) Vgl. zum Unterschied zwischen mekkanischen und medinensischen Suren beispielsweise Halm, Der Islam, S. 15.

(13) Vgl. hierzu oben Teil A. I. 1.

Literaturverzeichnis

I. Quellen

Das Buch der vierzig Hadithe, von al-Nawawi, übersetzt und herausgegeben von Marco Schöller, Insel Verlag Frankfurt/M. und Leipzig 2007

Die Bibel (Einheitsübersetzung), Lizenzausgabe für den Verlag Herder, Freiburg 1980

Max Henning, Der Koran (dt. Übers.), Philipp Reclams Universalbibliothek, Bd.4206, Stuttgart 1960

II. Nachschlagewerke

Encyclopaedia of Islam, New edition (EI 2), 11 Bde., Leiden 1986–2002

Handwörterbuch zur deutschen Rechtsgeschichte (HRG), 1.Aufl., 5 Bde., Berlin 1964–1998

Lexikon des Mittelalters (LMA), 9 Bde., München/Zürich 1980–1998

Lexikon für Theologie und Kirche (LTK), 3. Aufl., 11 Bde., Freiburg i.Br. 1993–2001

Religion in Geschichte und Gegenwart (RGG), 3. Aufl., 6 Bde., Tübingen 1957–1962

Theologische Realenzyklopädie (TRE), 36 Bde., Berlin/New York 1977–2004

III. Sekundärliteratur

Abdel-Samad, Hamed, Der Untergang der islamischen Welt, München 2010

Akbulut, Ahmet, Die erste politische Krise, in: Heinzmann/Selcuk (Hsg.), Das Verhältnis von Religion und Staat, S. 47 ff.

Albayrak, Halis, Zum koranischen Begriff ‚Gehorsam gegenüber Gott und dem Propheten' und die politischen Folgen, in. Heinzmann/Selcuk (Hsg.), Das Verhältnis von Religion und Staat, 29 ff.

Al-Jabri, Abed, Mohammed, Kritik der arabischen Vernunft, Berlin 2009

Andresen, Carl u. a. (Hsg.), Die Lehrentwicklung im Rahmen der Katholizität, Göttingen 1982

Angenendt, Arnold, Geschichte der Religiosität im Mittelalter, 4. Aufl., Darmstadt 2009

Ariès, Philippe / *Duby,* Georges (Hsg.), Geschichte des privaten Lebens, Bd. 1: Vom römischen Imperium zum Byzantinischen Reich, hsg. von Paul Veyne, Augsburg 1999

III. Sekundärliteratur 281

Armstrong, Karen, Die Geschichte von Gott. 4000 Jahre Judentum, Christentum und Islam, München 2012

Baethgen, Friedrich, Schisma und Konzilszeit, in: Gebhardt, Handbuch der deutschen Geschichte, B. 6 (dtv), München 1973

Barth, Hans-Martin, Die christliche Gotteslehre, Gütersloh 1974

Bauer, Thomas, Die Kultur der Ambiguität. Eine andere Geschichte des Islams, Berlin 2011

Becker, Jürgen, Art. ‚Buße IV: Neues Testament', in: TRE; Bd. 7, S. 446 ff.

Benrath, Gustav Adolf, Art. ‚Buße V: Historisch: Alte Kirche, Mittelalter, Reformationszeit', in: TRE, Bd. 7, S. 452 ff.

Benzine, Rachid, Islam und Moderne. Die neuen Denker, Berlin 2012

Berger, Lutz, Islamische Theologie, Wien 2010 (UTB 3303)

Berger, Lutz, Religion, Politik und die Geburt des Islam, in: WBG-Weltgeschichte, Bd. 3: Weltdeutungen und Weltreligionen 600 bis 1500, 2. Aufl., Darmstadt 2015, S. 117 ff.

Berger, Lutz, Muslimische Herrschaftsordnung und Herrschaftsverdichtung, in: WBG-Weltgeschichte, Bd. 3: Weltdeutungen und Weltreligionen 600 bis 1500, 2. Aufl., Darmstadt 2015, S. 238 ff.

Bergsträsser, G., Grundzüge des islamischen Rechts, bearb. und hsg. von Joseph Schacht, Berlin/Leipzig 1935

Bizer, Ernst, Kirchengeschichte Deutschlands I, Frankfurt am Main /Berlin/Wien 1970

Blanck, Horst, Einführung in das Privatleben der Griechen und Römer, Darmstadt 1976

Bosl, Karl, Staat, Gesellschaft, Wirtschaft im deutschen Mittelalter, in: Gebhardt, Handbuch der deutschen Geschichte, Bd. 7 (dtv), München 1973

Bosl, Karl, Europa im Mittelalter, 2. Aufl., Bayreuth 1978

Brandt, Hartwin, Konstantin der Große. Der erste christliche Kaiser, 2. Aufl., München 2007

Braun, Bernhard, Das Mittelalter, in: Wolfgang Pauly (Hsg.), Geschichte der christlichen Theologie, Darmstadt 2008

Bringmann, Klaus, Geschichte der Juden im Altertum, Stuttgart 2005

Brooke, Christopher, Die Klöster. Geist, Kultur, Geschichte, Freiburg 2001

Brox, Norbert, Kirchengeschichte des Altertums, 6. Aufl., Düsseldorf 1998

Brox, Norbert, Art. ‚Irenäus', in: Heinrich Fries/Georg Kretschmar, (Hsg.), Klassiker der Theologie I, München 1981

Cahen, Claude, Der Islam. Vom Ursprung bis zu den Anfängen des Osmanenreiches, Frankfurt am Main 1968 (FWG, Bd. 14)

Cebulj, Christian, Biblische Theologie, in: Wolfgang Pauly (Hsg.), Geschichte der christlichen Theologie, Darmstadt 2008

Conrad, Hermann, Der deutsche Staat, Frankfurt am Main/Berlin 1969

Crouzel, Henri, Art. ‚Ehe/kirchliches Eherecht', in: TRE, Bd.9, S.325 ff.

Danz, Christian (Hsg.), Kanon der Theologie, Darmstadt 2009

Demir, Hüseyin, Die osmanischen Medresen, Frankfurt am Main/Bern/New York/Paris

Dempf, Alois, Sacrum Imperium. Geschichts- und Staatsphilosophie des Mittelalters und der politischen Renaissance, Darmstadt 1962

Dettloff, Werner, Die Entwicklung der Akzeptations- und Verdienstlehre von Duns Scotus bis Luther, Münster 1962

Dettloff, Werner, Art. ‚Johannes Duns Scotus', in: H. Fries/G. Kretschmar (Hsg.), Klassiker der Theologie I, S. 226 ff.

Dettloff, Werner, Art. ‚Duns Scotus', in: TRE, Bd. 9, 1982, S. 218 ff.

Dettloff, Werner, Art. ‚Rechtfertigung III: Alte Kirche und Mittelalter', in: TRE, Bd. 28, S. 308 ff.

Dhondt, Jan, Das frühe Mittelalter, in: FWG, Bd. 10, Frankfurt am Main 1968

Dilger, Konrad, Tendenzen der Rechtsentwicklung, in: Werner Ende/Udo Steinbach (Hsg.), Der Islam in der Gegenwart, 3. Aufl., München 1991, S. 170 ff.

Diner, Dan, Versiegelte Zeit. Über den Stillstand in der islamischen Welt, 3. Aufl., Berlin 2010

Dostal, Walter, Die Araber in vorislamischer Zeit, in: Albrecht Noth/Jürgen Paul (Hsg.) Der islamische Orient, S. 25 ff.

Ehrhardt, H., Art. ‚Sklaverei im mittelalterlichen Nordeuropa', in: LMA, Bd. 7, Sp. 1980 f.

Ende, Michael/*Steinbach*, Udo (Hsg.), Der Islam in der Gegenwart, 3. Aufl., München 1991

Endres, Rudolf, Die Bedeutung des lateinischen und deutschen Schulwesens für die Entwicklung der fränkischen Reichsstädte des Spätmittelalters und der frühen Neuzeit, in: Lenz Kriss-Rettenbeck/Max Liedtke (Hsg.), Schulgeschichte im Zusammenhang der Kulturentwicklung, Bad Heilbrunn/Obb. 1983

Endreß, Gerhard, Der Islam. Eine Einführung in seine Geschichte, 3. Aufl., München 1997

Ennen, Edith, Frauen im Mittelalter, 2. Aufl., München 1985

Erler, Adalbert, Art. ‚Sklaverei', in: HRG, 1. Aufl., Bd. 4, 1990, Sp. 1682 ff.

van *Ess*, Josef, Theologie und Gesellschaft im 2. und 3. Jahrhundert Hidschra. Eine Geschichte des religiösen Denkens im frühen Islam, Bd. 1–4, Berlin/New York 1991–1997

van *Ess*, Josef, Zwischen Hadith und Theologie, Berlin/New York 1975

Evans, Gillian R., Art. ‚Prädestination in der Alten Kirche und im Mittelalter', in: TRE, Bd. 27, S. 110 ff.

Faber, Eva-Maria, Einführung in die katholische Sakramentenlehre, 3. Aufl., Darmstadt 2011

Falaturi, Abdoljavad, Der Koran: Zeugnis der Geschichte seiner Zeit, in: Albrecht Noth/Jürgen Paul (Hsg.), Der islamische Orient, S. 45 ff.

Faroqhi, Suraiya, Kultur und Alltag im Osmanischen Reich, München 1995

Faroqhi, Suraiya, Geschichte des Osmanischen Reiches, 3. Aufl., München 2004

Feine, Hans Erich, Kirchliche Rechtsgeschichte, Bd. 1: Die katholische Kirche, Weimar 1950

Feldmeier, Reinhard/*Winet*, Monika (Hsg.), Gottesgedanken, Tübingen 2016

Fisch, Stefan, Geschichte der europäischen Universität, München 2015

Frank, Karl Suso, Grundzüge der Geschichte der Alten Kirche, 2. Aufl., Darmstadt 1987

Frank, Karl Suso, Geschichte des christlichen Mönchtums, 5. Aufl., Darmstadt 1993

Fried, Johannes/*Hehl*, Ernst-Dieter (Hsg.) Weltgeschichte, Bd.3: Weltdeutungen und Weltreligionen 600 bis 1500, 2. Aufl., Darmstadt 2015

Fries, Heinrich/*Kretschmar*, Georg (Hsg.), Klassiker der Theologie I, München 1981

Goetz, Hans-Werner, Gott und die Welt. Religiöse Vorstellungen des frühen und hohen Mittelalters. Teil I, Band 1: Das Gottesbild, Berlin 2012

Goez, Elke, Papsttum und Kaisertum im Mittelalter, Darmstadt 2009

Le Goff, Jacques, Das Hochmittelalter, in: FWG, Bd. 11, Frankfurt am Main 1965

Gottschalk, Hans L., Die Kultur der Araber, in: Die Kultur des Islams, Frankfurt am Main 1971

Grünbart, Michael, Das Byzantinische Reich, Darmstadt 2014

Grundmann, Herbert, Wahlkönigtum, Territorialpolitik und Ostbewegung im 13. und 14. Jahrhundert, in: Gebhardt, Handbuch der deutschen Geschichte, Bd. 5 (dtv), München 1973

von Grunebaum, Gustave Edmund (Hsg.), Islam, Bd.2: Die islamischen Reiche nach dem Fall von Konstantinopel, Frankfurt am Main 1971 (FWG, Bd.15)

Haarmann, Ulrich/*Halm*, Heinz (Hsg.), Geschichte der arabischen Welt, 5. Aufl., München 2004

Häfner, Gerd, Inwiefern ist Jesu Verkündigung politisch? in: Richard Heinzmann/Mualla Selcuk (Hsg.), Das Verhältnis von Religion und Staat, S. 83 ff.

Halm, Heinz, Die Anfänge der Madrasa, in: ZDMG, Supplement III,1, Wiesbaden 1977

Halm, Heinz, Der Islam. Geschichte und Gegenwart, , 7. Aufl., München 2007

Halm, Heinz, Die Kalifen von Kairo. Die Fatimiden in Ägypten 973–1074, München 2003

Halm, Heinz, Die Schiiten, München 2005

Hartmann, Angelika, an-Nasir li-Din Allah (1180–1225). Politik, Religion, Kultur in der späten Abbasidenzeit, Berlin/New York 1975

Hartmann, Richard, Die Religion des Islam, Berlin 1944/Darmstadt 1987 (Ndr.)

Hauschild, Wolf-Dieter, Art. ‚Gnade IV: Dogmengeschichtlich (Alte Kirche bis Reformationszeit)', in: TRE, Bd. 13, S. 476 ff.

Hawel, Peter, Das Mönchtum im Abendland. Ursprung – Idee – Geschichte, 3. Aufl., München 2007

Heidemann, Stefan, Das Aleppiner Kalifat (A.D. 1261), Leiden/New York/Köln 1994

Heinzmann, Richard, Art. ‚Anselm von Canterbury', in: Heinrich Fries/Georg Kretschmar, Klassiker der Theologie I, München 1981

Heinzmann, Richard/*Selcuk*, Mualla (Hsg.), Das Verhältnis von Religion und Staat. Grundlagen in Christentum und Islam, Stuttgart 2009

Heldt, Petra, Patristik, in: Wolfgang Pauly (Hsg.), Geschichte der christlichen Theologie, Darmstadt 2008

Hendrich, Geert, Islam und Aufklärung, Darmstadt 2004

Herbers, Klaus, Geschichte des Papsttums im Mittelalter, Darmstadt 2012

Hill, Jonathan, Wie das Christentum entstand, Stuttgart 1999

Hödl, Ludwig, Art. ‚Anselm von Canterbury', in: TRE, Bd. 2, S. 759 ff.

Hoping, Helmut, Einführung in die Christologie, 3. Aufl., Darmstadt 2014

Hourani, Albert, Die Geschichte der arabischen Völker, 5. Aufl., Frankfurt am Main 2006

Jaros, Karl, Der Islam, Wien/Köln/Weimar 2012

Jordan, Karl, Investiturstreit und frühe Stauferzeit, in: Gebhardt, Handbuch der deutschen Geschichte, Bd.4 (dtv), München 1973

Kellerhals, Emanuel, Der Islam. Geschichte – Lehre – Wesen, 2. Aufl., Gütersloh 1978

Khoury, Adel Theodor, Der Islam. Sein Glaube, seine Lebensordnung, sein Anspruch, 6. Aufl., Freiburg 2001

Klein, Richard, Art. ‚Sklaverei in der Alten Kirche und im Mittelalter', in: TRE, Bd. 31, 2000, S. 379 ff.

Klitzsch, Ingo, Art. ‚Petrus Abaelardus, Sic et non', in: Christian Danz (Hsg.), Kanon der Theologie, Darmstadt 2009

Koch, Hans-Albrecht, Die Universität. Geschichte einer europäischen Institution, Darmstadt 2008

Köbler, Gerhard, Bilder aus der deutschen Rechtsgeschichte, München 1988

Kölmel, Wilhelm, Freiheit, Gleichheit, Unfreiheit, in: Soziale Ordnungen im Selbstverständnis des Mittelalters, 2. Halbband, hsg. von Albert Zimmermann, Berlin/New York 1980

Körtner, Ulrich H. J., Einführung in die theologische Hermeneutik, Darmstadt 2006

Krämer, Gudrun, Geschichte des Islam, München 2008

Kretschmar, Georg, Art.‚Origenes', in: Heinrich Fries/Georg Kretschmar (Hsg.), Klassiker der Theologie I, München 1981

Kroeschell, Karl, Deutsche Rechtsgeschichte, Bd.1, 13. Aufl., Köln/Weimar/Wien

Kühn, Ulrich, Art. ‚Thomas von Aquin', in: Heinrich Fries/Georg Kretschmar (Hsg.), Klassiker der Theologie I, München1981

Landau, J. M., Art. ‚Kuttab', in: EI 2., Bd. 5, S. 567 ff.

Landesmann, Peter, Die Juden und ihr Glaube, 3. Aufl., München 1987

Lange, Christian, Eine kleine Geschichte des Christentums, Darmstadt 2012

Lange, Christian, Einführung in die allgemeinen Konzilien, Darmstadt 2012

Laudage, Christiane, Kampf um den Stuhl Petri, Freiburg i. Br. 2012

Lebecq, S., Art. ‚Sklaverei im mittelalterlichen West- und Mitteleuropa', in: LMA, Bd.7, Sp. 1977 ff.

Leeb, Rudolf, Art. ‚Irenäus von Lyon, Adversus haereses', in: Christian Danz (Hsg.), Kanon der Theologie, Darmstadt 2009

Leppin, Volker, Wilhelm von Ockham. Gelehrter, Streiter, Bettelmönch, Darmstadt 2003

Leppin, Volker, Art. ‚Johannes Duns Scotus, Tractatus de primo principio', in: Christian Danz (Hsg.), Kanon der Theologie, Darmstadt 2009, S.91 ff.

Leppin, Volker, Art. ‚Sentenzenkommentar (von Ockham)', in: Christian Danz (Hsg.), Kanon der Theologie, Darmstadt 2009, S. 98 ff.

Lewis, Bernard, Die Araber. Aufstieg und Niedergang eines Weltreichs, Wien/München 1995

Lewis, Bernard, Der Untergang des Morgenlandes, Bergisch Gladbach 2002

Link, Christoph, Kirchliche Rechtsgeschichte, 2. Aufl., München 2010

Lohlker, Rüdiger, Islamischer Recht, Wien 2012 (UTB 3562)

Lohse, Bernhard, Epochen der Dogmengeschichte, 4. Aufl., Stuttgart 1978

Lombard, Maurice, Blütezeit des Islam, Frankfurt am Main 1992

Lüders, Michael, Allahs langer Schatten, Freiburg 2007

Makdisi, George, Muslim Institutions of Learning in Eleventh-Century Baghdad, in: Bulletin of the School of Oriental und African Studies (BSOAS), Bd.24, London 1961, S.1 ff.

Mann, Dietrich, Das Neue Testament verstehen, 2. Aufl., Konstanz 1987

Mann, Golo/*Nitschke*, August (Hsg.), Propyläen Weltgeschichte, Bd. 5, Berlin/Frankfurt am Main 1986

Matuz, Josef, Das Osmanische Reich, 6. Aufl., Darmstadt 2010

Mazal, Otto, Geschichte der abendländischen Wissenschaft des Mittelalters, Bd. 1, Graz 2006

Meddeb, Abdelwahab, Die Krankheit des Islam, Zürich 2007

Merzbacher, F., Art. ‚kirchliches Eherecht', in: HRG, Bd.1, Sp. 833 ff.

Mez, A., Die Renaissance des Islams, reprograf. Ndr. der Ausgabe von 1922, Hildesheim 1968

Mikat, P., Art. ‚Ehe', in: HRG, Bd.1, Sp. 809 ff.

Mitteis, Heinrich/*Lieberich*, Heinz, Deutsche Rechtsgeschichte, 16. Aufl., München 1981

Moeller, Bernd, Geschichte des Christentums in Grundzügen, 2. Aufl., Göttingen 1979 (UTB 905)

Mühlenberg, Ekkehard, Art. ‚Schriftauslegung III: Kirchengeschichtlich', in: TRE, Bd. 30, S. 472 ff.

Müller, Christian, Gerichtspraxis im Stadtstaat Cordoba, Leiden/Boston/Köln 1999

Müller, Hans, ‚Sklaven', in: Wirtschaftsgeschichte des Vorderen Orients in islamischer Zeit, Teil 1 (Hdb. der Orientalistik, hsg. von B. Spuler u. a., 1. Abtlg., 6. Bd., 6. Abschn.), S. 53 ff.

Nagel, Tilman, Staat und Glaubensgemeinschaft im Islam. Geschichte der politischen Ordnungsvorstellungen der Muslime, Bd. 1, Zürich/München 1981

Nagel, Tilman, Die Festung des Glaubens. Triumph und Scheitern des islamischen Rationalismus im 11. Jahrhundert, München 1988

Nagel, Tilman, Geschichte der islamischen Theologie von Mohammed bis zur Gegenwart, München 1994

Nagel,Tilman, Die islamische Welt bis 1500, München 1998

Nagel, Tilman, Das islamische Recht. Eine Einführung, Westhofen 2001

Nagel, Tilman, Mohammed. Zwanzig Kapitel über den Propheten der Muslime, München 2010

Nonn, Ulrich, Mönche, Schreiber und Gelehrte, Darmstadt 2012

Noth, Albrecht, Früher Islam, in: Haarmann/Halm (Hsg.), Geschichte der arabischen Welt, S.11 ff.

Noth, Albrecht /*Paul*, Jürgen (Hrsg.), Der islamische Orient. Grundzüge seiner Geschichte, Würzburg 1998

Ohlig, Karl-Heinz, Weltreligion Islam, Mainz 2000

Ohly, Friedrich, Vom geistigen Sinn des Wortes im Mittelalter, S.1 ff., in: ders., Schriften zur mittelalterlichen Bedeutungsforschung, Darmstadt 1977

Ottmann, Henning, Geschichte des politischen Denkens, Bd.2,2: Das Mittelalter, Stuttgart/Weimar 2004

Paret, Rudi, Mohammed und der Koran, 4. Aufl., Stuttgart/Berlin/Köln/Mainz 1976

Pauly, Wolfgang (Hsg.), Geschichte der christlichen Theologie, Darmstadt 2008

Pedersen, J., Art. ‚Masdjid' (Moschee), in: Enzyklopaedie des Islam, 4 Bde., Leiden/Leipzig 1913–1938, Bd.3, S.372 ff.

Pedersen, J., Art. ‚Madrasa', in: EI 2, Bd. 7, S. 1123 ff.

Peppermüller, Rolf, Art. ‚Abaelard', in: TRE, Bd. 1, S. 7 ff.

Pesch, Otto Hermann, Art. ‚Thomas von Aquino', in: TRE, Bd.33, S. 433 ff.

Pesch, Otto Hermann, Art. ‚Willensfreiheit III: Dogmen- und theologiegeschichtlich', in: TRE, Bd. 36, S. 76 ff.

Piepenbrink, Karen, Antike und Christentum, 2. Aufl., Darmstadt 2010

Pieper, Dietmar/*Traub*, Rainer (Hsg.), Der Islam. 1400 Jahre Glaube, Krieg und Kultur, München/Hamburg 2011

Pieper, Josef, Scholastik, 2. Aufl., München 1981

Pohanka, Reinhard, Das Osmanische Reich, Wiesbaden 2016

Pohlmann, Karl-Friedrich, Die Entstehung des Korans, 2. Aufl., Darmstadt 2013

Pollmann, Leo, Was steht wirklich im Koran? Darmstadt 2009

Popal, Mariam, Die Scharia, das religiöse Recht – ein Konstrukt? Frankfurt am Main/Berlin/Bern/Brüssel/New York/Oxford/Wien (Europäische Hochschulschriften, Bd. 96)

Prahl, Hans-Werner, Sozialgeschichte des Hochschulwesens, München 1978

Precht, Richard David, Erkenne die Welt. Eine Geschichte der Philosophie, Bd.1: Antike und Mittelalter, München 2015

Radtke, Bernd, Der sunnitische Islam, in: Werner Ende/Udo Steinbach (Hsg.), Der Islam in der Gegenwart, 3. Aufl., München 1991, S. 54 ff.

Ramadan, Said, Das islamische Recht, 2. Aufl., Marburg 1996

Graf Reventlow, Henning, Epochen der Bibelauslegung, Bd. 2: Von der Spätantike bis zum Ausgang des Mittelalters, München 1994

Riché, Pierre, Art. ‚Christliche Bildung in Antike und Mittelalter', in: TRE, Bd. 6, S. 595 ff.

Rieger, Hans-Martin, Art. ‚Anselm von Canterbury, Cur Deus homo', in: Christian Danz (Hsg.), Kanon der Theologie, Darmstadt 2009

Rohe, Mathias, Das islamische Recht, München 2013

Rose, Miriam, Art. ‚Thomas von Aquin, Summa theologiae', in: Christian Danz (Hsg.), Kanon der Theologie, Darmstadt 2009

Schäferdiek, Knut, Art. ‚Gottschalk der Sachse', in: TRE, Bd. 14, S. 108 ff.

Schelsky, Helmut, Einsamkeit und Freiheit. Idee und Gestalt der deutschen Universität und ihrer Reformen, Reinbek bei Hamburg 1963

Scheuerl, Hans, Geschichte der Erziehung, Stuttgart/Berlin/Köln/Mainz 1985

Schild, Wolfgang, Alte Gerichtsbarkeit, 2. Aufl., München 1985

Schimmel, Annemarie, Die Religion des Islam, 11. Aufl., Stuttgart 1990/2010

Schlageter, Johannes Karl, Art. ‚Wilhelm von Ockham', in: Heinrich Fries/Georg Kretschmar (Hsg.), Klassiker der Theologie I, München 1981;

Schmidt, Martin Anton, Die Zeit der Scholastik, in: Carl Andresen (Hsg.), Handbuch der Dogmen- und Theologiegeschichte, Bd. 1: Die Lehrentwicklung im Rahmen der Katholizität, S. 567 ff., Göttingen 1982

Schramm, Percy Ernst, Kaiser, Könige und Päpste. Gesammelte Aufsätze zur Geschichte des Mittelalters, Bd. IV,1, Stuttgart 1970

Schrimpf, Gangolf, Art. ‚Johannes Scottus Eriugena', in: TRE, Bd. 17, S. 156 ff.

Serauky, Eberhard, Im Glanze Allahs, Berlin 2004

Shaw, Stanford J., Das Osmanische Reich und die moderne Türkei, in: Gustave Edmund von Grunebaum (Hsg.), Islam, Bd. 2: Die islamischen Reiche nach dem Fall von Konstantinopel, Frankfurt am Main 1971, S. 24 ff.

Störig, Hans Joachim, Kleine Weltgeschichte der Philosophie, Gütersloh 1962

Störig, Hans Joachim, Kleine Weltgeschichte der Wissenschaft, Frankfurt am Main 2007

von Stosch, Klaus, Herausforderung Islam, Paderborn 2016

Strutwolf, Holger, Art. ‚Dionysius Areopagita. Die Namen Gottes', in: Christian Danz (Hsg.), Kanon der Theologie, Darmstadt 2009

Taeschner, Franz, Zünfte und Bruderschaften im Islam, Zürich/München 1979

Traub, Rainer, Sturz in den Schatten, in: D. Pieper/R. Traub (Hsg.), Der Islam, S. 141 ff.

Watt, William Montgomery/*Marmura*, Michael, Der Islam II: Politische Entwicklungen und theologische Konzepte, Stuttgart/Berlin/Köln/Mainz 1985

Watt, William Montgomery/*Welch*, Alford T., Der Islam I: Mohammed und die Frühzeit – Islamisches Recht – Religiöses Leben, Stuttgart/Berlin/Köln/Mainz 1980

Weimer, Hermann/*Weimer*, Heinz, Geschichte der Pädagogik, 17. Aufl., Berlin 1967

Wendland, H.-D., Art. ‚Sklaverei und Christentum', in: RGG, Bd.6, Sp.101 ff.

Wilken, Robert Louis, Der Geist des frühen Christentums, Darmstadt 2004

Wischmeyer, Wolfgang, Art. ‚Tertullian, Adversus Praxean', in: Christian Danz (Hsg.), Kanon der Theologie, Darmstadt 2009

Zeeden, Ernst Walter, Das Zeitalter der Glaubenskämpfe, in: Gebhardt, Handbuch der deutschen Geschichte, Bd. 9 (dtv), München 1973

Zirker, Hans, Der Koran. Zugänge und Lesarten, Darmstadt 1999

Personen- und Sachregister

Abaelard 182 f., 185, 203 f., 240–242
al-Abbas 34 f., 37
Abkommen von Sutri 217
Ablasswesen 184 f.
Adoptianer 190
Akkusationsprozess 152, 221
Aliden 32, 34, 36, 46, 71, 229
Alp Arslan 44
Ambrosius 111–113, 116, 154, 158
Amodalismus 95, 237
Amr ibn Ubayd 72 f.
Analogieschluss 58, 100 f., 103 f., 221 f., 226, 235, 249
Andreas von St. Victor 201
‚ansar‘ (‚Helfer‘) 30 f., 35
Anselm von Canterbury 173–175, 202 f., 231, 240 f.
Antonius 180
Apollinaris von Laodicea 194
Apologeten 188 f., 239
Apostelkonvent 134, 218
von Aquin, Thomas 174 f., 178, 183 f., 201, 204–208, 231, 241, 256
Arius 110 f., 191 f., 240
Armutsstreit 134 f.
(Abu l-Hasan) al-Aschari 79 f., 100–104, 233, 235
Aschariten 40 f., 43 f., 46, 80, 100 f., 105–107, 213, 227, 229, 235 f. 238
Athanasius 111
Augustin(us) 154, 158, 168–175, 200, 230–232, 234, 245, 251

Badr 87
Ibn al-Baqillani 104 f.
al-Hasan al-Basri 73
Bischofsverfassung 214 f.
Bischr al-Marisi 96
Blutgeld 52 f., 55, 65
Bürgerkrieg(e) im Islam 34, 71, 73, 75, 211, 222, 252

Bußbücher 181 f.
Buyiden 38–40, 43

Cassian, Johannes 170, 200, 245
Charidschiten 32, 71 f., 211, 229
Charta caritatis 126
Cluniazenser 126 f., 162, 216
Concordata principum 1447 137
Confessores (‚Bekenner‘) 180
Cyrill(us) von Alexandrien 113, 194 f.

Dekret ‚Haec sancta‘ 137, 145, 218
Dictatus papae 128, 130, 142, 144, 261 f.
Dioscorus 113, 195
Dirar ibn Amr 75 f., 80, 89–92
Dom- und Stiftsschulen 162 f.
Donatistenstreit 110
Dschabriten 74
Dschad b. Dirham 88–91
Dschahm ben Safwan 74, 88 f., 236
Dschahmiten 89, 96, 102, 236 f., 242
Abu Ali al-Dschubbai 99
al-Dschuwaini 45, 48, 105–107, 236,
Duns Scotus 175–178, 206–209, 231, 241

Edictum Rothari 158
Edikt ‚Cunctos populos‘ 111
Eidhelfer 141, 151–153
Eigenkirchen 122 f., 127, 216 f., 219 f.
Erbsündenlehre 171, 203
Erbtheokratie 31, 33, 37, 211
Eutyches 195 f.

Friedelehe 160
Friedrich I. Barbarossa 165
Friedrich II. 131, 140, 167 f.
Friedrich III. 136 f.

al-Ghazali 45, 48 f., 106 f., 236
Glaubensdekret ‚Qadirija‘ 1017 40–43, 81, 234, 236, 260 f.

Gottesbeweis(e) 202, 205, 241
Gottschalk von Sachsen 172, 231

‚hadd'-Delikte 51, 63 f.
Ahmad ibn Hanbal 58, 78, 80, 95–97, 99, 212, 235, 237 f., 249
Hanbaliten 40 f., 44, 78–80, 96–99, 101, 103–105, 107, 213, 227, 229, 235 f., 238, 244 f.
al-Hasan b. Muhammad 73 f.
haschimitische Bewegung 34
Haus der Weisheit 70
Haustafeln, neutestamentliche 154, 157
Herakleios 115
‚hidschra' 29, 247 f., 257
Hirsauer Reformbewegung 125 f.
‚hisba' 23 f.
Hochgerichtsbarkeit 149
Hörige 155
Hoheitstitel (Jesu Christi) 187 f.
Homoiousianer 192 f.
Homoousianer 192 f.
Hugo von St. Victor 159, 201

Ibn Huzaima 99
‚idschma' (‚Konsens') 39, 57, 212
Imam-Kalif 38, 83, 235, 238
Infamationsprozess 152
Inquisitionsprozess 141, 144, 150, 153
Inquisitionsverfahren 144, 152 f., 223
Irenäus 189, 191, 240
Ismailiten 42, 46
‚isnad' 56 f.

Jan Hus 135
Justinian I. 114 f., 158, 196, 242

Kalif Abd al-Malik 71
Kalif Abu Bakr 30 f., 35 f.
Kalif Ali 31 f., 34–36
Kalif Harun ar Raschid 20, 96
Kalif al- Mahdi 34, 37
Kalif al-Mamun 38 f., 50, 70, 75, 78, 83, 95 f., 211, 214, 227, 235, 238 f.
Kalif al-Muawiya 31 f., 35, 37 f., 71, 212, 229, 249
Kalif al-Mustansir 68
Kalif al-Mutawakkil 39, 235

Kalif an-Nasir 46 f., 211, 214, 253
Kalif Omar 31, 35 f., 261
Kalif al-Qadir 40–44, 48, 81, 105, 213, 236, 239, 261 f.
Kalif al-Qaim 41–44, 48, 213, 236, 239
Kalif Uthman 31 f., 35 f., 55, 259
al-Karabisi 97 f., 105
‚kasb'-Theorie 75, 90
Kebs-Verhältnis(-se) 160 f.
Kirchenstaat 119, 123, 131, 146
Kirchenvogtei 147–149
klandestine Ehen 159 f.
Klosterschulen 162 f.
Klostervogtei 147–149
Kommutationen 182
Königsheil 119, 124
Konsensprinzip, eheliches 158–161
Konsistorium 143
Konstans II. 115
Konstantin der Große 110 f.
Konstantinische Schenkung 121
Konventualen 134 f.
Konzil von Basel 1431–1449 136–138, 145, 220
Konzil von Chalcedon 451 113–118, 195 f., 240, 242
Konzil von Ephesus 431 113, 194
Konzil von Ephesus 449 113, 195
Konzil von Konstantinopel 381 111, 117, 193, 194
Konzil von Konstantinopel 680/1 196 f., 240
Konzil von Konstanz 1414–1418 136, 138, 145, 218
Konzil von Nizäa 325 111, 192
Konziliare Theorie 134, 220
Kopfsteuer 54
Koranschulen 18, 65, 255
Korporealisten 104
Ibn Kullab 97 f., 102 f., 105
al-Kunduri 44, 236

‚lafziyya' 97
Legaten 113, 143, 145, 164
Leibeigene 155
‚lian'-Eid 52
‚libertas ecclesiae' 126 f., 220
‚licentia docendi' 164, 166, 224 f.
Logienquelle 186, 239

Lombardus, Petrus 159, 174, 231
Ludwig IV. der Baier 133

Madrasen/Madrasa 18, 44–46, 51, 62, 67–70, 168, 213 f, 226, 228, 250, 255
Mahmud von Ghazna 40, 42 f.
Marsilius von Padua 133 f.
al-Mawardi 35, 47 f.
‚mazalim'-Gerichtsbarkeit 51
Metanoia 179, 181–183
Modalisten 190
Monarchianer 190
Mufti 69, 221, 254
‚muhtasib' 24, 51
Muntehe 159 f.
Murdschiiten 32, 74
Abu Muslim 34
mutakallimun 70, 79, 94, 97–99
Mutaziliten 38 f., 41–43, 47, 74–82, 84–86, 92–105, 212 f., 227, 229, 234–238, 242, 244 f., 249

nasab-Prinzip 36
an-Nazzam 92 f., 97 f.
Nestorius 113, 194 f.
Niedergerichtsbarkeit 149
Nikolaus von Lyra 201
Nizänisches Bekenntnis 111, 192 f.
Nizam al-Mulk 44–46, 48, 67–70, 213 f., 225 f., 228, 255
Nizamiyya 42, 45
Novatian 179

Wilhelm von Ockham 133 f., 177 f., 206, 208 f., 231, 241
Offizialprinzip 141, 221, 223
Origenes 190 f, 199 f, 245

Papst Bonifaz VIII. 131 f., 134
Papst Damasus I. 117
Papst Eugen IV. 136 f., 218
Papst Gelasius I. 113 f., 116
Papst Gregor IX. 144, 153, 164
Papst Honorius III. 166 f.
Papst Innozenz III. 130–132, 152, 164
Papst Innozenz IV. 131, 135, 144
Papst Leo I. 113 f., 117 f.
Papst Martin I. 115 f.

Papst Martin V. 136
Papstwahldekret 128, 217
Patrimonium Petri 119
Pelagius 168, 170
Pfarrschulen 162 f.
Philipp II. August 164, 227
Philipp IV. der Schöne 131–133
Philo von Alexandrien 199
Pippin 119
Pippinische Schenkung 119
Pragmatische Sanktion von Bourges 1438 137
privilegium fori 112, 139, 222, 250

Qadariten 72–74, 81 f., 84–86, 229 f.
‚Qasama'-Eid 51
Quraisch(iten) 28, 30 f., 35–37, 48, 87
Ibn Qutaiba 78, 98 f., 105

Rechtsschulen
– hanafitische 52, 54, 57–59
– hanbalitische 57–59
– malikitische 57–59
– schafiitische 46, 52, 57–59
Reichskirchensystem 123, 127, 147, 216
Reinigungseid 141, 152 f.
Reservatsfälle, päpstliche 143
‚Rota' 143

sabiqa-Prinzip 36
Sakralkönigtum 215
al-Sarachsi 52
Satisfaktionslehre 240
Scharif Abu Dschafar 42 f., 234
‚Schließung der Pforte' 58–60, 221 f., 249, 252
Schriftsinn
– dreifacher 200, 245
– vierfacher 200, 245
Scotus Eriugena, Johannes 197 f., 201, 202, 240, 242
Seldschuken 38, 43
Sendgericht(e) 140–142, 147, 149–151, 222
sensus litteralis 198
sensus spiritualis 198, 200
Siffin 31 f.
Spiritualen 134 f.
Stadt- und Ratsschulen 163

Sühnetarife 181 f.
Suprematie, päpstliche 134, 218–220
Synode von Orange 170 f., 230 f., 251
Synode von Quierzy 172, 231
Synode von Sutri 122, 127 f.
Szepterinvestitur 129

Ibn Taimiya 49
Abu Talib 34
Talionsrecht 51 f., 54, 64
Tertullian 179, 189–191, 240
Theodosius I. 111 f., 116, 138 f., 192, 223, 250
Theodosius II. 113 f., 194 f.
Thinggericht 146 f., 150
Toghril 43 f.
Toleranzedikt von 311 110

‚umma' 49 f., 83 f.
Urkoran 90–92, 96, 236

Vinzenz von Lerinum 170
Volkserhebung 1068 42 f., 234, 236
Volksgericht, germanisches 146 f., 150

‚waqf' 45, 62, 250
Wiener Konkordat 1448 137
Wormser Konkordat 1122 128, 217
John Wyclif 135

Zeloten 109
Zisterzienser 126 f., 132, 162, 216
Zwei-Gewalten-Lehre 113 f., 116, 120, 130, 215, 219
Zwei-Schwerter-Lehre 130, 132, 218